◆ 이 책에 쏟아진 찬사 ◆

이 책에는 여덟 개의 입구가 있다. 나태, 시기, 교만, 탐식, 탐욕, 정욕, 분노, 그리고 슬픔까지. 반드시 순서대로 읽지 않아도 좋다. 나를 가장 괴롭히는 단어를 우선 골라서 읽어보면 저절로 다른 감정의 문도 열어보게 된다. 물고기가 물을 인식하지 못하듯이 우리의 무의식을 관장한 가부장제도 마침내 통과해야 할 관문이다. 저자는 말한다. "세상에 덜 끼워 맞출수록 자신에 더 가깝게 존재할 수 있다."고. 내가 아닌 타인에게 집중하는 훈련을 거쳐 어른이 되느라 정작 자신에게 자비심을 베풀지 못한 존재들, 여성이라면 공감할 내용이 빼곡하다. 끝까지 읽고나면 상담실을 나온 기분이 들 것이다. 좋은 책은 그 자체로 좋은 상담사 역할을 한다.

◆ 은유, 르포 작가, 《해방의 밤》 저자

생생한 절규의 목소리와 날카로운 사회분석, 깊은 개인적 성찰이 모두 담긴 책. 이 책에서 엘리스 로넌은 여성의 몸과 마음과 영혼이 갖는 인간적 욕구, 힘, 능력, 열망에 수치를 주는 가부장제 이념의 핵심 근거를 솜씨 좋게 해체하고, 진정한 여성적 자아를 회복하는 해방의 길을 제시한다.

◆ 가보 마테 Gabor Maté, 《정상이라는 환상》 저자

'어떻게 살 것인가'에 관한 놀랍도록 방대하고 대담한 백과사전. 팬데믹 시대 이후 최초로 우리의 현 모습을 진단하고 위로와 용기, 깨달음을 줄 뿐 아니라 우리를 풍부하게 할 새로운 무언가를 제시하는 책. 이 책에서 로넌은 결코 가르치려는 법이 없지만 항상 옳은 말만 한다. 새로운 장을 펼칠 때마다 보다 현명하게 사는 법에 대한 교훈들, 우리의 외로움을 덜어주는 일화들이 한순간도 지루할 틈 없이 이어진다. 이 불확실한 시대의 가장 확실한 필수품이라 해도 과언이 아닌 책.

◆ 리사 태디오 Lisa Taddeo, 《세 여자》 저자

재치와 지혜, 박식함을 두루 갖춘 저자 엘리스 로넌이 역사와 문화 그리고 우리의 심리를 통해 가부장적 사고가 여성의 삶을 제약하는 모습을 탐색하고, 나아가 그 제약에서 벗어나는 길로 우리를 안내한다. 즐거움, 연결, 신뢰, 기쁨은 물론이고 그 이상의 경험이 이 진실로 놀라운 정신과 대화를 나누게 될 운 좋은 독자를 기다린다. 역사 해설자이자 따뜻한 차를 함께 나눌 언니 같은 저자와 함께 당신의 삶을 한번 변화시켜보라.

◆ 테런스 리얼Terrence Real, 《우리》Us 저자

여성이 마침내 자유를 찾았다면? 게다가 그 자유가 스스로에게 준 것이라면? 엘리스 로넌은 우리의 해로운 문화적 프로그래밍을 혁신적으로 재구성하고, 그간 우리가 죄라 여겼던 것들이 실은 우리의 가장 훌륭한 미덕임을 깨닫게 한다. 이 책은 우리 모두가 기다려온 선물이다.

◆ 로리 고틀립Lori Gottlieb, 《마음을 치료하는 법》 저자

엘리스 로넌은 진정 탁월한 작가이고, 《도둑맞은 여자들》은 내가 지난 10년 동안 읽은 책들 중 가장 중요한 책이다. 사회와 문화에 의해 여성이 의식적·무의식적으로 세뇌되어 온 방식을 탐구하는 이 책을 모두가 꼭 읽어보기 바란다. 분명 해방감을 느낄 것이다. 우리는 오직 우리가 인식하는 것만을 바꿀 수 있다!

◆ 포피 제이미Poppy Jamie, 영국의 기업가이자 인플루언서

우리의 '죄'를 성경 차원에서 재해석한 《도둑맞은 여자들》은 예리하고 과감하며 너무도 매혹적이다.

◆ 캐서린 메이Katherine May, 《우리의 인생이 겨울을 지날 때》 저자

《도둑맞은 여자들》이 불러일으킨 감정은 정말 특별했다. 책장을 넘길 때마다 그동안 내가 생각한 많은 것들이 혼자만의 생각이 아니었음이 점점 더 확실해지는 느낌이었다. 이 책은 그간 내가 해야 한다고, 되어야 한다고 느꼈던 너무도 많은 것들이 사실은 전혀 그럴 필요가 없는 것들이었음을 단박에, 평생 처음으로 깨닫게 해주었다. 이 책은 여성에게 아주 오래전에 찾아왔어야 할 전환점이 되어줄 것이다. 책 전체든 일부든, 혹은 단 한 구절에 불과할지라도 그것은 '원하는 삶을 살려면 착해야 한다'고 느끼는 모든 여성의 생각을 완전히 바꿔놓을 거라 확신한다.

◆ 피파 보스퍼Pippa Vosper, 《상실 너머로》Beyond Grief 저자

역사, 사회학, 철학, 심리학, 종교, 과학, 그리고 개인적인 경험을 바탕으로 독자를 사로잡는다.

◆ 〈뉴욕 타임스〉

우리의 일상적 선택들 앞에서 잠시 멈추고 성찰할 기회를 주는 매력적인 책.

◆ 《커커스 리뷰》Kirkus Reviews

깨우침을 주는 책. 이 책은 우리 여성이 일곱 가지 죄의 렌즈를 통해 어떻게 자기를 부정하는 법을 배우는지 탐구하고, 이를 위해 얼마나 끔찍한 대가를 치르는지도 밝힌다.

◆ 《스타일리스트》Stylist

로넌은 여성이 어떻게 욕구를 억누르도록 유도당하는지를 '일곱 가지 죄'라는 키워드를 활용해 추적한다. 이 책은 바쁘게 사는 대신 행복하게 살겠다는, 굶는 대신 즐기며 살겠다는 선언문이자 존재하지 않는 곳을 향한 질주를 멈추라는 호소문이다.

◆ 《선데이 타임스 스타일》Sunday Times Style

아름답고 지적이고 의미 있는 글.

◆ 쇼나 니퀴스트Shauna Niequist, 《그건 아직 안 배웠어》I Guess I Haven't Learned That Yet 저자

《도둑맞은 여자들》을 읽은 뒤 내 안에서는 나 자신과 내 어머니, 딸, 자매, 친구 그리고 나를 둘러싼 온 세상을 바라보는 방식에서의 지각 변동이 일어났다. 이 책 덕분에 너무도 많은 것들이 또렷이 보이기 시작했다. 새로운 장을 펼칠 때마다 나는 경이에 찬 마음으로 힘차게 고개를 끄덕이며 호응했다. 명료함, 이해, 연민, 평화에 관심이 있다면 당장 다 내려놓고 이 책부터 읽어라. 아마 당신은 '착하다'란 말을 두 번 다시 예전처럼 생각하지 못하게 될 테고, 이 책은 당신을 해방시켜줄 것이다.

◆ 제니퍼 루돌프 월시Jennifer Rudolph Walsh, 전 글로벌 에이전시 WME 도서 부문 대표

매혹적인 책. 아마 정신이 번쩍 들 것이다. 강력히 추천한다! 이 책을 다 읽고 나니 막힘이 솟아오르면서 이제 나도 진정한 자유를 되찾아야겠다고 두 주먹을 불끈 쥐게 되었다. 부디 여러분도 나와 같은 기분을 느껴보시길!

◆ 자밀라 자밀Jameela Jamil, 영국의 배우이자 운동가

로넌의 책은 일곱 가지 죄가 어떻게 우리를 위축되고 순종적으로 만드는 데 이용되어 왔는지에 대한 격렬한 분노의 외침이다.

◆ 〈선데이 텔레그래프〉Sunday Telegraph

역사와 주장, 의로움과 따뜻함이 조화를 이룬 이 책을 당신은 사랑하지 않을 수 없을 것이다.

◆ 팟캐스트 '쿨 스토리'Cool Story

《도둑맞은 여자들》은 본질적으로 우리가 아주 오랫동안 가져온 신념을, 더 나아가 우리가 아는 사회 구조까지도 흔들어 놓을 것이다.

◆ 〈ABC 라디오 멜버른〉ABC Radio Melbourne

자신이 늘 타인을 기쁘게 하려 애쓰고, 사랑받고 받아들여지기 위해 자신의 필요와 욕구, 감정과 정체성 일부를 희생한다고 느끼는가? 그렇다면 《도둑맞은 여자들》은 바로 당신을 위한 책이다. 이 책은 또한 10대 소녀와 20대 여성 그리고 내면의 행복에 대해 의문을 품고 있는 모든 이에게도 반드시 필요하다.

◆ 〈글램 애들레이드〉Glam Adelaide

우리 사회에 거울을 들이대며 사유를 자극하는 책. 나는 맘에 드는 문구가 나올 때마다 형광펜과 포스트잇까지 꺼내 표시하며 정신없이 이 책에 빠져들었다. 《도둑맞은 여자들》은 나와 수많은 다른 여성들이 잘 알지만 미처 표현할 말을 찾지 못했던 경험들을 고스란히 담아낸다. 올해 모두가 반드시 읽어야 할 논픽션.

◆ 《패션 저널》Fashion Journal

30대 및 40대 여성들이 겪는 일상적 도전들에 대한 깊이 있는 분석과 그 이면에 놓인 사회적 힘에 대한 통찰이 담겨 있다. X세대라면 분명 공감할 것이다.

◆ 《프라이머》Primer, '올해 우리가 읽은 최고의 책 21'

모든 것을 의심하는 나 자신의 심리에 대한 심층 탐구.

◆ 세라 헤인스Sara Haines, 〈더 뷰〉The View

도둑맞은 여자들

On Our Best Behavior:
The Seven Deadly Sins and the Price Women Pay to Be Good
by Elise Loehnen
Originally Published by The Dial Press, an imprint of Random House,
a division of Penguin Random House LLC, New York.

Copyright ⓒ 2023 by Bench Road LLC
All rights reserved.

Korean Translation Copyright ⓒ 2025 by The Business Books and Co., Ltd.
Korean translation rights arranged with Creative Artists Agency, London
through EYA Co., Ltd., Seoul.

이 책의 한국어판 저작권은 (주)이와이에이를 통해
저작권자와 독점 계약을 맺은 (주)비즈니스북스에게 있습니다.
저작권법에 의해 국내에서 보호를 받는 저작물이므로 무단 전재와 복제를 금합니다.

도둑맞은 여자들

우리의 잃어버린 감정, 욕망, 행동에 관하여 ─

엘리스 로넌 지음
정혜윤 옮김

북라이프

일러두기

1. 이 책의 인명과 지명 등의 표기는 원칙적으로 국립국어원의 외래어 표기법을 따랐다.
2. 본문에 나오는 성경 인용은 대한성서공회의 개역개정판(1998)을 참조했다.
3. 각주(* 표시)와 미주(숫자 표시)는 모두 저자 주이고, 내용 이해를 돕기 위한 옮긴이 주는 괄호로 표기하고 '―옮긴이'로 표시했다.
4. 원서에서 이탤릭체로 강조한 부분은 한국어판에서도 그대로 살려 표기했다.

도둑맞은 여자들

1판 1쇄 인쇄　2025년 4월 15일
1판 1쇄 발행　2025년 4월 22일

지은이 | 엘리스 로넌
옮긴이 | 정혜윤
발행인 | 홍영태
발행처 | 북라이프
등　록 | 제2011-000096호(2011년 3월 24일)
주　소 | 03991 서울시 마포구 월드컵북로6길 3 이노베이스빌딩 7층
전　화 | (02)338-9449
팩　스 | (02)338-6543
대표메일 | bb@businessbooks.co.kr
홈페이지 | http://www.businessbooks.co.kr
블로그 | http://blog.naver.com/booklife1
페이스북 | thebooklife
인스타그램 | booklife_kr
ISBN　979-11-91013-89-4　03100

* 잘못된 책은 구입하신 서점에서 바꾸어 드립니다.
* 책값은 뒤표지에 있습니다.
* 북라이프는 (주)비즈니스북스의 임프린트입니다.
* 비즈니스북스에 대한 더 많은 정보가 필요하신 분은 홈페이지를 방문해 주시기 바랍니다

> 비즈니스북스는 독자 여러분의 소중한 아이디어와 원고 투고를 기다리고 있습니다.
> 원고가 있으신 분은 ms2@businessbooks.co.kr로 간단한 개요와 취지, 연락처 등을 보내 주세요.

◆
◆
◆

내가 나 자신에 대한 믿음을 갖기 훨씬 전부터 나를 믿었고,
죽음을 통해 나 자신보다 훨씬 큰 무언가를 믿게 해준 피터에게.

◆
◆
◆

작가의 말

이 책은 우리가 문화적으로 어떻게 프로그래밍되어 있는지에 관한 이야기다. 물론 나 역시 내가 자란 문화의 산물이다. 나는 여전히 혼인 관계를 유지 중인 미국의 이성애자 부모 사이에서 태어난 백인 이성애자 기혼모다. 중상류층 가정에서 자랐고, 지금도 중상류층에 속한다. 스스로 여성이라 인식하며, 대부분의 타인들도 나를 그렇게 인식한다. 자신을 정의할 언어가 고통스러울 정도로 부족한 이들도 정말 많은데 다행히 나는 이런 정체성이 정확하다 느끼며, 내 경험을 설명하는 단어도 쉽게 찾을 수 있다.

지금부터 나는 '여성', '여자', '우리'라는 말을 자유롭게 사용할 것이다. 하지만 이 말들은 *여자 됨의 의미*를 단순하고 본질주의적으로 생각하게 할 위험이 있음을 분명히 하고자 한다. 또한 나는 여성의 신체로 태어난 여자인 나의 관점으로 이들 단어를 사용할 것이다. 이 책에서 나는 우리 문화와 최대한 많은 여성의 삶을 살피고자 노력했지만 모든 여성을 대변하려 하지도, 그럴 수 있다고 생각하지도 않았다. 그러나 여성이라 인식되는 모든 이들을 우리 문화가 보편적 방식으로 통제한다는 것은 믿어 의심치 않는다. 이 책에서 내가 이런 사실을 밝혀낼 수 있기를 바란다.

내 삶의 경험들은 최대한 기억을 되살려 기술했고, 친구와 가족에게 물어 확인도 받았다. 요청에 따라 일부 사람들은 익명으로 소개했으며 신원 보호를 위해 몇몇 세부 사항은 변경했다.

차례

작가의 말 • 10
들어가는 말 우리가 배운 잘못된 것들에 관하여 • 16

제1장 ◆

모든 것의 시작

가부장제의 짧은 역사

원래는 파트너였다	• 40
최초의 재산이 된 여성	• 43
텍스트는 완전하지 않다	• 47
일곱 가지 대죄의 뿌리	• 50
구원의 추구	• 53
마녀사냥	• 55
공포의 유산	• 58
여성성의 재출현	• 61

제2장 ◆

나태

인간의 본성과 일상의 투쟁

일중독	• 69
엄마의 일, 아빠의 휴식	• 75
나태가 궁극의 죄가 될 때	• 78
무서운 추격전	• 84
고된 일상	• 87
엄마의 쓸모라는 신화	• 94
파트너십은 어떻게 작동해야 하는가	• 98
휴식의 힘	• 103
여성의 타고난 우월성	• 106
우리 일의 가치	• 109
올바른 투쟁에 참여하기	• 113

제3장

시기
인간의 욕망과
관계의 충돌

- 시기에 대한 잘못된 이해 • 119
- 시기심의 작동법 • 122
- 규칙을 깨는 아이들 • 126
- 어떻게 감히 • 130
- 샤덴프로이데 • 133
- 여자아이들이 목소리를 잃을 때 • 136
- 모녀간의 미묘한 심리전 • 139
- 양가감정과 열패감 • 145
- 강으로 밀어 넣기 • 148

제4장

교만
인간의 조건과
경쟁의 신화

- 호감이라는 망령 • 157
- 자부심 느끼기 • 164
- 스포트라이트의 모순 • 168
- 나르시시스트와 에코이스트 • 175
- 우리의 특별함을 이해하는 법 • 181
- 진정한 자아 대 환상적 자아 • 185
- 재능의 발견 • 188
- 겸손의 재구성 • 193

제5장

탐식
인간의 몸과
시선의 각축

- 방종과 통제 사이에서 벌어지는 일 • 199
- 우리의 비만 혐오 문화 • 203
- 미의 기준 • 207
- 비만이라는 착각 • 211
- 다이어트와 시시포스 신화 • 216
- 섭식장애의 스펙트럼 • 218
- 영혼과 세상의 중개자, 몸 • 222
- 몸의 언어를 듣는 연습 • 225
- 각자의 몸과 친구가 되는 법 • 230

제6장

탐욕
인간의 결핍과
부의 격차

금욕주의의 뿌리	• 237
여자는 왜 소비하는가	• 244
기울어진 운동장	• 248
돈에 관한 고백	• 252
소비 중독과 고대의 지혜	• 257
'가치'와 '값어치'의 차이	• 261
결핍의 경제학과 뇌과학	• 266
돈에 대한 다른 생각들	• 270
욕구와 필요의 기준을 세우는 일	• 273

제7장

정욕
인간의 쾌락과
권력의 통제

아, 내가 해리되고 있어	• 281
종교가 처음으로 성을 정죄했을 때	• 283
우리의 슬럿 셰이밍 문화	• 287
위험한 섹스와 욕망의 지도	• 293
관심의 강도와 감정의 추방	• 302
숫자로 보는 성적 트라우마	• 307
누가 힘과 통제권을 갖고 있는가	• 312
친밀감과 애정의 배신	• 314
나의 이야기	• 316
성욕은 우리 몸 어디에 살고 있을까	• 322
우리의 환상이 우리에게 말해주는 것	• 324
해방의 중요성	• 328

제8장

분노
인간의 충동과
소통의 갈등

내가 화가 났음을 알게 되는 순간	• 335
끈질기게 지속되는 화	• 340
화난 여성들	• 342
표현되지 않은 욕구와 내면의 저항	• 349
관계 상실에 대한 두려움	• 354

여자아이들의 사회적 공격성	• 361
아웃사이더의 분노	• 364
우리가 분노를 회피할 때	• 367
행동에 나서지 못하는 이유들	• 370
변화를 촉구하는 연습	• 374
내 욕망을 존중하는 법	• 380
화는 어떻게 삶의 무기가 되는가	• 385

제9장 ◆

슬픔
인간의 감정과
상실의 회복

슬픔 되찾기	• 391
상실에 대한 두려움	• 394
죽음에 대한 부정	• 395
슬픔의 파도타기	• 398
무조건적 믿음을 택하기	• 403
슬픔의 허용	• 408
우리 안의 남성성과 여성성	• 411
여자와 남자, 누가 더 우울한가	• 417
상처 입은 남자들	• 422

나오는 말 우리 자신으로 돌아가기	• 429
참고문헌	• 445
주	• 455
찾아보기	• 513

들어가는 말

우리가 배운 잘못된 것들에 관하여

2019년 말 나는 한 달 내내 과호흡 증세를 겪었다. 하품을 하지 않고는 개운하게 숨을 들이마실 수 없었는데, 아이러니하게도 이는 폐에 산소가 과포화 상태인 탓이었다. 과호흡은 내가 20대 때부터 가끔씩 겪어온 신체와 뇌의 전형적 혼란 상태다. 맨 처음 그런 증상이 나타났을 때 나는 질식사하기 일보직전이었기에, 당장 산소호흡기를 달아야 한다고 생각해 응급실로 달려갔다. 그때 의사는 순전히 정신적 문제일 뿐이라며 신경안정제를 처방해주고선 나를 달래 집으로 돌려보냈다. 하지만 이번엔 달랐다. 낮잠을 자고 일어나도, 카페인 섭취를 중단해도 나아지지 않았다. 회의나 인터뷰 중에도, 식사 중에도 나는 끊임없이 하품을 해대고 한숨을 쉬었다. 겉으로는 차분하다 못해 졸리기까지 하는 듯 보이지만 속으로는 강렬한 불안감에 시달리는, 실로 기이한 경험이었다. 마치 수면 위에선 유유자적 떠다니는 것 같지만 물 밑에선 죽어라 발버둥 치는 오리가 된 기분이었다.

결국 지친 마음으로 찾아간 상담사 앞에서 눈물을 쏟으며 말했다.

"숨을 못 쉬겠어요."

"이해해요."

"질식할 것 같아요. 꼭 산 채로 땅속에 묻힌 기분이에요."

"정확히 몸 어느 부분이요?"

"가슴 위를 무언가가 짓누르고 있는 기분이에요. 뭘 어떻게 해도 벗어날 수 없을 것만 같아요."

"정말 무서운 일이겠어요."

우리는 한동안 말없이 앉아 있었다.

"그냥 너무 지쳤어요. 모르겠어요. 저는 모든 걸 제대로 완벽하게 하려고, 모두를 위해 모든 것이 되려고 최선을 다했어요." 나는 잠깐 숨을 골랐다가 다시 쏟아냈다. "그렇게까지 했는데 왜 조금의 숨 쉴 틈도 누릴 수 없는 거죠? 뭘 더 해야 이걸 없앨 수 있나요?" 나는 잠깐 멈췄다가 물었다. "대체 이게 뭘까요?"

"저도 몰라요. 하지만 그걸 당장 해결하지 않으면 안 될 것 같은 기분은 충분히 이해해요."

"제가 매사에 지나치게 비현실적인 기대를 하는 탓일까요?" 내가 물었다. "스스로를 너무 밀어붙이는 걸까요? 제가 느끼기엔 둘 다 사실이 아닌 것 같지만, 선생님은 저를 잘 아시잖아요."

그가 나를 바라보며 말했다. "네, 확실히 어떤 이상理想을 추구하려 애쓰며 살고 계신 것 같아요. 하지만 마음속 더 깊은 곳에선, 본인이

들어가는 말

착하게 잘 살면 남의 평가로부터 안전해지고 사랑받을 수 있다고 생각하시는 듯해요."

정곡을 찌르는 말에 나는 움찔했다.

"그래서 정확히 제 가슴을 짓누르고 있는 게 뭔가요?" 내가 물었다.

"충분히 착하게 잘 살지 못하고 있다고 말하는 무엇이겠죠."

상담이 끝난 뒤 나는 차에 앉아 운전대에 머리를 기댔다. 어떤 원초적 분노, 반항심 같은 것이 치밀어 올랐다. 나는 지금껏 늘 좋은 사람으로 살기 위해 노력해왔다. 끊임없이 스스로를 다그쳤다. 가족, 친구, 동료에게 성실했고, 특정 사이즈를 벗어나지 않도록 몸을 채찍질했고, 화를 억눌렀다. 이런 노력들을 그냥 확 멈춰버리면 어떻게 될까? 답을 몰랐으나 그날 주차된 차 안에서 나는 그걸 알아내기로 결심했다. 이 책의 출발점이 된 작은 의문의 씨앗을 심은 것이다. 싹이 트면서 많은 대가를 치를 터였지만, 그것은 내 삶을 되찾아줄 것이었다.

상담 치료에서 깨달은 이 사실만으로도 숨을 제대로 쉬고 안도감을 느낄 수 있게 됐다면 좋았겠지만, 안타깝게도 나를 짓누르는 그 무언가가 있음을 인정하는 것만으로는 그 허깨비 같은 현상이 사라지지 않았다. 잠잘 시간에 이상한 그림자를 보는 우리 아이에게 불을 켜주면 그 위협은 사라지는데 말이다.

하지만 그 요괴의 무게를 인정하면서 탐구의 방향이 잡혔다. 이 괴물은 어디에서 왔고, 어떻게 힘을 얻게 됐으며, 왜 나는 놈에게 그토록 순순히 굴복했을까? 나는 역사를 더듬어보기 시작했다. 착함과 승인이 여성과 결부되기 시작한 시기의 말들을 탐색하고, 내 안에 이것이 처음 프로그래밍된 흔적을 찾아 어린 시절을 돌이켜보았다.

나는 늘 궁금한 게 많은 아이였다. 조숙하고 호기심이 많아 "왜? 왜? 왜?"하고 집요하게 물어댔으니 어른들은 아마 꽤나 성가셨을 것이다. 고맙게도 나의 어머니는 도서관을 탁아소로 활용했다. 나는 늘 책에 머리를 파묻고 살았다. 소설이든 역사책이든 과학책이든 답이 숨어 있을 만한 건 닥치는 대로 집어 들어 읽었더랬다. 몬태나주 미줄라 외곽의 계곡 위 숲에 살았던 우리는 날마다 차로 시내를 오갔는데, 그때마다 부모님은 NPR 라디오의 프로그램 〈모든 것을 고려해보자〉 All Things Considered를 틀었고, 나는 코키 로버츠Cokie Roberts, 니나 토텐버그Nina Totenberg, 수전 스탬버그Susan Stamberg 같은 최고의 라디오 언론인들이 직접 던지는, 세상을 더 이해할 만한 곳으로 만들 질문들을 들었다. 돌이켜 생각해보면 그때 나는 혼란스럽게 느껴지는 세상에 논리를 부여하려 애썼고, 살면서 만들어가야 할 어떤 올바른 근본 구조, 행동 양식, 삶의 방식이 있다고 느꼈던 것 같다. 나는 이 지도의 형태, 즉 승인, 소속 자격, 착함의 기준을 파악해 나의 안전과 성공, 생존을 보장해줄 올바른 길을 걷고 싶었다.

어른이 되어서는 글쓰기와 편집 일로 먹고살면서 관심사를 추구했고, 각종 시스템이 어떻게 작동하는지, 우리가 왜 특정 행동을 하는지를 분석할 수 있었다. 나는 과학자, 신학자, 심리상담사, 활동가, 정치인, 역사가, 치유자, 배우, 시인, 언론인 등 사상가 및 문화적 영향력이 있는 이들 수백 명을 인터뷰하며 인간에 대해 탐구했다. 또한 지난 10년간 브라이언 스티븐슨Bryan Stevenson 같은 사형수 변호인을 만나, 우리는 우리가 한 최악의 행동보다 나은 존재이며 타인을 처형할 자격은 어느 누구에게도 없다는 주장을 들었다. 유명한 영매 로라 린 잭슨Laura Lynne Jackson과 함께 시간을 보냈을 때는 우리가 훨씬 큰 에너지의 일부이고, 사라지지 않고 지속되며, 이 지구라는 학교에 배우고 발전하고 성장하러 온 것이라는 이야기를 들었다. 전설적 역사가인 메리 비어드Mary Beard와는 문학사에서 있었던 여성의 침묵에 관해, 의사인 가보 마테Gabor Maté와는 대물림된 트라우마가 중독을 부르는 일에 관해, 미국 공중위생국장 비벡 머시Vivek Murthy와는 외로움의 만연에 관해, 역사가인 이저벨 윌커슨Isabel Wilkerson과는 보이지 않게 구석구석 스며들어 있는 인종적 계급 시스템에 관해, 부부 심리상담사인 존 가트맨과 줄리 가트맨John and Julie Gottman 부부와는 왜 어떤 커플은 결국 헤어질 수밖에 없는지에 관해 대화를 나눴고 그 외 수많은 저술가, 철학자, 예술가, 학자를 만났다. 나는 앞으로도 인간의 조건에 대한 통찰과 단서를 제공하는 이라면 누구든 기꺼이 그 사람을 내 지식 그물에 추가할 것이다.

이런 대화들을 되짚어보면서 나는 어느 면에선 모두가 같은 이야기를 하고 있음을 깨달았다. 제 존재를 인정받고, 가장 여리고 자기다운 부분을 표현하고, 안전하게 재능을 펼칠 수 있기를 우리 모두는 갈망하고 이를 위해 싸운다는. 우리는 자신이 누구인지, 뭘 원하고 필요로 하는지, 어떻게 소명을 찾고 이바지할 수 있을지 궁금해한다. 우리의 가장 큰 요구는 우리 자신이 이 사회의 일원임을 느끼는 것, 사랑하고 사랑받는 것이다. 하지만 삶은 방해물투성이다. 그 방해물은 때론 유년기의 트라우마, 공정하지 않은 시스템, 자연재해처럼 명백히 우리의 통제력을 벗어난 제약들이다. 하지만 우리의 잠재력을 온전히 펼치지 못하도록 막는 장벽 중에는 분명하게 뭐라 꼬집어 말하기 어려운 것들이 더 많다. 바로 자기 의심의 속삭임 혹은 부족한 믿음, 우리가 뭘 원하고 행하는 게 적절한지를 규정하는 사회의 역할 및 책임 구조 같은 것들이다. 눈에 보이지 않는 이런 실들은 우리를 꼭두각시 인형처럼 묶어 이리저리 잡아당긴다. 그 실들은 문화적 프로그래밍이라는, 우리가 세상 어디로 가든 우리를 따라다니는 오랜 유산의 자취다.

뛰어난 인류학자 고故 애슐리 몬터규Ashley Montagu는 인간이 지닌 '제1성품'first nature과 '제2성품'second nature에 대해 논한다. 제1성품은 근원적이고 가장 온전한 우리 자신으로, 고유한 유전적 설계와 자연스러운 본능이다. 몬터규에 따르면 제2성품은 사회가 이 생물학에 영향을 미치는 방식, 우리가 누구인지에 관한 신념을 사회가 형성하는 방식을 의미한다. 그는 이렇게 설명한다.

> 우리 인간을 특징짓는 행동 양식은 우리가 겪는 사회화 과정, 우리를 둘러싼 문화적 조건 및 관습이라는 틀에 따라 결정된다. 문제는 우리가 지구상에서 가장 교육하기 쉬운 종이라는 사실에 있다. (…) 우리가 인간으로 존재하고, 알고, 행하는 모든 것을 우리는 다른 인간에게서 배워야 한다. 교육 가능성이야말로 우리 종의 가장 큰 특징인 것이다. 하지만 인간이 위험에 처하는 것 또한 그 때문인데, 이는 잘못되고 바람직하지 못한 수많은 것들을 배우기 쉬운 탓이다.[1]

처음 이 대목을 접했을 때 온몸에 전율이 느껴졌다. 어린 시절 나 역시 타인들의 요구를 기준으로 내가 누구인지, 여자아이가 소속감을 얻으려면 어떻게 행동해야 하는지를 이 '종적 특징'에 따라 이해하려 애썼으니까.

하지만 우리 문화의 주요 사상가들과 대화를 나눴던 지난 10여 년 내내 나는 줄곧 한 가지 숙제를 마음 깊이 품고 있었다. 이 모든 사상가, 치유자, 지도자의 도움을 통해 지금껏 내가 받아왔던 이 교육의 굴레에서 벗어나고 싶다는 숙제. 나는 그것을 더 진정한 무엇으로 대체하는 법을 알고 싶었다. 수많은 대화는 실제로 도움이 되었다. 하지만 비단 나만이 아니라 우리 모두가 이 눈에 보이지 않는 그물 체계에 갇혀 있으며, 그 해로움은 우리를 질식시키고 우리의 생명을 위협할 정도라는 사실 또한 새로이 알게 되었다. 우리는 이 구조 안에서 기능하는 데 너무도 익숙해져 있어, 거기에서 벗어나려 할 때에야 비로소 우리가 얼마나 단단히 구속되어 있는지 느낄 수 있다. 그렇기에 나의 여정은 우선 그것의 성질과 강도를 이해하고 그 다양한 차원과 복잡성을 느끼는 일이 되었다. 그 과정에서 나는 우리가 모든 것을 잃어버리진 않았음을 깨달았다. 일단 그 그물과 뒤틀린 구조를 식별하고 나면, 그 실들을 하나씩 잘라내면서 우리가 누구인지에 대한 거짓말을 날려 보낼 수 있다는 것도.

이 책은 우리가 배운 '잘못되고 바람직하지 못한 것들'을 우리가 어떻게 신념으로 내면화하고, 사회 구조 속에 뿌리내리게 하고, 미래 세대에 대물림하며 우리 자신에 대한 이 혼란스런 억압을 이어가고 있는지에 관한 이야기다. 무엇보다 나는 이 유산이 여성의 삶에 어떻게 나타나는지, 수천 년에 걸친 이 억압이 어떻게 정상적이고 자연스러운 것처럼 보이게 됐는지에 주목하려 한다. 몬터규는 "우리의 생물학은 한 성性이 다른 성을 지배하라고 명하지 않는다. 그런 것을 결정하는 것은 전통과 문화다."라고 말했다. 아닌 게 아니라 우리의 전통과 문화는 신체, 정신, 도덕 등 모든 면에서 여성이 열등하다고 규정한다. 이런 사회적 신화는 우리로 하여금 끊임없이 스스로의 선함과 가치를 입증하는 데 매달리게 했다.

이 그물의 명령에 매달려 타고난 본성을 억압하는 행동은 학습된 것이며, 역사적으로도 그리 오래되지 않은 현상이다. 여성적인 것을 평가절하하는 일은 유일신교의 출현, 여신과 모성 및 자연 지향 세계관에 대한 그것의 악마화, 기독교의 부상에서 그 뿌리를 찾을 수 있다. 이 하느님-아버지 종교 체계는 우리의 유한함을 넘어서는 영원한 삶이 있다는 전제하에, 누가 나중에 그 천국의 영역에 오를 자격이 있는지를 정하는 데 개입한다. 그런데 애초에 남성의 타락을 부추긴 우리 여성은 여기서 상당히 불리한 위치에 있으므로 우리의 덕성, 즉 도덕적 완성을 반드시 입증해야 한다. 하지만 그것은 절대 불가능한 일이다. 덕성virtue은 그 어원 자체가 '남자'라는 뜻의 라틴어 'vir'로, 여성에겐 닿을 수 없는 대상인 터다.

우리 중 호기심 많은 이브와 선악과와 뱀의 이야기를 모르는 사람은 없다. 또 구약에 나오는 십계명과 600개 이상의 율법 일부를 암송할 수 있는 사람도 많다. 하지만 나쁜 행동에 관한 보다 섬세한 각본은 우리 문화에 단단히 뿌리내린 채 지속적으로 우리의 삶을 제약한다. 뭐니 뭐니 해도 여성이 자신에 대한 진실을 알지 못하도록 만든 신화 중 가장 결정적인 지도地圖는 부도덕으로 가는 관문으로 여겨지는 일곱 가지 죄악일 것이다. 이 죄악들을 피하려는 노력은 여성을 가두고 자기 삶의 잠재력을 충분히 펼치지 못하게 만든다. 그리고 사회와 우리의 자아 개념 속에 깊숙이 스며들어 이 끈적한 그물망의 주된 실타래가 된다.

이에 대해 다음과 같이 의구심을 제기하는 사람도 아마 있을 것이다. "하지만 나는 전혀 종교적인 사람이 아니에요. 그중 어떤 것도 믿지 않아요." 그러나 무신론자든 불가지론자든 종교 조직에 반대하는 사람이든, 이 일곱 가지 죄악이라는 도덕규범의 영향으로부터 자유로운 이는 아무도 없다. 이 규범은 교회만의 전유물이 아니며 문화 전반에 스며들어 있는 터다. 사실 이 일곱 가지 죄악은 성경에조차 나오지 않는다. 이 죄악들은 신약이 기록된 지 수십 년이 지난 4세기에 어느 수도사가 '여덟 가지 생각'으로 상정한 것들이었고, 몇 세기 뒤에는 그중에서 '슬픔'이 빠져 지금 우리가 아는 목록, 즉 교만, 나태, 탐욕, 시기, 분노, 탐식, 정욕으로 정리되었다. 교회는 이것을 고해 지침으로 삼고 세상에 널리 알리기 위해 부단히 노력했다. 그리하여 이들 죄악은 벌로 다스려야 하는 질병 기록 카드가 되었고, 누구라도 이런 행동에 빠지면 속죄를 해야 했다.

문화는 종교다

하느님의 말씀과 계명을 문자 그대로 받아들이는 사람도 있지만, 오늘날에는 종교를 엄격한 교리보다 일종의 집단 가치로 받아들이는 사람이 많다. 사실 종교 내에서든 밖에서든 '선함'의 신조와도 같은 의미는 모든 곳에서 통용된다. 나는 대체로 종교가 부재하는 세계에서 자랐으나 이 행동 규범은 내 안에도 스며들었다. 나는 사제로부터 죄에 관한 이야기를 들을 필요가 없었으나, 그럼에도 나의 선함과 사랑받을 자격에 대해 늘 신경이 쓰였다. 어린 나는 허용 가능한 행동 범위를 늘 더듬어가며 찾아야 했다. '이건 괜찮을까? 그럼 이건? 나는 어떻게 행동해야 할까? 어떤 모습이어야 할까? 뭘 원해야 할까?' 등을 물으면서 말이다. 우리는 종교를 지탄하고 문자적 차원의 믿음을 거부할 수도 있지만 그 전통, '선함'과 '악함'을 규정하는 교의는 우리 사회 구조 속에 뿌리 깊이 각인되어 있다. 그렇기에 우리의 동의나 선택 없이도 우리를 사로잡아 우리 무의식의 차원에서 작동한다.

결국 문화는 전염되는 것이다. 우리는 문화를 바이러스처럼 서로에게 퍼뜨리고, 문화는 모든 것에 스며든다. 아무도 온전히 스스로를 만들어내지 않는다. 문화는 거의 모든 상호작용을 통해 우리에게 속삭이고 전해진다. '본성'과 '문화'는 서로 뒤엉켜 있기에 언제나 논쟁의 대상이 된다. 문화가 행동을 주도하는가, 아니면 행동이 문화를 만들어내는가. 이 질문에는 정답이 없다. 다만 분명한 것은, 마치 자기 꼬리를 먹는 뱀처럼 실제 자신과 바람직해 보이는 자신의 모습이 뭔가 단단히 어긋난 느낌으로 살아가는 사람이 많다는 사실이다.

수천 년 동안 문화는 종교였고, 그것은 우리가 인간의 비천한 욕구와 욕망으로부터 구원받으며 천국에 합당한 존재임을 증명하는 일을 중심으로 프로그래밍되었다. 일곱 가지 죄악은 어떻게 살아선 안 되는지에 대한 일종의 핵심 요약이 되었다. 이것들은 기억하기 쉽고, 시각적 표현과 비유적 표현에도 적합했으며, 일상생활에서도 피할 수 없는 것들이었고, 그렇기에 살아 있다는 것 자체는 곧 그것들과 마주하는 일이었다. 이들 죄악은 교회가 권력과 통제력을 유지하고, 대중을 지속적으로 무릎 꿇고 회개하게 만드는 완벽한 메커니즘이 되었다.

구약의 십계명은 구체적인 반면 이 일곱 가지 죄악은 모호한 데다 달리 해석할 수 있는 여지가 있어 지속적인 영향력을 갖게 됐을 것이다. 이 죄악들은 도둑질, 살인, 간음 같은 구체적이고 객관적인 악행이 아니라 정욕, 탐욕, 나태처럼 우리가 부지불식간에 선을 넘나드는 인간 본성과 관련되어 있다. 너무도 주관적이기에 채찍을 휘두르기 쉽게 할뿐더러 정확한 일탈 시점 또한 꼬집어 말하기 힘들다. 얼마나 먹으면 탐식에 해당하는 것일까? 욕구를 충족하는 일은 어느 정도부터 탐욕이 될까?

그 나쁨의 여부는 그걸 바라보는 자, 권위체, 사회의 시선에 달렸다. 이들 가치는 주관적이고 자의적이기에 누군가를 부족하다 비난하고 정죄하기가 너무도 쉽다.* 따라서 덕성, 소속감 등의 '선'善도 본인이 주장할 수 없고, 반드시 '바깥'의 어떤 권위체가 부여해주어야 한다. 죄를 짓는다는 것은 권한을 박탈당한다는 뜻이다. 수 세기 전엔 하느님과 신도를 매개하는 사람들이 사제였다. 하지만 오늘날 우리의 세속 문화에선 부모, 비평가, 파트너, 상사, 심지어 인스타그램상의 낯선 이들에게까지 인정을 구한다. 우리는 걸핏하면 수치심을 느끼고, 자신의 가치를 입증하려 안달하며, 자기 바깥의 권력으로부터 인정받으

---

* 이런 일은 특히 여자들에게 늘 일어난다. '사악함'wicked의 어원이 'wicca', 즉 '마녀'witch라는 점만 보더라도 이를 알 수 있다.

려 한다. 이런 경향은 종종 일곱 가지 죄악의 그림자로 나타난다. 그 죄악은 수천 년 동안 선한 행동을 확인해주는 훌륭한 도구였기 때문이다. 그 지문 자국은 모든 곳, 특히 여성의 삶에 남아 있다. 여성은 선함을 추구하도록 훈련받아온 반면, 남성은 권력을 추구하도록 훈련받아왔다. 이런 사실이 여성에게 더 이익인 듯 보일진 몰라도 ─ 오늘날 여성은 권력을 취하고 그다음엔 우리의 여성성으로 그것을 정화하도록 조언받으므로 ─ 이 프로그래밍의 위험한 함의는 어디에서나 볼 수 있다. 남자들 역시 가부장제로 고통받는다. 가부장제는 우리 모두에게 독이다. 내가 보기에는 슬픔과 그에 따른 약한 마음 역시 남녀 모두를 힘들게 한다. 그렇기에 비록 공식적으로는 일곱 가지 죄악 목록에서 빠졌지만 이것 또한 살펴봐야 한다.

여자의 일곱 가지 악

일곱 가지 죄악은 한 세트로 시대와 문화를 관통해왔지만 ─ 히에로니무스 보스Hieronymus Bosch의 그림, 단테의 《신곡-지옥편》, 초서Chaucer의 《캔터베리 이야기》, 말로Marlowe의 《파우스트 박사》, 베르톨트 브레히트Bertolt Brecht가 희곡을 쓰고 쿠르트 바일Kurt Weill이 음악을 맡은 발레 작품 〈일곱 대죄〉The Seven Deadly Sins, 영화 〈세븐〉을 보라 ─ 각 개념은 독자적으로도 굳건히 살아남아 우리의 동화, 우리 문화의 언어와 '지혜' 속에 넓고 깊게 뿌리내렸다. 어렸을 때 우리가 흔히 듣고 자란 말을 떠올려보라. 잠은 죽고 나면 얼마든지 잘 수 있다(나태), 질투는 초록 눈의 괴물이다(시기), 잘난체는 나락으로 가는 지름길이다(교만), 날씬한 느낌보다 더 달콤한 건 없다(탐식), 돈은 만악의 근원이다(탐욕), 착한 여자는 천국에 가지만 나쁜 여자는 어디든지 간다(정욕), 멸시당한 여자의 분노만 한 것은 지옥에도 없다(분노). 엄청난 수치심을 동반하는 이런 말들은 특히 여성의 내면에 깊이 새겨져 있다.

이들 개념은 우리를 통제하고 끊임없이 작아지게 만든다. 우리는 과식을 하고 나면 자기가 '나빴다'고 자책하며 내일은 '착하게' 지내겠다 다짐하고, 토요일 아침에 집 안을 청소하는 대신 넷플릭스를 몰아보며 시간을 보낸 뒤엔 자신의 게으름을 책망한다. 좀처럼 관용의 순간을 즐기지 못하는 것이다. 그렇게 하면 무슨 죄를 짓는 것만 같고, 마치 늘어난 고무줄이 되돌아와 얼굴을 탁 때릴 듯한 기분이 들기 때문이다.

일곱 가지 죄악이 여성, 특히 내가 '선함'을 이해하는 데 깊이 뿌리박혀 있다는 사실을 인식하고 나니 나는 도무지 그 영향을 모른 체하고 넘어갈 수 없었다. 그래서 내가 선함과 연관 짓는 생각 및 행동을 목록으로 만들어보니 그 연결고리가 더 분명하게 그려졌다.

이 목록을 보고 있자니 오싹해진다. 너무 싫다. 스스로의 행동을 통제하는 일에, 문화적 기대에 부응하느라 자신을 굽히는 일에 내가 얼마나 진력이 났는지가 곧바로 느껴진다. 남들에게 나를 보이고 싶은 방식이 내가 아는 나 자신과 일치하지 않는다는 사실이 보인다. 더 깊고 더 진짜인 내가 있다는 사실이. 나는 계속 그 존재를 숨겨둔 채 이들 필터로 들여다보며 확인하고 또 확인한다. 그런 나를 내보이는 게 항상 위험하다 믿었으니까. 하지만 이제 나는 나를 가둬두는 게 더 위

나는 직업적으로 성공한 여자, 또 가족을 자애로운 마음으로 수월히 돌보고 키우는 사람으로 보이고 싶다. 이 모든 일을 해내기 위해 나는 일찍 일어나고 늦게 자며 항상 바쁘게 살아간다. **착한 여자는 직장에서든 집에서든 쉬고 싶다는 내색이나 요구를 하지 않으며 지칠 줄 모르고 열심히 일한다.**	나태는 죄악이다.
내가 꿈꾸는 무언가를 어떤 여자가 하고 있거나 해내면 나는 그에 대해 흠을 잡거나 비판할 거리를 찾는다. 만일 그런 꼬투리가 보이지 않으면 그의 성취에 대해 더 자세히 알거나 찬사를 보내는 게 너무 고통스러워 아예 관심을 거둬버린다. **착한 여자는 자신이 가진 것 이상을 원하거나 가지려 애쓰지 않고, 타인의 기량이나 성취를 대놓고 탐내지 않는다.**	시기는 죄악이다.
나는 잘난 체하지 않고, 겸손하고, 인정이나 칭찬을 구하는 것처럼 보이지 않으려 열심히 노력한다. 나는 늘 내 재능을 내세우는 대신 다른 사람들 뒤에 숨어서 일해왔다. 착한 여자는 지나치게 세거나 자신만만해 보이지 않는다. **착한 여자는 겸손하고, 자신의 성과를 축소하며, 자신의 생각을 대변해줄 다른 사람들을 찾는 데 집중한다.**	교만은 죄악이다.
나는 임신 중 늘어난 체중을 줄이지 못하는 것에 대해 틈만 나면 자책하고, 아이가 남긴 (건강하지 않은) 음식을 먹어치우는 것에 대해서도 스스로를 비난하지만, 내 몸의 유지에 필요한 칼로리는 아마 여전히 충분하게 섭취하지 못하고 있을 것이다. **착한 여자는 최대한 날씬한 몸을 가지려 애쓴다.**	탐식은 죄악이다.
나는 다른 사람들보다 돈이 많은 것에 죄책감을 느끼면서도 동시에 충분치 않을까 봐 걱정한다. 인색해 보일까 두려워 형편이 안 된다고 생각할 때에도 강박적으로 타인에게 돈을 쓴다. **착한 여자는 자기 이익을 위해 협상하지 않고, 더 많은 돈을 절대 요구하지 않으며, 주어진 것에 감사하는 모습을 보이고, 돈 이야기를 피한다. 저축보다 소비에 더 재빠른 경우가 많고, 타인의 '잘못'도 너그러이 보아 넘기려 애쓴다.**	탐욕은 죄악이다.
나는 야한 옷을 입어본 적이 없고, 그런 옷을 원한 적도 없다. 언제나 내 몸을 안전하게 지키는 일이 내 임무였으니까. 나는 나를 내 몸의 주인이라기보다 남자의 욕망을 담는 그릇으로 여긴다. **착한 여자는 관능적이면서도 푸근하고, 성적 매력을 유지하면서도 성에 지나친 관심을 가지면 안 된다.**	정욕은 죄악이다.
나는 내 조급함과 짜증을 부끄럽게 여긴다. 욕구가 충족되지 않거나 경계가 침범당하면 그 모든 억울한 마음과 좌절감을 애써 누른다. 못됐거나 이기적이거나 불안정한 사람으로 보일까 걱정돼서다. 화를 밖으로 드러내는 순간, 그 파장이 두려워 곧바로 사과하고 뒤로 물러선다. 착한 여자는 다른 사람들을 위해서만 단호하다. **착한 여자는 재빨리 용서하고 대립을 피하며, 평화와 현 상태를 지키기 위해 자기 욕구를 희생하고 불편함을 감수하는 데 만족한다.**	분노는 죄악이다.

험하다는 것을 알게 되었다. 선함에 대한 억압적 생각을 떨쳐버리지 못하면 나의 그 부분은 천천히 질식해 죽을 테고, 쪼그라들거나 울타리에 갇히거나 두려워하지 않고서 온전히 나 자신으로 사는 게 어떤 기분일지를 절대 모를 테니.*

비극적 결과

스스로를 한계 지을 때 우리는 온전한 자기 존재를 부정하는 데 가담하게 된다. 우리는 폭이 좁은 삶 속으로 자신을 밀어 넣는다. 보이지 않는 선을 넘는 것을 두려워한다. 지나치게 욕심을 부리거나 너무 과한 사람으로 인식되지 않기를 바라고, '자기통제'를 가치 있음과 동일시한다.

 자신이 되고 싶지 않은 모든 것에 대해 걱정하고, 두려움이나 수치심 때문에 본능과 충동을 억누르고, '착한' 사람이 되려 노력하면서 우리는 *진짜* 우리가 누군지를, 우리 모두가 저만의 방식으로 특별하고 '훌륭한' 존재임을 잊고 말았다. 무의식의 지배를 받아 괴상하고 부자연스러워졌다. 해야 할 일과 하지 말아야 할 일에 너무 집착한 나머지 *그저 존재하는* 법을 잊고 말았다. '저 바깥'의 권위에 너무 몰두하다 보

---

* 이론상 권력에서 단 몇 발자국 떨어져 있는 백인 특권층 여성으로서, 나는 나 같은 여자가 잃을 게 가장 많으니 이 시스템에 가장 밀착되어 있는지도 모른다고 종종 생각했다. 하지만 주변부 여성과 대화를 나누면서 그들 중 다수도 '착한 여자'라는 설정에 갇힌 듯 느낀다는 사실을 알게 되었다. 그러므로 이런 믿음은 여성 모두에게 깊이 내면화되어 있다고 할 수 있다.

니 내면의 기적, 우리 안에 있는 더 큰 무언가와의 연결이 드러나는 모든 순간을 놓쳐버린다. 힘을 내어주고 대신 피로와 원망, 체념과 단절을 받아들인다. 우리가 정당하게 물려받은 기쁨이라는 유산을 스스로 부정한다. *세상이 필요로 하는 것은 그저 있는 그대로의 우리이건만.*

가장 슬픈 대목은, 의식적으로든 아니든 우리가 일곱 가지 죄악이라는 제약을 받아들이며 우리의 진정한 본성(제1의 천성, 본질)을 세상에서 행동하는 방식과 분리하도록 훈련해왔다는 점이다. 우리는 영혼의 가장 깊은 부분, 옳고 공명하며 아마도 역설적이 아닐 진정한 의미의 '선'이라 느끼는 삶의 맥박으로부터 스스로를 분리시킨다. 우리는 우리의 직관, 즉 많은 사람들이 우리의 훌륭함으로 여길 내적 앎과 단절되었다. 우리는 가장 원초적이고 필수적이며 보편적인 힘—그걸 신이라 부르든 자연 혹은 진정한 자아라 부르든—과의 관계가 반드시 해석자의 프리즘을 통과해야 한다고 믿도록 지도받았고, 그래서 자신을 믿기보다 해석자의 승인을 받으러 간다.

자주권을 믿는 일은 매우 중요하다. 더 큰 정신적 혹은 종교적 구성체를 믿지 않는 사람도, 고유의 재능을 계발하고 활용해 개인의 진정한 목적을 찾고 실현하는 일이 삶의 최우선 과제이자 핵심이라는 데는 동의하는 듯하다. 하지만 자신의 정신적·감정적·영적 자원을 자기 통제에 써버리고, 스스로 균형을 잃게 하고, 자신을 인간으로 만드는 바로 그 속성을 벌하는 데 너무 많은 에너지를 써버리면 그 일에 집중할 수가 없다. 우리는 자신의 본능을 따르기보다는 그걸 부정하라는 가르침을 받아왔다. 그리고 이 부정 때문에 자신을 인정하지 못하고(교만), 즐거워하지 못하며(정욕), 스스로를 먹이고 안전하게 만들지 못하고(탐식, 탐욕), 감정을 내보이면서 우리의 요구를 주장하지 못하며(분노), 휴식을 취하지 못하고(나태), 그 무엇도 욕망하지 못한다(시기). 이 부정 탓에 우리는 풍요와 개인적 성취, 목표 실현을 찬양하지 못한다. 눈에 보이는 것보다 더 많은 것(천국, 사후세계, 환생, 저세상)이 있다고 생각하는 사람은 자신이 그곳에 합당한 존재임을 증명하려는 집착 때문에 어쩌면 *바로 이것이 그것이고 이곳이 그곳*이라는 사실을 인식하지 못한다. 우리는 이미 *그곳*에 있기에 금욕을 통해 진주문(성서의 요한계시록 21장 21절에 따르면, 하늘에서 내려오는 거룩한 새 예루살렘의 열두 개 성문이 진주로 되어 있다고 함— 옮긴이)을 통과할 필요가 없다. 하지만 우리는 경계를 벗어나지 않는 일에 너무 몰두한 나머지 그 사실을 놓치고 있다.

균형을 찾아서

많은 종교학자들은 죄가 신과의 분리를 의미한다고 믿는다. 히브리어의 '죄'chatta'ah와 그리스어의 '죄'hamartia는 '과녁을 빗맞히다'라는 뜻으로 번역된다. 나는 이 개념이 진실성, 온전함, 완전한 인간성을 갖춘다는 의미일 때, 즉 우리가 '과녁'을 자기 자신, 이론적으론 신성과의 일치로 생각한다는 점에서 마음에 든다. 만약 죄가 내면의 나침반으로 쓰인다면 그 방향 지침은 우리 자신이 활용하기 위한 것이기에, 다른 누구도 우리 대신 그걸 해독할 수 없고 그래서도 안 된다. 만약 우리가 그 지침을 따른다면 목표는 탐닉으로 자신을 마비시키는 일도, 욕망으로부터 자신을 분리하는 일도 아니다. 연결로 가는 길은 균형, 즉 중간 지점이다. 우리의 욕구와 필요를 인식하고 그것을 인정, 조절, 충족하는 동시에 다른 사람들의 욕구와 필요를 의식하는 일인 것이다. 자기 안에서 균형을 이룰 수 있다면 우리는 세상 속에서도 균형을 이룰 수 있다. 이것이 내가 갈망하는 느낌이며, 나 자신을 위해 창조해내고 싶은 자유다.

자연주의자 에드워드 윌슨 E. O. Wilson은 인간의 문제에 대해 "우리는 구석기시대의 감정, 중세의 제도, 신과 같은 기술을 가지고 있다."라고 말한 바 있다.[2] 이 생각은 위대한 영적 스승 중 한 명인 카리사 슈마허 Carissa Schumacher의 "우리는 진화 없이 많은 진보를 이루었다."라는 말을 떠올리게 한다.[3] 모두 '우리가 만든 세상이 변하는 속도는 우리가 따라잡기 힘들 정도'라는 뜻이다. 우리는 지금 노쇠한 재료와 방법, 에너지로 새로운 평화와 공정의 시대를 건설하려 한다. 하지만 예의 낡은 생각으로는 우리가 가야 할 곳으로 갈 수 없다. 옛 이야기와 시대에 뒤떨어진 과학이 우리를 어떻게 가두는지, 그리고 두려움과 수치심이 어떻게 무의식과 몸에 박혀 우리의 목을 조르는지 직시해야 한다.

삶은 힘들고, 고통과 고난, 죽음과 쇠퇴로 가득 차 있다. 그러면서도 아름답고, 신비롭고, 새롭고, 의미 있으며, 경이와 초월적 기쁨의 불꽃 또한 가득하다. 우리는 충족과 절제, 먹는 일과 배설하는 일, '빛'과 '어둠', '좋음'과 '나쁨', 남성성과 여성성 따위에서 균형이 목표라는 사실을 너무 자주 잊는다. 사실 이 중 다수는 잘못된 이분법이다. '완벽히 좋음'이라는 절대적 상태는 우리가 결코 도달할 수 없는 상태다. 우리는 생명 유지를 위해 식물과 동물을 죽여야 하고, 따라서 살아 있다는 것은 결국 어떤 해로움에 동참하는 일이기 때문이다. 우리는 빛과 어둠의 전투에서 싸우는 병사가 아니다. 우리는 인간이고, 물질과 영혼 사이에 놓인 다리다. 우리는 중간 지점을 찾고, 그 선을 지킬 수 있다. 우리는 우리가 앉은 시소가 균형을 잃고 한쪽으로 기우는 것을 느끼고, 우리 각자가 균형을 찾지 않는 한 생존이 쉽지 않으리라는 것을 느낀다.

이 책을 쓰는 동안 전 세계에서는 전염병이 퍼졌고, 인종 문제가 대두했으며, 기후가 불안정해졌고, 전쟁이 벌어졌다. 바깥에는 무서운 일투성이지만, 그럼에도 지금도 이상하게 희망적인 시기처럼 느껴지기도 한다. 나는 지난 몇 년간의 혼란을 우리에게 필요한 변화에 요구되는 소란이라 생각한다. 덕분에 우리는 무사안일주의에서 벗어나 그간 우리가 보고 싶지 않았던 것, 표면 아래에서 곪아가고 있던 것을 보게 되었다. 이 오랜 상처들을 치유해야 악순환을 끊고 세상을 고칠 수 있다. 우리는 증상 너머를 보고 병든 뿌리를 치유해야 한다. 우리는 여전히 심각한 불의, 불평등, 점점 불안정해지고 과중한 부담을 짊어지게 된 성난 지구와 싸워야 하지만, 보다 균형 잡힌 미래를 위해 더 열심히 싸워야 할 때임을 인식하는 사람도 점점 더 많아지고 있는 것 같다. 모쪼록 우리의 진보를 막는 장애물들이 계속해서 무너지길 바란다.

우리가 우리 자신을 극복할 수만 있다면 말이다.

최근 나는 소외된 사람들을 옹호하고 폭력적 권력 시스템에 맞서 싸워온 인권운동가 로레타 로스Loretta Ross를 인터뷰했다. 그는 활동가

교육을 할 때 학생들에게 이렇게 묻는다. "여러분은 프로그래밍된 사람입니까? 아니면 자율적인 사람입니까?"⁴ 그의 말이 들려온다. 이제 자율적으로 결정하고, 선함의 덫에서 벗어나 이 패턴을 풀고 새로운 패턴을 만들 때다. '잘못되고 불합리한 것'을 계속 전파하고 믿기를 멈추고, 대신 내적 진실로 가는 길을 가르치고 걸어갈 때다.

순수함과 금욕으로 정의된 '선함'의 유산은 계속해서 우리를 제약하고 괴롭힌다. 우리가 자신과 서로에게 자비를 베푸는 법을 배우기 전까지는 사회의 해로운 부분을 벗겨내고 새로운 사회를 재건하는 일이 결코 쉽지 않을 것이다. 느끼지 못하는 것은 치유할 수 없다고 현명한 치료사들은 종종 조언한다. 마찬가지로, 보지 못하는 것을 해결할 수는 없는 노릇이다. 부디 이 책이 너무 오랫동안 우리 삶을 쪼그라뜨려온 교묘한 신념 체계를 제대로 드러내길 바라는 마음이다. 일단 그 체계가 드러나면, 이 해로운 허구들을 우리 마음에서 몰아낼 수 있을 것이다.

On Our Best Behavior

제1장

모든 것의 시작

가부장제의 짧은 역사

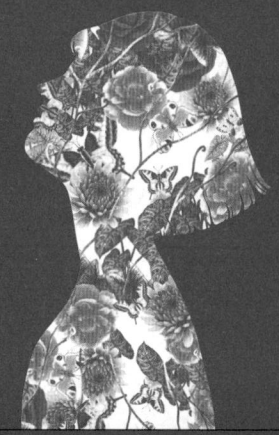

우리의 현 문화는 어디에서 태동했는가.
그리고 그 문화는 우리를
어떻게 지배하고 있는가.

Patriarchy *

일곱 가지 죄악이 우리 삶에(심지어 많은 이들은 스스로를 종교적인 사람이라 여기지 않음에도) 지금까지 어떻게 영향을 미쳤는지 이해하려면 그런 도덕률을 만들어낸 시스템을 이해해야 한다. 그 시스템이란 수천 년간 서양 문화를 규정해온 가부장제다. 그 조상들은 초기 기독교

---

* 제1장은 우스울 정도로 빠르게 훑고 지나가겠다. 더 깊이 알고 싶은 독자는 책 말미의 주석과 추가 추천도서 목록을 참고하기 바란다. 우리 역사에서 대부분의 기간은 글로 적힌 기록이 없다. 하지만 구석기시대와 신석기시대의 증거물이 점점 늘어나고 있어, 우리 조상들이 사회적으로 얼마나 다채롭고 창의적이고 흥미로웠는지 알 수 있게 되었다. 분명 단일한 문화 공동체는 아니었다. 하지만 《모든 것의 시작》The Dawn of Everything 의 공동저자인 인류학자 데이비드 그레이버David Graeber와 고고학자 데이비드 웬그로David Wengrow가 사회 이론은 단순화가 필연적이라고 했듯이["우리는 어쩔 수 없이 모든 것을 만화 그림처럼 단순화시키는데, 그러지 않으면 가시화되지 않는 패턴을 찾아내기 위해서다. (…) 세상에 대해 새로운 것을 발견하려면 세상을 단순화시킬 수밖에 없다."[1], 여기서 나 또한 그렇게 하려 한다.

제1장 모든 것의 시작

를 채택하고 틀을 짜, 우리의 행동을 강제하는 방식으로 지금까지도 우리에게 영향을 미치고 있다. 나는 백인, 시스cis(본래는 '같은 쪽'이라는 의미의 프랑스어 접두사인데 현대에는 '비트랜스젠더'라는 뜻으로도 쓰임―옮긴이), 이성애자, 중상층, 불가지론자/영성추구자라는 온갖 특권적 위치에 있는 나 같은 사람이 어떻게 여전히 이런 유대-기독교 사상의 '선함' 개념에 갇혀 있는 것인지 이해하기 힘들었다. 왜 나는 이런 '죄악'을 범하지 않으려 애쓰는 걸까? 이 질문에 대답하려면 우리가 누군지에 대한 이야기, 우리가 역사를 통해 서로에게 전해온 이야기를 살펴야 한다. 미리 경고하자면 이 장章은 이 책에서 가장 밀도 높고 학문적인 부분이다. 원한다면 건너뛰어도 되지만, 새로운 것을 상상하려면 우리가 어디에서 왔는지를 파악하는 일이 중요하다.

원래는 파트너였다

우리는 가부장제를 피할 수 없는 현실로 여기는 경향이 있지만 이는 틀린 생각이다. 인간 존재는 대부분의 시간 동안―250만 년 전부터 기원전 1만 년까지―작은 집단을 이루어 이리저리 돌아다니며 사는 유목민이었다. 그 집단은 수많은 이질적 집단이 '위대한 어머니'라 여긴, 모든 생명의 창조적 힘에 의존하는 파트너십 사회였다. 이런 파트너십 사회에서 여성은 생명을 창조하는 능력 때문에 존경받았다. 출산은 결국 기적이기에.[2]

초기 부족들이 모계사회였다는 말은 아니다.[3] 그런 말 역시 결국 여성은 남성보다 우월하다 여기는 임의적 위계 시스템을 강조하게 될 것이기 때문이다.[4] 구석기시대 사회는 지속적 억압 대신 주로 연합을 기반으로 했다.[5] 우리 존재의 이 첫 수백만 년 동안에는 오늘날 우리가 정의하는 방식의 사유재산이랄 것이 없었다. 저장할 자원도, 쌓아둘 부도, 생물학적 후손에게 물려줄 땅이나 지위도. 우리 조상들은 집단에 초점을 맞췄다. 그들에게는 '나'보다 '우리'가 중요했다. 누구든 생존하려면 집단과 자연에 의존해야 했을 테니까.

석기시대 조상들은 작은 텃밭을 만들고, 과일과 채소, 달팽이나 개구리 같은 작은 동물을 채집하러 다니고, 아주 가끔씩 큰 사냥감을 획득했을 것이다. 인류학자들은 우리가 수렵/채집 사회가 아닌 채집/수렵 사회였다고 주장한다. 식량 공급의 80퍼센트는 여성이 창출해내고 가공했다.[6] 사냥은 생활 방식으로서 크게 과장되긴 했으나, 실제로 사냥을 할 때는 일부 여성도 참여했다. 튀르키예 중부의 차탈회위크Çatalhöyük(기원전 7500~6400) 같은 거주지의 남녀는 몸 크기가 동일했고, 동일한 칼로리를 섭취했으며, 실내에 머무는 시간도 똑같았다.[7] 안데스산맥의 9,000년 된 무덤을 조사해보니 사냥 도구와 함께 묻힌 26구의 시신 중 10구가 여자였다는[8] 사실을 〈뉴욕 타임스〉에서 읽거나, 오랫동안 남성이 그린 사냥 장면이라 여겼던 선사시대 동굴벽화를 다시 조사해보니 손자국 대부분이 여성의 것으로 확인되었다는[9] 사실에 놀란 사람은 나 혼자만이 아닐 것이다.

인류가 대규모 농업을 시작한 1만 년에서 1만 2,000년 전까지, 그리고 농업이 보편화된 기원전 8000년부터 3000년까지의 시간 동안 어떤 변화가 일어났는지에 대해서는 많은 이론이 있다. 대부분의 역사가들은 자원 부족이나 기회—기원전 5000년경 기온 변화로 유라시아 전역의 강 주변에 매우 비옥한 토지가 드러났다는[10] 사실—가 사람들을 이동하게 했고, 이로 인해 집단들이 서로 충돌하게 됐다는 데 동의하는 것 같다. 원시 유럽인들의 물결이 기존의 '구유럽' 문화에 침투했는데, 북쪽에서 온 인도유럽인과*[12] 남쪽의 시리아-아라비아 사막에서 온 아카드족과 셈족 남자들이 압도적이었다.[13] 이 전투 부족들은 정복한 사람들을 강간하고 약탈하고 종속시켜, 일부는 우월하고 일부는 억압받는 위계 문화를 만들었다.[14] 구석기와 신석기의 사회는 자연에 대한 의존을 인정했지만, 농경 사회에서 자연은 지배하고 통제하며 질서를 부여해야 할 대상으로 여겨졌다.[15] 우리가—장기간에 걸쳐 전 세계에서 다양한 방식으로—농경 생활을 하면서 모든 것은 변했다. 특히 여성, 아이들, 가축화할 수 있는 동물 등 다른 사람들의 이익을 위해서는 하찮아지고, 동원되고, 노예로 전락할 수 있는 모든 사람이나 동물이 그랬다.

갈등이 혼란을 야기했다면 그 여파로 사회는 질서가 부과될 수 있는 구조로 재구성되어야 했고, 기원전 3000년에서 1300년 사이에 그

---

* 이 포괄적인 이론은 고고학자이자 인류학자, UCLA 교수인 고 마리야 김부타스Marija Gimbutas의 주된 유산이다. 하지만 1990년대에 그가 사망하자 동료 학자들은 그의 명성을 평가절하했는데, 여기엔 그의 작업은 모든 신석기시대 문화가 모계 중심이었다(이는 사실이 아니고 김부타스는 결코 이런 말을 한 적이 없다)고 주장하는 뉴에이지 페미니스트들과 협력한 결과라는 이유도 있었다. 이로 인해 김부타스의 이름은 일종의 크립토나이트('슈퍼맨' 이야기에 나오는 가상의 화학 원소로 슈퍼맨의 힘을 빼앗음.—옮긴이)가 되었고, 그의 작업은 (그 비판자들이 읽어보지조차 않은 게 분명했지만) 쓰레기통에 버려졌다. 하지만 그의 주장이 옳았음은 최근 DNA 증거를 통해 입증되었다. 그의 말대로, 북쪽에서 온 인도유럽인들—무덤 양식 때문에 쿠르간Kurgans이라 불린다—은 기원전 3000년경에 토착민을 말살시켰다.[11]

런 시스템이 등장했다. 사회가 더 복잡해짐에 따라 더욱 광범위한 규칙과 법률은 필수가 되었다. 그러나 권력은 무엇보다 자원 부족과 안전이 문제가 될 때 왜곡되기 마련이다.

최초의 재산이 된 여성

충돌 후 정복당해 노예, 하인, 첩으로 끌려간 여성과 아이들은 가부장제의 첫 번째 재산이었다. 남성들은 이들에게 지배력을 행사하여 그 가능성을 배웠다. 이는 노예제도의 기초가 되었고, 많은 문화권에서 경제적 원동력이 되었다.[16] 시간이 흐르면서 여성에 대한 억압은 자연스럽고 항상 그랬던 양 정상적인 것으로 여겨지기에 이르렀다. 이후 '타자화'는 사회적으로 받아들일 만한 권력 서열을 만드는 방법으로 유대인, 무슬림, 흑인에게 널리 활용되었다. 여성은 그 첫 번째 희생양일 뿐이었다.[17]

가부장제의 메커니즘 중 하나는 수직적 가족 구조를 유지하도록 강제하는 일이었다. 공동체 생활 문화에서는 여성들끼리의 강력하고 최우선적이기까지 한 유대가 시간이 지나도 지속되었기에, 수직적 가족 구조로의 전환은 자기들끼리 서로 의존하던 여성들을 남성에게 의존하게끔 만들기 위한 것이었다. 결혼한 여성도 본질적으로는 노예 상태였다. 지금이야 결혼을 상호선택적인 (이상적으로는 낭만적인) 파트너십으로 생각하지만 이는 매우 현대적인 해석이다. 결혼의 초기 형태에서 여성은 가족과 가족을 연결하고, 자산과 지위를 하나로 모으며, 아이를 낳았다. 사실상 여성은 남편의 소유물이었고, 결혼을 통해 사고파는 대상이었다.*

일신교가 표준이 되기 전(일신교는 기원전 1300년에 이집트에서 처음으로 등장했고, 그리스-로마 세계에는 1,000년 후에 나타났다) 여성은 사제, 예언자, 치유자로 신전 생활에서 활발한 역할을 했다. 여신과 생명을 주는 그 역할은 다른 신들과 함께, 또는 주요 신으로 꾸준히 숭배되었다.[18] 하지만 시민 사회의 일상에서 여성은 거의 존경받지 못했다. 권력에 더 가까운 여성들조차 영원히 불안정한 위치에 머물렀다. 아내는 정당한 절차나 이유 없이 첩이나 노예로 쉽게 강등될 수 있었다.[19] 이 상존하는 위협은 의존과 선행을 강제했고, 궁극적으로 이것은 법으로 제정되었다.

기원전 3000년경 척박한 사막에 살던 셈족이 등장하면서—그들은 본래 농부라기보다 목동이었고, 창조적이고 관대한 세상에 대한 개념이 거의 없었다—오랫동안 지속되어온 여신 전통에 사실상 종지부를 찍었다. 이전 침략자들은 현지 신화를 흡수하고 믿음 체계를 통합했다. 이것이 우리가 다양한 지역에서 다른 이름을 가진 같은 신들을 보고, 남성 신이 여성 신과 결혼하거나 보호자 역할을 맡는 것을 볼 수 있는 이유다. 현지 문화가 완전히 사라지지 않았기 때문에 이들 신이 살아남고 다시 등장할 수 있었던 것이다.[20] 그러나 조지프 캠벨Joseph

---

* 기록에 남아 있는 최초의 결혼은 기원전 2350년의 메소포타미아로 거슬러 올라가는데, 당시는 가부장제 초기 시기로 구석기시대가 끝나고 8,000여 년이 지난 때였다. 그렇게 시작된 결혼은 점점 진화하고 다른 문화권에도 전파되었다. 하지만 기록에 남아 있지 않을 뿐, 결혼과 비슷한 제도는 훨씬 더 오래전부터 있었을 수도 있다.

Campbell에 따르면, 이 초기 가부장제 문화는 오랫동안 자연을 잔인하고 가혹한 것으로, 싸우고 정복해야 할 대상으로 여겼다.[21] 그들은 또한 여성혐오적이고 폭력적이었으며, 왜곡된 이중잣대를 가지고 있었다. '눈에는 눈'으로 가장 잘 알려진 함무라비 왕(기원전 1792~1750)은 우리가 연구할 수 있는 최초의 법전을 제정했다. 함무라비가 성문화한 282개의 판례 조항 중 결혼과 성에 관한 것은 73개였고, 거의 여성만 제약하는 것이었다. 남자가 간음하면 벌금을 내야 했지만 여자는 익사당해야 했다. 또 남자가 임신한 여성을 죽이면 그의 딸이 죽어 죗값을 치러야 했다.[22]

물론 구약으로도 알려진 히브리 성경(기원전 1200년에서 165년 사이에 기록됨)에도 여성에게 관대하지 않은 법률이 가득하다. 유대교의 두드러진 특징 중 하나는 신성한 책들이다. 유대교는 최초로 법과 의례를 글로 기록한 종교였고,[23] 그중 많은 부분이 기존의 신화와 믿음 체계에서 수집되었다.[24] 하지만 유대교의 가장 확연한 차별점은 이제 법이 신의 승인하에 있다는 점이었다. 이는 함무라비의 선호가 아니라 *신이 지시한 가부장제*였다. 유대교의 공식 족장은[25] 아브라함과 그의 아들 이삭, 이삭의 아들 야곱이었고, 그렇게 쭉 대를 이어 모세에 이르렀으며, 모세는 시나이산에서 십계명을 받아 전달했다.[26] 신은 거의 남성과만 거래했고, 여성의 역할은 재산임을 공식화했다.** 아브라함의 다른 아들 이스마엘은 이슬람의 조상이 되었다.

** 예를 들어 출애굽기 20장 17절에는 이렇게 나와 있다. "네 이웃의 집을 탐내지 말라/네 이웃의 아내나 그의 남종이나 그의 여종이나 그의 소나 그의 나귀나 무릇 네 이웃의 소유를 탐내지 말라"[이하 성경 인용은 모두 대한성서공회의 개역개정판(1998)을 참조했음—옮긴이]

남성은 모든 면에서 우대받았다. 일신교가 등장하면서 우리는 전능한 남성 신의 창조를 보게 되었고, 처음으로 주요 신이나 배우자로서의 여신이 사라졌다. 성경의 창조 이야기인 창세기는 기원전 2500년경의 수메르 신화를 개작한 것으로, 여신(즉, 신성한 어머니)Divine Mother, 나무, 뱀이 등장한다. 원래 신화에서 뱀은 탈피를 통해 새로운 생명을 탄생시키는 죽음을 상징하지 악이 아니며, 낙원에서 추방되지도 않았다.[27] 하지만 많은 이들이 신성하다고 믿는 구약 성경(학자들은 창세기가 기원전 950년에서 500년 사이에 쓰였다고 믿는다)에서는 아버지 하느님이 유일한 창조자가 되어 여신의 자리를 대체하고, 여자는 죄의 상징이자 남자가 타락하는 원인이 된다.[28] 한편 다산의 여신과 이시스Isis*—이집트와 그리스-로마 세계(기원전 360~서기 536) 전역에 그 신도와 신전이 있었다—의 상징인 뱀은 여자의 죄를 부추기는 존재가 된다.[30] 모든 유대-기독교 문화(오늘날 세계 인구의 약 3분의 1이 이에 속해 있다[31])가 공유하는 이 고대 창조 이야기에서 여성은 권력을 잃었을 뿐 아니라 영적으로도 타락한 존재로만 그려진다.

---

* 이시스는 이집트의 주요 여신으로 오시리스의 여동생이자 아내라고 믿어지며, 그리스-로마 세계의 신전과 신비한 의례를 통해 숭배되었다. 역사학자 중에는 이시스가 성모 마리아의 효시라고 주장하는 이도 있다. 작가 루치우스 아풀레이우스Lucius Apuleius(125)는 '여왕 이시스'Queen Isis가 이 여신의 진짜 이름이며 미네르바, 비너스, 디아나, 케레스, 헤카테 등의 다양한 이름으로 통했다고 설명한다. 당시에는 이시스를 추앙하는 의미심장한 신전 생활이 있었는데 그곳에서 여성이 지배하고 남성을 성적 신비의 대상으로 삼았다.[29]

텍스트는 완전하지 않다

기독교가 처음 등장했을 땐 가부장제의 체계적인 종교적 도구가 아니었다. 사실 텍스트에서 예수의 페미니즘적 증거를 찾기는 어렵지 않다. 하지만 초기 교부들은 이를 편리하게 무시했고, 결국 여성의 이등 시민적 지위를 확고히 하는 정전을 만들었다. 초기 기독교는 작은 신흥 종파로서 널리 박해받았다. 기독교에는 공식적인 중심이나 공식 문서가 없고, 오직 예수의 가르침과 경험을 개인적으로 기록한 '복음서'gospels**만 있었다. 복음서는 예수가 십자가형으로 처형되고 오랜 시간이 지난 뒤에 기록되었다. 처음엔 설교와 소문을 통해 입에서 귀로 전해지다가, 그 후 여러 세대에 걸쳐 서기관들에 의해 기록되고 필사되었다. 사실 그 정확성 여부는 들쭉날쭉하고 확인하기도 어렵다. 원본은, 설령 그런 게 존재했다 해도 살아남지 못했다.[32]

서기 325년, 막 기독교로 개종한 신성로마제국의 황제 콘스탄티누스는 니케아 공의회를 소집하여 정경正經에 대한 합의를 확립했다. 당시에는 오늘날의 신약 성경에 포함된 네 개의 복음서보다 훨씬 많은 복음서가 있었는데, 그중 어떤 복음서를 '정통' 혹은 '옳은' 것으로 인정하고 어떤 것을 '틀린' 것으로 할지의 결정은 특정 서사에 대한 선호로 귀결되었다. '옳은' 것으로 간주된 복음서들은 남성 사도 전통과 교회의 중심적 역할을 확인해주었다. 공의회는 그 사명에 반하는 복음서들을 이단(이 단어의 어원은 의미심장하게도 '선택하다'다)으로 낙인찍

** 복음은 '좋은 소식'이라는 뜻이다.

고 파기하도록 명령했다(거기에는 그리스도의 부활 이후 가르침을 기록한 마리아 막달레나의 복음서도 포함되었다). 오늘날 역사가들은 여성들이 지도자, 교사, 신자로서 초기 기독교에 중요한 역할을 했다고 주장하지만, 초기 교회는 이 유산을 축소하고 지웠을 뿐 아니라 여성을 죄의 기원이자 도덕적 타락의 수용체로 묘사했다.[33] 같은 세기 후반 기독교는 로마 제국의 공식 종교가 되었으며, '첫 번째 사도'인 베드로에 의해 이어지는 남성 사도 전통을 갖추게 되었다.[34]

구약의 창조로 다산 숭배는 거의 없어졌으나, 조직화된 기독교와 신약은 로마의 막강한 정치권력을 등에 업고 여신 숭배를 거의 완전히 소멸시켰다.[35] 비잔티움 제국의 황제 유스티니아누스 1세는 서기 536년에 이시스 숭배를 공식 폐지했고 종교재판소는 다른 이단 종파들을 처리했는데, 그중 다수가 페미니스트 종파였다.[36]

물론 아이러니하게도 예수의 가르침을 들여다보면, 남성으로만 구성된 사도 전통은 결코 핵심도, 체계적인 종교도 아니었다. 게다가 예수 자신은 아무것도 기록하지 않았다.[37] 성서는 수 세기에 걸친 전화 게임 game of Telephone(사람들이 서로 메시지를 전달하는 과정에서 그 내용이 왜곡되고 변형되는 현상을 지칭—옮긴이)의 산물로, 사람들이 자신의 기호에 따라 편집한 것이다. 어리석고 뻔한 말로 들릴지 모르지만, 그 사실을 깨달았을 때 나는 마음의 문이 확 뜯겨나간 기분이었다. 무엇이 유실되었을까? 우리가 뭘 잘못했을까?

오랫동안 묻혀 있다 최근에 발견된 몇몇 복음서들은 니케아 공의회에서 무엇이 통과되지 못했는지를 짐작할 수 있게 해준다. 고대의 '이단적' 필사본 중 상당수는 불안해하는 수도사들에 의해 사막에 묻혔고 현대에 이르러서야 발견되어 번역됐는데, 많은 경우 우리는 발굴된 것의 단편들만 접할 수 있다. 1945년 이집트에서 발견된(비록 번역과 출간은 1983년에 와서야 이뤄졌지만) 그런 텍스트는 50개가 넘는다. 1896년에 발견되고 1955년에 콥트어Coptic로 처음 번역된 마리아복음과 더불어 이 성스러운 문서들은 현재 영지주의('알다' 또는 '지식'을 뜻한다) 복음서로 알려져 있다. 복음서마다 내용은 다르지만, 영지주의의 일관된 주제는 신성의 경험이 개인적이고 직접적이며, 오직 자신과 신 사이에서만 이루어진다는 것이다. 그러므로 성직자도, 물리적 교회도 필요 없다.

가부장제 속 여성과 관련해 중심이 되는 것은 막달라 마리아가 신약 성경에서 갖는 역할, 그의 '이단적' 복음 그리고 그의 문화적 명성이다.[38] 많은 종교학자들에게 있어 영지주의 복음서의 재발견은 깨달음의 순간이었고, 이로써 성경에 여성의 목소리가 없는 것이 설명되었다. 우리가 새로이 물려받은 텍스트 유산은 하느님에 대한 포괄적 조망 또는 이해였고, 초기 교회는 배타적 부계 혈통 개념에 집착했다. 예수는 하늘에 계신 하느님의 아들로 이 세상에 왔고, 오직 남자들로만 구성된 제자들을 모았으며, 승천하자마자 그들을 자신의 제사장으로 기름 부어 세웠다. 끝. 교회는 영지주의 복음서들(그리고 그 추종자들)을 이단으로 간주하고 악착같이 찾아내 없앴는데, 이는 교회가 스스로를 유일한 권위자, 하느님 뜻의 전달자, 구원에 필요한 행동의 집행자로 주장하려는 욕망에 대해 모든 것을 말해준다.

영지주의 복음서들은 우리로 하여금 이런 질문을 하게 한다. 우리가 통역자나 중간 매개자 없이 신과 직접 연결될 수 있음을 알게 된다면 세상은 어떻게 움직일까? 만약 기독교가 교회나 성직자 대신 깊은 내적 앎만을 필요로 하는 직접적 체험 종교로 살아남았다면, 우리 문화는 완전히 다른 모습이 됐을 것이다.

일곱 가지 대죄의 뿌리

니케아 공의회가 열린 지 수십 년 후, 그리스어를 사용하는 에바그리우스 폰티쿠스 Evagrius Ponticus (345~399)라는 수도사는 이집트 사막의 한 수도원으로 망명하여 마음속 악마와 싸웠다(이는 그가 유부녀와 사랑에 빠진 터였다). 그리스어로 '디몬' dimon은 규칙에 복종하지 않으려는 생명의 기운, 즉 우리의 통제할 수 없는 부분을 뜻했기에,[39] 폰티쿠스는 말 그대로 불을 내뿜는 악마 같은 존재를 상상한 것이 아니라 감정이나 열정, 기도를 방해하는 갖가지 열정에 빠지기 쉬운 자신의 타고난 성향과 싸운 것이었다.

이런 인간적 본능에 대해 폰티쿠스는 다른 수도사들 사이에서 회람된 《반박하기》Talking Back라는 책을 써서 대응했다. 이 책은 일종의 주문서처럼, 이 (내면의) 악마들이 심은 열정적 생각, 즉 정념 logismoi이 죄가 되는 행동으로 꽃피지 않게끔 방책으로 활용하기 위한 짧은 경전 모음집이다. 《반박하기》는 여덟 권의 '책'으로 구성되었는데, 그 책들은 악귀를 식별하여 (1)탐식, (2)정욕, (3)돈에 대한 사랑, (4)슬픔, (5)분노, (6)무기력, (7)허영심, (8)교만의 순서로 그것들에 대처한다.[40] 다른 사막 교부 desert father(3세기에서 4세기 초에 이집트의 사막 지역에서 수도 생활을 시작한 초기 기독교 수도자들로, 세속적 삶에서 벗어나 고립된 곳에서 기도와 묵상, 금욕적 삶을 통해 하느님과의 더욱 깊은 교제를 추구했음—옮긴이)들은 폰티쿠스의 가르침을 번역하고 전파했다.*

그로부터 두 세기 뒤 교황 그레고리우스 1세(540~604)는 폰티쿠스의 목록을 '주요 악덕'Capital Vices으로 다듬어 여섯 권짜리 《욥기의 도덕》Moralia on Job을 썼다. 그레고리우스에 따르면 가장 중요한 악덕인 교만은 인간이 하느님에게서 멀어지는 순간으로 정의되고, 교만에서 나머지, 즉 허영심, 질투, 분노, 우울, 탐욕, 탐식, 정욕이 솟아난다.[41] 이 목록이 다시 변형되면서(허영심과 교만이 합쳐지고 나태가 슬픔을 대체하게 된다. 앞으로 보겠지만, 나는 슬픔을 제명한 것에 대해 할 말이 좀 많다) 그레고리우스의 버전은 오늘날 우리가 알고 있는 일곱 가지 대죄가 되었다.

그레고리우스가 처음으로 일곱 가지 대죄에 대해 설교했을 때 그는 이런 악덕을 막달라 마리아에게 뒤집어씌우고 그를 창녀로 낙인찍었다. 그를 누가복음 7장에 나오는 '죄 많은 여인', 즉 예수의 발에 향유를 붓는 창녀로 추정되는 인물과 혼동한 터였다.[42] 이 연결로 그레고리우스는 마리아를 일곱 가지 대죄의 화신으로 만들었다. 운명적인 《강론집》Homily 33장에서 그는 "누가가 죄 많은 여인이라 부르고 요한이 마리아라 부르는 여인은, 마가에 따르면 일곱 악귀가 쫓겨난 마리아라고 우리는 믿는다. 그런데 이 일곱 악귀가 그 모든 악덕이 아니라

---

* 아이러니하게도 폰티쿠스의 추종자들은 그가 죽고 몇 달도 채 지나지 않아 이단으로 박해당했지만 그의 창작물은 훨씬 많은 사람들이 활용했다.

면 무엇이었겠는가?"라고 설교했다.[43] 그레고리우스는 이처럼 마리아를 정죄함으로써 모든 여성을 정죄했다.

예수의 가장 훌륭한 제자이자 연인일 가능성이 있는 마리아를 두고 당시 종교 당국이 모든 죄의 화신이라고 주장했던 이유는 무엇일까? 성공회 사제인 신시아 부조Cynthia Bourgeault는 이렇게 설명한다.

"페미니스트 학자들은 여기서 의도적 음모를 보는 경향이 있다. 최초의 사도들에게서 이끌어낸 오직 독신 남성만의 계승이란 가정을 기초로 새롭게 만든 교회 서열 시스템에서, 막달라 마리아의 사도직 참여는 분명 변칙이자 위협이었다."[44] 만약 마리아가 중요하고 필수적인 존재로 정당하게 인정받았다면 교회는 매우 다른 모습이 되었을 것이다.

하지만 의도보다 더 중요한 것은 마리아에 대한 폄하가 만들어낸 문화적 파장이다(창녀라는 오명에 계속 갇혀 있던 막달라 마리아는 가톨릭 교회가 그레고리우스 교황의 실수를 인정한 1996년에야 그 오명을 벗었다. 2016년 프란치스코 교황은 마리아가 "사제들의 사제"라고 했지만, 그 해악은 이미 돌이킬 수 없어진 뒤였다). 마리아는 여전히 불명예스럽고 비천한 존재로 인식되고 있으며,[45] 이는 모든 여성에게 우리가 절대 남성이 될 수 없기에 결코 구원받을 자격이 없고 온전히 구원받지도 못할 것임을 암시한다. 이런 생각이 얼마나 교활한지, 또 여성의 '타고난' 열등함과 남성의 영적 도덕적 우월함에 대한 생각을 어떻게 우리의 집단의식에 심었는지는 제대로 파악하기가 거의 불가능할 정도다.

구원의 추구

여성은 영원한 타락으로 정죄받을지라도 구원을 추구하도록 장려되었다. 본래 기독교 전통에서는 하느님에게 직접 죄를 고백하고 회개했으며, 그런 죄는 이웃에 대한 모욕으로 인식되었기에 공개적이고 공동체적으로 그렇게 했다. 하지만 로마 가톨릭교회가 권력을 장악하고 수 세기가 지나면서, 면죄의 수단인 고해는 참회자와 사제 간의 사적인 일이 되었다. 이런 변화는 성직자들에게 도덕을 강제할(그리고 교구민들의 어두운 비밀을 파악할) 더 많은 권한을 부여했고, 참회자들은 더는 하느님에게 직접 호소하지 않고 신과의 관계에 중재 혹은 개입을 허용하게 되었다. 1215년에는 1,000명 이상의 주교와 수도원장 들이 모여 고해성사 일정을 정했는데, 모든 대죄 또는 중죄(그런 죄를 저지른 사람을 하느님의 은총으로부터 분리시키는 죄)는 죄를 저지른 해 내에 고백해야 한다고 규정했다. 이들 주교와 수도원장은 이런 면죄가 필요한 범법 사항에 대해 대중을 교육하려 선교를 떠났다.[46]

일곱 가지 대죄는 그런 범법 사항이 무엇인지를 대중에게 설명하는 데 유용한 도구였다. 글을 읽을 줄 아는 사람이 얼마 없었고, 성경 필사본은 무척 값비싸고 희귀했으며,* 일곱 가지 대죄는 섬뜩하고 명확하며 설명하기도 쉬운 터였다. 구약의 제2계명은 어떤 성상도 숭배하지 말라고 했지만 그레고리우스 교황은 그 칙령을 해제했고, 일곱 가

---

*   휴대가 가능한 최초의 인쇄본 책 《구텐베르크 성경》은 서기 1454년에야 등장했다. 하지만 당시의 인쇄본도 200권이 채 안 됐기에 성경은 여전히 매우 귀했다.

지 대죄를 강조하는 종교 예술의 물결이 종종 일었다.[47] 그 작품들은 교회의 가르침에 굳건히 자리 잡았는데, 그중에는 토마스 아퀴나스가 15세기에 써서 사제들의 기본 교과목이 된 3,000페이지 이상의 《신학대전》도 포함된다. 그 내용은 오늘날까지도 사용되는 가톨릭 교리 문답서에 녹아들어 있으며, 비록 성경에도 없고 예수가 말한 적도 없지만 전 세계 고해성사실에도 안착되어 있다. 이것이 역사가 만들어지고 다시 만들어지는 방식이며, 무엇이 자연스럽고 무엇이 옳고 항상 그래왔는지에 대한 관념의 씨앗을 뿌리는 방식이다. 요컨대, 어떤 남성 몇몇이 그렇게 말했기 때문인 것이다.

이 일곱 가지 죄악은 곧 그 시대의 문학에도 나타나 단테가 쓴 《지옥》(1300)의 중심 주제가 되었고, 제프리 초서가 쓴 《캔터베리 이야기》(1387~1400)의 '목사 이야기'로 더욱 대중화되었다. 이들 이야기가 대중의 상상력을 사로잡으며 교회에 유용한 교육 도구임을 입증한 것은 충분히 이해할 만하다. 그것들은 행동을 강제하는 채찍이 되었고, 교육받지 못한 사람들에게 매우 단순한 셈법을 알려주었다. 일곱 가지 죄악 중 하나를 저지르면 죽어서 지옥에 떨어지는 운명을 맞게 되지만, 죄를 고백하고 뉘우치고 죗값을 치러 면죄부를 받으면* 하늘나라에 갈 수 있다는. 이 시기는 죽음과 지옥으로 떨어질 위협이 유난히 컸던, 역사적으로 너무도 어둡고 무서운 시대였다. 1184년에는 종교재판이 시작되었고, 1347년부터는 유럽 전역을 휩쓴 흑사병으로 수

---

* 면죄부 발행, 즉 교회에서 금전적 대가를 받고 죄에 대한 벌을 경감해주는 일은 1563년 트리엔트 공의회에서 공식으로 불법화됐지만 그럼에도 결코 근절되지 않았다. 돈벌이와 관련된 이런 타락은 마르틴 루터가 종교개혁 때 문제 삼은 주요 비판거리 중 하나가 되었다.

많은 인구가 목숨을 잃었으며, 1450년부터는 마녀사냥이 시작되었다(종교재판과 마녀사냥은 유럽과 미국 전역에서 수 세기 동안 이어졌고, 마녀사냥은 아프리카와 중동 같은 일부 지역에서 지금도 계속되고 있다). 교회에게 절실했던 것은 중요한 사람들이 확실한 구원에 이르는 길, 혹은 적어도 견책을 피할 수 있는 방법이었고, 회개는 손쉬운 해결책이었다.

마녀사냥

종교재판은 처음에 이단자들, 즉 확립된 정경만을 고수하지 않고 영지주의 복음서나 다른 종교를 믿는 사람들에 초점을 맞췄다. 가톨릭 교회는 그 권위에 의문을 제기하거나 부패를 비판하는 사람이라면 누구든지 박해하며 반대와 사상의 자유로운 흐름을 억압했다. 처벌은 무시무시한 공개 사형이나 추방이었다(교회는 이단자의 재산에 대한 소유권을 주장하며 적대자들을 쫓아내고 더 많은 돈과 권력을 축적할 수 있었다). 종교재판은 홀로코스트, 즉 자기들 집단에 등을 돌린 시민 집단 전체를 박해하며 파괴하는 일의 선례를 만들고 공고히 했다는 점에서도 주목할 만하다.[48]

처음에 여성은 종교재판의 표적이 아니었지만(대개는 주로 더 강력한 다른 남성 종교 집단이었다), 흑사병이 세상을 휩쓸고 저주에 대한 두려움이 고조되면서 점차 주목받았다. 2,500만에서 5,000만 명의 목숨을 앗아간 흑사병은 인간이 저지른 죄에 대한 신의 저주 혹은 벌로 여겨졌고, 이런 해석은 신도들로 하여금 구원과 천국행을 보장받을 법한 행동을 하도록 자극했다.[49] 이 유행병과 더불어 인구과잉, 인플레이션, 식량 부족 등 16세기 중반 유럽에서 악화일로에 있던 여타 사회 질병의 원인으로 지목된 것은 '타자'로 간주된 사람들이었다. 지배층이 찾고 있었던 것은 단순한 희생양만이 아니라 도덕적으로 의심할 만한 표적인 터였다.[50]

탓할 거리가 떨어지자 정부는 이제 여성을 절망과 공포의 주된 과녁으로 삼았다. 마녀재판은 비종교적 형식으로 진행됐지만, 내용적으로는 종교재판의 공식을 따라 고문과 공개 화형 등의 끔찍한 처벌을 통해 고백을 강요하고 공모자를 지목하게 했다.[51] 마녀사냥은 아이들을 비롯해 전 연령대의 여성(그리고 일부 남성)을 표적으로 삼았지만[52] 첫 대상자는 '노파', 즉 지혜로운 여자 노인, 특히 재혼을 거부하거나 그럴 선택지가 없었던 과부였다.[53] 이들 여성 노인은 오랫동안 강력한 전통의 수호자였다. 그들은 문화의 치유자, 선지자, 산파였고,[54] 어린 여자아이들이 여성의 통과의례를 시작하는 일을 도왔으며, 어머니들을 지도했고, 세대를 초월한 이야기와 지혜를 전했다. 그러나 15세기 중반(절정에 달한 시점은 1560년에서 1760년 사이였다)부터, 성적 대상으로 보기엔 너무 늙고 교회가 위협으로 간주한 지식과 기술을 소유한 여성들은 마녀로 박해받았다.* 사실 그런 거부는 오늘날에도 볼 수 있다. 우리 문화는 출산 전성기가 지난 여성에게 관대하지 않고 관심도 없을뿐더러, 확실히 여성에 대한 존경심이 없다. 우리는 남성 노인

---

* 할로윈 때 우리는 솥단지와 빗자루를 움켜쥔, 주름이 쪼글쪼글한 여자로 꾸미고서 그들을 기린다. 두 물건 모두 가정주부의 상징이다. 조지프 캠벨에 따르면 함께 등장하는 검은 고양이는 여신에 대한 인사로 흔히 예술 작품에선 사자, 퓨마, 호랑이, 표범 같은 고양잇과 동물로 그려진다고 한다.

을 사제, 입법자, 재판관으로 추어올리고 떠받들지만 그 상대자들은 추방해버렸다.

1487년에 하인리히 크라머Heinrich Kramer라는 도미니크회 수도사는 마녀를 사냥하고 식별하고 고문하는 법에 관한 논문 〈말레우스 말레피카룸〉Malleus Maleficarum('마녀를 심판하는 망치'라는 뜻 — 옮긴이)을 썼고 후에 교황 인노켄티우스 8세**로부터 승인을 받았다.[55] 마녀의 주 죄목은 정욕(막달라 마리아를 상기시키는)이었고, 15세기와 16세기, 17세기에 마녀 사냥꾼들은 이웃과 이야기를 나누고 일반적 질병에 대한 치료법을 나누는 등의 시답잖기 짝이 없는 '범죄'로 여성을 박해했다.

그 결과 두려움으로 여성을 고립시키는 공포 작전이 펼쳐졌다. 여성들은 항상 정보, 지지, 우정을 교환하며 삶을 함께했는데,*** 여성들의 그런 우정은 특히 마녀사냥의 표적이 되었다. 마녀재판 때 마녀로 고발당한 여성은 고문을 받으며 서로를 고발하도록 강요당했다.[57] 수 세기 동안 계속된 '젠더사이드'gendercide(특정 성별에 대한 대량학살 — 옮

** 일부 역사가들은 〈말레우스 말레피카룸〉이 결코 공식 법정 문서가 된 적이 없다고 주장하지만 그 핵심 내용은 널리 퍼졌다. 이 논문이 나오고 약 50년이 흐른 1532년에 신성로마제국의 황제 카를 5세는 '카롤리나' 법전을 승인했는데, 여기에는 법정 고문을 허용하고 마법 같은 범죄를 사형에 처할 수 있게 하는 내용이 담겼다.

*** 실비아 페데리치Silvia Federici 교수는 가십gossip이 원래 '신-부모'god-parent라는 뜻임을 상기시킨다. 이는 친밀한 정서적 유대를 암시하는 긍정적 단어였다. 그러나 15세기에서 17세기까지 가십은 살인의 충분한 이유가 될 정도로 부정적인 단어가 되었다. 페데리치 교수에 따르면, "1547년, '여자들이 함께 모여 수다 떠는 것을 금하고' 남편들에겐 '제 아내를 집 안에 묶어두라'고 명하는 포고령을 발표했다." 마리아 타타르Maria Tatar 교수는 《1,001개 얼굴의 여자 영웅》 The Heroine with 1,001 Faces에서 이렇게 썼다. "가십의 가장 큰 죄는 무엇일까? 한 가지 가능성은 가십이 여성을 하나로 묶어, 가부장제의 통제와 감시를 넘어선 사회적 상호작용 네트워크를 만든다는 점이다. 이것은 공동체의 공통 규범, 즉 설득력 있는 이야기를 수집하고 이리저리 분석해 지혜와 지식의 유용한 도구로 삼는 전략을 방해하는 대안 담론으로 보일 수 있다."[56]

간이)라는 깃발 아래서 얼마나 많은 여성이 박해받고, 고문당하고, 죽임 당했는지는 알려져 있지 않다. 재판 자료들을 근거로, 오늘날 역사가들은 유럽에서 실제로 처형된 사람의 수가 8만에서 10만 사이였다고 생각하지만, 선전과 과대선전은 전 세계 여성들에게 공포를 불러일으켰다.[58] 예컨대 매사추세츠주의 세일럼에서 열린 마녀재판에서 살해당한 여자는 25명에 불과하지만, 얼마나 끔찍했는지 이 사건은 지금까지도 우리의 상상력을 사로잡는다.

공포의 유산

모진 고문에 여성은 서로를 배반했다. 친구가 친구를, 딸이 엄마를 고발했다. 우리는 서로를 쳐다만 봐도 위험할 수 있음을 배우게 됐고, 그저 홀로 입을 꾹 다물고 있는 게 상책이었다. 혹시 그 감정적 잔여가 오늘날 여성들이 서로를 경계하고, 종종 서로가 잘려나가는 모습을 바라만 보고 있으려는 하나의 이유는 아닐지 절로 궁금해진다. 이 트라우마는 우리의 DNA에 새겨져 있다. 나는 이 두려움이 우리가 스스로를 제약하는 이유 중 하나일지도 모른다고 생각한다. 우리는 끊임없이 선을 지키고, 자신의 하찮음을 되새기고, 언젠가 불려 나와 분수에 맞는 자리로 되돌려 보내지고 비난받으리라는 생각과 싸운다.

우리가 추적당하고 검열받는 방식은 이제 훨씬 덜 노골적이지만, 우리 사회에는 여성의 행동에 대한 암묵적 규칙이 촘촘히 녹아들어 있다는 사실을 잊지 말아야 한다. 여성의 권리와 주권은 여전히 위태롭다. 경악스런 법적 불평등이 분명 존재하긴 하지만, 가장 교활한 공격은 우리의 도덕성을 주시하며 던져대는 질문들이다. 좋은 여자의 요건은 무엇인가? 여성성에 대한 가부장적 패러다임—이타적이고, 육체적으로 완벽하며, 돌봄에 능하고, 순종적이며, 고분고분하고, 겸손하며, 책임감 강하고, 자기를 내세우지 않는 경향—은 여전히 굳건하다. 이 패러다임이 우리 행동 속에 너무도 단단히 프로그래밍되어 있는 탓에 우리는 자신도 모르게 그것을 지지하기까지 한다. 일탈한 여성을 꾸짖고, 수치심을 주고, '제거cancel'하는 것이 그 예다.

나는 피해자들을 탓하려고 이 책을 쓴 것이 아니다. 그보다는 우리의 현 문화가 과연 어디에서 태동했는지, 그리고 그 문화가 우리를 어떻게 지배하고 있는지를 이해함으로써 그 제약들이 얼마나 인위적인 것인지를 직시하게끔 만들기 위해 썼다.

우리를 억압하는 시스템을 강제하는 데 우리가 기꺼이 협력하리라고는 믿기 어렵다. 하지만 그 시스템의 상당 부분은 우리의 의식적 인식 밖에 존재한다. 미국 최초의 여성사대학원 프로그램을 만든 거다 러너Gerda Lerner 교수는 여성이 자신들의 종속에 참여한 것은 스스로의 열등함을 자연스러운 것으로 보게끔 심리적 구조가 형성된 탓이라고 주장했다. 이 열등감은 이제 그림자처럼 되어버려 잘라내기가 어렵다. 보호와 상향 이동에 대한 대가로 선함을 입증해야 한다는 규칙이 우리 행동에 아로새겨져 있지만, 우리는 그 구조 속에 들어가 있기에 이런 사실을 인식하기 어렵다. 러너는 이렇게 썼다. "가부장제는 여성의 협력이 있어야만 기능할 수 있다. 이 협력은 젠더 개념을 세뇌시키고, 교육을 박탈하고, 여성이 자신들의 역사를 배우지 못하도록 막으며, 성적 활동에 따라 '존경할 만한' 행동과 '일탈'을 정의함으로써 여성을 분리하고, 구속하고, 노골적으로 강요하고, 경제적 자원과 정치권력에 대한 접근성을 차별하고, 순응하는 여성에게 계급적 특권을 부여하는 등의 다양한 수단으로 확보된다."[59]

우리가 무의식적으로 흡수해온 이 모든 프로그래밍은 해체되어야 한다. 우리는 이것이 가부장제라는 것을 인식할 수 있도록 그 기원을 제대로 알고, 속박에서 벗어나야 한다. 그래야만 우리의 '제1의' 천성, 진정한 우리 자신에게로 돌아가는 방법을 찾을 수 있고, 그래야만 우리가 순종적이고 충실히 의무를 다하는 하인이 되길 바라는 사회가 우리에게 강요하는 '선함'의 패러다임을 거부할 수 있다. 그래야만 우리는 우리 안에서 비난하도록 아로새겨진 행동에 대해 서로를 단속하는 일을 멈출 수 있다. 이는 철학자 케이트 만Kate Manne 교수가 정의한 여성혐오의 다른 모습이다. 그가 《남성 특권》에 썼듯이, "여성혐오를 소녀와 여성에 대한 획일적이고 뿌리 깊은 혐오 심리로 이해해선 안 되고, 대신 가부장제의 '법 집행' 개념으로 이해해야 한다. 젠더화된 규범과 기대를 단속하고 집행하며, 소녀나 여성이 다른 요인이 아닌 오로지 젠더 요인 때문에 부당하거나 명백히 적대적인 대우를 받는 시스템으로 이해해야 하는 것이다."[60] 이런 행위에는 분명 남성이 관여하지만, 우리도 우리 스스로에게 그렇게 한다. 그러나 우리는 이를 떨쳐내고, 영지주의에서 말하는 우리의 제1의 천성으로 돌아가 우리가 이미 알고 있는 것에 귀 기울여야 한다. 우리에겐 이 앎, 이 본능이 항상 존재해왔으며, 그것을 거부함으로써 우리가 우리의 가장 깊숙하고 진실한 욕망, 순수하고 탐구할 가치가 있는 욕망으로부터 분리되었음을 상기해야 한다.

여성성의 재출현

선에 대한 가부장적 패러다임을 풀어내려면 우리가 우리 자신의 행동을 단속하는 방식, 즉 일곱 가지 대죄에 의해 코드화된 방식을 우리 안에서 찾아야 한다. 각 죄마다 나름의 본질적 특성이 있지만, 주가 되는 것은 몸이 요구하는 식욕과 성욕이다. 이 주제에 대해 역사적으로는 두 진영의 사상가, 즉 몸이 신성한 그릇이라 믿는 이들과 몸이 정복되고 극복되어야 한다고 믿는 이들이 있는 것 같다. 예컨대 토머스 홉스 Thomas Hobbes(1588~1679)와 찰스 다윈Charles Darwin(1809~1882), 지크문트 프로이트Sigmund Freud(1856~1939)는 몸을 혐오스러운 것이라 믿었다. 그들은 우리가 서서히 진화하고 교화되는 짐승이며, 육체적 자아의 저열한 욕망을 초월하려 끊임없이 애쓰는 존재라고 주장했다. 이들에겐 육신은 비천하고, 지성만이 중요하다. 이 진영 사람들에게 있어 우리는 언젠가 인간적인 타락 경험을 초월해 천국이라 불리는 영적 영역에 도달할 수 있을지도 모르지만, 그것은 우리의 더 높은 정신, '더 나은' 본성에 의해 극복되고 통제될 때만 가능하다.

이와 반대의 사람들도 있다. 우리는 육체적 경험을 하는 영적 존재이고 신성은 모든 것, 심지어 우리의 제멋대로인 부분에도 존재하며, 육체의 밀도와 쾌락은 우리가 떠내려가지 않게, 또 우리가 왔으며 돌아갈 에너지의 장으로 돌아가게 해준다고 믿는 이들이다. 이 진영 사람들에겐 사후에 '갈' 곳도, 극복할 것도 없다. 이들에게 있어 우리가 관심을 쏟아야 할 일은 이 3차원 세계에서 다양한 즐거움을 누릴 줄 아는 우리 몸속의 일이다. 서로를 만지고 육체적 관계를 맺는 것은 아름다운 일이다. 이 진영은 우리가 타락한 동물이 아니며, 자연스런 충동을 억눌러 우리 마음을 지옥으로 만든다고 주장한다.

몸이 통제되고 지배되어야 한다고 믿는 첫 번째 진영 사람은 몸의 저열함 중 상당 부분을 그 '여성적' 특성 탓으로 돌린다. 결국 신체 [physical matter 혹은 mater(어머니)]가 생명의 잠재력과 창조성의 마법, 그리고 이따끔씩 초래되는 혼돈을 나타내기 때문이다. 이들은 우리 몸을 관통하는 것이 신성하고 거룩하고 심지어 신성까지 지닌다고 인식하기보다, 외부의 인정과 승인을 바라며 자기 자신과 싸움을 벌인다. 또한 자연을 지배하고 통제하며 인간의 경험을 다른 생명체들의 경험과 분리하고 정화하길 원한다. 거시적 차원에서 미시적 차원에 이르기까지 이 이데올로기가 나타나는 방식은 지금도 어렵지 않게 볼 수 있다. 남성이 자연을 지배하고, 여성을 지배하며, 남녀를 불문하고 몸과 그 '느낌'을 정신과 사고의 우위에 종속시키려는 욕망에 사로잡혀 있는 우리 모두의 모습을 보라. 이는 가부장제적 사고이고, 비단 여성에게만 영향을 미치는 것도 아니다. 남성들 역시 감정과 창조적 혼돈을 억압하고 억눌러야 한다는 생각의 희생양이 된다.

모두가 좋아할 만한 소식은 어떤 여신도 억압을 즐기지 않는다는 점이다. 여신은 늘 위를 향한다. 우리는 지금 이것을 느낀다. 가부장제는 우리로 하여금 남성성을 가치 있게, 또 구원의 힘으로 신성하게 여기도록 가르쳤다. 우리 문화의 이런 성향은 끔찍할 정도로 과도하게 발전되어 우리 모두에게 파괴적인 결과를 초래했다. 그러므로 우리 여성은 이제 우리의 소중한 에너지를 되찾고 여성적 원리, 신성한 여성성을 실현함으로써 병든 사회의 균형을 되찾을 수 있게끔 모든 노력을 다해야 한다.

신성한 남성성과 신성한 여성성이 무슨 신비주의적인 개념처럼 들릴지도 모른다. 그리고 우리는 우리에게 주어진 성별과 관련된 에너지를 포용하도록 오랫동안 사회적으로 길들여져왔기에 이들 개념을 남자 또는 여자라는 존재와 혼동하기 쉽다. 그러나 그것들은 사실 성별과 아무런 관련이 없고 모두 의식과 연관된다. 우리는 유해한 남성성이 어떤 모습과 느낌인지를, 즉 그것이 지금의 우리 문화를 정의하는 지배와 공격성임을 잘 안다. 하지만 균형 잡힌 혹은 '신성한' 남성성은 방향, 질서, 진리의 에너지이자 창조(여성적 특성)를 담아내는 그릇이다. 그리고 균형 잡힌 혹은 '신성한' 여성성은 창의성, 양육, 보살핌, 사물을 존재하게 하는 에너지이자, 행동에 곧바로 뛰어들지 않고 많은 것을 동시에 떠받치고 있을 줄 아는 능력을 나타낸다. 반면 유해한 여성성은 혼돈과 위축, 정서적 혼란과 절망이다.

우리는 우리 안에 이 두 에너지 모두가 있음을 안다. 우리 모두는 두 에너지를 표현할 능력이 있고 그렇게 해야 한다. 내가 아는 여자들 대부분은 양 방향으로 자신을 확장시킨다. 남자들은 자신들의 여성성, 즉 돌보고 양육하고 창조하는 능력을 점점 더 드러낼 수 있게 됐다고 느낌에도 아직은 여전히 뒤처진 상태다. 균형 잡힌 세계에서는 남성적 에너지와 여성적 에너지가 우리 안에 동일하게 존재할 것이며, 따라서 세상에도 동일하게 존재할 것이다. 어느 한 극단으로 기울어져

버리면 우리는 궤도를 벗어나 그 자리에 갇히고, 중독되며, 두려움에 사로잡힌다. 우리 문화의 유해한 남성성에 균형을 찾아주려면 지금 당장 여성적 에너지를 되살려야 한다. 그 에너지는 보다 많은 것을 추출해내기보단 이미 창조된 것을 가꾸고 돌보는 데 헌신하는 에너지다.

우리 모두는 속박된 여성성을 해방시키고, 자신의 충동과 성스러운 부분을 다시 한 번 우러러봐야 할 의무가 있다. 그래야만 우리 바깥에서 우리를 지배하는 것이 자연스런 일이라는 망상을 유지하는 대신, 자연의 일부로서 우리가 갖는 정당한 위치를 차지할 수 있을 것이다.* 균형을 잘 잡을 때, 스스로를 억누르고 통제하려는 본능을 포기할 때, 우리는 마침내 느긋하게 이 경험을 음미하고 자유와 기쁨을 되찾을 수 있을 것이다.

가부장제가 가장 안전한 최선의 길이라는 믿음을 받아들인 이들은 수천 년 동안 그 길을 걸어왔다. 물론 나도 그 매력을 잘 안다. 삶은 두렵고, 불확실성으로 가득 차 있다. 모든 기적을 설명하고, 몸과 본성에 대해 우리가 바람직하다고 믿는 바를 강요하는 과학적 언어와 틀을 왜 확립하고 싶지 않겠는가? 세상을 지배하는 법칙과 그 안에서 우리가 차지하는 위치를 우리는 당연히 확인하고 싶어 한다. 그것은 우리가 그저 자연의 일부일 뿐이고, 우리가 통제는커녕 이해도 못하는 신비가 작동하고 있다는 생각에 굴복하는 일보다 훨씬 더 강력하게 느껴진다. 그러나 균형을 이루기 위해서는 우리 모두가 지배자가 아닌

---

* 이런 망상은 '자연'을 정의할 때 인간을 제외하는 것에서 분명하게 드러난다. "인간이나 인간의 창조물과 반대되는 개념으로, 식물과 동물, 풍경 등 지구를 구성하는 요소 및 그 산물을 포함하는 물리적 세계 현상의 집합"(《옥스퍼드 백과사전》Oxford Reference)

책임 있는 청지기이자 파트너가 되어야 함을 인정해야 한다.

몸은 우리가 세상을 경험하는 메커니즘이다. 우리는 그것을 이해하고, 변화시키고, 우리 자신과 세계의 균형을 맞추기 위한 수단으로 사용해야 한다. 자연을 전복하거나 압도해선 안 되듯, 호시탐탐 몸을 복종시키려는 마음도 가져선 안 된다. 몸과 자연은 모두 여성성에 대한 은유다. 우리는 그것이 드러나도록 허용해야 하며, 그에 대해 경외심까지는 아니더라도 존중의 자리는 되찾아주어야 한다.

작가이자 자선가인 린 트위스트Lynne Twist는 우리가 살고 있는 21세기에 대한 바하이Baháʼí 신앙의 예언을 내게 들려주었다. 그의 설명에 따르면, 이 신앙에서는 인류에게 두 종류의 날개, 즉 남성적 날개와 여성적 날개가 있는데 남성적 날개의 경우 근육이 너무 발달해 지나치게 강해졌다고 믿는다.[61] 반면 여성적 날개는 아직 제대로 펴지지 않았다고 한다. 트위스트는 남성적 날개가 인류라는 새를 계속 날게 하기 위해 거의 폭력적이 되었다고 설명했다. 마치 그 자리에서 빙글빙글 맴도는 배처럼, 우리는 수천 년까진 아니더라도 수백 년 동안 그 자리를 맴돌며 날아왔다는 것이다. 이 예언에 따르면, 21세기에는 우리 각자의 내면에 있는 여성적 날개가 마침내 완전히 펴져 남성적 날개가 긴장을 풀고 균형을 이루게 된다고 한다. 이처럼 우리 자신의 모든 부분을 공평하게 조종하는 능력을 바탕으로 인간의 잠재력을 실현하는 이야기에는 우리가 잘 간직해 우리 아이들에게 물려줄 가치가 들어 있다. 적어도 내게 이것은 새롭게 시작하기에 더 나은 지점으로 다가온다.

가부장제는 그 수명을 다했다. 이제는 그것을 떠나보내고 이 시대에 더 부합하는 원칙으로 사회 구조를 재정비해야 할 때다. 우리는 가부장제의 관행과 전술을 확인하여 뿌리 뽑은 다음, 그것들이 우리 정신에 남긴 구멍, 우리의 가장 자연스런 본능을 왜곡한 방식을 조사해야 한다. 그래야만 이런 잘못을 바로잡을 수 있다. 이 균형으로의 전환은 두렵고 혼란스럽게 느껴질 것이다. 그걸 얻으려면 주먹을 풀고, 우리가 완벽히 통제할 수는 없다는 사실을 받아들여야 한다. 그렇게 하지 않으면 가부장제는 유령과 도깨비로 끝끝내 살아남아 우리를 괴롭힐 것이다. 이런 가부장제가 지금도 우리 삶에서 얼마나 끈질기게 교활한 파문을 일으키고 있는지에 관해서는 이후의 장들에서 살펴보겠다.

제 2장

나태

인간의 본성과 일상의 투쟁

시시포스의 바위.
멈출 수도 쉴 수도 없는,
해야 할 일이 항상 더 있는 무서운 추격전.

Sloth

일중독

팬데믹 기간 내내 나는 침실 한구석에 처박혀 있었다. 남편과 내가 책이나 청구서를 잠시 올려두던 작은 탁자가 내 임시 사무실이 된 터였다. 지금도 이 탁자는 벽이 없는 나의 1.5평짜리 동굴이자 사무실이다. 오늘은 노동절이고, 나는 여기서 일을 하는 중이다. 아이러니라는 걸 안다. 탁탁. 아무래도 이날의 역사를 다시 배우고, 노동계급이 억압적이고 안전하지 않은 조건과 생존 불가능한 수준의 임금에 대해 들고일어나 싸운 후 이날이 휴일이 된 이야기를 다시 읽어봐야 할 것 같다. 오늘 아침 일해야 한다며 불평했던 내가 부끄럽다. 솔직히 일과 오락 둘 중 하나를 고르라고 한다면 나는 언제나 두 번 생각할 것도 없이 일이 먼저였다.

바깥 기온이 38도에 육박하는 상황이라 아이들은 집 안에 있고, 남편 롭은 아이들과 함께 소파에 널브러져 〈푸른 행성 지구〉Blue Planet를 시청하며 자연 비슷한 데서 시간을 보내고 있다. 어제 〈좀비 2〉를 여섯 번째로 돌려본 뒤 꿈나라로 가면서, 우리는 오늘은 정말 어제와 다르게 보내야 한다고 생각했다. 비록 그것이 어떻게 해서든 디즈니 채널 대신 내셔널 지오그래픽 채널을 보게 하겠다는 시답잖은 다짐에 불과했을지라도 말이다. 적어도 내 계획은 그랬다. 솔직히 말하자면, 지금 여덟 살인 아들 맥스는 아마 '그랜드 테프트 오토'Grand Theft Auto 게임을 하고 있을 테고, 둘째 샘은 아이패드에 고개를 처박고서 정신없는 〈라이언의 미스터리 플레이데이트〉Ryan's Mystery Playdate(미국의 아동용 TV 시리즈—옮긴이)에 빠져 있으며, 롭은 영화를 보고 있을 것이다. 하지만 나는 부모의 이러한 일중독과 게으름 콤보가 내 아이들을 망치고 있다는 기분이 고통스럽기 때문에 사태를 확인하지 않기로 한다. 이제 그만 쓰고 노트북을 어디 딴 데 갖다 놔야겠다. 하지만 마감일은 어쩐단 말인가. 남편은 자신이 좋아하는 소파 자리에 엉덩이를 들러붙인 채 협탁에 올드 패션드 칵테일의 물 자국을 잔뜩 남기고 있다. 그는 쉬는 데 천부적인 재능을 지녔다. 나는 노트북 자판만 탁탁 두들긴다.

나는 책상에서, 깜빡이는 커서에서, 완벽한 예시를 제공해줄 머리 위 책장의 책들에서 한시도 벗어나지 못한다. 끝없이 두려움에 내몰린다. 더 하지 않으면 결코 충분치 않으리라는 두려움. 노력은 내게 최선의 자기보호 기제이자 대처 기제다. 일은 나를 불안에서 벗어나게 한다. 내 세계관에서 '일을 해낸다'는 것은 멀티태스킹을 하는 시시포스처럼 다양한 바위를 굴려 올리는 것을 뜻한다. 그것들을 어디로 밀어 올리는 건지를 안다는 뜻이 아니라, 그저 멈추는 순간 그 바위에 깔려 죽으리라는 것만 안다는 뜻이다. 나는 온종일 일하고 거의 앉지 않는다. 20분 이상 온전히 집중해서 영화를 본 적은 지난 10년 동안 없었던 듯하다.

내가 유별난 것이 아니다. 사실 나는 특권층이기에 다른 사람들보다 나은 입장에 있는 편이다. 소외된 사람들은 훨씬 더 큰 압박감에 시달리며 살아간다.* 하지만 어느 장기 연구에 따르면, 계층을 불문하고 대체로 여성이 남성보다 스트레스가 더 많고, 그 격차는 점점 더 커지고 있다 한다.[2] 우리 모두는 분명 번아웃 나라에 살고 있지만 여성은 다른 형태의 과로, 보이지 않는 테이저건에 의해 앞으로 나아가고 있는 것 같다. 나는 백인 여성으로서 내가 권력의 수레바퀴 가까이에 있다는 것을 알지만 늘 내 가치를 증명해야 한다는 강박을 느낀다. 동료 여성, 특히 다른 엄마들에게서도 종종 그런 모습을 본다. 마치 수중발레 선수들처럼, 우리는 수면 아래에선 미친 듯 발장구를 치면서 팔을 높이 쳐들고 만면엔 이를 악문 채 함박 미소를 짓고 있다. 내 두 어린 아들은 전혀 압박감에 시달리지 않는 모습이다. 내 오빠인 벤도 그렇

---

* 트랜스젠더 심리학자 데번 프라이스Devon Price 교수는 《게으르다는 착각》에서 동료 퀴어 친구들에 대해 이렇게 쓴다. "우리는 사회 주변부에서 살아가는 일에 불안함을 느끼고, 지금 받는 이해가 언제든 거둬들여질 수 있음을 잘 안다. 그래서 우리는 스스로를 보호하기 위해 최대한 열심히 일한다. 부업을 하고, 야근을 하고, 보고서를 일찍 내고, 자신을 혹사시키는 책임을 떠안으며 우리의 트로피, 저축, 매니저의 만족이 무지로부터 우리를 보호해주리라 믿고 싶어 한다."[1]

고, 남편은 말할 것도 없다.

어렸을 때 나는 계속 '무언가를 하는' 법을 배웠다. 나는 케이블 회사의 울타리 너머, 겨우내 눈을 치워야 하는 울퉁불퉁한 흙길에서 자랐다. 우리한테는 〈베벌리힐스의 아이들〉(1990년대 미국에서 방영되었던 청춘드라마—옮긴이)도 MTV도 없이 오직 기본 채널 몇 개만 있을 뿐이었다. 부모님은 운동기구들이 널려 있는 서늘하고 컴컴한 지하실 한구석에 TV를 놓아두었다. 시간을 보다 생산적으로 써야 한다는 생각에서였다.

나는 무해한 방치의 시대에 자랐다. 집 밖으로 내쫓겼다가 말 그대로 저녁 식사 종이 울리면 돌아오라는 말을 들었다는 뜻이다. 우리 엄마는 지루함을 믿지 않았고, 그런 말을 들으면 황당해하며 사생결단으로 대꾸했다. "인생은 본래 지루해! 나는 너희를 즐겁게 해주려고 여기 있는 게 아냐! 밖에 나가든지 아님 읽을 만한 책을 찾아!" 그래서 우리 남매는 그렇게 했다. 그런 생각은 당시 썩 대중적이지 않았지만, 아마도 엄마는 지루함이 창의성의 도가니임을 알았던 것 같다.

우리는 숲에서 자라는 특권과 사치를 누렸다. 친구들과 만나 놀거나 시내 거리 혹은 도시 공원에서 유유자적 시간을 보낼 가능성은 없었고, 스스로 재미를 찾아야 했다. 언젠가 엄마가 나와 함께 그림을 그리며 우리가 그 경험을 함께하고 있다는 사실에 감탄했던 기억이 난다. 대부분의 시간에는 서로 다른 활동에 몰두했다. 엄마는 고지서 정리, 청소, 마당 일, 식사 준비, 정리 등으로 계속 몸을 움직이며 무언가를 하고 있었다. 엄마 가까이에 있고 싶으면 엄마가 열심히 채소를 썰고 있는 부엌에 앉아 떠들어야 했다. 엄마가 안방 책상에서 일을 하고 있으면 나는 그 언저리 카펫 위에 해가 드는 공간을 찾아 거기에 고양이처럼 드러누워선 엄마를 지켜보았다. 엄마는 여가 시간이면 식탁에 와인 한 잔을 올려놓고 정자세로 앉아 책이나 《미즈》Ms.라는 페미니스트 잡지를 읽었다.

엄마는 노는 법을 몰랐다. 휴식이란 건 아예 생각도 못 했고 시도조차 하지 않았다. 엄마 손에는 늘 무언가가 들려 있었다. 우리 중 많은 이들에게 그렇듯, 끝없는 할 일 목록은 엄마에게 있어 나름의 치유법이자 시간의 척도, 생산성의 증거, 밑에서 끓고 있을 무언가를 억누르는 방법이었다. 멈추지 않고 계속 움직이면 아무것도 느낄 필요가 없으니까.

아빠는 진료실이나 병원에서 환자를 돌보는 하루 일과를 마치고 오후 5시나 6시에 귀가했다. 우리는 다 함께 식사하며 아빠의 환자와 예후, 입원 환자에 대한 이야기를 나눴다. 치료를 위해 환자의 옷을 벗기는 적절한 방법 같은 내용들이었다.

그 뒤엔 각자 흩어졌다. 아빠는 지하실에서 우리 남매와 함께 흑백 영화를 시청하며 《타임》Time에서 추천한 목록을 펀치 카드처럼 하나하나 지워나갔다. 그동안 엄마는 공영 라디오를 들으며 설거지를 했다. 어린 시절 내내 나는 엄마가 늘 더러운 접시와 함께 남겨진 것에 죄책감을 느꼈지만 엄마는 한사코 도움을 거절했다. 하지만 이제 나 또한 부엌을 청소하고, 싱크대 위를 닦고, 오직 프라이팬과 세제 거품 외엔 곁에 아무도 없는 상태에서 그 비슷한 강박적 만족감을 느낀다. 모든 것을 제자리에 놓는 것은 일종의 명상이다. 엄마는 우리가 있는 지하실로 내려와 흔들의자에 앉은 후, 자신이 해야 할 온갖 일에 대해 궁리했다. 내가 엄마 발치에 앉으면 엄마는 심심풀이 삼아 내 머리카락을 갖고 놀았다.

엄마는 아이오와주의 가난한 가톨릭 가정에서 일곱 자녀 중 맏이로 태어나 자랐다. 할아버지는 공사 일을 했고, 엄마 기억에 할머니는 아무 일도 하지 않았다. 엄마는 "네 할머닌 세상 게으른 분이었어. 나는 절대 할머니처럼 살고 싶지 않았어."라고 내게 말했다. 또 할머니는 엄마와 이모들에게 매정했고 그들을 함부로 대했다. 하지만 내가 어렸을 때 본 할머니는 디즈니 추리닝 셔츠를 입고서 몇 가닥 안 남은 머리카락을 헤어롤에 말고 자는, 나이 든 여자의 몸에 갇혀 있는 어린 또래 아이 같았다. 할머니는 인형(슬프게도 갖고 놀지조차 않을)을 수집하고, 줄담배를 피우고, 미지근한 인스턴트커피를 홀짝이고, 가방에 알록달록한 붓을 챙겨 넣고 빙고 게임을 하러 가며 대부분의 시간을 보냈다. 또 설거지는 좋아했지만 요리하는 모습을 보인 적은 한 번도 없다. 내가 본 할머니는 예전에 비해 훨씬 부드러워진 모습이었지만, 할머니가 남긴 정서적 부재의 긴 그림자는 직계가족 모두에게 영향을 주었다. 할머니는 엄마와 엄마의 형제자매들에게 배고픔과 추위, 누구도 제대로 설명하지 못하는 할머니의 텅 빈 영혼이라는 무관심의 직통선을 만들었다.

그 결과 우리 남매는 엄마의 보살핌을 받은 적 없는 여성의 손에 자라게 되었다. 엄마는 참고할 만한 각본도 없었고, 어린아이가 어떤 모습이어야 하는지도 몰랐다. 엄마는 우리를 키우며 그 일에 대해 배워나갔고, 자신에겐 아무도 그렇게 해주지 않았다는 사실에 끝없이 분노했다. 엄마는 더 넓은 세상에서 우리를 안전하게 지켜줄 것이라 믿는 모든 것들, 즉 일에 대한 헌신, 학업적 성취, 게으름에 대한 혐오로 우리를 단단하게 만들었다. 늘 어디론가 가고 있다면 우리는 절대 제자리에 갇히지 않을 터였다. 중요한 직업을 가져 사회에 기여한다면 더 큰 소속감과 안전 개념에 닻을 내릴 수 있을 터였다. 이 목표를 위해 무언가를 하는 한, 불굴의 의지로 그 일을 하는 한, 우리는 삶에서 원하는 건 무엇이든 다 이룰 수 있을 터였다. 어쩌면 엄마는 우리가 움직임을 멈추는 순간 고요함에 익숙해지고 게을러질까 싶어 두려웠던 것일지도 모른다.

엄마의 일, 아빠의 휴식

아빠는 육아에 동등하게 참여하지 않았다. 그저 재미있는 부모였기에, 엄마가 브로콜리라면 아빠는 초콜릿 무스 같은 존재였다. 그렇긴 하지만 자기 말이 제대로 먹히는 법을 알았다. 어느 여름날 오후, 일찍 퇴근한 아빠가 거실에서 TV를 보고 있는 우리 남매의 모습을 보고선 이렇게 말한 기억이 난다. "너희가 밖에 없어서 정말 실망했어." 그 목소리는 채찍을 휘두르듯 냉정하고 단호했다. 엄마는 불안이 일상이었지만 아빠는 이젠 낡아빠진 것이 된 생각, 즉 비판은 실패에 대한 해독제이고 탁월함은 훈계로만 발휘될 수 있다는 생각을 믿었다. 자기연민을 연구하는 크리스틴 네프Kristin Neff 교수에 따르면 이 접근법은 일반적 세계관, 즉 스스로에게 친절한 것은 나태라는 심각한 중독 상태로 이끈다는 믿음, 증오와 판단으로 끊임없이 스스로를 몰아붙이지

않으면 게으름이나 방종에 빠질 것이라는 믿음에 부합한다.³

요컨대 아빠는 자신의 노력이 우리의 노력으로 정당화되기를 바랐다. 아빠의 관점에서 볼 때 가족에 대한 자신의 가장 큰 헌신은 경제적으로 부양하는 일이었고, 그 기여는 자신이 진료실에서 환자를 만나고 중환자실에서 환자들을 돌보는 시간으로 제한되었다. 주말 진료 상담을 제외하면 아빠는 집에서 아무 일도 하지 않았다. 아빠에게 있어 집은 휴식처였다. 아빠는 환자에 대해 신경쓰긴 했으나 그 경계는 부러울 정도로 확고해, 진료 시간 외의 모든 시간엔 혼자서 여가를 즐겼다. 아빠가 자신의 헌신으로 얻은 것은 잘 가꿔진 집, 그리고 자기들을 위해 치른 희생에 감사하는 아이들이었다. 우리가 '해야 할' 일은 모든 기회를 극대화해 뛰어난 성과를 내고 감사를 표현함으로써 아빠의 투자에 보답하는 것이었다. 우리 남매는 둘 다 열심히 노력해 완벽한 학업 성적을 받아야 했지만, 나에 대한 아빠의 기대치에는 결정적 차이가 있었다. 나는 정서적으로도 아빠를 배려해야 했다. 내 오빠에겐 그렇지 않았지만, 내겐 다른 사람들이 먼저여야 했다.*

다른 가족과 마찬가지로 우리 가족의 경우에도 아빠가 최우선의 존재였다. 우리는 엄마의 짐이었다. 엄마는 새벽 5시 30분에 우리를 깨

---

* 나이 든 부모를 돌보는 사람은 주로 딸인 것에도, 시간을 아껴 봉사활동에 참여하는 사람 중 여성이 남성보다 많은 것에도 다 이유가 있다. 퓨 리서치Pew Research의 조사에 따르면 "나이 든 가족을 돌보는 사람은 여성(13퍼센트)이 남성(8퍼센트)보다 더 많다." 봉사활동의 경우도 마찬가지다. 미국 노동통계국의 최근 보고에 따르면 여성의 27.8퍼센트, 남성의 21.8퍼센트가 봉사활동에 참여한다는 차이를 보인다. 또한 기혼자는 한 번도 결혼한 적 없는 사람들보다 많이(여성은 29.9퍼센트, 남성 19.9퍼센트), 유자녀 기혼자는 무자녀 기혼자보다 많이(여성은 31.3퍼센트, 남성은 22.7퍼센트) 봉사활동에 참여한다.⁴

워 차에 태워 두고선 테니스를 쳤고, 그러고 나서 학교에 바래다주었다. 다 같이 아빠 진료실에 들르거나 수영 연습을 마치고 집으로 돌아오는 길에 엄마는 우리를 차에 두고 장을 보거나 볼일을 봤다. 우리는 엄마가 보이지 않는 일, 서로 다른 우리 욕구들을 함께 엮어내지만 별 보상도 인정도 못 받는 임무를 묵묵히 해내는 모습을 목격했다. 엄마는 아빠의 병원을 운영하고, 지역 가족계획 위원회와 교육 위원회에서 일하고, 우리가 다니는 히피 대안학교에서 행정 일을 하면서도 요리를 하고, 청소를 하고, 이런저런 계획을 세우고, 일정을 잡고, 공과금을 내고, 우리의 각종 여행과 과외 활동을 예약했다. 이렇게 산더미 같은 일을 엄마는 새벽 4시에 일어나 열성적으로 해냈다. 지금 생각해보면 그런 일들은 엄마에게 만족감을 주었을 것이다. 그것들에 몰두함으로써 자신이 그다지 우러러보거나 존중하지 않았던—우리 문화도 사실 그러지 않기는 마찬가지였다—엄마라는 직함을 떠나 자기 시간의 가치를 증명했던 것이다. 엄마는 '중요한 인물'이 될 수도 있었다. 그러나 아마도 우리 남매의 존재는 자신이 그렇지 않음을, 자신은 다음 세대를 키우는 보이지 않는 톱니바퀴의 하나일 뿐임을 상기시켰을 것이다.

 우리 남매가 20대 초반이었을 때, 부모님은 우리를 데리고 지와타네호로 휴가를 갔다. 절벽 위의 작고 예쁜 집을 빌린 두 분은 벤과 함께 날마다 동이 트기 훨씬 전에 일어나, 현지 조류 안내원들을 앞세우고 '서식 조류'를 찾으러 나갔다. 두 분이 쌍안경을 들고 정글 숲을 기어다니는 동안, 나는 아침 8시까지 자고 일어나 책을 한 무더기 들고 해변 호텔 근처로 내려갔다. 거기서 의자를 하나 빌려 과카몰리와 마가리타를 시켜 먹고, 낮잠과 소설책을 오가며 하루를 보냈다. 그게 내 겐 휴가를 즐기는 더없이 좋은 방법처럼 느껴졌다. 나는 지친 뉴요커였고, 우버Uber가 없던 시절 우리 가족은 날마다 차를 몰고 밖을 돌아다녔으니까. 하지만 그 주 내내 내가 시간을 보낸 방식은 아빠를 짜증나게 했다. 휴가 비용을 지불한 아빠는 내가 무언가 하기를 바란 터였다. 당신들이 없는 동안 내가 뭘 하길 바라는지는 명확하지 않았지만, 나의 게으름은 아빠의 신경을 긁었다. 어쩌면 내가 오후에 꾸벅꾸벅 졸아서였는지도 모르고, 돈을 내고 의자를 빌리는 낭비를 해서였는지도 모른다. 아마 하루는 엄마가 새로운 탐사를 가는 대신 새벽 4시 넘어까지 자고 나서 나와 함께 해변에 앉아 있었던 것도 한몫했을 것이다. 나와 함께 거대한 비치파라솔 그늘 밑에서 한낮의 태양을 피해 두 번째 칵테일을 홀짝이던 엄마는, 문득 소금 발린 마가리타 잔 테두리 너머로 나를 쳐다보며 말했다.

"이거 너무 좋다. 네가 왜 여기 오는지 이제야 알겠어. 이렇게 편할 수가."

나는 멍한 얼굴로 엄마를 한참 바라봤다. *와, 생전 처음으로 휴가를 보내는 사람처럼 말하네.* 그러다 문득 깨달았다. 엄마는 진짜로 휴가를 보낸 적이 없었던 것이다.

나태가 궁극의 죄가 될 때

2020년에 출간한 저서 《바쁨 중독》에서 언론인 셀레스트 헤들리Celest

Headlee는 우리 문화에서 일이 갖는 역사를 추적하고, 일이 어떻게 우리를 탈진하게 만들며 절대 멈추지 않는 러닝머신이 되었는지를 밝힌다. 그는 마르틴 루터Martin Luther를 탓한다. 그리고 결국 노동이 고통에 대한 위로와 일종의 참회가 될 수 있다는 프로테스탄트 노동 윤리를 탓한다. 헤들리가 썼듯이, "우리는 경제학과 종교의 힘에 속아, 삶의 목적이 열심히 일하는 것이라 믿어왔다."[5] 게다가 반드시 사무실에서만 그래야 하는 것도 아니다. 가령 우리 엄마 같은 사람들은 깨끗한 집과 아이들의 높은 성취로 자신의 나태하지 않은 정도를 가늠했다. 또 나처럼 집 밖에서도 일하는 엄마들은 두 영역 모두에서 탁월함을 발휘해야 하며, 어느 것도 회피하지 않고 모든 것을 다 해낼 수 있음을 증명해야 한다고 느낀다.

헤들리는 우리가 노동을 계량화하기 시작한 방식, 그리고 노동이 어떻게 미덕과 결합하게 됐는지와 관련된 또 다른 중요한 전환점도 지적한다. 산업혁명 이후 시간은 돈이 되었다. 이제 노동자들은 자신이 한 일의 양이 아니라 일한 시간에 대해 임금을 지급받게 되었다. 헤들리가 썼듯 "우리의 어휘조차 이런 변화를 반영했다. 1600년대에 '엄수'punctuality라는 단어는 '정확함'을 뜻했지만, 1777년경부터 사람들은 이 단어를 '정시'定時라는 뜻으로 사용하기 시작했다. '완수하다'는 뜻의 라틴어 동사 'efficere'에서 온 '효율성'efficiency이란 단어는 수세기 동안 '무언가를 완수하는 힘'을 뜻했다. 그러나 1780년대에 이 단어는 '생산적인 일'과 동의어로 사용되었고, 1858년에 이르러 한 논문에서는 처음으로 '소비한 에너지에 대한 유용한 일의 비율'이란 뜻으로 사용되었다. 또 '잘 보낸 시간'은 곧 '돈을 번 시간'을 의미하기 시작했다."⁶ 종교역사가 베스 앨리슨 바Beth Allison Barr 교수에 따르면 종교개혁이 여성에 끼친 부작용은, 선한 기독교 여성의 수고는 오직 가정에서 이루어져야 한다는 믿음을 강화시킨 것이다.⁷

오랫동안 대부분의 문화 지도자들은 자아에 대한 감각이 자기 결과물의 가치와 일치해야 한다고 생각해왔다. 오늘날 우리는 대체로 일곱 가지 대죄가 가톨릭 신앙고백의 잔재라 여긴다. 하지만 마르틴 루터의 노력과 종교개혁이 로마 가톨릭교회의 지배와 결별하고 여러 형태의 개신교 기독교가 출연한 16세기 이후에도, 나태가 죄악이란 생각은 개신교 이데올로기의 핵심으로 유지되었다. 초기 기독교도들은 구원을 보장해줄 은총이 근면과 부지런한 노동에서 온다고 믿었다. 경제학자 막스 베버Max Weber는 이 생각이 자본주의의 토대라고 본다.⁸ 출퇴근 시간을 기록당하고 관리직 지배자의 감독을 받는 '노동계급'이 초기 자본주의를 정의했지만, 지금은 우리 대부분이 생산물로 우리를 측정하는 경제에 참여한다. 사무직 부사장의 컴퓨터가 데스크톱 활동과 마우스의 휴면 상태를 추적하는 '생산성 도구'로 감시당하는 경우도 갈수록 늘고 있다.⁹ 우리의 시간은 고용주의 것이다. 처음에 기술이 했던 약속은 효율성을 향상시켜 우리를 끊임없는 노동으로부터 해방시켜준다는 것이었지만 현실은 정반대가 되었다. 휴식 시간, 창의적인 시간, 가만히 앉아 생각하거나 사무실 동료를 찾아가는 시간은 우리가 성과를 극대화하고 있지 않음을, 더 많은 것을 쏟아붓거나 해낼 여지가 우리에게 있음을 암시한다.

그리고 우리는 더 일해야 한다는 말을 듣는다. 일이라는 은총을 통해 우리는 자신의 재능으로 만든 산을 오르고, 나중에 뒤돌아보며 자기 삶이 이룬 것, 자신의 가치를 가늠할 수 있을 테니. 이러한 오르기는 몇 가지 신화에 근거한다. 하나는 능력주의 혹은 개인의 능력에 대한 신화, 즉 노력이 가장 중요한 척도인 개인적 책임에 대한 신화다. 또 다른 신화는 이런 오르기가 삶이란 여정의 가장 중요한 부분이며 시간을 가장 잘 사용하는 것이라는 믿음이다. 하지만 많은 이들은 우리가 어리석고 헛된 수고를 한다는 것, 즉 뭔가를 '해낸다' 해도 실은 아무것도 만들어내지 않는다는 것을 잘 안다. 자본주의는 우리 시간의 가치를 결정하면서 우리의 가치 또한 결정하기 때문이다. CFO(최고재무책임자)는 시간당 300달러를 벌고, 그래픽 디자이너는 50달러를 벌며, 교육을 통해 미래 세대의 정신을 풍요롭게 하는 일은… 생계 유지가 불가능한 최저 임금을 받는다.* 그리고 만약 자녀를 돌보기 위해 '일'을 완전히 포기했다면 나의 기여 가치는 0이 된다. 일생 동안 손실된 임금을 합산한다면 마이너스일 수도 있다. 둘 다 말이 안 되는 소리다.

물론 시간이 곧 돈이라는 등식에서 우리가 놓친 것은 시간이 재생 불가능한 자원이라는 사실이다. 그처럼 귀중한 것에 값을 매기는 것은 미친 짓이다. 이상적으로는 잘 먹고, 운동하고, 위험한 자유 등반이나 스카이다이빙을 피하는 식으로 시간의 흐름에 영향을 행사할 수 있겠지만, 시간은 우리의 통제를 벗어나 가차 없이 앞으로 나아간다. 우리가 자신이 관통한 시간을 생산물로 표시하고, 시간의 척도를 남

---

* 미국 노동통계국에 따르면 2021년 보육 노동자의 중위소득은 연 2만 7,490달러, 초등학교 교사의 중위소득은 연 6만 1,400달러였다.[10]

기고, 영원하지 않은 세상 속에서 어떻게든 영속성을 부여하려 발버둥 치는 것도 어쩌면 그래서일지 모르겠다.

나는 파산 전문 변호사가 된 내 친구를 가끔 떠올린다. 시간당 비용을 청구하는 변호사였기에 그 친구의 시간은 명백히 돈이었고, 따라서 자연스레 그는 돈을 받지 않는 모든 활동을 평가절하하게 되었다. "화장실에 가는 게 125달러의 가치를 가질까?"라며.

"일이 얼마나 쉴 새 없이 돌아가던지, 전화 통화가 끝난 뒤 곧바로 회의에 들어갔다가 그다음 회의까지 하고 나오니 갑자기 하루가 끝나 버렸는데, 나는 내 몸과 완전히 따로 움직이고 있었어." 친구는 그날 단 한 차례도 화장실에 가지 않았다. 2년 만에 떠난 휴가에서 친구는 관광버스에 앉아 있다 아래를 쳐다본 뒤에야 자신이 바지에 오줌을 쌌다는 걸 알았다. 그는 아무것도 느끼지 못했다. 온갖 검사를 다 한 의사들은—그들은 친구가 방광암에 걸렸다고 생각했다—그에게 방광 벽이 약해졌다고 했다. 그 친구는 너무 열심히 일한 나머지 갑상선이 고장 났고 요실금까지 생겼으며(출산도 하지 않았는데!) 몇 달 동안 물리치료를 받고 직업도 바꿔야 했다.

내 친구는 자신의 모든 순간에 대해 설명할 수 있었지만, 우리는 여전히 끊임없이 일하고 있다고 느낀다. 우리는 흔히 일주일에 60시간이나 80시간을 일한다고 생각하지만, 연구에 따르면 사람들은 그보다 훨씬 적게 '일'한다.[11] 우리는 일주일 내내 일하진 않으나, 우리의 하루에 대한 통제력을 잃은 탓에 그렇게 느낀다. 일이 헬스장으로, 침실로, 저녁 식사 테이블로, 새벽 2시의 화장실로 계속 따라다니기에 자신이 쉴 새 없이 일하는 것처럼 느끼는 것이다. 일은 더 이상 사무실이나 전통적 근무시간에 국한되지 않고 마구 확장되어, 주야장천 매달리고 생각하는 대상이 되었다. 기술 발달로 인해 일은 우리 삶 구석구석에 스며들어 우리를 끝없는 불안으로 몰아넣는다. 이제는 집과 직장의 구분이 없기 때문에, 남편과 함께 넷플릭스 앞에 앉아 있을 때면 나는 어쩔 수 없이 온라인 청구서, 할 일 목록, 각종 메모, 선생님과 친구 들에게 보내는 이메일, 감사 카드, 프레젠테이션, 회의 일정을 열심히 들여다보게 된다. 남편이 나를 질책할 때까지 말이다.

"그냥 좀 느긋하게 쉬면 안 돼? 나랑 그냥 여기 앉아서 아무것도 안 하고 있으면 안 되냐고."

안 된다. 불행히도 나는 그럴 수가 없다. 내게는 불안을 떨쳐버리면 생산성이 떨어질 것이고, 결국엔 노숙자 신세가 되어 어디론가 떠내려갈 것이라는 무의식적 확신이 있다. 남편은 이런 (비합리적) 관점에 동의하지 않는다. 이는 단순히, 남자인 그는 더 많은 일을 함으로써 자신의 가치를 증명해야 한다는 프로그래밍에서 자유롭기 때문이 아닐까 싶다. 남편은 자신의 모든 시간을 구원의 가치가 있는 것으로 만들어야 한다는 강박을 느끼지 않는다. 그에겐 하루 일과를 마치고 아이들을 재우는 것, 그걸로 충분하다. 나는 언제까지고 내가 과연 충분한 노력을 기울였는지 불안해할 것이며, 내가 더 많은 일을 할 수 있고 해야 한다는 생각에 시달릴 것이다. 아마 나만 그런 건 아닐 테다.

둘째 샘은 협동조합식 어린이집에 다녔는데, 학부모들은 한 달에 두 번씩 돌아가며 아침에 학교에서 일해야 했다. 어느 월요일, 직장 이메일을 훑어보며 아이들에게 간식을 나눠주고 있었는데 한 선생님이 내게 다가오더니 재밌는 이야기를 해주겠다고 했다. 샘의 가장 친한 친구의 부모가 이혼을 했는데, 그 아이가 이제 자기는 집이 두 개가 됐다고 아이들에게 알렸다는 이야기였다.

"샘은 집이 몇 개예요?" 선생님이 샘에게 물었다.

"한 개요." 샘이 대답했다. "저는 거기서 우리 아빠랑 같이 자요. 엄마는 사무실에서 자고요." 세상에. 정규직으로 일할 때 나는 내 일정을 항상 합리적으로 관리해서 대개는 롭보다 일찍, 7시 전에 귀가했지만 출장이 잦았다. 그해 초 어느 날 한밤중에 산불이 발생해 대피해야 했을 때, 나는 아이들을 내 사무실로 데려가 이 성난 고양이 두 마리를 환영해줄 호텔을 검색했다(롭은 뒤에 남아 이웃 노인들을 깨우고 도왔다. 그렇다. 앞서 수많은 험담을 했지만 그는 정말 좋은 사람이다). 그날 밤 나는 샘을 사무실 소파에서 다시 재우려 애썼다. 선생님이 샘의 이야기를 내게 전해줬을 때, 나는 아이가 최근에 내 사무실에서 잔 적이 있으니 헷갈린 것일 거라고 스스로에게 말했다. 하지만 내가 믿고 싶은 만큼 내 몸과 마음이 아이 곁에 머물진 못했다는 생각은 가시질 않았다. 어쩌면 집에 있을 때 나는 늘 산더미처럼 쌓인 일들에 너무 몰두해 있었기 때문에, 샘은 내가 집에 있다는 사실을 미처 알아채지 못했던 것일지도 몰랐다.

무서운 추격전

어쨌든 나를 책상에서 끌어낼 수 있는 유일한 존재는 내 아이들이다. 하지만 그 아이들을 통해 나는 '어쩌면 더 노력해야 할 것도 같은데,

과연 지금 충분히 하고 있는 걸까'라는 또 다른 바다에서 표류 중인 자신을 발견한다. 결국 사람을 키우는 일에 점수를 매기는 테스트 같은 것은 없지만, 그렇다고 모든 것이 괜찮으리라는 보장도 없다. 아이를 완벽하게 양육하려면 과연 몇 시간이 필요할까? 할 일을 다 했다는 건 언제 알 수 있을까? 이럴 땐 친구가 필요하다. 그러나 너무 바빠 아이의 병을 눈치채지 못했을지도 모르고 그게 다 순전히 나의 태만 때문이라는 비참한 기분에 빠져드는 것은 어떻게 피할 수 있을까? 나는 여덟 살짜리 우리 아이가 혹시 ADHD나 난독증을 앓고 있는 게 아닌지, 아직 글자를 잘 못 읽는 게 내가 아이의 학습에 시간을 투자해 도움을 주지 않아서인 건 아닌지 불안하다. 어디까지가 아이의 운명이고 어디서부터 내 책임이 시작되는 건지 나는 잘 모른다. 누구를 탓하고 누구에게 고마워해야 할지도.

더 혼란스러운 것은 이 불안한 부모 역할의 바다에서 헤엄치고 있자니 너무 외롭다는 사실이다. 남편은 나처럼 불안해 보이진 않는다. 내가 알고 지내는 다른 엄마들도 똑같은 기분일 것을 알지만, 각자 자기 가족의 필요에 몰두하느라 불안을 나누고 서로를 지지할 여력이 별로 없다. 나는 어느 순간엔 아이들이 제 길을 찾아가는 것을 내가 도울 수 있다고 생각하다가, 또 어느 순간엔 그들의 미래가 내 통제 밖이라는 사실을 인식하며 오락가락하기 일쑤다. 이는 아무리 많은 노력이나 자원을 쏟아부어도 원하는 결과를 만들어낼 수 없는, 모호하기 짝이 없는 불확실성의 영역이다. 하지만 그렇다고 노력을 멈출 수는 없다. 내가 아는 여자 중에 그런 사람은 아무도 없다.

바깥세상에서 무언가를 '하기', 자신이 완수하고 달성한 것으로 하루를 측정하기는 쉽다. 나의 일중독은 실존적 불안에 대한 해독제인 측면이 크다. 나는 안전과 미래를 보장받기 위해 일했고 나의 가치, 내가 중요하고 세상에 영향을 미친다는 것을 증명하기 위해 일했다. 이런 노력은 두려움을 물리쳐준다. 아이를 낳기 전까지만 해도 이렇게 지칠 줄 모르고 일에 에너지를 쏟아붓는 것은 별 문제가 없어 보였다. 하지만 지금은 저 밖에서의 내 노력이 지금 여기 있는 내 아이들에게 어떤 대가를 치르게 하는지 잘 모르겠다. 무엇이 더 가치 있는 것인지도. 우리의 가부장제 사회는 내가 아이들에게 초점을 맞추고 경력은 곁다리에 그쳐야 한다고 명했다. 우리의 자본주의 문화는 가치 있는 삶의 총합이 내 예금 계좌에 있다고 믿게 만든다. 획득하고 창조하고 금전화하는 것에 있다고. 하지만 내 영혼은 그것이 양자택일의 문제가 아니고, 내 아이들의 훌륭함이 나 자신의 척도로 사용되어서는 안 되며, 나의 기여가 그렇게 정해져선 안 된다고 주장한다.

    나는 직장 일에서 큰 위안을 얻는데, 그건 아마 거기에선 기여에 비해 가치를 증명하기가 훨씬 쉽기 때문일 것이다. 하지만 아이의 경우, 노력이 좋은 결과를 보장해주는 것은 아니다. 아마 이런 불확실성에 대한 불안, 돈을 벌고 청구서 대금을 납부하고 기회를 사는 일은 통제가 가능하다는 깨달음 때문에 나는 바깥일을 이렇게나 꼭 붙들고, 그것을 내 아이들이 안 괜찮을지도 모른다는 두려움에 대한 해독제로 삼는 것이리라. 엄마 노릇에는 끝이 없고, 넘어야 할 결승선도 없다. 나는 멈출 수도 쉴 수도 없다. 항상 해야 할 일, 할 수 있는 일이 더 있다. 정말 무서운 추격전이다. 엄마가 된다는 것은 불과 얼마 전까지만 해도 야망의 전부로 여겨졌지만 사실 1950년대의 주부, 특히 백인 중산층 주부는 지금보다 육아를 덜 했다.[12] 지금 시대엔 일할 필요가 없는 여성들에게 근본적 불안감이 있는 듯하고 이는 완벽한 침실, 팬케이크, 생일 파티와 같은 꽉 찬 육아 활동으로 이어지기도 한다. 이 엄마들은 자신이 가진 기술을 전문적으로 활용한다. 이를테면 엑셀 기술과 변호사 학위 같은 것들을, 꼭 〈아메리칸 닌자 워리어〉 American Ninja Warrior(미국의 스포츠 예능 프로그램—옮긴이)의 장애물 코스처럼 보이는 학교 기금 모금 행사나 방과 후 일정 짜기에 활용하는 식으로 말이다. 우리 모두는 우리가 할 만큼 했다는 것을 세상에 보여주기 위해 노력한다. 우리 모두는 안전을 확보하고 우리의 가치를 표현할 방법을 찾고 있다. 방어적 자세로 일하고, 노력하고, 수행하며, 제 몫을 해내고, 충분히 노력하니 자신에게 그만한 가치가 있음을 세상에 증명하려 애쓴다. 요즘엔 '좋은 엄마'가 어떤 모습인지도 모르고 그걸 측정할 방법도 없다. 우리 대부분은 그저 자신이 자격 미달이리라는 부끄러운 확신 속에서 허우적댈 뿐이다.

고된 일상

2014년 봄, 나는 한 살배기 아이의 엄마였다. 더불어 어느 스타트업 회사에서는 신입사원으로, 또 다른 스타트업 회사에선 시간제로 일했고 주말엔 유명인의 책을 대필했다. 퓰리처상을 수상한 언론인 브리지드 슐트 Brigid Schulte는 내가 콕 집어 말하진 못해도 절실히 느끼는 경험을 〈뉴욕 타임스〉 베스트셀러 《타임 푸어》에 잘 풀어놓았다. 나는 내가 힘들게 애쓰고 있음을 알았고, 어떻게 지내냐는 질문에 대해선 '바쁘다'라는 말이 무슨 훈장이라도 되는 양, 주변 모든 사람들이 그러듯 반사적으로 그렇게 대답했다. 물론 바쁜 건 *사실이었다*. 하지만 슐트의 말이 더 정확했다.

최근 나는 슐트와 만나, 책이 출간된 뒤로 몇 년 사이 뭐든 바뀐 게 있는지에 관해 이야기를 나눴다. 그는 여성과 가족을 약화시키는 요인—이를테면 우리가 여전히 무급으로 육아휴직을 한다는 사실 같은—에 대한 인식을 비롯해 진전은 여전히 더디며, 이는 여성이 가정에 속한다는 신화에 아직도 맞서 싸워야 하는 현실 탓이기도 하다고 인정했다. 그는 우리의 제휴적 공동양육alloparenting이라는 유산, 가부장제로 사라진 공동체적 생활양식을 언급한다.

공동양육은 동물 왕국에서 널리 적용되는 개념이다.[13] 많은 동물 종에서 개체들은 무리를 지어 살며 다 함께 새끼를 돌보고 생존에 필요한 것들을 확보하는데, 그 종에는 영장류와 인간도 포함된다. 인류학자이자 영장류학자인 세라 블래퍼 허디Sarah Blaffer Hrdy는 우리 조상들의 지배적 양육 방식을 현대인의 의식에 퍼뜨리고자 한다.[14] 현재 널리 받아들여지고 있는 그의 견해는 이것이다. 자녀를 포함한 모든 사람의 복지가 전적으로 부모, 게다가 주로 엄마에게 달려 있는 핵가족 구조 속에서 우리가 고립된 상태로 이 일을 혼자 해서는 안 된다는 것. 인간은 타고난 협력적 양육자다. 집단 유목민 생활을 하며 함께 식량을 모으고 키우고 사냥하고 가공했듯, 인간은 아이들도 원래 집단으로 돌봤다.

그러나 우리는 그렇게 배우지 않았다. 아이들의 건강은 엄마가 잘 보살피는지의 여부에 달렸다는 말을 우리는 수천 년간, 심지어 최근 몇 세기 동안에는 더더욱 끈질기게 들어왔다. 수십 년 전부터 여성이 집 밖에서 일하는 것이 가능해지면서 더욱 복잡한 정서가 생겨나긴 했지만, 사실 여성은 언제나 일을 해왔다. 많은 여성, 특히 하층계급 여성과 유색인 여성은 다른 사람들과 가족 모두를 위해 일했다. 노예가 된 흑인 여성은 '공짜로'뿐 아니라 목숨을 걸고 일했다. 한편 산업혁명 이전 백인 여성의 노동은 가족을 돌보는 일이었다. 여성은 먹을 것을 키우고 조리하며 옷을 만들고 맥주를 양조했으나 단지 자본주의 시장의 일부가 아니었을 뿐이다. 하지만 필요한 것들을 키우고 만드는 대신 구매하는 것이 가능해지면서 세상은 변하기 시작했다. 그러다 세계대전으로 대부분의 남성이 징집되자 여성은 유급 노동에 참여하게 되었고, 그중 많은 여성은 일터를 떠나고 싶어 하지 않았다. 일하는 아빠와 전업주부인 엄마에 대한 환상은 1950년대에 들어서야 생겨났는데 이는 특히 백인 중산층 가족의 특권이었다. 우리는 향수를 느끼며 그 시기를 되돌아보지만, 미국인들에게 있어 이런 현실은 불과 10년 정도밖에 지속되지 않았다. 그런데 고작 그 10여 년의 세월이 수백만 미국인의 '좋았던 옛 시절'을 대표하게 된 것이다. 때마침 보급된 TV가 이 시기를 포착해 후세에 전달한 것도 큰 역할을 했다.[15]

   1960년대와 1970년대의 여성 인권 운동은 여성에게 선택권을 갖게 했다는 점에서 당연히 큰 공로를 인정받는다. 그러나 슐트는 여성 대부분을 일터로 몰아넣은 가장 중요하지만 종종 간과되는 요인이자, 페미니즘 혁명의 도발과는 무관한 요인을 지적한다. 1970년대에 이르자 한 사람의 힘만으로는 가족을 부양하기에 충분한 돈을 벌 수 없게 되었다는 점이 그것이다. "여성은 단지 동일한 생활수준을 유지하기 위해 일터로 뛰어들었어요." 슐트는 경제학자 헤더 부셰이Heather Boushey의 연구를 인용해 설명했다. "만약 여성들이 일터로 가지 않았다면, 그러니까 '여성은 집에 머물러야 한다'는 보수적인 꿈을 고수했다면, 미국 가정의 상당수는 빈곤층으로 전락했을 거예요. 우리에겐 선택의 여지가 있었지만, 동시에 없었다고도 할 수 있죠."¹⁶

1971년 리처드 닉슨Richard Nixon 대통령은 포괄적 아동 발달법에 거부권을 행사했다. 여야 모두의 초당적 지지를 받은 이 법안은 정부가 지원하는 양질의 국립 보육 프로그램을 실시한다는 내용으로, 맞벌이 가정에 큰 활력을 불어넣고 한부모 가정에는 구명정이 되어줄 터였다.* 그러나 그는 이 법안을 전통적 가족 구조에 대한 위협으로 규정하는가 하면 공산주의에 비유하기까지 했다. 경제학자 헤더 부셰이가 썼듯, "미국 기업에는 조용한 파트너가 있었다. 이 파트너는 중역 회의에 참여하거나 뭘 요구한 적도 없지만 이윤 창출에 없어서는 안 될 존재였다. 그 파트너는 바로 미국 아내였다. 미국 아내는 미국 노동자가 잘 쉬고 (…) 깨끗한 옷을 입고 (…) 샌드위치와 커피, 집에서 만든 과자로 꽉 채운 점심 도시락 가방을 들고 일터에 나타나게 했다. 그런데

---

* 1970년대에 영향력을 얻기 시작한 보수의 아이콘 필리스 슐래플리Phillis Schlafly는 포괄적 아동 발달 법안(대부분은 팻 뷰캐넌Pat Buchanan의 공이었다)을 거부하도록 닉슨을 압박하는 공화당의 흐름에 동참했다. 그는 이 법안이 "사실상 정부가 보육을 떠맡는 급진적 입법"이라고 설명했다. 아이러니하게도 슐래플리의 어머니는 가족의 생계를 책임진 사람이었다. 남편이 대공황 때 직장을 잃은 탓에, 슐래플리의 어머니는 도서관 사서와 교사 일로 생계를 유지하며 어린 슐래플리가 중산층 가정에서 살아갈 수 있게끔 했다. 그럼에도 마치 하나를 선택하면 다른 하나가 배제되거나 부정되기라도 하듯, 그가 '주부'와 '여성 해방 운동가' 사이에서 부추긴 싸움은 지금도 진행 중이다.

이 무언의 업무 계약이 깨진 것이다."[17] 계약을 깨게 한 것은 이 나라에서 생계를 꾸려나가려 애쓰는 현실이었지 여성의 야심이 아니었다. 분명 많은 여성이 일을 하고 싶어 했지만, 대부분은 *그래야만* 해서였다.

이 변화에서 가장 주목할 만한, 아니 어쩌면 가장 음험한 점은 여성의 역할은 바뀌었지만 남성의 역할은 대개 그대로였다는 점이다. 아빠들은 한두 세대 전보다야 가사에 더 많이 참여하지만 그들의 새로운(추가 점수를 받는) 기여는 여성이 두 영역 모두에서 요구받는 결과물 수준에 미치지 못한다. 활동가이자 작가인 소라야 시멀리Soraya Chemaly의 설명에 따르면, "미국에서 (…) 남성은 여성이 집안일을 하는 시간의 35퍼센트를 휴식과 오락 활동에 쓴다. 여성의 휴식과 오락 활동 시간은 거의 그 절반인 19퍼센트에 불과하다. (…) [주말] 아버지들은 어머니들이 아이를 돌보는 시간의 47퍼센트를 여가 활동에 쓴다. 영국의 한 조사에서는 (…) 여성이 일주일 중 갖는 여가 시간은 남성보다 다섯 시간이 적은 것으로 나타났다. 더욱이 2000년 이후 남성의 휴식 시간은 늘어난 반면 여성의 휴식 시간은 줄어들었다."**[18] 1996년부터 2019년까지 미국 가정 내 남성과 여성의 역할을 추적한 갤럽 여론 조사에 따르면, 남녀 격차는 점차 좁혀지고 있지만 성 역할은 그 어느 때보다 견고하다. 여성은 빨래(58퍼센트 대 13퍼센트), 식사 준비(51퍼

** 놀라운 것은 보다 평등하다고 알려진 나라들에서도 이런 흐름이 마찬가지라는 점이다. 시멀리는 노르웨이, 스웨덴, 덴마크에서는 남성이 전체 무급 노동의 3분의 1을 약간 넘게 한다면서 이렇게 덧붙인다. "아일랜드, 이탈리아, 포르투갈에서는 여성이 70퍼센트를 한다. 이탈리아 여성은 계속해서 다른 유럽 여성보다 더 많이 일한다. 유무급 노동과 여가 시간의 남녀 격차가 가장 큰 지역은 아랍과 사하라 이남 아프리카 국가들이다."

센트 대 17퍼센트), 청소(51퍼센트 대 9퍼센트), 장보기(45퍼센트 대 18퍼센트), 설거지(42퍼센트 대 19퍼센트)를 더 많이 하고, 청구서 납부 일은 남녀가 같은 정도로 했다. 남자는 돈과 관련된 결정을 내리고(31퍼센트 대 18퍼센트), 자동차를 관리하며(69퍼센트 대 12퍼센트), 마당일을 더 많이 했다(59퍼센트 대 10퍼센트).[19] 우울한 일이 아닐 수 없다.* 이 통계는 내 결혼생활을 그대로 확인시켜준다. 상류층 기혼 백인 여성인 나는 매달 모기지보다 더 많은 돈을 전일 도우미 고용에 쓴다. 그렇게 도움을 받아도 나는 두 가지 일을 하는 반면 남편은 한 가지 일만 하는 느낌이 든다. 다른 한편 미국 가정의 23퍼센트는 싱글맘이 가장이고, 29퍼센트는 중산층이 아니다. 우리 모두는 허우적대고 있다.

내가 가진 모든 특권에도 불구하고 힘들다고, 피곤하고 종종 슬프고 짜증나고 좌절스럽다고 불평하자니 죄책감이 느껴진다. 내가 받는 것과 같은 지원을 받지 못하는 여성들이 아주 많다는 걸 나는 안다. 그러나 이런 상대적 고통은 우리가 처한 문제의 일부일 뿐이다. 상황이 더 나쁜 경우도 많다는 사실을 알기에, 많은 여성은 과도한 부담에 대해 이야기하거나 그에 맞서 싸우지 못한다. 이제 우리는 우리가 살아

---

* 더 불편한 사실은 시멀리가 보고한 바. 즉 밀레니얼 세대 남성의 다수가 신전통주의 관점을 갖고 있다는 점이다. 그에 따르면 무자녀 밀레니얼 세대 남성 중 "35퍼센트는 여성이 '가사와 양육을 맡아야' 한다고 믿는데 이는 X세대보다 9퍼센트, 45세 이상 남성보다는 무려 14퍼센트가 늘어난 수치다." 이어 그는 남성성의 백래시 현상(진보적 사회, 정치적 변화에 반발하는 심리 혹은 행동을 지칭하는 표현으로, 주로 성평등 및 젠더 운동 흐름에 반대하는 현상을 가리킴.―옮긴이)에 관한 야세민 베센–카시노Yasemin Besen-Cassino 와 댄 카시노Dan Cassino의 연구도 소개한다. "그들이 주목하는 것은 어떤 미국적 현상이다. 그들의 연구에 따르면 (…) 남성은 여성의 3분의 1 정도로 가사 일을 한다. 또 상식적 생각과 반대로, 아내의 수입이 더 많은 남성은 그렇지 않은 남성보다 집안일을 덜 했다."[20]

가는 방식이 옳지 않음을 인정해야 한다. 그리고 유급 가족 휴가와 정부 지원 보육 등 모든 가족을 위한 실질적이고 체계적인 해결책을 만들 필요가 있다. 그러지 않으면 여성에겐 기회가 없다.

여성이 짊어지고 다니는 또 하나의 짐은 신성한 가족 구조를 파괴하는 데 대한 책임이 우리에게 어떤 식으로든 있다는 생각이다. 부모 노릇을 우리의 유일한 목표로 삼기를 회피함으로써 우리의 진짜 일을 하지 않는다는 생각, 미국의 냉혹한 경제 현실에도 불구하고 우리 일하는 여성들은 아이를 우선시하지 않는 이들이고 따라서 우리의 이기심에 따르는 벌칙을 받을 수밖에 없다는 생각 말이다. 우리는 여전히 뿌리 깊은 가부장제적 과거에서 해방되기 위해 분투하고 있으며, 그 불길은 여성들이 월급을 집으로 가져와야 했던 1970년대에 거세게 타올랐다.

브리지드 슐트는 내게, 언젠가 육아와 직장 일(슐트의 남편도 언론인이다) 외에 자기가 집에서 해야 할 모든 일을 목록으로 작성한 적이 있다고 말했다.

> 그 목록은 이런 식으로 끝도 없이 이어졌어요.[21] 소아과 의사: 나. 치과 의사: 나. 육아: 나. 카풀: 나. 장보기: 나. 청구서 납부: 나. 여름캠프 계획: 나. 휴가 계획: 나. 남편과 나는 이따금씩 그에 대해 이야기도 나눴지만 결과는 그다지 생산적이지 않았어요. 그는 화를 내며 방어적인 태도를 취했고, 내 기준이 너무 높다고 말했죠. 나는 속이 부글부글 끓어올라 비난을 퍼부었고, 그런 다음 우리는 본래 자리로 돌아왔어요. 즉, 다시금 교착상태에 빠졌던 거죠. 그것은 나와 우리의 결혼생

활, 그리고 우리 아이들에게 정말 독이었어요. 나는 끝도 없이 바가지를 긁어대는 여자가 된 기분이었고요. 남편도 돕긴 했지만 내가 요구하거나 뭔가를 지적할 때에만 그랬죠."

이 보이지 않는 노동은 내 엄마를 끝도 없이 지치게 했던 것이자, 내 친구들 모두가 출근복을 벗고 추리닝으로 갈아입은 뒤부터 씨름하는 일이다. 냉장고에 우유를 채워 넣고, 일정을 변경하고, 속옷을 빠는 등 대개 일상적인 일들은 여성의 시간을 잡아먹는다. 간혹 남편들이 주말 스포츠 수업에 아이들을 데려가는 경우도 있지만, 거기서 앉아 지켜보는 것만으로도 그들은 훌륭한 아빠라고 우러름을 받는다. 여성에게 나태는 선택 사항이 아닐뿐더러 우리의 일과 중압감은 우리가 항상 더 많은 일을 해야 한다는 우리 자신과 사회, 서로의 믿음으로 배가된다.

엄마의 쓸모라는 신화

많은 사람들이 가정의 불평등한 노동 분업을 보고선 "여성은 그냥 양육을 더 잘하도록 타고났다." 같은 말을 한다. 글쎄다. 남자는 용감하고 여자는 고분고분하다는 끈질긴 신화에 더해 신생아와의 유대감을 위해 임신과 출산으로 호르몬이 바뀌는 것은 여성만이라는 생각이 널리 퍼져 있는데, 이는 잘못된 생각이다. 생물인류학자인 리 게틀러Lee Gettler에 따르면, 아버지가 되면 테스토스테론이 감소하는데 이는 옥

시토신 분비를 위해서다.[22] 남성도 우리와 함께 기저귀를 갈고 구토 세례를 감수하도록 생물학적으로 설계되어 있는 것이다. 그럼에도 우리는 여성이 본능적으로 가장 잘 알아야 한다는 문화적 관념을 받아들였다. 남자들로 하여금 육아로부터 멀찍이 떨어져 있게 하는 것을 일컬어 '모성 게이트키핑'maternal gatekeeping이라 하는데, 이는 '남편은 너무 둔해 기저귀도 제대로 갈지 못하니 아내가 얼른 개입해야 한다'는 뜻이다. 우리는 이런 개념을 옹호하고, 자연이 아닌 문화에 의해 정의된 성 역할을 지키며 거짓 예언을 실현한다.

첫 아이 맥스가 태어났을 때 나는 기진맥진해 있었다[고의적으로 이런 아이러니한 행동을 한 건 아니지만 나는 피토신(자궁을 수축하여 분만을 유도하는 호르몬—옮긴이)의 효과가 나타나길 기다리는 동안 셰릴 샌드버그Sheryl Sandberg의 《린 인》을 읽었고, 그러다 4킬로그램짜리 아기를 몸 밖으로 밀어냈다]. 그날 아침 병원으로 가는 길에 남편 롭은 자신이 아무것도 못 느낄까 봐 걱정된다고 고백했다. 나는 그게 정상일 거라고, 감정은 차차 생길 거라고, 나 역시 다시 엎드려 잘 수 있다는 안도감 외에 무슨 대단한 감정이 생길지 잘 모르겠다고 하며 그를 안심시켰다. 그날 밤늦게 분만이 끝나고 내가 기절해 있는 동안 롭은 맥스 곁을 지키며 망울 주입기로 아이 입에서 양수를 빨아들이고, 영상을 만들고, 울었다. 간호사들은 롭에게 포대기 싸는 법과 기저귀 채우는 법을 가르쳤다. 롭은 모든 일을 도맡았다. 내 좋은 친구 리즈는 내게 더 공평한 결혼생활로 귀결될 테니 그렇게 흘러가도록 그냥 내버려두라 조언했고, 나는 그 말을 따르려 노력했다.

리즈는 지금 훌륭한 중견 방송작가가 됐지만, 처음엔 여러 잡지사에서 길고 고통스런 경력을 쌓으며 고군분투한 끝에 자신의 첫 TV 프로그램인 〈간호사 재키〉Nurse Jackie의 작가실에 들어갔다. 계획엔 전혀 없었지만 어쩌다 보니 그는 이 일을 맡은 직후에 임신을 하게 되었다(인간은 계획을 세우고 신은 웃는다고 했던가. 다들 피임 도구를 잘 활용하시길!). 출산 후 3주가 지났을 때 리즈는 다시 작가실로 돌아가야 했다. 그와 그의 남편이자 동료 시나리오 작가인 제프는 당황했지만, 제프는 리즈를 집 밖으로 밀어내며 자기가 아기를 잘 돌보고 있다고 안심시켰다. 몇 달 뒤 제프는 우리에게, 당시엔 사실 결코 그런 상태가 아니었지만 결국 방법을 찾아냈다고 말했다. 두 사람은 모두 살아남았을 뿐 아니라, 제프가 강력한 공동 부모로서 갖는 지위도 굳건해졌다. 그리하여 그는 아내 이상은 못 될지언정 그 못지않게 유능한 부모가 되었다(그리고 자녀들—그렇다. 그들은 아기를 또 낳았다!—은 그들의 기쁨이다). 리즈의 말을 인용하자면 그건 정말 "미친 짓"이었고 리즈가 "특히 유선염에 걸려 열이 39.5도까지 치솟은 상태로 미드타운에 도착했을 무렵"에 절정을 이루었지만, 이 불가피한 젠더 역할 전환은 결국 두 사람 모두에게 도움이 되었다.

리즈와 제프 같은 커플은 불행히도 드물다. 미국은 근로자의 23퍼센트, 남성의 20퍼센트 미만만 육아휴직을 할 수 있고, 상당수 남성은 허용 기간을 다 채우지 않는다(2019년의 한 연구에 따르면, 육아휴직을 하는 여성은 93퍼센트에 이르지만 남성은 62퍼센트에 불과하다.)*[23] 남성도

---

* 한 실망스런 연구에서는 남성 응답자의 3분의 1이, 만일 자신들이 유급 육아휴직 혜택을 사용한다면 "회사 내에서의 자기들 입지가 위태로워질 수 있다."라고 주장했다.[24]

육아휴직을 할 수는 있지만, 그럼에도 그렇게 하지 않음으로써 '아기에겐 아빠가 아닌 엄마가 필요하다'는 오래된 이야기를 강화하는 것이 현실이다. 이 신화는 교활하다. 아버지와 자녀 사이의 유대를 약화시킬 뿐 아니라 아버지는 결코 일차양육자가 될 수 없음을 확인함으로써 엄마에게 더 큰 부담을 주는 탓이다. 또한 이는 남성 동성연애자 커플인 부모에게도 해롭다. 아기가 필요로 하는 것은 성별에 관계없이 애착의 대상이 되어줄, 따뜻하고 사랑 가득한 몸이기 때문이다.

맥스를 낳고 병원에 있을 때 나는 리즈와 제프 이야기를 떠올렸다. 사사건건 롭에게 참견하고 싶어 하는 마음만 잘 다스린다면 나는 더 유능하고 자신감 넘치는 배우자를 곁에 둘 수 있을 것이었다. 그리고 적어도 한동안은 그런 일이 일어났다. 맥스는 생후 3년 동안 나보다 롭을 더 좋아했다. 나는 마음을 다치고 때로는 자존심도 상했지만, 내가 아이의 울음을 달래줄 수 있는 유일한 사람이 아니라는 사실에 감사했다. 보모 비키도 곧 나를 대신했다. 비키가 우리 집에 처음 왔을 때 맥스는 첫 예방접종을 막 마친 상태였고 좀처럼 울음을 멈추지 않았다. 나는 맥스를 비키의 팔에 안겼고, 맥스는 잠이 들었다. 그 뒤로 비키는 맥스의 세 번째 부모, 우리 모두를 돌보는 사람, 기차가 계속해서 선로 위를 달릴 수 있게 하는 기관사가 되어주었다. 우리는 엄청나게 운이 좋았다. 비키를 고용해 충분한 임금을 지불하고 그에 따르는 혜택을 받을 수 있다는 것은 하나의 특권이었고, 내 커리어를 이어나가는 데도 큰 발판이 되어줬으니. 비키와의 관계는 내 인생에서 가장 중요한 관계들 중 하나다. 내가 글을 쓰고 내 일을 할 수 있었던 것은 비키가 우리 가족에게 베푼 따뜻한 마음 덕분이었다. 그리고 비키는 자신의 지지를 받아들이는 법을 날마다 내게 가르쳤다. 만약 그의 아이들이 이미 다 자란 성인이 아니었다면, 나는 내 가족을 돌보기 위해 비키를 그의 가족에게서 떼어놓았다는 사실에 끝없는 죄책감을 느꼈을 것이다. 비키 역시 우리처럼 맞벌이 가정의 일원이고 급료와 의료 보험이 필요했다 해도 말이다.[25] 나는 이성적으로 좋은 일임을 알고 실질적으로도 필요한 일―내 아이들을 위한 돌봄 공동체를 만들고 아이들에게 다른 어른들 또한 자기들을 사랑해준다는 것을 보여주는 일―을 하고 있다. 그럼에도 여전히 남아 있는 죄책감과 수치심은 내가 항상 더 많은 일을 할 수 있음을 상기시킨다. 언제나 강조점은 **나**다. 내 아이들은 모든 기회를 얻고 있으며 건강한 데다 행복하지만, 그것은 나를 괴롭히는 부족함이란 망령을 몰아내기에 충분치 않다.

파트너십은 어떻게 작동해야 하는가

10여 년 전 나는 파트너십에 대한 기사를 쓰기 위해 미카엘라 보엠 Michaella Boehm이라는 탄트라Tantra(고대 인도에서 기원한 철학적·종교적 전통―옮긴이) 전문가를 인터뷰했다. 인터뷰에 앞서 나는 그와 일곱 시간에 걸쳐 오르가슴에 대한 대화를 나눌 것이라 예상하고 마음의 준비를 단단히 하고 갔다. 당시 그는 이미 가수 스팅Sting, 그리고 틀림없이 인내심 많고 성적으로도 잘 맞는 그의 아내 트루디 덕분에 유명인사가 되어 있던 터였다. 하지만 보엠은, 탄트라는 사실 섹스가 아닌 친밀감과 성적 긴장의 함양에 관한 것이고 이는 시간이 지날수록 커플이 매우 비슷해지고 친해지기 때문이라고 말했다. 친근함은 자석 같은 이끌림에 요구되는 극성, 즉 차이가 아니다. 파트너 한쪽은 '남성적'이고 다른 한쪽은 '여성적'이어야 한다. 참여자의 성별에 상관없이, 지시하고 받는 두 유형의 에너지가 모두 표현되어야 하는 것이다. 누가 어느 쪽을 택하는지는 중요하지 않다. 하지만 보엠에 따르면, 좋은 섹스를 하려면 파트너의 한쪽이 "스펙트럼의 한쪽 끝에 생기를 불어넣고, 다른 쪽은 최대한 반대쪽 끝으로 가야 한다."[26]

이런 성적 긴장을 만드는 일은 중요하다. 너무 똑같으면 섹시함이 사라진다. 2013년의 한 연구는 빨래나 설거지 등 집안일을 더 많이 하는 남성이 그렇지 않은 남성보다 섹스를 1.5배 적게 한다는 사실을 밝혀냄으로써 이 사실을 입증하는 것처럼 보였고 이로써 큰 반향을 일으켰다.[27] 50 대 50으로 가사를 분담하는, 혹은 그 이상의 역할을 하는 파트너를 원하는 이성애자 여성으로서 나는 이 연구 결과에 동의하고 싶지 않았지만, 어떤 면에서는 그럴 수가 없었다. 이에 대해 보엠에게 물어보니 그는 충분히 이해한다며 이렇게 말했다. "직장에서 귀가했을 때 앞치마를 두른 채 미소 짓는 남편의 환영을 받는다는 생각은 많은 여성들에게 사실 당황스럽게 느껴지죠. 남편이 저녁 식사를 요리한다는 생각이 아무리 매력적이어도 말이에요. 하지만 미묘한 변화로, 이를테면 귀가한 당신에게 남편이 자기가 저녁 준비를 마무리하는 동안 와인 한 잔을 마시고 있으라고 지시한다면 갑자기 꽤 섹시하게 들리죠. (…) 남성적 측면으로 상정되는 지시는 미묘하지만 필수적인 요소예요."[28]

이 구별은 내게 확 와닿았다. 그렇다. 남편이 부엌에서 내게 '보스

행세를 한다'면 섹시하게 느껴질 것이다. 이것은 내 가정 생활 및 거기서 상충하는 욕망의 맥락에서만 울림을 주는 게 아니라, '바깥 생활'에선 내가 종종 남성적이라는 점도 깨닫게 해준다. 나는 업무를 지시하고, 결정을 내리고, 다른 사람들에게 뭘 해야 하는지 말해준다. 나의 엄마도, 다른 많은 여성들도 마찬가지다. 사실 내게는 여성스러움이 더 어렵다. 그게 도움이든 위안이든 지지든, 나는 일단 받는 데 서툴고, 타고난 주부도 아니다.

결국 성별에 관계없이 우리 각자는 남성성과 여성성 간의 균형을 찾아야 하고 우리의 하루, 한 주, 인생 전체의 각 지점에서 제 능력을 유연하게 발휘해야 한다. 많은 남성들은 가부장제가 우리를 미리 정해진 성별 속에 가둬두길 고집할 때조차, 자신이 거기에서 어긋난 상태임을 반사적으로 인식하는 것 같다. 세상에는 창의적이고 양육에 적극 참여하는 아버지이자 파트너가 되고 제몫을 다하고 싶어 하는 남자들이 많다.

내가 아무리 이 제도를 현대식으로 바꾸려 발버둥 쳐도, 많은 또래 친구들이 그렇듯 내 결혼생활 역시 어느 정도는 우리 부모님의 결혼생활을 재현한 것이다. 부모님의 경우와 달리 우리 집에서는 내가 주 생계 부양자인데, 그렇게 되면 롭과 나의 성 역할이 뒤바뀔 거라 생각했다. 이미 남편보다 더 많이 벌고 있었음에도 나는 나 자신이 애초에 주입받은 내용 및 문화 전반으로 인해 여전히 관습에 순응하며 엄마와 아내라는 두 역할을 잘 해내야 한다는 압박감을 얼마나 느끼게 될지 잘 몰랐던 것이다.

남편이 자기가 집안일과 아이들 돌보는 일을 더 많이 하겠다고—

내가 정규직 직장에 나가고, 컨설팅을 하고, 코로나 시대를 맞아 줌 Zoom으로 2학년 아이들을 가르치지 않는 주말 동안 이 책의 집필에 필요한 시간을 주겠다며 — 말할 때조차 그건 그저 말뿐인 시늉에 지나지 않는다. 모든 활동에는 나의 준비가 필요하고, 그다음엔 나의 참여가 계속해서 이어진다. 지속적으로 문자를 확인하고 질문을 보내기에 불과할지언정 말이다. 이것은 일종의 학습된 무력감으로, 롭이 많은 지시를 필요로 하는 탓에 나를 너무 부담스럽게 만든다면 차라리 내가 직접 하고 말겠다는 생각에서 나온 행동이다. 확실히 효과적인 전략이긴 하다. 요전날 밤 나는 롭에게 내가 저녁 식사(칠면조 고기 타코였다) 준비를 마치는 동안 토르티야를 데우고 아보카도를 잘라달라고 부탁했다. 그는 내게 어떤 아보카도가 가장 잘 익었는지를 어떻게 아냐고, 그다음엔 토르티야를 얼마나 오래 데워야 하냐고 물었고 나는 결국 그를 주방에서 쫓아냈다.

지난 주말에는 둘이서 그날의 계획에 대해 이야기를 나눴다. 당연하게도 내 계획은 코스트코와 식료품점에 잠깐 들렀다가 일을 하는 것이었다.

"애들하곤 뭘 할 거야?"

"일단 오전엔 아무것도 안 하고 뒹굴댈 거야." 그는 농담이 아니라 진지하게 대답했다.

그 말에 나는 분개했다. 바로 그게 문제다. 물론 우리 아이들이 화면의 소용돌이에 빨려 들어가 있는 건 결코 좋은 게 아니지만, 그렇다고 '아무것도 안 하고 가만히 앉아 있는 것'이 내가 어렸을 때 배운 최악의 기술은 아니었을 것이다. 나도 지쳤다. 나는 엄마, 마가리타, 소설

책 한 무더기와 함께 한 주를 보냈던 그 지와타네호의 해변으로 돌아가야 한다. 대체 왜 내가 내 아이들에 대해 이렇듯 끊임없는 불안과 피로에 시달리고 싶어 하겠는가? 이건 사는 게 아니다. 뭔가 다른 방법을 시도해보고 싶다. 일단은 내가 크루즈의 선장이 되어야 한다는 느낌 없이 남편으로 하여금 하루를 지휘하도록 해야 할 것이다. 그리고 내가 아직도 스스로 떨쳐내지 못하고 있는 가부장제의 잔재, 즉 나를 압도하는 죄책감을 표현해야 할 것이다. 부모 노릇이란 것에는 어차피 정해진 형태도 척도도 없는 만큼, 어쩌면 나는 '부모 노릇 *하기*' 대신 그저 부모로 *존재*하는 것에서 평화와 은혜를 찾아야 하는지도 모르겠다.

셀레스트 헤들리는 이렇게 썼다. "미국 노동통계국에 따르면 워킹맘은 아이들과 집안을 돌보는 데 아빠보다 매일 80분을 더 쓰는 반면, 아빠는 TV를 보거나 다른 즐거운 활동을 하는 데 엄마보다 50분을 더 쓴다."[29] 헤들리에 따르면 "여성은 직장에 있을 때에도 스스로에게 더 압박을 가하는 경향이 있다. 디지털 미디어 회사인 캡티베이트 네트워크Captivate Network에서 수집한 자료에 의하면, 남성은 근무 중 '그저 쉬려고' 휴식을 취하는 경우가 여성에 비해 35퍼센트 더 많다. 또 남성은 여성보다 더 자주 근무 시간에 점심을 먹으러 나가고 산책을 하고 개인적인 시간을 갖는다."[30]

얼마 전 저녁에는 아이들 방과 후 과외활동에 대해 이야기하기 위해 이웃 엄마 집에 학부모들이 모였는데, 흥미롭게도 그들 중 아빠는 단 한 명도 없었다. 우리가 바깥에 앉아 있는 동안, 열려 있던 프렌치 도어 너머로 완전히 난장판인 집 안 풍경이 눈에 들어왔다. 그 집 여자는 아이가 셋에 자기 사업까지 운영 중이었지만 그럼에도 나는 그 난장판 및 그에 대해 일말의 동요도 없는 그의 모습에 감탄하지 않을 수 없었다. 뿐만 아니라 그의 남편이 (아내는 완전히 차려입은 데 반해) 파자마 바지 차림으로 어슬렁어슬렁 걸어 나와 인사를 한 뒤에도 내가 즉시 그 사람을 그 난장판의 원인으로 여기지 않았다는 사실을 깨달았다. 차를 몰고 집으로 돌아오면서 나는 내가 도움 되지 않는 방식으로 이웃 여자를 판단하고 있었음을 알게 되었다. 다시 그때로 돌아간다면 나는 가사에서 해방된 그에게 먼저 축배를 들고, 절대 충족될 수 없는 기대에서 벗어날 수 있는 방법에 대해 조언을 구할 것이다.

휴식의 힘

파자마 바지 차림의 그 느긋한 아빠가 옳다. 직장에서 산책을 나가거나 휴식을 취하는 남성들도 마찬가지다. 정신과 의사이자 하버드 교수인 스리니 필레이Srini Pillay는 뇌를 위한 휴식의 힘에 대해 여러 권의 책을 썼다. 몸에 관련된 휴식 시간은 분명 우리가 잘 아는 개념이다. 아무도 단거리 달리기의 속도로 마라톤을 뛸 수 없고, 우리에게 반드시 수면이 필요하다는 사실을 모르는 사람은 없으니까. 하지만 정신을 느슨하게 풀어놓는 일에는 어려움을 겪는 이가 많다. 필레이와 잡담을 나눴을 때 그는 자기도 젊은 의대생 시절엔 오로지 일에만 시간을 쏟아부었다고, 그런데 그렇게 했더니 지도교수들이 자신을 이렇게 나무랐다고 이야기했다. "우리는 로봇을 만들어내려고 여기 있는 게 아니기에 정말 자네가 걱정스럽네. 우리는 세상을 바꿀 사람들을 배출하길 원하네. 그리고 만약 삶에 집중하지 않는 시간을 집어넣지 않으면 자네는 절대 세상을 바꾸지 못할 것이네." 이 '집중하지 않는 시간'은 낙서를 하거나 한낮에 낮잠을 자거나 정처 없이 걷는 모습으로 나타난다. 이 피드백은 스리니의 인생을 바꿔놓았고, 그는 인간의 무의식을 연구하기 시작했다. 그런데 무의식은 우리 뇌의 가장 강력한 상태다. 의식적 뇌가 정보를 처리하는 속도는 초당 60비트인 반면, 무의식적 뇌의 경우는 *초당 1,100만 비트다*.[31] 우리는 갖가지 해야 할 일을 집중해서 처리하는 데 너무 바빠 자신의 잠재력을 충분히 발휘하지 못할 뿐 아니라 스스로를 소진시킨다.

"많은 사람들은 중요한 돌파구가 집중을 통해서만 만들어졌다고 생각해요." 스리니는 이렇게 말하며 다음과 같이 덧붙인다.

알베르트 아인슈타인이 상대성 이론을 어떻게 발견했는지 설명했던 때를 생각해보세요. 그는 그것이 수학과 물리학에 집중한 결과라고 말하지 않았어요. (…) 스티브 잡스도 (…) "앞을 보며 점과 점을 연결할 수는 없다. 오직 뒤로 돌아볼 때만 연결이 가능하다."라고 말했죠. 그는 우리가 직감이든 카르마든 운명이든 어떤 다른 것을 사용해야 한다고 했어요. 우리에겐 우리를 어딘가로 데려가줄, 앞으로 움직이게 하는 다른 힘이 있다는 거죠. (…) 최근 누군가 제프 베이조스에게 아마존의 새 사옥 입지에 대한 결정은 어떻게 내리냐고 물었더니 그가 이렇게 대답하더군요. "일단 많은 자료를 수집하고, 그다음엔 직관적으로 최종 결정을 내립니다." 그런 직관, 무의식을 인식하는 사람

들이 많은 것 같아요. 이것이야말로 우리가 진짜 활용해야 하는 지능이었고요.[32]

휴식과 직관으로 무의식의 힘을 활용할 수 있었던 사람들로 스리니가 힘 있는 백인 남성만을 지목한 것은 결코 우연이 아닐 것이다. 우리 사회에는 휴식을 취하고, 타인에게 지원과 보살핌을 요청하고, 동네를 산책하는 것에 대해 자책하지 않는 이들이 있다. 스리니의 처방에서 내게 가장 설득력 있게 와닿은 부분은 여성의 직관이 더 강력하다는 점이었다. 이 생각에는 과학적 근거가 있는데, 그것은 직관이 무슨 초자연적 특성이 아니라 생리적 변화의 영향이라는 사실이다.[33] 스리니가 설명했듯이, 여성은 "복잡한 정보 통합자다. (…) 여성은 수많은 미묘한 변수를 파악한 다음 그것을 정보로 통합시킨다." 만약 우리가 일상적으로 동네를 돌아다니며 놀고 잠깐 낮잠을 즐기는 시간을 갖는다면 뭘 만들어낼 수 있을지 한번 상상해보라.

다행히, 한때 제 일을 제대로 끝내지 못한 패배자들의 영역이었던 잠 — "잠은 죽어서나 자겠다!" — 은 생산성에 필수적인 것으로 재평가되었다. 특히 어린아이들과 10대 청소년들이 충분한 수면을 취하지 못하는 것은 건강의 위기로 간주되며, 최근 알츠하이머 발병률이 급격히 증가한 핵심 요인으로도 수면 부족이 지목된다. 우리가 잠을 잘 때 글림프 시스템glymphatic system이 우리 뇌를 '씻어내고' 노폐물을 제거하기 때문이다. 연구자들은 ADHD 같은 현대 질병 역시 적어도 부분적으로는 수면 장애와 관련이 있다고 생각한다.[34] 우리 모두에겐 휴식이 필요하다.

여성의 타고난 우월성 *

여성이 다람쥐 쳇바퀴 도는 생활을 했다는 데 대해선 또 다른 음험한 결과가 있다. 우리는 너무 바쁘기 때문에, 또 생존에 대한 사회의 기대에 부응하는 데 너무 많은 관심을 쏟도록 주입받았기 때문에 좀처럼 이런 불평등에서 벗어날 방법을 생각하고 계획할 여유를 찾지 못한다. 우리는 너무나 큰 중압감에 짓눌려 있는 탓에 우리의 재생산권, 동일 임금, 유급 가족 휴가, 우리 아이들을 안전하게 지켜줄 합리적 총기 규제법을 위해 싸울 시간이 없다. 우리의 자아를 확장할 시간도 마찬가지다. 우리의 한가로움을 부정하는 것은 가부장제 꼭대기에 있는 사람들이 우리 목을 조르는 가장 해로운 방법이다. 나는 그들의 두려움을 이해한다. 이 지배 체제의 혜택을 누리는 사람들은, 여성 및 여타 소외된 공동체가 정의로운 분노를 일으키고 그 과정에서 서로를 일으켜 사력을 다해 저항할 때 자신들이 권력을 누리는 시대가 끝장날 것임을 아는 것이다. 우리는 그들보다 일을 더 많이 할 뿐 아니라 — 우

---

*　내가 여러분의 관심을 끌었나? 이것은 인류학자 애슐리 몬터규가 1952년 《새터데이 이브닝 포스트》The Saturday Evening Post에 발표한 글의 제목이다. 이후 이 글은 책으로 출간되었고 수십 년에 걸쳐 내용이 보완되었다. 그가 설명했듯 우월성은 여성이 별로 좋아하는 단어가 아니지만 그럼에도 여성이 우월하다는 것은 사실이다. 모든 면에서 여성은 생존에 더 유리하게 만들어졌다. 몬터규는 이렇게 썼다. "생물학 및 사회학적 인류학자로서 오래 연구한 끝에, 나는 진화적·생물학적 관점에서 봤을 때 여성이 남성보다 더 상급 존재이며 지속적으로 더 많은 자질을 획득했음이 너무도 분명하다는 것을 확인하게 되었다. 무엇보다, 사실을 분명히 하는 것이 중요할 듯했다. 이것은 입증 가능한 사실이다. 생물학적 유기체로서의 여성은 남성보다 우월하다. 만일 누구라도 반대 증거가 있다면 들고 나오길 바란다. 과학적 태도란 무언가를 믿거나 불신하는 것이 아니라, 그 과정에서 어떤 전통적 믿음이 도전받거나 유린당하더라도 오직 사실을 발견하고 말하고자 하는 욕구다."[35]

리의 한결같은 근면함에 대해서는 앞서 충분히 살펴봤다고 생각한다―더 나은 결과를 낸다.

팬데믹 당시 학교 수업이 줌으로 진행되어, 예기치 못한 데다 달갑지 않은 종일 업무가 되었을 때 새삼 확인된 한 가지 사실이 있다. 대부분의 여성은 오래전부터 알고 있었던 것, 즉 여자아이들이 남자아이들 머리 위에서 논다는 사실이 그것이다. 아들 어깨 너머의 화면에서 보자니 읽기, 산수, 가만히 앉아 경청하기, 혼자 옷 입고 머리 빗기 등 모든 면에서 여자아이들은 몇 학년쯤 더 앞서 있는 느낌이었다. 두 아들의 엄마인 나는 내 아이들의 미래가 걱정되지 않을 수 없다. 그들은 가부장제 이후의 세상에 대한 준비가 전혀 되어 있지 않으니.

사회학자 토머스 디프렛Thomas DiPrete과 클라우디아 부흐만Claudia Buchmann의 연구는 한 세기 동안 여학생이 남학생보다 우수한 성적을 거뒀음을 보여준다.[36] 하지만 사회의 권력 배치, 또는 여성이 도저히 이길 수 없을 것 같은 현실만 보면 절대 그 사실을 모를 것이다. 학교 복도 밖에서는 여전히 여성이 제대로 대표되지 않고 있다.《포춘》이 선정한 가장 영향력 있는 500인 중에는 '존'이라는 이름의 CEO가 여성 전체보다 더 많다.[37] 2021년 기준으로 국회의원은 고작 27퍼센트, 주지사는 고작 18퍼센트만이 여성이다. 시급 11달러 이하인 일자리의 58퍼센트를 여성이 차지하고 있으며, 56퍼센트의 여성이 빈곤에 시달린다. 특히 유색인 여성의 빈곤률은 그보다 더 크다.[38]

우리에겐 그 어떤 체계도 옳거나 균형 잡혀 있다고 느껴지지 않는다. 이런 생활과 행동 방식은 결코 지속 가능하지 않다는 것도 우리는 안다. 이사회나 법정에서 형평성 그 이상을 위해 우리가 기울였던 노력에는 결코 잘못이 없지만—중간을 목표로 삼는 것으론 결국 동등한 대표성을 얻지 못하고, 특히나 상황이 지나치게 불리할 땐 더욱 그러하므로—체계 변화에 초점을 맞추는 데 그쳐선 안 된다. 이것은 단순한 숫자 게임이 아니라 우리 각자와 우리 시스템 내에서의 에너지 변화, 즉 신성한 남성성(구조, 질서)과 신성한 여성성(양육, 보살핌, 창조성)의 균형을 요하는 문제다. 우리는 사회 기준을 바꿔야 하나, 그런 상황은 우리가 모든 일을 다 하는 한 도래하지 않을 것이다. 우리는 손에서 공을 내려놓고 다른 사람들, 즉 남자들이 공을 집어 들도록 강요해야 한다. 먼저 스스로를 놓아주고 깊은 자기애를 키운 뒤, 돌아서서 부끄러움 없이, 열렬히, 온 공감과 연민의 힘으로 그것을 다른 여성에게 되비춰주는 법을 배워야 한다. 우리는 세상에 다시 질서를 부여하기 위해 휴식을 취하고 에너지를 비축해야 한다. 충분히 노력하고 있지 않다는 걱정을 물리치고, 함께 확장할 수 있도록 서로의 편에 서야 한다.

   그러려면 잘 쉬고, 스스로를 잘 보살피고, 지원을 받아야 한다. 이를 위해선 어떤 경계가 필요하고 완벽주의, 혹은 우리가 반드시 해야 하는 일이나 우리의 소명으로부터 우리를 멀어지게 하는 어떤 기대도 내려놓아야 한다. 이 세상과 우리의 미래는 우리의 애정 어린 보살핌, 우리가 망쳐놓은 것을 바로잡을 우리의 능력—타고난 것이든 아니든—에 달렸다. 우리에게 남자들이 필요하지 않다는 뜻이 아니라—반드시 필요하다—그들의 에너지가 돌봄의 부담을 더는 데 집중되어야 한다는, 집 안에서든 밖에서든 어질러져 있는 걸 치우는 일을 함께 나눠야 한다는 뜻이다.

우리 일의 가치

팬데믹으로 수백만 명이 수많은 이유 때문에 직장을 그만두었다. 그 중에는 쫓겨난 이도, 스스로 그만둔 이도 있었다. 그러나 그 일이 평등하게 이루어지진 않았다. 2020년 9월만 해도 남성의 네 배에 달하는 여성이 직장을 잃었다(21만 6,000명 대 86만 5,000명).[39] 또한 〈폴리티코〉Politico에 따르면 "팬데믹 때 실직한 것으로 보고된 여성 네 명 중 한 명은 보육이 그 이유였는데, 이는 남성의 두 배에 달하는 수치다."[40] 팬데믹은 세상에서 일어나는 다른 모든 일들의 맥락에서 우리가 우리 일에 대해 근원적으로 느끼는 환멸을 가시화했다. 그 탓에 많은 이들은 가정에서의 필요만이 아니라 개인 윤리 문제로도 힘들어한다. 말하자면 자기가 하는 일의 진정성이 영혼의 진정성과 맞지 않을 때, 업계의 수장이 되거나 그를 위해 일하는 것이 별로 기분 좋게 느껴지지 않는다는 것이다. 비틀거리는 세상을 자신이 더 망가뜨리고 있다는 생각 탓에, 내가 아는 많은 여성들은 이전에 정당화했던 직업에서 등을 돌린다. 더는 그 불편함을 참을 수 없기 때문이다. 하지만 이런 여성들은 선택의 특권을 가진 사람들이다.

대부분은 그렇지 못하다. 많은 여성들은 오로지 생존을 위해 저임금 일자리로 내몰리고 있다. 그리고 분명히 말해야 할 것은, 이 저임금 여성 중 상당수는 백인이 아니라는 점이다. 임금 격차는 명백한 편견 때문일 때도 있지만—완전히 똑같은 역할에서 여성은 동일 경력의 남성보다 적은 돈을 받는다—격차가 이토록 도드라지는 이유는 이 나라에선 '돌봄' 직종(교육, 간호 및 방문 간호, 식사 서비스, 가사, 보육)의 임금이 가장 낮기 때문이다. 이런 필수 지원은 권위도 지위도 낮은 '여성의 일', 가치가 떨어지는 일로 인식된다(돌봄 영역에 종사하는 남성은 일반적으로 여성보다 두 배 가량 더 번다*). 문화적으로 우리는 '여성의 일'이 가치 있거나 생산적이거나 중요하다고 여기지 않으며, 따라서 보상도 적다. 우리의 우선순위는 거꾸로 되어 있다. 임금 격차의 영향을 가장 많이 받는 여성이 어머니라는 점도 중요하다. 무자녀 여성은 보상에서 남성과 팽팽히 맞서며 크고 음험한 '엄마 세금'을 지적한다.**

여성의 다양한 유형과 '계층' 사이에는 너무도 큰 임금 격차가 있다는 사실을 우리 중 누구도 잊어선 안 된다. 하나의 집단으로 싸움에서 이기기는 어렵다. 의도적이든 아니든 가부장제는 제 삶의 주권을 위한 싸움, 누가 가치 있는지, 누가 시간을 책임감 있게 잘 보내고 있는지에 대한 싸움의 소용돌이 속으로 우리를 몰아넣었다. 끊임없는 행동에 대한 이 압박, 나태함에 대한 이 두려움—혹은 사실상 우리는 쉴 자격이 없다는 생각—은 우리를 미치고 지치고 고갈되고 우울하게 만들었다. 우리가 누군지를 말하는 거창한 신화적 거짓말 속에서 여성

---

* 2021년의 한 조사에 따르면,[41] 남성 간호사(전체 간호 노동력의 12퍼센트에 불과한)는 시간당 38.61달러를 번 데 반해 여성 간호사는 35.88달러를 벌었다. 이 2.73달러를 연수입으로 계산하면 6,000달러에 달한다. 한편 1996년의 한 보고서에 따르면, "남성 공립학교 교사는 여성 교사보다 평균 10퍼센트에서 13퍼센트 더 벌었다. 기혼 여성은 비혼 여성보다 임금이 낮은 반면, 남성은 결혼 여부와 관계없이 동일한 임금을 받는다."[42] 여기에는 많은 요소가 작동한다. 이를테면, 유급 가족 휴가 혜택이 없다는 것은 많은 여성이 임금 소득과 그에 상응하는 임금 증가를 일정 기간 동안 놓치게 된다는 뜻이다. 하지만 여기에는 아이 엄마에게 있어 직업은 절대 우선적이지 않을 것이고 그래서도 안 된다는 문화적 편견도 분명히 작동한다.

** 프린스턴대학의 경제학자 헨리크 클레벤Henrik Kleven의 연구에 따르면, 세계에서 성평등이 가장 잘 이루어진 나라인 덴마크에서조차 여성은 아이를 낳고 나면 상당한 임금 하락을 겪는다. 그가 보고한 바에 의하면 덴마크 엄마들은 같은 직종의 남성보다 20퍼센트 낮은 임금을 받는다.[43]

은 한가로이 지내며 호랑이의 공격으로부터 보호받고, 사냥의 전리품을 얻어먹어야 한다. 역사에서 우리는 무임승차자이자 걸어다니는 자궁을 연기해왔다. 하지만 가부장제 문화의 현실은 다르다. 싱글이거나 무자녀인 여성은 자본주의 시장에서 남성과 비슷한 가치를 인정받지만, 그 대신 사회적으로는 망가졌거나 이기적인 사람으로 인식된다. 뭐든 하나 골라보라. 만약 당신이 집 밖에서 일하지 않는 엄마라면 당신은 자신의 잠재력을 낭비하고 있는 것이다. 만약 당신이 집 밖에서 일하는 엄마라면 당신은 자기 아이들에게 해를 끼치고 있는 것이다. 무엇보다, 우리 삶에선 우리가 적어도 하나의 영역에선 *충분히 해내지 못하고 있다*는 북소리가 끊임없이 들려온다. 상황이 이럴진대, 대체 누구에게 나태해질 시간이라는 것이 있겠는가?

　나는 이 북소리, 여성을 이 끔찍한 이중 구속으로 끈질기게 몰아넣는 일이 꽤 성공적인 가부장제의 잔향이라 생각한다. 내가 알고 사랑하는 남자들은 여성이 모두를 위해 모든 일을 하고 모든 역할을 하려고 집착할 때 되레 혜택을 얻는다. 내 남편만 해도 그냥 쉬는 게 아니라 편안하게 쉴 수 있다. 내가 우리 삶의 사소한 부분까지 꼼꼼히 챙기고, 과도할 정도의 경계 덕에 어떤 중요한 것도 절대 놓치지 않으리란 것을 아는 터다. 다른 여성들처럼 나 역시 인생의 폭풍우를 막는 보루다. 그럼에도 우리 문화는 내가 가부장제의 보호를 받을 뿐이며 내 노력으로 그것을 지탱하고 있는 건 아니라고 주장한다. 이는 일종의 가스라이팅이다. 가부장제는 우리의 수행에 대한 기대치를 정해두었고, 우리는 날마다 그 기대를 충족시키며 점점 더 그 기준을 높여간다. 앞서 언급했던 그 지저분한 집의 지인과 달리, 우리 중 그 틀을 깨고 "오늘은 아니야. 오늘은 아이들이 온 거실 바닥에 장난감을 흩어두고 놀아도 TV 앞에서 속옷 차림으로 아이스크림을 먹을 거야."라고 말할 정도로 강한 여자는 드물다. 대신 엉뚱하게도, 병가를 내고 잠을 더 잘 수 있도록 열이 나주길 바라는 친구들은 있다. 유급 휴가도 의료 서비스도 지원도 없는 여성에겐 잠시 쉬거나 하던 일을 내려놓을 다른 방도가 사실상 없다.

이제 우리 자신 및 서로에게 더 잘하는 데 힘을 쏟아보자. 우리가 더 진실하고 지속 가능하도록 에너지를 재정렬하려면, 우리의 양가감정을 자세히 들여다보고 우리가 가부장제의 방식으로 행동하는 순간을 알아차려야 한다. 이 가부장제적 훈련은 우리가 남성보다 우리 자신과 다른 여성에게 다른 기준을 강요할 때 나타났다. 가령 서로의 육아, 가사, 직장에서의 기여를 비난할 때처럼 말이다. 우리는 노력이 충분치 않다는 불안이나 자신의 후회스런 결정에 대한 서글픈 감정에서 벗어나기 위해 다른 여성을 판단하지 말아야 한다. 가정 안에서든 밖에서든 우리와 다른 선택을 내린 여성 앞에서 부끄럽거나 벌거벗은 느낌이거나 판단받는 기분을 느끼는 대신 우리 모두가 더 많은 기회를 얻는 사회, 이성애자 가족이든 핵가족이든 더 강한 가족, 마을, 공동체를 만들자고 한목소리로 외쳐야 한다. 돌봄에 대한 우리의 태도를 바꾸고, 젠더를 불문한 우리 모두의 기본적이고 필수적인 욕구를 기꺼이 충족시켜주는 이들을 이제 우러러봐야(혹은 적어도 존중해야) 한다. 동시에, 우리 의식을 다음 수준으로 끌어올릴 새로운 길을 우리 아이들이 열 수 있도록 그 길을 잘 닦아놓아야 한다. 이러한 노력에는 우리의 아들들을 잘 가르치는 것도 포함된다. 우리는 그들이 남성적 특성과 여성적 특성을 구별하고, 전자를 계발하도록 배웠을 때만큼이나 후자도 열심히 계발하도록 가르쳐야 한다.

올바른 투쟁에 참여하기

우리 사회의 다음 단계를 계획하려면 코로나 때처럼 억지로라도 여유를 가져야 한다. 동시에 사회를 변화시키는 일에도 적극 참여해야 한다. 이 두 가지는 역설처럼 느껴진다. 팬데믹은 우리를 물리적 벌칙 상자에 집어넣고 강제 타임아웃, 신성한 멈춤에 빠뜨림으로써 우리의 '바쁨'을 새로운 시선으로 더 자세히 바라보게 했다. 우리는 우리 관계의 질, 우리를 둘러싼 물건들, 그리고 우리 삶이 의미를 갖는 것인지 아니면 그저 지나가는 날들의 소용돌이에 불과한지를 평가했다. 더불어 그간 끊임없이 바쁘게 움직임으로써 우리가 보고 싶지 않은 것을 숨기고 있었음을 깨달았다.

《타임 푸어》를 쓴 브리지드 슐트와 대화하면서 나는 여유를 갖는 것에 대한 저항에 주목했다. 그에게 나는 내가 우리 아이들의 삶에서 놓치고 있는 것에 대해 걱정하고, 나의 성과물이 자기 가치의 척도처럼 느껴진다고 이야기했으며, 나의 끊임없는 분주함은 재정적 안전을 위한 것이라고 말했다. 하지만 실은 그게 다가 아니다. 여느 일 중독자처럼 나 역시 일을 내 힘든 감정을 덮는 마취제로 활용한다. 감정에 매몰될 것 같은 순간이면 나는 일에 의지한다. 일할 때만큼은 내 영역을 통제할 수 있다고, 내 운명을 다스릴 수 있다고 느끼기 때문이다. 나는 분주하게 돌아다닌다. 그렇게 함으로써 한 줄 한 줄 지워나간 할 일 목록, 깔끔하게 치운 부엌, 잘 채워 넣은 냉장고, 제대로 음미했다기보단 흡입하기 바빴다고 할 수 있는 책으로 가득한 책장을 통해 내 시간을 측정할 수 있게끔 말이다. 나는 그 분주함이 나를 지치게 하기보단 활력을 준다고 믿고 싶다. 그저 존재하는 것에서 만족감을 찾는 것보다는 무슨 일이든 하는 것이 옳은 선택이었다고, 또 그렇게 미친 듯이 살면서도 핵심은 놓치지 않았다고 믿고 싶다. 슐트는 바로 그 점을 짚었다. "인간으로 살아가는 일이 고통스러운 건 우리가 여기서 뭘 하고 있는 건지 확신할 수 없기 때문이에요. 많은 사람들이 신앙을 갖고 살아가요. 그건 멋진 일이죠. 하지만 다음에 어떤 일이 벌어질지는 우리도 몰라요. 우리가 아는 유일한 것은, 인생은 짧고 우리는 언젠가 죽는다는 사실이에요. 사실 진짜 고통은 거기에 있죠. 분주함은 그 사실을 조금이나마 덮어주고요."

분주함은 결코 나를 그냥 존재하는 일의 힘과 고요 속으로 데려다주지 않을 것이다. 휴식은 내가 그걸 갖지 않는 한 절대 일에 저절로 따라오지 않음을, 그것은 모든 일을 완벽하게 다 해내는 문제가 아님을 나는 안다. 테이프가 쳐진 결승선에서 '드디어 도착했네요. 이제 푹 쉬세요.'라 적힌 커다란 깃발을 들고 나와 하이파이브를 해줄 사람은 아무도 없다. 나는 절대 게으르지 않음을, '나태함에 대한 반대'를 단호히 증명하기보다 그저 가만히 앉아 있을 권리를 되찾아야 한다. 하루하루를 온갖 임무로 채우는 것을 멈추고 그 대신 제대로 생각하고 느끼고 창의적인 시간을 가질 때, 그렇게 스스로에게 여유를 줄 때에야 우리는 비로소 우리가 무엇을 해야 하고 그걸 어떻게 함께 해낼 수 있을지 분명하게 볼 수 있기 때문이다.

  나는 힘든 일이 두렵지 않다. 여자들은 힘든 일을 두려워하지 않는다. 우리는 인생이 쉽지 않다는 것을 아주 잘 알고 있다. 고통과 노력의 필요성을 인식하고 인정한다. 내가 속도를 늦출 때, 광적인 반-나태 강박을 잠깐 멈출 때 경험하는 고통은 공감과 이해와 지혜를 가져다준다. 물론 마음은 아프지만, 나는 방해받지 않는 기쁨의 순간을 더 깊숙이 받아들이고, 이 세상의 온갖 멋진 것들을 위해 싸울 수 있게 된다. 양陽에 음陰이 없다면 우리는 다른 관점을 보지 못한다. 감정 또한 폭이 제한되고 표현도 제대로 되지 않아 변덕스런 이 삶과 어긋나버린다. 누군가 우리 마음을 찢어놓는다면 그것은 우리의 사랑할 능력을 파괴하는 것이 아니라 찢겨 새로 만들어진 근육으로 더 강한 사랑을 할 수 있게끔 해준다는 그 오래된 개념과 같다. 힘든 것에 저항할 때, 온전히 그 안에 있지 않고 그 엉망진창인 진흙탕에서 마구 뒹굴 때 우리는 단단해지면서도 작아진다. 위축된다. 일은 우리 중 많은 이들에게 있어 삶의 고통에 대한 해독제이자 자기 발전을 위한 가장 확실한 길이다. 우리는 무언가를 *하기* 전까지는 존재할 수 없다.

  하지만 저 바깥에 있는 일, 결코 끝나지 않는 일을 하는 데 우리의 온 에너지를 쓰기보다는 우리 자신을 위해 어느 정도 힘을 비축해둘 필요가 있다. 그래서 어느 순간 무엇이든 우리에게 중요한 일이 생기면 거기에 전념할 수 있도록 말이다.

  우리에겐 꼭 해야만 하는 중요한 일이 있다. 우리는 바쁜 일들, 신경 쓸 가치가 없는 사소한 일들을 제쳐두고 그 임무에 나서야 한다. 끊임없이 우리 삶의 발목을 잡아대는 엔트로피와의 싸움을 시작해야 한다. 진짜 '죄'는 나태가 아닌 무관심이고, 그것이야말로 우리가 집단적으로 비난해야 하는 죄다. 그 임무가 바로 우리가 이곳 우주 속 한 바윗덩이 위를 휘젓고 다니는 이유다. 우리는 우리 시간을 소모하고 싶지 않은 모든 것—그것이 세탁이든, 찬장 정리든, 파티에 가져갈 브라우니를 굽는 일이든, 최고의 휴가 계획이든, 쉴 틈도 보상도 없는 직장 일이든 간에—을 옆으로 제쳐둘 필요가 있다. 그렇게 함으로써 우리 자신 및 서로를 해방시키려는 노력에 필요한 에너지와 힘을 비축해야 하는 것이다.

여기에는 많은 것이 걸려 있다. 더는 우리를 죽도록 채찍질하며 몰아가지 않는 세상의 가능성, 모두의 필수적 욕구가 충족되는 진짜 평등의 가능성, 풍요로움으로 우리 모두가 고역에서 해방되는 일이. 진정한 약속은 평화다. 평화와 안전을 혼동하는 탓에 우리는 불굴의 노력으로 안전만 보장받으면 평화에 도달할 것이라 믿는다. 하지만 이는 잘못된 생각이다. 온종일 일에 매달림으로써 잠깐은 두려움을 잊을 수 있지만 이런 상태는 지속되지 못한다. 평화는 우리가 인생의 강물 속에 함께 뛰어들 때, 우리 모두가 서로에게 묶여 있음을 받아들일 때, 보다 균형 잡힌 미래를 위해 보살핌의 짐과 아름다움을 나눌 때 찾아올 것이다.

나태를 필수적인 것으로 받아들일 때 우리는 지원을 요구하고,
휴식을 받아들이고, 가장 가치 있는 일을 위해 힘을 비축할 수 있다.

제 3 장

시기

인간의 욕망과 관계의 충돌

다른 이가 가지면 나는 그걸 가질 수 없다는
그 집요한 희소성의 신화,
의자 뺏기 게임에 관한 이야기.

Envy

시기에 대한 잘못된 이해

"걔가 그러는 건 질투 때문이야." 어렸을 때 다른 아이로부터 부당하게 대우받은 이야기를 하면 우리는 이런 말을 종종 들었다. 네가 아닌 그 아이가 문제라는 말 말이다. "널 깎아내리고 싶어 하는 마음속 초록 눈 괴물을 통제하지 못하기 때문인 거지." 어렸을 땐 이런 설명의 진실성에 대해 그리 진지하게 생각해보지 않았던 것 같다. 운동장에서 나를 놀린 그 여자아이는 아마 나를 질투했을 거야! 이런 평가가 얼마나 정확한지는 알 길이 없었지만, 감정 면에서는 확실히 편리한 반창고가 되어주었다.

우리 문화에서는 '질투'와 '시기'를 혼동해 쓰는 때가 많으나 이 두 단어 사이에는 결정적 차이가 있다. 질투는 두 사람 사이의 감정이 아니다. 여기에는 제3자가 필요하다. 졸업 파티에 같은 상대를 데려가고 싶어 하는 다른 누군가, 부모에게 더 많은 시간과 관심을 받는 형제자매, 혹은 상사와의 관계가 나보다 더 좋은 동료 같은 존재가. 질투는 상실의 두려움, 위협과 관련된 감정이고 대개의 경우엔 그럴 만한 대상이 존재한다. 질투는 자연스럽고, 이해할 수 있고, 심지어 존중되어야 할 감정처럼 느껴진다. 우리는 가끔 우리의 실망을 감추기 위해 느슨한 수동 공격성의 칭찬을 서로에게 내뱉는다. "남편이 생일 선물로 커피 메이커가 아닌 귀걸이를 사줬다고? 아, 질투 나! 하와이에 다녀왔다고? 아, 질투 나! 시키지도 않았는데 아이들이 스스로 신나게 책을 읽는다고? *아, 질투 나!*"* 어떤 커플은 심지어 질투가 일으키는 전율을 즐기고, 자기들 파트너가 객관적으로 매력적이어서 자칫 다른 사람에게 빼앗길 수도 있음을 상기하고 싶어한다.

그와 달리 시기는 불쾌하다. 우리는 그 감정이 심술궂고 대체로 무의식적이라고 생각한다.** 시기는 은밀한 일대일의 감정이다. 누가 무언가를 가졌거나 하는데, 나도 그걸 가지거나 하고 싶다는. 나는 여전히 소개팅만 백 번째 하고 있는데 친구는 약혼 발표를 한다든지, 나는 연이어 유산했는데 친구는 아기를 낳았을 때 아마 그런 감정이 들 것이다. 내가 하게 될 줄 알았던 일을 다른 사람이 하게 됐다든지, 다른 이

---

*   이것들은 사실 시기심의 예들이지만, '질투 난다'는 말이 그냥 더 자연스럽게 들린다.
** 각 단어의 어원도 단서가 된다. 'envy'(시기)의 어원은 '배 아파하다'라는 뜻의 라틴어 'invidiere'다. 반면 'jealousy'(질투)의 어원은 'zeal'(열의)이다.

의 성공으로 자신의 성취는 별것 아닌 것처럼 느껴질 때도 있다. 그런 상황에서 느끼는 시기심은 고통스럽다. 우리가 《백설공주》— 세대 간의 시기에 관한 교활하기 짝이 없는 이야기 — 같은 동화에서 배웠듯 시기라는 감정은 얼마나 강력하고 나쁜지, 누군가 우리를 죽여 심장을 꺼내 먹게끔 만들 수도 있을 정도다. 우리는 관계에서의 질투야 대개 받아들이지만 — 사랑은 온갖 미친 짓을 하게 만들 것이다! — 시기로 인한 수치심은 정말 참기 힘들어한다. "네가 너무 부러워."란 말은 차마 못 한다. 시샘하는 것처럼 들리기 십상이므로.

브레네 브라운 Brene Brown은 자신의 저서 《마음의 지도》 Atlas of the Heart에서, 시기는 보통 적대감과 비하로 무장되어 있다고 설명한다. "나도 저걸 원해. 네가 저걸 갖지 않았으면 좋겠어. 네가 확 추락해 망해버리면 좋겠어."라는 식으로. 극단적으로 들릴진 모르겠지만 나는 이게 정확한 말이라고 생각한다. 시기를 이해하는 지금 우리의 방식은 그것을 긍정적으로 받아들일 수 없게 만든다. 브레네의 말대로(이탤릭체 표시는 그가 한 것이다) "우리가 무의식적으로 그 단어를 사용하지 않는 것은 그것이 '일곱 가지 대죄' 중 하나이고, 십계명 중 두 계명이 시기를 경고하기 때문이 아닐까 하는 의심이 든다. *시기심을 느끼는 일에 수치심을 느끼는 것은 정말 우리의 양육과 문화 때문일까?*"[1]

나는 이 질문에 대한 답이 '그렇다'라고 생각한다. 이 수치심은 시기가 그 작은 초록색 머리를 내밀 때 그것에 대한 탐구를 가로막고 그 정확한 감정조차 인식하지 못하게 만든다. 우리는 자신의 불편한 마음을 다른 것, 대개는 우리를 짜증나게 하는 사람의 결점 탓으로 돌린다. 하지만 자신의 시기심을 인식하는 일은 해방의 행위가 될 수 있고,

그것을 온전히 받아들이는 일은 아주 중요하다.

시기는 우리가 원하는 것을 소유하라 요구하기 때문에 나머지 다른 대죄의 지렛대 혹은 원인이 된다. 욕망을 표현하는 일, 무언가를 원하는 일은 주체성의 일차적 표현이다. '원하다'는 필수 동사 중 하나이고 우리의 욕구를 충족하려는, 기회와 신나는 일을 바라는 이 충동은 우리를 앞으로 나아가게 만든다. 시기는 자기를 주장하는 첫 단계다. 시기는 나머지 다른 죄의 관문이지만 그럼에도 탐식, 탐욕, 정욕과 달리 지속적 쾌락은 제공하지 않는다는 영예도 갖는다. 시기는 자신이 원하는 무언가가 다른 이들의 손에 들어가는 모습을 지켜보게 함으로써 우리의 인내심을 시험하고, 우리가 너무 두려워 추구하지 못했던 것을 상기시킨다.

시기심의 작동법

2019년 봄, 심리치료사이자 작가인 로리 고틀립Lori Gottlieb을 인터뷰하며 사람들이 그의 상담실을 찾아오는 이유에 대해 묻자 그는 이렇게 답했다. 우리 삶을 손상시키는 불만감, 고통, 혼란, 그리고 비교와 경쟁을 우리의 진전을 가늠하는 척도로서 사용하는 것, 그리고 종종 우리가 성취해야 한다고 생각하는 것을 하지 않는 데 대한 변명으로 그것들을 사용하는 것 등이 주된 이유라고. 우리에겐 상대적으로 우리가 통제할 수 있는 것, *지금 여기* 우리 앞에 놓인 삶을 다루는 것보다는 저 멀리에서 일어나는 일에 시선을 두고 사는 편이 더 쉽다는 이야기도 나누었다. 우리가 희소성과 한계를 어떻게 인식하는지에 대해서도 얘기했다. 우리가 원하는 것 — 멋진 직업이든, 안정적인 관계든, 아이든 — 을 다른 누군가가 가지면 마치 그게 우리의 안전에 위협이 되는 듯 느껴지고, 타인의 성공으로 우리의 선택지가 더 좁아진 것처럼 보일 수 있다는 이야기였다. 다른 사람이 뭔가를 갖고 있다면 나는 그걸 가질 수 없다는 그 집요한 희소성의 신화, 의자 뺏기 게임에 관한 이야기.

고틀립은 이렇게 설명했다. "나는 항상 사람들에게 말해요. '당신의 시기심을 따라가세요. 그것이 바로 당신이 원하는 거예요.'라고요. 그저 가만히 앉아서 '아, 나도 저 사람이 가진 걸 가졌으면.' 하며 그 사람을 폄하하는 것으로 자신의 기분이 나아지게 하지 말고, '이건 나한테 뭘 말하는 거지? 어떻게 하면 그걸 얻을 수 있지?' 하고 물어보라 조언하죠."[2] 시기에 대해 이런 식으로 말하는 걸 생전 처음 들어본 나는 속으로 이 말에 동그라미를 치고 밑줄을 긋느라 정신이 없었다. 더불어 어쩌면 이것은 훨씬 더 많은 것들로 들어가는 관문이 되어주지 않을까 하는 생각도 들었다. 나는 고틀립에게, 경험에 비춰봤을 때 시기는 성별과 관련이 있는 것인지, 즉 여성과 남성이 이 감정을 다르게 겪진 않는지 물었다. 그는 미묘하지만 의미심장한 차이가 있다고 대답했다. 그에 따르면, 여성에게 있어 시기는 영문 모를 수치심에 의해 즉각 축출된다. 그는 여성의 경우 "받아들일 수 없다고 믿는 감정에 대해 매우 조심스러워한다"는 것을 발견했다. 여성은 (남성에 대한 경우와 달리) 대개 다른 여성들, 특히 자신과 가장 비슷한 여성들에 대한 정체 모를 시기를 유보한다고 고틀립은 생각한다. 나도 정말 그런 것 같다. 세상에서 큰일을 하는 남자들은 나에게 별다른 감정을 불러일으키지 않지만 여성은 완전히 다를뿐더러, 특히 나와 같은 분야에 있는 여성이라면 더 그렇다. 하지만 고틀립과 대화를 나누고 나서야 나는 이 사실을 인정하기 시작했고, 그 사실이 나를 얼마나 기분 나쁘게 하는지 깨달았다.

이후 몇 달간 나는 자동 세차를 하듯 이 생각의 과정을 거쳤다. 다소 불안정한 사람, 다른 사람과 그의 선택에 대해 이러쿵저러쿵 떠들어대는 사람을 볼 때마다 생각해봤다. '내가 지금 혹시 시기하고 있는 걸까?' 다른 여자의 차림새, 인스타그램 게시물, 육아에 대한 나의 실망/짜증/분노/판단에 의문의 감정이 들 때에도 그렇게 했다. '이것도 왜곡된 시기일까? 너무 부끄러워 차마 인정하지 못하는?'

더불어 이토록 졸렬하고 부끄럽고 인정하기 힘든 시기라는 감정이 좋은 것이 될 수 있다는 말은 무엇을 의미하는지에 대해서도 골똘히 생각해보기 시작했다. 그러다 보니 이 감정은 일종의 열쇠가 아닐까 하는 의구심이 자꾸 들었다. 시기심에 대한 억압이 너무 깊은 탓에 그걸 적극적으로 파헤쳐보려 할 때조차 단서를 놓치기 십상이라는 사실도 깨달았다. 그동안 나는 내 안에서 시기심이 어떻게 작동하는지도 몰랐던 것이다. 종종 남편에게 내가 누군가를 좋아하지 않는 온갖 그럴싸한 이유를 말하곤 했지만, 결국 또 핵심을 놓친 것이었음을 깨달았다. 아, 저 여자가 허세를 부리는 게 아니야. 나는 저 여자의 아이들이 고등학생 수준의 수학을 하고 미술 대회에서 상을 받은 게 부러운 거야! 아, 저 여자가 배신자인 게 아니야. 나는 저 여자가 나보다 더 많이 성취하면서도 항상 휴가 중이라는 게 부러운 거야! 그것도 저 낭만적인 외딴 시골에서! 나.쁜.년.

어느 날 오후, 나는 친구이자 멘토인 제니퍼 루돌프 월시Jennifer Rudolph Walsh에게 그런 감정을 의식한 적이 있냐고 물었다. 우리 시대 최고의 문화적 영향력을 가진 이들과 일한 사람이기에 그 친구에게 있어 닫힌 문, 닫힌 기회라는 건 거의 없었다. 그처럼 많은 성취를 이룬 사람이니 시기는 낯설게 느껴질 거라는 게 내 생각이었지만, 그는 내 말이 무슨 뜻인지 곧바로 알아차렸다.

"아, 그럼." 그가 대답했다.

시기는 종종 화살이 되어 내 길 위에 떨어져 있는 빵 부스러기를, 미래의 나를 가리켜. 그러면서 내 어깨를 두드리고선 "여기에 주목해."라고 말하지. 티나 브라운Tina Brown은 10년 동안 '세계 속의 여성'Women in the World이라는 글로벌 여성 리더십 행사를 진행했어. 티나는 늘 내게 다정했고, 제대로 된 무대에 올라가본 적 없는 수많은 목소리를 비롯해 이 모든 놀라운 사람들과의 필수불가결한 대화를 조명하는, 너무도 좋은 취지의 멋진 콘퍼런스를 진행하는 사람이었지. 그런데도 나는 팔짱을 끼고 극도로 비판적인 태도로 그곳에 앉아선, 그 이벤트가 진정성이 없거나 강렬하지 못한 온갖 이유를 찾고 있었어. 그 감정이 얼마나 깊숙이 자리 잡고 있었던지, 내가 꾸던 꿈을 티나가 이뤄내고 있다는 걸 깨닫는 데 수년이 걸렸지. 나는 그 사실을 받아들여야만 했어. 일단 그렇게 하고 나니 오프라 윈프리Oprah Winfrey와 함께 '당신이 원하는 삶'Life You Want 투어를 기획할 수 있었고, 아리아나 허핑턴Ariana Huffington과 '번영하라'Thrive 콘퍼런스를, 그리고 마침내 글레넌 도일Glennon Doyle과 '다 함께 생동하기'Together Live를 만들 수 있었지. 하지만 팔짱을 끼고 앉아 있던 그 순간엔 그게 나의 꿈을 향해 첫발을 내딛게 해줄 시기의 감정이란 걸 미처 몰랐어. 나는 그 감정을 인정하는 대신 그저 티나를 비판할 온갖 이유만 찾고 있었던 거야. 돌이켜 생각해보면, 그때 내가 대체 얼마나 눈이 멀어 있었던 건지 모르겠어.

규칙을 깨는 아이들

2020년 1월, 나는 글레넌 도일을 인터뷰하기 위해 플로리다로 날아갔다. 당시 그는 이후 베스트셀러가 된 《언테임드》의 출간을 앞두고 있었다. 나는 그 책에서 내 가슴을 후려친 부분에 대한 이야기를 꺼냈다. 그가 딸의 축구 경기에 갔다가 상대팀 선수인 10대 초반의 여자아이 하나가 기세 넘치게 경기장 가장자리를 따라 달리는 모습을 지켜봤다는 부분이었다. 자기가 경기장 반대편에 있는 엄마들의 시선을 모으고 있다는 것을 알아챈 그 아이는 거의 조롱하듯 도전적으로 행동하며 그들을 분노와 혐오감에 부글거리게 만들었다. 그들은 그럴 수밖에 없었다. 엄마들은 서로를 향해 물었다. "어쩜 저래요?" "자기가 뭐라고 생각하는 걸까요?" 다른 엄마들처럼 도일 또한 그 아이에 대한 혐오의 파도가 몸속에서 밀려오는 것을 느꼈다. 그리고 고틀립이 그랬듯 그 역시 *대체 왜?* 하고 진지하게 자문했다. 《언테임드》에서 도일은 이렇게 말한다. "강하고, 행복하고, 자신감 있는 여자아이들과 여성들은 우리 문화의 암묵적 규칙을 깬다. 여자아이는 스스로를 의심하고, 속내를 잘 드러내지 않으며, 소심하고, 미안해할 준비가 되어 있어야 한다는 규칙 말이다. 그런 규칙을 깰 만큼 대담한 여자아이는 우리를 *짜증나게* 한다. 그들의 뻔뻔스런 반항과 지시를 따르지 않는 태도는 그들을 다시 우리에 가두고 싶게 만든다."[3] 이런 여성과 여자아이에 대한 우리의 반응은 "난 그냥 쟤가 싫어." 같은 말을 하는 것이다. 자동반사적이고 무의식적이며 모호하기 짝이 없지만, 이는 큰 자아로 우리를 불편하게 만드는 여자를 눈앞에서 사라지게 하기 위해 우리가 사실상 가리개처럼 쓰는 말이다.

도일의 이야기는 레이철 시먼스Rachel Simmons가 2002년에 쓴 미국 여자아이들에 관한 고전《소녀들의 심리학》을 떠올리게 한다. 시먼스는 "자기가 대단하다고 생각하는" 또래 여자아이에 대한 비난에 내포되어 있는 저주에 대해 이야기한다. 자기가 다른 또래 여자아이들보다 우월하다고 믿거나, 더 낫진 않더라도 최소한 다르다고 믿으며 그것에 꽤 만족스러워하는 게 틀림없다는 추측에 대해서도. 시먼스는 이렇게 설명한다. "여성성의 규칙이란 게 있다. 여자아이는 겸손하고, 뒤로 물러서고, 얌전해야 한다. 여자아이는 친절하고 타인을 먼저 배려해야 한다. 여자아이는 자기를 좋아하고 인정하는 사람, 자기가 아는 사람에 의해 권력을 얻지 스스로는 얻지 못한다. (…) 자기가 대단하다고 생각하는 여자아이는 대개 '착한 여자아이'를 뜻하는 자기희생과 자기억제를 하지 않으려는 사람이며, 자신에겐 다른 사람들이 최우선이 아니라는 속내를 말과 몸, 심지어 옷차림에서까지 내보인다."[4] 그는 대단하지 않음에 의존하는 것으로 정의되는 집단에 자기를 끼워 맞추거나 속하게 하는 데 관심이 없다. 그의 힘은 간접적인 원천에서 오지 않는다. 그의 힘이 갖는 기반은 다른 사람의 인정이 아닌 자기 자신이다.

하지만 실제 대다수 여자아이들은 어떻게든 집단에 속하는 데 관심이 있다. 그들에게 있어 사회적 배제는 일종의 죽음과 다를 바 없다. 시기에 대한 나의 이해, 어린 여자아이들의 비열함에 우리가 시기라는 감정을 갖다 붙이는 방식("그냥 시기해서 그러는 거야!")은 모두 우리가 거부당할 수도 있는 일을 피하기 위해 해야 할 일을 한 것이라 여긴다. 결국 어른이 되어서도 우리는 계속 이런 식으로, 어린 시절에 형성된 패턴으로 인식하게 된다. 자기가 '대단한' 사람인 양 행동하면 비난과 감시, 배제를 불러일으킬 거라고. 튀는 행동을 하면 제자리로 돌려보내질 거라고. 시기심을 자극하지 말라고.

시먼스는 주로 10대 아이들에 대한 글을 쓰지만, 글레넌 도일의 사커맘soccor mom(미국에서 스포츠 등 자녀의 과외활동에 적극 관여하는 엄마를 지칭 — 옮긴이) 친구들 이야기가 보여주듯 그의 말은 거의 모든 연령대의 여성에게 해당된다. 우리는 '대단하다'란 표현에 너무 불안해하고, 자기를 '대단한' 사람으로 드러내는 여자아이를 봤을 때 우리의 일차적 본능은 왜 자신이 위축되고 위협을 받는 듯 느끼는지 탐구하기보다는 그 아이를 판단하고, 비판하고, 비난하기 때문에 교훈을 놓치고 만다. 시먼스에 따르면 우리는 "질투심과 경쟁심을 죽이도록 배운다. (…) 그러나 질투와 경쟁은 사라지는 것이 아니라 '수용 가능한' 형태로 변형된다. (…) 여자아이들은 어떻게든 '착하고' '좋은' 여자아이로 남기 위해 숨겨진 코드에 의지해야 한다. 즉, 경쟁과 질투를 간접적으로 표현하는 법을 배우는 것이다."[5]

경쟁, 즉 이기거나 얻고자 하는 우리의 욕망은 본질적이고 긍정적인 충동이니 억눌러서는 안 될뿐더러 감시는 더더욱 하면 안 된다고 주장할 수도 있을 것이다. 그러나 누군가를 얕잡아보거나, 깎아내리거나, 방해할 때 우리는 이중으로 고통을 겪는다. 이런 행동은 착해 보이고 싶고 친절하고 상냥한 여성이 되고 싶은 우리의 상반된 욕망을 배반하기 때문에 더 끔찍하게 느껴진다. 이러지도 저러지도 못하는 딜레마에 갇히는 것이다. 이는 지극히 인간적인 딜레마다. 만약 시기라는 감정을 인정하고 바깥으로 표현할 수 있다면, 그것이 우리에게 가져다주는 감정을 솔직히 말하고 넘어갈 수 있다면 그렇게까지 수치스럽게 느껴지진 않을 것이다. 가령 "저 여자는 최악이야."라 하는 대신 "어휴, 그래. 쟤 완벽해. 그래서 나 자신이 부족하다고 느껴지게 만들어."라고 한다면.

나는 도일에게 무엇이 이 반사적 혐오, 서로를 거세게 질책하고 싶어 하는 본능을 이끄는 것인지 묻고, 판단이나 거부로 가장한 시기가 우리가 원하는 것을 알려주는 이정표라는 고틀립의 주장을 이야기했다.

"그러니까 왜 우리는 우리의 시기를 알아차리고 그걸 더 깊이 들여다보지 못할까요?" 내가 물었다. "이게 왜 이렇게 어려운 걸까요?"

그는 "여성들은 자신이 원하는 것을 인정하는 데 어려움을 겪는데, 그 원인 중 하나는 우리가 실제로 원하는 게 없다고 믿도록 길들여졌기 때문"이라고 대답했다.[6] 세상에나.

도일은 더 큰 삶에 대한 자신의 갈망을 배우자, 아이들, 직장 동료를 위해 희생하는 '이타적 여자'란 개념이 우리 문화에서 얼마나 중심적인지, 또 자신을 우선으로 하는 여성, 자신의 꿈을 실현하기 위해 분투하는 여성은 얼마나 보기 드문지에 대해 폭넓게 썼다.

나는 단지 우리가 원하기 때문에 기회와 경험을 바라는 감정에 대해, 그리고 우리가 그것을 우리 잠재의식 속에 얼마나 깊이 묻어두는지에 대해 생각했다. 삶의 모든 부분에서 여성이 욕망을 표현하는 게 얼마나 부끄러운 일인지, 그리고 자신을 세상에 의미 있는 것을 더할 가치가 있는 존재로 여겼다는 이유 때문에 그 생각을 폭로당하는 굴욕을 겪느니 차라리 야망의 싹을 자르고 싶어 하는 이들은 우리 중 얼마나 많을지에 대해서도. 우리는 욕망이 우리 자신과 서로에게 위험하다는 것을 안다. 다른 사람을 폄하하는 것은 우리가 그 사람이 가진 것을 원하기 때문일지도 모르기 때문이다. 하지만 그런 갈망을 반사적 반응 대신 연구의 대상으로 삼을 때, 그 갈망은 정직한 욕망의 등대가 되어 우리의 목적과 잠재력을 비춰줄 수 있다.

어떻게 감히

우리는 우리 안에 있는 이 욕구를 통째로 거부하는 데 재빠르다. 서로의 욕구를 감시하고 단속하는 데 있어서도 똑같이 재빠르다. 대뜸 인신공격("참 나쁜 여자야.")이나 조롱하는 말("저걸 얻으려고 무슨 짓까지 해야 했을까?"), 손가락질("규칙을 어겼잖아.")부터 하기 바쁜 것이다. 이는 '저 여자는 자기가 뭐라고 생각하는 거야?'와 '왜 내가 아니라 저 여자야?'로 요약된다. 시기는 자동반사적이며, 우리는 그걸 이해할 준비가 되어 있지 않기 때문에 그 정체를 확인도 하기 전에 그냥 말을 내뱉고 만다. 시기는 보통 잔인함으로 포장되어 의견의 가면을 쓰고 표출된다. 그것은 도착적이고 무의식적인 방식으로 나타나며, 별 제약을 안 받는 듯 보이는 다른 여성들을 공격하는 모습을 띤다. 하지만 대담하게 행동하는 어떤 여자를 우리가 하찮게 만들고 싶어 하는 것, 그것은 정말 우리가 그를 좋아하지 않기 때문일까? 아니면 그의 행동을 좋아하지 않기 때문일까? 만약 그 행동을 좋아하지 않아서라면 그가 해롭거나 위협적인 일을 해서일까, 아니면 그 일은 우리가 우리 스스로에겐 절대 허용하지 않을 일이기 때문일까? 여성에게 합당한 열망의 장벽을 뛰어넘은 여성들은 나머지 여성인 우리가 여전히 그 장벽 안에 갇혀 있음을 보여준다. 그저 양동이 속 게가 되어 서로를 잡아당기면서.

우리는 스스로에게 잠시 멈추고, 느끼고, 진단하는 법을 가르치지 않았다. 최근에 나는 내 친구 에마와 함께 앉아, 우리가 만난 여자들 중 우리를 무척 짜증나게 한 이들에 대해 이야기를 나눴다. 에마는 자신이 20대였을 때 한 여성 직장 동료가 너무 신경을 건드렸던 탓에 그가 해고되는 환상에 자주 빠져들었다고, 심지어 그때가 더 빨리 오게 하는 방법까지 생각했었다고 내게 실토했다. 에마는 이에 대한 혐오감에 완전히 사로잡혀 있었다. "나한테는 정말 큰일이었어. 당시 남자친구가 그 여자 얘기 좀 그만하라고 할 정도였으니까."

"그 여자는 뭐가 문제였는데?" 나는 내 앞에 놓인 커피를 들여다보며 물었다. "일을 못했어? 못되게 굴었어? 게을렀어?"

"아니." 에마가 중얼거리듯 말했다. "다 아니야. 뭐, 아주 착하지도, 나와 친구가 되려고도 하지 않았지만. 아마 그래서 기분이 좀 나쁘긴 했겠으나 심지어 그것 때문도 아니었어. 그 여자는 그냥… 우라지게 자신감이 흘러넘쳤어. 항상 제일 중요한 일을 달라고 회사에 요구해서 그걸 얻었고, 나는 그 부당함에 미칠 듯이 화가 났어. 그 일은 내가 더 잘한다고 생각했거든. 근데 사실 나는 한 번도 제대로 요구한 적이 없었던 것 같아. 그냥 그간의 성과를 보고 회사가 저절로 알아줄 거라 생각했던 거지…. 그런데 그 여자는 자기가 하고 싶은 일을 직접 요구한 거야. 나는 내가 그렇게 해야 한다는 게 억울했고."

에마는 말을 잠시 멈추고선 나를 올려다봤다. "어, 잠깐만. 난 그냥 그 사람을 질투했던 건가?" 20여 년이 지난 지금 에마는 당시의 경험을 다시 정리하면서, 또 그 진실을 털어놓음으로써 그간의 분노와 원한의 잔재를 내려놓은 것 같았다.

문제는 에마의 직장 동료가 아니라, 그가 에마로 하여금 자기 자신에 대해 느끼게 만든 감정이었다. 앤 라모트Anne Lamott도 《쓰기의 감각》에서 이와 유사한 깨달음에 관해 이야기한다. 자기보다 더 성공한 다른 작가에 대해 소용돌이치는 시기심을 마침내 소화하기 시작하면서 깨달음을 얻었다고 말이다. "인간의 이런 감정은 때로 불쾌하고 한심하게 느껴지지만 (…) 평생을 말없이 중독된 채로 살아가느니 그것을 느끼고, 그것에 대해 이야기하며 제대로 소화해내는 편이 더 낫다."[7] 자신이 시기를 느낀다는 사실을 인정하는 일만으로도 충분한 것이다. 이는 만약 다른 여성이 우리를 불편하게 만들 때 우리는 그것에 반사적으로 반응하지 않고 그 불편함을 진지하게 마주할 태세가 되어 있다면, 우리는 이 마찰이 가져다주는 선물을 알아볼 수 있다는 생각의 증거다.* 요컨대, 시기심이 우리에게 그려 보여주는 것을 통해 우리는 자기 마음이 갈망하는 것을 보게 될 수 있다는 뜻이다. 이는 질책이 아닌 행동을 촉구하는 것이다. 게다가 이는 구체적인 부름이기도 하다. 우리 신경을 건드리는 여성은 보통 우리가 원하는 것을 우리에게 알려준다는. 그들은 거울을 들고 있는 사람들인 것이다.

샤덴프로이데

시기의 정체를 파악하기란 어렵다. 우리를 괴롭히는 것이 내 안에서의 부름이라는 진실을 회피하기 위해 우리는 거의 무슨 일이든 다 한다. 차라리 상대방을 비방하는 게 나을 정도로 말이다. 철학자 고든 마리노Gordon Marino 교수는 〈뉴욕 타임스〉에 이렇게 썼다. "니체는, 자신을 탐구하라는 부름을 받은 이들은 내면의 미로 속으로 들어가 우리가 좋아하는 이론과 도덕적 판단으로 꽃피우게 될 본능과 열정을 잡아내야 한다고 설파했다. 니체는 이 미로 속 곳곳에 시기의 흔적이 묻어 있음을 감지했고, '시기와 질투는 인간 영혼의 은밀한 부분'이라 보았다."[8] 우리는 시기를 부정하는 대신 그것이 우리의 나침반이 되도록, 우리가 충족해야 할 욕망을 다정하게 손짓하는 지점이 되도록 해

---

* 내부 가족 시스템Internal Family System, IFS이라는 강력한 치료법을 개척한 리처드 슈워츠Richard Schwartz 교수는 이런 사람들을 우리의 '괴로운 스승'tor-mentor['괴롭히는 사람'이란 뜻의 단어 'tormentor'를 tor(torment, 고통)와 mentor(스승)로 분리해 새로운 의미를 갖도록 만든 표현—옮긴이]이라 부른다. 우리는 짜증을 느끼고 나서야 우리의 '스승'이 남긴 깨달음을 인식할 수 있다는 뜻이다.

야 한다. 물론 쉬운 길은 아니다. 시기는 불편하고, 그래서 그 '좋아하는 이론'과 '도덕적 판단'은 항상 우리의 일차적 본능이 될 것이기 때문이다. 우리 자신을 더 깊이 파악하는 일, 우리가 원하는 것과 그걸 얻지 못할 가능성에 부딪히는 일보다는 비난하고 투사하는 일이 훨씬 더 쉬운 것이다.

결국 비난과 투사는 자기방어의 한 형태다. 다른 여성을 시기하기 시작할 때 우리는 종종 그가 우리의 적의를 살 만한 이유를 설명하려 한다. 그가 아프기를 바라거나 실패하는 것을 보고 싶어 하는 온갖 이유를 나열하고, 그를 나쁜 사람으로 만들어 우리 자신의 공포와 고통을 달랜다. 이런 공격은 주로, 문제의 여성이 애초에 감히 무언가 원하는 것을 과대망상으로 치부하는 것으로 시작한다. 어떻게 자신에게 그럴 자격이 있다고 믿을 수 있는 걸까? 우리는 그것이 우리 손에 닿지 않는다고 느끼니 차라리 아무도 '그것'을 갖지 못하기를 바란다. 그러나 현실에선 우리 중 같은 것을 *원하는 사람*조차 별로 없다. 더욱이 우리는 삶이 제로섬 게임이 아니라는 사실도 잘 모른다. 어떤 여성이 '이기면' 다른 여성이 반드시 패배한다는 생각은 결코 사실이 아니다.

나는 이런 희소성에 대한 인식이 아마도 한 여성이 공개적 비난을 당하는 모습을 지켜보는 것에서, 예컨대 마사 스튜어트Martha Stewart가 내부자 거래로 감옥에 가는 것을 보면서, 비록 나 자신은 마사의 삶에서 원하는 것이 아무것도 없지만(쌀주머니를 만드는 그의 재능만 빼고) 그럼에도 도착적인 만족감을 느낀 이유일 것이라 생각한다. 그의 성공은 나에게서 어떤 기회도 앗아가지 않았다. 사실 그의 성공은 나의 경력을 가능하게 하고 도왔다. 그는 '라이프스타일'을 다면적인 사업으로 바꾸었다. 행사 음식 공급자라는 좁은 상자를 박차고 나와 거인으로 변신했다. 그가 가는 곳으로는 많은 여자들이 따라갔다. 그러나 그의 체포 소식이 신문 헤드라인을 장식했을 때 내가 느꼈던 고소한 기분도 나는 기억한다. 인과응보지, 뭐. 문화적으로 그는 화이트칼라 범죄가 아니라 자신의 완벽함 때문에 처벌받는 게 분명했다. 내 맘 속에서 그는 도도하고 야심 가득한 여자였고, 살림 분야에서 그가 성취한 것은 우리 모두에게 모욕이었다. 나는 내게도 그와 비슷한 꿈이 있음을 인정하는 것보다는 그의 성공에 대해 그를 미워하고 그가 감옥에 갈 때 비웃는 일이 훨씬 쉽다. 하지만 사실은 나도 성장하고, 확장하고, 내가 배운 모든 것을 공유하고 싶다. 탁월함의 본보기가 되고 싶다. 그리고 그것에 대해 기쁜 마음으로 대가를 받고 싶다.

실패하거나, 미달하거나, 한 단계 떨어지는 서로의 모습을 보면서 비뚤어진 기쁨을 찾는 심리에 붙여진 이름이 있다. 샤덴프로이데 Schadenfreude가 그것이다. 이는 '손상, 피해'와 '기쁨'으로 번역되는 독일어 단어로, 구어체로 쓰일 땐 다른 사람들에게 나쁜 일이 일어날 때 우리가 느끼는 기쁨을 뜻한다. 이 감정은 어느 시대에나 늘 존재했듯 지금 우리 문화에도 만연해 있다. 우리는 다른 사람들이 적절한 크기로 줄어드는 것을 보고 싶어 한다. 옆 사람에게 열등감보단 우월감을 느끼고 싶어 한다. 그들이 죽어버렸으면 좋겠다고 바라는 게 아니라 그저 올바른 자리에, 우리 바로 밑에 두고 싶은 것이다(흥미롭게도, 연구에 따르면 샤덴프로이데는 남성에게서 더 흔하다. 여성은 그 감정을 인정하는 것을 더 부끄럽게 여기니 사실 이 연구 결과는 남성이 상대적으로 보다 쉽게 표현한다는 뜻일 수도 있지만 말이다). 어쨌든 시기에 뿌리를 둔 샤덴프로

이데는 지극히 인간적이다. 우리는 우리가 간절히 원하는 것을 다른 사람들이 갖기를 원치 않는다. 우리가 원하는 것을 그들이 얻지 못하거나 잃었을 때, 우리는 스스로에게 더 만족한다.

여자아이들이 목소리를 잃을 때

심리치료사들과 학자들은 심리학자 캐럴 길리건Carol Gilligan의《침묵에서 말하기로》를 여자아이들의 문화적·도덕적 발달에 관한 결정적 텍스트로 꼽는다. 길리건은 남녀 아이들이 도덕을 인식하고 심리적으로 발달하는 방식을 측정하는 일련의 사회 실험, 그리고 오싹하게도 남성 중심의 세상이 여자아이들에게 자기회의의 첫 씨앗을 뿌리는 방식을 추적한다. 그의 연구는 "자기가 알던 것을 모르게 되는 일, 자기 목소리를 듣거나 귀 기울이는 일의 어려움, 마음과 몸, 생각과 감정의 단절, 내면의 세계를 전달하기보다 감추기 위해 자기 목소리를 사용하는 일"을 기록한다.[9] 길리건은 사춘기 여자아이들에게 일어나는 일, 즉 문화의 기대에 부응하고자 스스로를 끼워 맞추는 일에 초점을 맞춘다. 그의 작업은 여자아이들이 자신이 느끼는 것을 말하기를 멈추고, 느껴야 한다고 생각하는 것을 말하기 시작하는 억압의 순간을 조명한다.

길리건은 이러한 자발적 침묵이 어떻게 어른이 되어서도 계속 나타나는지, 우리가 연결감과 편안함을 유지하기 위해 자기 말의 내용과 방식을 어떻게 조절하면서 자신이 알고 있는 것을 억누르고 청자의 구미에 맞추어 말하는지를 인식한다. 결국 우리는 우리 목소리를 문자적·비유적 차원에서 조절하고, 그 탓에 그 앎과의 연결을 잃을 뿐 아니라 우리가 원하는 것도 결코 드러내지 못한다. 이는 우리 내면을 질식시킨다. 그는 다음과 같이 썼다.

> 말하지 않거나 혹은 자신이 말하는 것과 자신을 분리하는 여성의 선택은 의도적인 것일 수도, 부지불식간에 일어난 것일 수도 있다. 이는 의도적으로 선택되기도 하지만, 목소리를 호흡 및 소리와 연결하는 통로를 좁히거나, 감정의 인간적 깊이 또는 감정과 생각의 혼합을 전달하지 못하도록 목소리를 뒤로 밀쳐버리거나, 더 방어적이거나 중립을 가장한 톤으로 목소리를 바꾸는 식으로 몸에서 저절로 일어나기도 한다. 말하지 않기로 한 선택은 종종 다른 사람들의 기분을 걱정하고 자신과 타인들의 삶의 현실을 인식하는 데서 비롯된 선의와 심리적 방어기제의 산물이다. 그럼에도 많은 여성들은 자신의 목소리를 억제함으로써, 여성과의 단절에 기초한 남성 목소리의 문명과 삶의 질서를 의도적으로든 무의식적으로든 영속시킨다.[10]

길리건이 말한 이 단절은 가부장제 안에서의 존재와 번성에 필수적이다. 이런 현상이 지속되는 것은 우리 세계가 남성의 목소리와 경험으로 정의되기 때문인데, 여성이 거의 존재하지 않음은 역사 기록만 보더라도 알 수 있다. 우리의 진실을 말하고, 우리 이야기를 존중하고, 우리가 느끼고 원하는 바를 말하는 것은 비교적 새로운 경험이다. 그리고 우리는 여전히, 판단하지 않고 다른 여성들의 이야기를 공유하고 받아들이는 법을 배우는 중이다.

　길리건의 책은 육아의 책임이 오롯이 엄마에게 지워졌던 40여 년 전에 나왔지만 오늘날의 현실이라 해서 크게 달라진 것은 없다. 남자아이들은 자라면서 자기가 엄마와 다르다는 것을 배우고, 자신의 남성성을 여성성과 대척점에 두고 정의하도록 배운다. 반면 여자아이들은 자신을 엄마와 구별하는 데 어려움을 겪는다. 동화와 할리우드 영화조차도 엄마들은 젊은 세대로부터 위협받고, 그래서 그들을 위협하는 것이라고 여자아이들에게 가르친다. 길리건은 여자아이들이 분리에서, 그리고 배제의 위협하에 군중 사이에서 눈에 띄는 것에 위험을 느낀다고 설명하며 이렇게 말한다. "남자들이 친밀감에 관한 이야기에서 묘사하는 위험은 함정에 빠지거나 배신당할 위험, 숨 막히는 관계에 갇히거나 거절과 속임수에 굴욕을 당할 위험이다. 반면 여자들이 성취에 대한 이야기에서 묘사하는 위험은 분리의 위험, 즉 두각을 나타내거나 성공으로 돋보이면서 혼자 남겨질 거라는 두려움이다."[11] 나아가 길리건의 연구는 남자아이들의 경우 논리적이고 법적인 규범을 지키며 세상 속에서 중요한 *사람이 되는* 일을 중심으로 도덕성을 형성하는 반면, 여자아이들은 도덕성을 세상에 *봉사하는* 일로 바라보도록 길들여진다고 설명한다. 길리건은 완전한 여성의 권리를 쟁취하려면 "여성은 다른 사람들뿐 아니라 자기 자신을 돌보는 것도 도덕적인 일이라고 생각"할 수 있어야 한다고 주장한다.[12] 이제는 우리도 자신의 욕구와 필요를 우선시하고 주장하며, 그것들에 목소리를 부여하고, 다른 사람들이 우리의 욕구를 들을 수 있게끔 해야 한다는 뜻이다.

모녀간의 미묘한 심리전

무언가를 원하는 것은 여러모로 부끄러운 일이다. 우선 이것은 자신에게는 그럴 자격과 가치가 있다고 생각함을 암시하는 것으로, 오만함 또는 교만의 뜻이 담겨 있다. 게다가 여성에겐 신뢰할 만한 모델도 없다. 자신이 원하는 것을 알고, '이기심'이란 수식어에 얽매이지 않으며 그것을 추구하는 모델 말이다. 우리는 이기심이란 것은 나쁘고 부도덕하며 그릇된 것이라고, 또 우리가 한 걸음 물러서서 얌전히 봉사에 전념해야 한다고 믿도록 길들여졌다. 그 증상은 우리가 성공하고, 똑똑하고, 매력적인 것은 마치 우리의 *탓이 아닌* 양, 행운이나 성공의 이유를 외부로 돌리는 것으로 나타난다.

이처럼 자신의 노력을 축소하는 것은 자기를 보호하는 방법이다. 노력은 눈에 띄지 않아야 한다. 발장구는 고요한 수면 아래에서 쳐야 한다. 우리는 사회적 비난 세례를 받지 않고서는 많은 것— 섹스(제7장 '정욕' 참조), 돈(제6장 '탐욕' 참조), 원하는 대로 먹고 보이기(제5장 '탐식' 참조)—을 얻을 수 없음을 잘 안다. 여성혐오의 가장 교활한 형태는 우리가 서로를 수치스럽게 만들고 공격하는 데서 찾을 수 있다. 마녀사냥에서 보여주듯 우리는 수 세기 동안 그렇게 해왔고 지금도 하고 있다. 캐럴 길리건과 나오미 스나이더Naomi Snider가 《가부장 무너뜨리기》에서 썼듯이, "우리는 여성 평등을 믿으면서도 여성으로서의 자기 욕구를 내세울 때 죄책감을 느끼고, 다른 여성들이 그렇게 할 때 불편함을 느낀다."[13] '가부장제는 왜 지속되는가?'라는 질문에 대한 답으로 그들은 가부장제 지배가 여성의 공모와 순응에, 그리고 우리가 이런 규칙을 서로에게 집행하고 아이들에게도 이 시스템에 복종하도록 훈련시키는 방식에 의존함을 상기시킨다. 그들이 지적하듯 아이들은 비판적인 단어 앞에 '아니다(don't)'라는 말을 집어넣게 되는데 남자아이들의 경우에는 '신경 안 써(I don't care)'가, 여자아이들은 '몰라(I don't know)'가 된다.[14]

이것이 우리 그리고 우리의 어머니와 할머니 들이 프로그래밍된 방식이었다. 이 놀라운 발견은 세대를 초월한 패턴이며, 이를 깨기란 매우 어렵다. 다르게 사는 것은 불성실한 것으로 느껴지고, 수많은 어머니들은 우리를 돌보는 것이 자신들의 주된 운명이라는 문화적 명령을 따랐다. 이런 삶이 너무 야망 없는 삶으로 느껴져 거부한다면 기껏해야 감사할 줄 모르는 사람이 된 것 같은 느낌이 든다.

수많은 어머니들은 강박적으로 우리를 돌보며, 아이 돌보는 일이 곧 '좋은' 여성이 원하는 유일한 일이어야 한다는 사회의 명령을 따른다. 우리 어머니들은 우리의 발전과 보호에 사심 없이 헌신하고, 우리의 필요를 충족시키고, 우리가 당신들의 골수까지 빼먹도록 부추겨야 했다. 사회는 크게 발전하지 않았다. 여성의 야심은 적어도 부분적으로는 양육에 의해 충족되어야 하며, 가족을 원치 않는 사람은 무언가 잘못되었음을 우리 문화는 여전히 암시한다. 이런 현실은 딸들을 계속해서 이중적 맹목에 빠뜨린다. 너는 엄마의 가장 큰 업적, 감시인, 기쁨이 되고 그다음엔 그 영광을 다음 세대에게 물려주어야 한다고. 거기에 더해, 네가 엄마에게 의존해 너의 모든 긴급한 욕구를 해결하고 사회와 문화 속에 들어가며 여성이 되는 법을 배울 때, 너는 엄마의 프로그래밍을 집약한다고. 네가 삶을 누리는 능력은 엄마가 자신에게 허용되었다고 느끼는 범위 내에서 결정된다고. 특정 연령의 여성 대부분은 제 삶을 누리는 일을 전혀 허용받지 못했거나, 혹은 무언가를 하지 않는 선택을 강요받았다고 느꼈다. 가부장제가 지속되면서—설사 그 영향력이 느슨해진 것처럼 보일지라도—우리는 여전히 안전과 안정과 안락을 대가로 자신의 욕망을 억눌렀을 피곤한 엄마들 밑에서 자란 세대다. 자신의 욕구와 야망을 우선시하지 못한 이들 여성은 완전히 자유롭게 산다는 것이 무엇을 의미하는지에 대한 모범이 우리에게 되어주지 못했다. 그러므로 그들과 다른 방향으로 나아가려면 우리는 이런 과거와 단절해야 한다.

하지만 그럴 경우에는 어머니와의 관계가 빈약해진다. 어머니를 두고 떠난다는 것이 무엇을 의미하는지, 우리가 다르게 살기 위한 발판으로 어머니의 헌신을 활용한다는 것이 어떤 느낌인지를 알게 된다. 그 심적 갈등은 지아 톨렌티노Jia Tolentino의 에세이집 《트릭 미러》에 잘 포착되어 있다. 톨렌티노는 이 책에서 "딸이 엄마를 보며 자신이 저항하는 동시에 의지하는 인물, 자신이 사랑하고 감사해하지만 잔인하게도 그 이상이 되려는 기준으로 사용하는 인물로서 그를 이해할 때 느끼는 복잡하고 양가적이며 필연적인 자유"에 대해 시적으로, 그러면서도 고통스럽게 썼다.[15]

이 가슴 아픈 진실은 모녀간에 존재하는 무언의 긴장, 즉 내가 선택한 삶은 엄마가 선택한 삶에 이의를 제기할 가능성이 있음을 가리킨다. 할리우드 및 여타 미디어는 세대 간 경쟁을 종종 아름다움과 성적 욕망에 관한 것으로 추측해 묘사했지만—예컨대 딸의 젊음을 시기하고 딸처럼 옷을 입고 딸의 남자친구를 유혹하려는 엄마—이는 해로울 뿐 아니라 조롱을 위한 가짜 전형화다. 모녀간의 진정한 라이벌 심리는 말로 표현되지 않는다. 그 심리는 엄마 입장에서 자신이 아끼는 딸의 모습을 지켜보는 데서 발생한다. 자기가 합리적이라 생각하는 야망에서 벗어나는 무언가를 딸이 성취하는 모습, 자신에겐 허락되지 않았던 삶을 사는 딸의 모습을 지켜보는 것에서 말이다. 엄마는 딸을 위해 그런 삶을 열렬히 바라면서도 동시에 시기를 느낄 수 있다. 하지만 이런 양가감정을 탐구할 문화적 통로가 없는 탓에, 엄마는 부끄럽고 불쾌한 감정을 느낀다.

한편 우리가 뭘 원하는지를 아는 일과 관련해, 오늘날의 여성들 중 이 개념을 상상하게 해주고 이 신성한 행동의 모델이 되어줄 엄마를 가진 이는 드물다. 대부분의 엄마는 자신의 의사를 온전히 표현하도록 허락받지 못했다. 그런 그들이 어떻게 그 방법을 가르쳐줄 수 있겠는가? 우리 엄마들의 욕망과 욕구는 종종 짐가방 속에 담겨 잠재의식의 지하실에 숨겨져 있다.

카를 융Carl Jung은 부모가 살아보지 못한 삶보다 아이의 삶에 큰 영향을 미치는 것은 없다고 말했는데, 융 학파의 정신분석학자인 매리언 우드먼Marion Woodman은 이 개념을 많은 모녀 관계의 한 요소로 확장한다. "엄마는 (…) 자신의 창조적 삶에 대한 희망을 포기하고, 실망 속에서 아이에게 자신이 살아보지 못한 삶을 투사하는 경우가 많다. 말로 표현하든 그렇지 않든, 그런 희생에서 비롯된 슬픔과 좌절은 아이를 무겁게 짓누른다. 엄마는 결혼이라는 새장에 갇힌 기분이었는데, 그 창살은 이미 멋진 왕자님이 아님을 깨달은 남편이 아닌 뱃속의 아이였다. 아이가 자신이 저지르지도 않은 죄에 대해 느끼는 죄책감의

원인은 자신의 존재 자체다."¹⁶

많은 여자아이들은 이처럼 엄마의 희생에 대한 인식이라는 부담을 짊어지고 산다. 그런 희생이 이루어지게 된 역사적 맥락은 이해하지 못한 채로. 아마 나의 엄마 역시 여러분의 엄마처럼 자신이 어떤 사람이 될 수 있는지에 대해서는 선택의 여지가 거의 없다고 느꼈을 것이다. 그래서 엄마는 나와 관계를 이어오는 내내, 미묘하지만 눈에 띄게 이런 희생과 씨름해왔다. 엄마가 이따금씩 부모 노릇에서 명백히 좌절하는 모습을 보인 것은 결코 개인적인 일이 아니며, 지금 우리 자신도 속해 있는 시공간의 작용일 뿐이라는 사실을 나는 나 자신이 엄마가 되고 나서야 비로소 깨달았다.*

어쨌든 우리가 일말의 선택의 여지를 갖게 된 것도 불과 몇 세대 전부터다. 우리는 여전히 시스템을 흔들어 선택을 쟁취하고자 노력하며 그것이 어떤 방향으로 나아가야 하는지, 엄마와의 경쟁은 어떤 모습이고 어떤 느낌이어야 하는지를 알아내려 애쓴다. 남자아이들이 아버지의 뒤를 잇고, 사무실 구석에서 아버지를 능가하고, 농구 코트에서 아버지를 훈련시키도록 문화적으로 준비되어온 것처럼. 남자아이들은 그렇게 하는 것에 대해 축하를 받고, 탁월해야 한다는 압박을 받아

---

* 엄마의 주된 기능은 돌봄이어야 한다고 우리 사회가 주장하는 방식에는 또 다른 불길한 함의가 숨어 있다. 엄마가 정신적으로든 정서적으로든 사회적으로든 신체적으로든 이 기능을 수행할 준비가 되어 있지 않을 땐 아이들을 위한 안전장치가 없기 때문이다(그럴 경우 엄마는 반드시 비난을 받는다). 세대 간 트라우마 전이를 연구하는 심리치료사 갈리트 아틀라스는 자신의 진료실에서 이런 돌봄 격차가 자주 나타난다고 설명한다. 그는 이렇게 썼다. "엄마가 없었거나 엄마로부터 학대받으며 자란 엄마들의 경우, 자신이 갖지 못했던 엄마를 자기 딸은 가졌다는 것에 대해 억울해하는 일이 드물지 않다. 치료 과정에서 엄마는 종종 자기 딸이 자신보다 더 많이 가진 것에 대해 자신이 느끼는 감정을 들여다본다. 엄마는 자신을 엄마로 둔 딸을 시기한다."¹⁷

왔다. 그것은 가부장제 남성성의 규범에서 존중받는 부분이다. 하지만 여성의 경우, 자기 어머니를 공격하는 것은 찬탈처럼 느껴지고 어쩐지 부자연스럽게 느껴진다. 부당하고, 역겹고, 부정이 개입된 게임처럼 느껴지는 것이다.

엄마와 나는 엄마가 되는 것에 대한 깊은 양가감정에 대해 이제 솔직하게 말하려 노력한다. 자신이 너무도 열심히 노력해 내게 제공한 기회를 엄마가 때때로 시기하는 일, 자신의 낭비된 잠재력에 대해 조용히 스스로를 질책하는 일에 대해서도. 엄마는 경제적으로 몹시 불안한 가정에서 자랐다. 과거의 엄마는 자신에게 선택의 여지가 없다고 느꼈지만, 이젠 자신과 비슷하거나 더 가난한 환경에서 태어나 성공한 변호사, 교수, 의사가 된 여자 친구들이 있다는 것을 인정한다. 엄마는 1950년에 태어나 여성 해방 운동을 경험했다. 만약 충분히 강하게 밀어붙였더라면, 자신의 미래를 걸었더라면, 그리고 부드러운 남아프리카 억양을 가졌고 자신에게 여유 있는 삶을 보장해줄 매력적인 내 아빠에게 유혹당하지 않았더라면 무엇을 성취했을지 누가 알겠는가? 엄마는 자기 나름대로 믿을 만하고, 영리하고, 안전한 선택을 했다. 의사의 아내 역할이 바로 그것이었다. 인생의 갈림길처럼 느껴지는 많은 결정이 그렇듯, 그 결정으로 인해 엄마는 자신이 어쩌면 될 수도 있었을 무언가를 놓쳤다. 내가 20대 내내 가난한 독신으로 살면서 비참한 심정을 느끼고 직업을 경력으로 만들려 고군분투할 때, 엄마는 자신의 선택에 대해 더 만족하고 감사해하게 된 것 같았다. 대도시에서의 꿈이 항상 실현되는 것만은 아님을 엄마는 나를 통해 간접적으로 이해했고, 그렇게 엄마의 시기는 사라졌다.

유명한 TV 방송인인 내 친구 질도 내 경험에 공감했다. 질이 소도시의 뉴스 방송국에서 일하며 저녁으로 라면을 먹을 때 그의 엄마는 딸의 옹호자였고, 딸의 옷장과 냉장고를 채우러 수시로 달려왔다. 하지만 질이 전국 방송에 출현하는 '쾌거'를 이루자 억울함이 싹트기 시작했다. 질은 자신이 이제 고군분투하지 않고 홀로 서게 되자 엄마는 자기가 이제 필요 없는 존재가 되었다고, 자기가 아는 유일한 정체성을 빼앗겼다고 느꼈을 거라 생각한다(질의 엄마는 질이 자랄 때 질을 돌보기 위해 전업주부가 되었다). 질의 어머니는 다른 면에서도 질과 공감하기가 어려웠다. 질이 아이를 갖지 않기로 결정한 것도 두 사람의 차이를 악화시켰다. 질은 스스로를 완전히 차별화함으로써 자기 엄마와의 간극을 더욱 벌렸다.

양가감정과 열패감

우리는 여성이 이론적으로는 원하는 것은 무엇이든 될 수 있고 할 수 있는 전례 없는 시대에 육아를 하고—더불어 양육받고—있다. 하지만 여전히 우리의 야심을 방해하는 백래시의 파장을 느낀다. 그렇다. 우리는 더 많은 여성을 경영진 대열에 합류시키라 요구하면서도, 그와 동시에 이들 여성은 그 성공의 대가를 (반드시) 가족이 치르게끔 한다며 가혹하게 비판한다. 무엇보다 중요한 것은, 우리가 스스로를 가혹하게 판단한다는 점이다. 우리 세대 여성은 여성이 직면한 선택—어느 쪽도 확신이 들거나 훌륭하다고 느껴지지 않는—에 대해

진지하게 논하지 않고, 그 과정에서 일어나는 세대 간 갈등에 대해서 또한 숙고하지 않는다. 우리는 우리 중 많은 사람들이 느끼는 생존자의 죄책감을 인정하지 않으려 했다. 우리의 존재는 우리 어머니들의 삶을 축소시켰고, 그들의 야망을 희생시킴으로써 때론 그들이 우리의 야망도 무너뜨리게끔 했다. 이런 사실은 우리가 성취한 모든 것에 대한 양가감정의 씨앗, 그리고 우리가 다른 길을 선택함으로써 우리에게 모든 것을 준 여성을 버릴 경우엔 이후 뭘 잃게 될지 모른다는 불안의 씨앗을 우리 안에 심었다. 우리는 어떻게 해도 심판당하는 듯한 고통에 시달린다.

심리치료사 킴 체르닌Kim Chernin은 1980년대의 고전 《배고픈 자아》 The Hungry Self에서, 새롭게 얻은 가능성을 바탕으로 딸들이 엄마로부터 분리되고 개별화하기 위해 겪는 어려움을 훌륭하게 탐구했다. 40년이 지난 지금도 우리는 여전히 그 영향을 인식하고 난감한 마음으로 처리하려 애쓴다.

이 현대의 어머니는 자아에 대한 좌절스러운 양가감정과 조용한 열패감에 시달린다. 그 때문에 여성은 엄마이기도 하지만 그와 동시에 결혼과 모성을 넘어선 삶과 발전을 필요로 하는 하나의 인간이기도 하다는 딜레마를 설명하거나 해결할 의지가 부재한 독재적 가부장제에 맞서 딸과 공모하거나 협력하지 못한다. 딸과 공모하려면 자신의 갈등과 양가감정을 인정하고, 실패가 임박했거나 실재함을 받아들이고, 자신의 불만 및 침묵당한 열패감을 충분히 인식해야 한다. 이런 문제들로 힘들어하고 돌아서서 자기 엄마의 삶에 대해 곰곰이 생각했던 순간을 되짚어봐야 한다. 그러려면 엄청난 정치적 이해와 용기, 적지 않은 교활함이 필요하며, 무엇보다 자기 딸에 대한 시기와 원망의 진실을 말할 수 있어야 한다.[18]

자기 딸에 대한 시기와 원망의 진실을 말할 수 있어야 한다. 와아! 나는 우리가 모든 세대의 딸들과 더불어 이 일을 더 잘 해결하고, 표현과 선택의 영광과 그것이 가능하게 하는 모든 것에 대해 더 충분히 이해하고 있음을 확신한다. 이를테면 아이들과 집에 머물기, 더 많이 일하기, 인생 후반기에 입양하기, 다름을 선택하기, 집안일을 기꺼이 더 많이 할 파트너 선택하기 등을. 우리는 우리가 돌봐야 하는 사람들의 삶에 예속된다 느끼지 않고 우리 삶을 평가할 수 있는 미래를 위해 노력하고 있다. 또한 우리의 욕망과 욕구는 이전 세대에 대한 비난이 아니라 오늘날 여자아이 또는 여성이 되는 일의 확장으로 옹호되는 미래를 위해 노력하고 있다. 이를 위해 부모는 반사적으로 다른 여성을 판단하는 대신, 우리 딸들이 원하는 것은 무엇이든 지지할 만하고 성취 가능한 것이며 훌륭하다는 점을 분명히 해야 한다. 우리 딸들은 우리가 제시하는 목표에 따라 살지 않고, 우리의 충족되지 못한 꿈을 실현하는 것이 아니라 자신의 고유한 사명을 수행하고 있다는 점도. 그러려면 우리는 혹여 그들의 선택이 어떤 식으로든 우리를 비난하는 것만 같은 기분이 들진 않는지 자신의 마음을 잘 들여다봐야 한다. 여기에 깔린 생각은 혁명적이다. 그들이 자신이 원하는 것을 찾도록 도와라. 그리고 그걸 성취할 다른 방법을 찾으라는 외적 압력에 영향 받지 않고 정확히 그것을 조준하도록 밀어주어라(그리고 한 가지 더. 그들이 원한다고 생각하는 것은 바뀔 수 있고, 그래도 괜찮다).

자기 마음속에 있는 것을 더 잘 표현하게 되면 우리는 다른 여성의 그런 모습도 보다 긍정적으로 바라보게 될 것이다. 무언가를 원하는 것은 개성을 갖는 데 필수적인 행위다. 자신의 욕망을 진실하게 표현하고, 그 표현을 우선시하며, 여자아이들의 이런 행동을 남자아이들에 대해 그렇듯 정상으로 여기는 법을 배워야 한다. 그리고 이런 본능을 억누르려는 여타 여성들의 경향을 의식하고, 그들을 나무라는 대신 인정하고 그들에게 박수를 보내야 한다. 그간 우리는 다른 사람들을 행복하게 만드는 멍에를 짊어져왔지만 사실 그것은 여성의 임무가 아니다. 자신의 욕구를 희생하며 다른 이들의 욕구를 충족시키는 일도, 우리가 가장 사랑하는 사람들의 기분을 상하게 하거나 관계를 잃을지도 모른다는 두려움에 자신의 욕망을 억누르고 질식시키는 일도 우리 임무가 아니다. 이 가능성의 길을 닦으려면 우리의 가장 깊은 부분과 연결된 새로운 차원의 정직함과 분명한 목소리가 필요하다.

강으로 밀어 넣기

우리가 원하는 것에 대한 대화의 부족을 해결하는 한 가지 방법은 깨달음을 얻은 척하는 것이다. 욕망의 저열함을 초월해 삶이 우리에게 무엇을 주건 만족하며 받아들이고, 마치 이 모든 욕망에 대한 해결책은 아무것도 원치 않는 것인 양 투쟁을 중단하는 것. 우리는 고매한 정신을 소유한 많은 이들이 이런 마음을 지녔다고, 결국 혼돈스러운 속세를 등진 승려들이 문화적·지적 이상理想이라고 여긴다. 정신과 의사이자 불교 수행자인 마크 엡스타인Mark Epstein에 따르면 불교의 두 번째 고귀한 진리는 '고통의 원인은 욕망이다'라고 잘못 번역되었고, 이는 '금욕주의는 필수이고 그 기본 전제 중 하나는 우리가 무언가를 원하는 것으로부터 초연하는 것이며, *원한다*는 건 불교의 개념 자체와 정반대'라는, 불교에 대한 잘못된 가정을 낳았다. 엡스타인은 이것이 잘못된 해석이라고, 부처는 금욕주의를 가르치지 않았다고 주장한다. 그는 지금 우리가 숭배하는 통통한 모습이 되기 전의 부처는 한동안 금욕주의를 시도했지만 몸이 점점 쇠약해졌고, 그에 따라 만약 이 모든 육체적 충동을 거부한다면 더는 생존하지 못할 것임을 깨달았다. 자기를 포기할 정도의 자기부정은 핵심이 *아니었다*. 대신 부처는 사람들에게 자기표현과 집착 사이에 놓인 줄 위를 걷는 법, 즉 특정 결과에 집착하지 않고 자기가 누군지, 그리고 뭘 *원하는지* 깨닫는 법을 가르쳤다. 우리는 저 아래 진흙에서 저만의 연꽃을 피워 올릴 책임이 있다. 물론 세상이 우리와 관계 맺는 방식은 우리가 통제할 수 없고 우리에게서 비롯되지도 않지만, 그럼에도 우리는 최선을 다해 타고난 재능을 표출해야 한다. 자신을 저 바깥세상에 내보여야 하는 것이다.[19]

욕망을 받아들여 온전함을 추구하려면 우리의 반응에도 책임을 져야 한다. 특히 타인의 행동이 위협적으로 느껴지는 순간에는 더욱 그렇다. 그러려면 우리의 짜증이 자신의 돌려받지 못한 욕구를 반영하는 것일 수 있는지를 살펴야 한다. 만약 나라면 절대 스스로에게 허용하지 않았을 무언가를 다른 여자가 하고 있다면, 그를 비난하는 대신 자신을 옥죄고 있던 굴레를 벗어던져야 한다. 이런 노력에는 자비심이 필요하다. 특히 다른 여성에게 관대하거나 친절하지 않았던 때를 돌이켜볼 때 더 그렇다. 우리는 가부장제하의 위축감에서 벗어나야 한다. 그 감정을 더는 운명으로 받아들이지 말고 떨쳐내야 하는 것이다. 우리는 다른 선택을 할 수 있다. 그 전환은 고통스럽고 힘들지만, 우리 모두가 그 여정에서 어느 정도는 상처를 입었지만, 우리는 사회의 이 수평적 띠 안에서 자매로 서로에게 속해 있다. 그리고 다음 세대를 포함해 우리 모두에게 가능한 미래에 대한 개념과 아이디어를 함께 확장할 수 있다.

또 우리에겐 역멘토링이 필요할 수도 있다. 젊은 세대는 가능성의 선도자이기 때문이다. 그들 중에는 *실제로* 시기를 좋은 것으로, 행동에 동기를 부여하는 힘으로 받아들이는 이들이 많다. 지난 몇 년 동안 나는 '확장자'expanders란 단어가 들불처럼 번져나가고 있다는 사실을 알게 되었다. 나는 이 단어를 내 소셜미디어와 이메일에서 매일까진 아니더라도 일주일에 몇 번은 보고, 카페에 앉아 이 책을 쓰는 동안에도 들은 적이 있다. 이 단어는 주로 다른 여성을 묘사할 때 사용된다. "당신은 저의 확장자예요." 어떻게 해서 이런 일이 일어났을까?

발현manifestation 전문가인 레이시 필립스Lacy Phillips는 이 확장자라는 단어를 그가 '자력 가지기'To Be Magnetic라고 일컫는 과정의 일부로 만들었다. 몇 년 전 나는 그의 작업이 치유와 삶의 효율 면에서 모두 효력이 있다는 사실을 발견한 친구들 덕분에 처음으로 그에 관해 알게 되었다. 친구들은 그의 워크숍에 꾸준히 참여하면서 관계와 기회가 바뀌기 시작했다고 했다. 한 친구는 "무슨 마녀 집회에 참석한 기분이지만 효과가 있어."라 말했다.

한때 유아원 교사이자 배우 지망생이었던 필립스는 과거엔 구식의 발현 접근법을 사용하고자 했다. 이를테면 '긍정적으로 생각하라!', '부정적인 모든 것을 금하라!', '꿈에 그리던 말리부 집을 경험하라!' 같은 것들 말이다. 하지만 이는 자신의 환상을 제대로 전달하지 못할 뿐 아니라 한 번만 잘못된 생각을 해도 재앙이 닥치는 것이 아닐까 걱정하는 편집증적 상태에 빠지게 했다. 필립스는 신비주의를 꽤나 좋아함에도 어쩐지 발현은 미신처럼 느껴졌다. 그래서 기초심리학과 신경과학에 기반한 자신만의 접근법을 개발했다. 그는 지금 잠재의식 및 그 안의 자신을 제약하는 모든 믿음과 대화하게 하는 프로그램을 이끈다. 우리가 이런 제약을 느끼는 이유는 만족과 풍요, 안전, 안심이 불가능하다고 생각하도록 길들여졌기 때문이라고 그는 내게 설명했다. 한 번도 본 적 없는 것은 믿기 어렵다. 그의 견해에 따르면, 불가능한 것을 가능하게 하고 우리가 원하는 모든 것을 타당하게 만들려면 우리 마음속 깊은 곳으로 들어가 장애물을 제거하고, 그 자리에는 우리의 가장 큰 꿈을 대변하고 우리의 '확장자'가 되어 실현 가능한 길에 빛을 비춰줄 구체적 인물들을 넣어야 한다. 이는 우리 중 많은 이들이 길들여진 것과 정반대의 과정이다. 이를테면 '저 여자 아니면 나, 우리 둘 중 오직 한 사람만을 위한 자리밖에 없어. 기회는 부족하고, 부족하고, 부족해'가 필립스의 세상에서는 '저 여자가 가졌으니 나도 가질 수 있어'가 되는 것이다.

필립스에 따르면 확장자와 단편적 확장자가 있다. 다음은 '확장자'를 확인하는 체크리스트이며, 모든 조건이 충족되어야 한다.

1. 그들은 지금 내가 있는 자리에 있었다. 그 자리가 시련이었든 결핍이었든 제약이었든 원하는 것을 가지지 못한 상태였든 상관없이.
2. 그들은 내가 불러오려는 것에서 성공하거나 그것을 소유 혹은 구현했다.
3. 그들의 성공 과정이 믿기고 나도 해낼 수 있을 것처럼 느껴진다.
4. 그들은 자기본위로 들리지만 실제로는 그렇지 않은 깨달음의 순간을 준다. "오… 맙소사, 그들이 그걸 해냈다면 나도 할 수 있어."라고 깨닫는 순간, 나는 내가 잠재의식 수준에서 확장되었음을 알 수 있다.[20]

단편적 확장자는 내 꿈의 한 조각을 가졌지만 ― 프리랜서로 일하며 첫 집을 장만했거나, TV 파일럿 프로그램을 만들어 팔았거나 ― 그들 삶에서 내게 호소하는 다른 부분은 없을 수도 있다. 존경할 만한 큰 확장자와 부분적 확장자 모두가 유용하다. 필립스는 꿈의 더 어려운 측면을 보여줌으로써 조급함이나 조바심을 최소화하는 데 도움이 되는 '현실 확장자'에 관해서도 이야기한다(예컨대 식당을 소유하고 싶다고 생각해 그런 삶을 사는 확장자를 찾아 그에 대해 연구하는 과정에서 셰프가 되는 일이 매우 어려움을 깨달을 수 있지만, 그럴 경우에도 꿈을 잃는 대신 그 도전을 인식하고 더욱 사력을 다할 수 있다). 나는 필립스의 체크리스트와 개념이 꽤 마음에 든다. 시기하는 대신 확장하고, 이 필수적 욕구를 되찾아 새로운 언어로 바꾸고, 서로를 활용해 점점 더 커지는 방식이. 이런 상호지지와 풍요로움이 바로 자매애의 본보기다.

우리가 우리의 어머니, 자매, 딸, 친구에게 줄 수 있는 가장 큰 선물은 욕망을 표현하는 새로운 패러다임, 감히 꿈을 꾸는 것에 대한 여파로 너무 자주 찾아오는 수치심이나 당혹감 또는 판단으로부터 욕망을 해방시켜주는 패러다임이다. 물론 원하는 것 모두를 다 얻을 수는 없을 것이다. 하지만 마음속에 있는 바를 인정하는 것에 지나친 부끄러움을 느낀다면, 여성으로 사는 일의 복잡함에 대해 터놓고 솔직하게 말하지 않으려 한다면, 우리는 결코 우리가 원하는 것에 더 가까이 다가가지 못할 것이다. 역사적으로 늘 그렇게 해왔듯이 우리는 서로에게, 그리고 서로를 위해 정보와 자원과 비밀을 나누고, 만약 *내가* 원하는 것을 *네가* 이룬다면 그것은 오직 우리의 잠재력을 알려주는 것일 뿐이라는 희망으로 서로의 성공을 빌어야 한다. 시기는 비난이나 반격 욕구가 아니라 가능성의 등불이 될 수 있고, 이제부터는 우리 각자가 자신을 온전히 표현하라는 초대장이 될 수 있다.

    시기를 잘못 적용해 다른 여성을 판단하는 잣대로 삼으며 그의 행동에 대한 우리의 불편한 마음을 합리화할 이유를 찾기 전에 곰곰이 따져봐야 할 것이 있다. 수치심에 대한 그런 선호는 우리 자신이 원하는 기회와 경험 때문인가, 아니면 우리가 정당하게 소유하고 있다고 느끼는 무언가를 다른 사람이 빼앗아갈지도 모른다는 두려움 때문인가, 그도 아니면 우리가 스스로에 대해 느끼는 부정적 감정 때문인가 하는 것이다. 또한 브레네 브라운이 설명한 사실, 즉 수치심은 억압자의 도구이며, 죄인의 도덕성으로 포장되어 보이지 않게 우리 문화에 녹아들어 있다는 명백한 사실도 늘 상기해야 한다. 시기는 '여자의 적은 여자'라는 말의 핵심이며, 우리를 표현에서 멀어지게 만드는 굴레다. 겉으론 절대 끊어지지 않을 것처럼 보일지라도 그것은 우리가 깨뜨릴 수 있는 주문이다. 우리는 그 본능을 잘 살피고 꺼내 땅에 떨어뜨려 놓아야 한다. 다른 여성이 '거창하게' 꿈꾸고 행동했다 해서, 혹은 감히 자신이 특별한 사람인 양 여겼다 해서 수치를 준다면 그것은 우리 자신의 잠재력을 억압하는 일이다. 부디 우리가 반사적으로 비난하는 일을 멈출 수 있기를, 그래서 언젠가는 우리 자신도 원하는 것을 이룰 수 있기를.

──── ◆ ────

시기를 필수적인 것으로 받아들일 때
우리는 모든 가능성의 문을 열고 우리가 원하는 것을 불러들일 수 있다.

교만

인간의 조건과 경쟁의 신화

나르키소스와 에코.
위험할 정도로 자기에 집착하는 사람과
자기를 완전히 부정하는 이들 사이의 문화 스펙트럼.

Pride †

호감이라는 망령

"결국 꿈이 이루어졌네요."

앤 해서웨이Anne Hathaway가 자기 손에 들린 오스카상 트로피를 내려다보며 내뱉은 불운한 세 마디다. 때는 2013년, 그는 영화 〈레미제라블〉에서 판틴 역으로 여우조연상을 막 수상했다. 그런 다음 떨리는 목소리로 청중과 수많은 지인에게 감사를 전했다. 연설은 분명 미리 연습한 것이었다. 이 행사를 위해 그는 프라다의 핑크색 롱드레스를 입

---

† pride에는 '교만'과 '자부심'이라는 두 가지 뜻이 모두 있는데 이 책에서는 문맥에 따라 두 단어를 혼용하여 번역했음—옮긴이.

었는데, 어쩌다 보니 가슴에 들어간 다트가 미묘한 원뿔 모양을 연출했다. 세상은 이런 불쾌함을 참지 못했다. 오랜 꿈을 솔직히 인정하고, 그것이 실현될 수 있다 생각하고 그 가능성에 대비했음을 암시하며, 잘못된 패션을 선택한 일을. 즉각 행동에 나선 자칭 '해서헤이터들' Hathahaters은 그가 과도하게 열정적이고 연극적으로 영화에 '목숨을 건다'고 비난했다. 그날 밤 〈실버라이닝 플레이북〉으로 또 다른 여자 수상자가 된 제니퍼 로런스Jennifer Lawrence가 계단에서 발을 헛디뎌 청중과 함께 웃은 뒤, 자신의 수상에 충격받은 듯 더듬거리며 연설한 것은 오히려 대비효과만 안겨주었다. 막 스타덤에 오르기 시작한 로런스는 그저 너무 웃기고 '진짜' 같으며 천진하고 사랑스러운 데 반해, 이제 중견 배우가 된 해서웨이(그는 2009년에 이미 오스카상 후보에 올랐던 바 있다)는 자신의 꿈이 실현될 것임을 알고 있었다고 침착하게 말했다. 그는 자신의 재능을 믿었고, 그 상은 그가 자신에 대해 이미 잘 알고 있는 바를 인정한 것이었다.

   자신의 드레스와 연설이 비판을 받자 해서웨이는 다른 배우가 자신의 것과 비슷한 드레스를 입을 거란 사실을 시상식 전날 밤에 알게 되었고, 그래서 그런 실수로 비난받지 않으려 마지막 순간에 드레스를 교체했다며 이렇게 탄식했다. "나는 정말로 드레스가 필요했고, 모두가 나를 미워했어요. 나는 그저 드레스가 진짜로 필요했고요."[1] 그리고 그 연설에 대해서는, 사실 그 상을 받을 때 비참한 기분이 들었다고 주장했다. 판틴 연기가 너무 힘들었고 그로 인해 많은 에너지를 소진한 탓에 당시 해서웨이는 여전히 완전히 회복되지 않은 상태에 있었다. 그래서 오히려 열정을 가장했던 것인데, 그러니 부끄러운 행동이라 비난받아 마땅하다는 식으로 그는 말했다. "나는 행복한 척하려 노력했고, 그 때문에 논란거리가 되었어요. 그때 많이 힘들었죠."[2] 그는 아무 죄도 없이 억지 용서를 구해야 했으며, 이 모든 것은 그가 힘겹게 얻은 최고의 성취에 대한 반응이었다. 그리고 그런 왜곡은 계속 반복됐다. 그 뒤로 몇 년이 지난 뒤에도 해서웨이는 미디어에 출연할 때마다 반드시, 사람들이 왜 당신을 싫어한다고 생각하냐는 질문을 받았다. 그는 빛이 나고 자신의 재능을 나누려 할 때마다 계속해서 그러지 말라는 말을 듣는다.

해서웨이에 대한 여론 악화는 사실 그보다 몇 년 앞선 2011년, 그가 아카데미 시상식에서 누가 봐도 건들거리며 잘난 척을 해대는 제임스 프랑코James Franco와 공동 사회를 맡았을 때 시작되었다. 해서웨이는 보기에 썩 좋지 않은 프랑코의 거들먹거리는 태도를 지나치게 보완하려다, 본인의 말을 빌자면 "약간 조증이 난 것처럼 너무 치어리더스럽게" 행동했다.[3] 그 결과 해서웨이는 "너무 수다스럽고" "계속 저 혼자 신나서" 관심을 끌려 안간힘 쓰는 멍청이라는 비난을 받은 반면, 프랑코는 같은 비평가에게서 "졸린 눈으로 이것저것 다 하려는 연예인"이란 평을 받았다.[4]

해서웨이의 경우는 생방송 때 동료 남자 스타의 잘못된 판단 때문에 여자가 모든 비난을 뒤집어쓴 첫 예가 아니다. 2004년 슈퍼볼 공연 때는 저스틴 팀버레이크Justin Timberlake가 재닛 잭슨Janet Jackson의 옷을 뜯어내는 장면이 있었는데, 잭슨은 이 때문에 검열을 당했고 결국 CBS의 회장 레슬리 문베스Leslie Moonves에 의해 블랙리스트에까지 올랐다.* 잭슨은 음란하다는 여성혐오에 시달렸고, 자기홍보를 위해 무리한 쇼를 연출했다며 비난받았다. 한편《피플》People은 팀버레이크를 '테플론 맨'Teflon man(실책이나 실언 등을 유머 등으로 커버함으로써 심한 타격을 받지 않는 사람을 지칭―옮긴이)이라 칭했다.[5] 그는 아무 책임도 지지 않았고, 공연을 계속했으며, 자기 이미지가 훼손됐다고 불평했다. 그러나 해서웨이와 마찬가지로 잭슨은 그 사건에 대한 끝없는 압박을 견뎌야 했고, 그로 인해 경력마저 궤도를 이탈하는 불이익을 겪어야만 했다.

슬프게도 우리는 이런 문화적 회로에 대해 잘 알고 있다.[6] 태양에 너무 가까이 날아간 바람에 밀랍 날개가 녹아 추락해 죽은 소년 이카루스의 이야기 말이다. 자만하여 욕심을 부리다 실패한 이 이야기는 너무 높이 날아오르는 이들에게 무슨 일이 벌어지는지를 보여준다. 이카루스의 망령은 남자들이 말 그대로 달을 향해 날아가는 것을 막지 않았지만―팬데믹 기간 동안 억만장자 세 명이 사적으로 우주여행을 했다―여자들은 고개를 숙이고 몸을 낮추라는 메시지를 그것에서 받은 것 같다. 그러지 않으면 대중이 그들, 특히 가장 눈에 띄는, 다시 말해 유명한 여성을 낮출 것이기에.

언론인 새디 도일Sady Doyle은 이 주제에 대해《사고뭉치: 우리가 미워하고 조롱하고 두려워하기 좋아하는 여자들》Trainwreck: The Women We Love to Hate, Mock, and Fear이라는 책을 썼다. 이 책에서 도일은 대중이 보기에 성공해 처음엔 사랑과 찬사를 받았지만 이후엔 너무 높이 날았다는 이유로 총에 맞아 쓰러진 여성들의 사례를 다수 연구한다. 대부분

---

* 이 일명 '젖꼭지 사건' 이후 14년이 지난 뒤 레슬리 문베스 회장은 여러 건의 성희롱 및 성폭행 혐의로 CBS 회장직에서 물러나야 했다.

의 여성들이 알고 있듯 우리의 비행 계획은 레이더망 바로 아래의 완벽한 궤도에 맞춰져야 한다. 그러지 않으면 우리는 불시착할 수밖에 없는데, 그럴 경우 잿더미에서 다시 일어서는 경우는 매우 드물거나('브리트니를해방하라' 운동), 아니면 에이미 와인하우스Amy Winehouse, 빌리 홀리데이Billie Holiday, 다이애나 왕세자비, 휘트니 휴스턴Whitney Houston처럼 죽은 뒤에야 존경받을 수 있다. 도일이 '사고뭉치'로 논하는 여성 다수는 우리가 한때 순수함과 선함의 전형으로 떠받들다가 나중엔 난잡하고, 우스꽝스럽고, *미쳐버린* 나쁜 여성의 대열에 합류하는 것을 (고소한 마음으로) 지켜본 여성들이다.

2013년 《스타》Star는 그해의 '가장 미움 받는 유명인' 명단을 발표했는데, 총 스무 명 중 일곱 명만이 남자였다. 《더 컷》The Cut은 세 가지 잘못을 기준으로 그들을 분류했다. 너무 열심히 노력함(전부 여성), 충분히 노력하지 않음(주로 여성), 다른 유명인에 대한 범죄(주로 남성). 미투Metoo 운동 이전인 터라 '범죄'는 주로 바람을 피우거나 못되게 군 것이었지만, 그 명단에는 크리스 브라운Chris Brown, 제시 제임스Jesse James, 샤이아 러버프Shia LaBeouf, 맷 라우어Matt Lauer 같은 유명인이 포함되었다. 명단에 오른 여성 중 실제 범죄 혐의로 기소된 적이 있는 사람은 단 한 명도 없었다.[7]

한때 영향력을 가지며 기득권층의 인정을 받다가 쫓겨난 모든 여성이 저지른 가장 큰 범죄는 자기 스스로 세상 밖으로 나간 것이었다. 그들은 우리 모두가 자신들의 재능을 살피고 심판하는 것을 기쁘게 받아들였고, 우리의 일시적 감탄을 만끽했다. 그들이 받은 공개적 비난은 일종의 경고다. 도일이 썼듯이, "사람들의 눈에 띄는 데 너무 성공한 여성은 항상 감시당하고 처벌받다가 결국엔 대단한 구경거리가 되었다. 이는 여성을 우리가 '그들이 속한 곳'이라 규정한 장소로 밀어 넣으려는 노골적인 시도다."[8] 역사적으로 우리가 속해온 곳은 눈에 띄지 않게 갇혀 있는 집 안이다. 문턱을 넘는 일, 공적인 삶을 사는 일, 뭔가 중요한 것을 시도하는 일, 감히 눈에 띄는 일은 위험하다.

강하고 눈에 띄는 여성에 대한 우리의 혐오에— 우리가 미처 의식하지 못한다 해도—남성들만의 관점이 반영된 것은 아니다. 여성들도 기꺼이 다른 여성의 머리에 수치를 끼얹을 태세를 취한다(제3장 '시기' 참조). 문화 전체가 체계적으로 그렇게 하고, 그러므로 나 역시 다른 여성들처럼 눈에 띄게 행동하진 않으려 한다. 우리는 다른 모든 사람들이 편안하게 느낄 수 있을 만큼 충분히 호감을 주고 위협적이지 않아야 한다. 우리의 힘은 반드시 완충 작용을 거쳐 발휘되어야 한다. 어린 여자아이를 강하면서도 보편적으로 사랑받게끔 키우는 일은 불가능하다. 힘은 존중과, 사랑은 다정함과 순종 및 보살핌과 짝을 이룬다. 뛰어난 여자아이는 높은 곳에서 외줄타기를 해야 하고 여전히 추방과 배제의 위험을 감수해야 한다. 어린 시절에 이런 짓눌림은 무엇보다 *겸손하라*는 훈계로 경험되었다. 허풍쟁이를 좋아하는 사람은 아무도 없다. 과시를 좋아하는 사람도 마찬가지다. 이기거나 다른 이들의 눈에 띌 때는 겸허해하고, 심지어 쑥스러워해야 하며, 살짝 부끄러워하는 것이 가장 좋다. 그런 다음엔 관심을 딴 데로 돌려라. '자기 자신으로 가득 찬'full of herself 여자아이는 친구가 없다. 1600년대로 거슬러 올라가는 이 관용구는 공허한 엉터리 자기애로 가득 차 있어 다른 사람 혹은 다른 것을 위한 공간이 없는 이를 암시한다. 너무 꽉 차 있으면 우리 사회에 어울리는 데 필요한 기대도 충족시키지 못한다. 자기 자신으로 가득 찬 여자아이는 분리당하고 외면당하고 쫓겨날 것이며, '최고'가 될 수야 있겠으나 홀로 그것을 축하하게 될 것이다. 무엇보다 우리는 안전과 생존을 위한 가장 확실한 길로 호감을 최우선시하도록 교육받는다.

사랑받는 여성이어야 한다는 요구는 이처럼 문화의 모든 부분에 박혀 있다. 그래서 이 명령이 거부될 때면 실제로 혁명적 효과를 낸다. 오랜 프로듀싱 파트너인 벳시 비어스Betsy Beers와의 대화에서, 전설적인 TV 크리에이터 숀다 라임스Shonda Rhimes는 자신이 20년 동안 받아온 피드백이 '근데 이 여성 캐릭터를 더 호감 가게 만들 수는 없을까요?'였다고 이야기한다. "남자를 더 호감 가게 만들어달라고 요청했던 사람은 아무도 없었어요. (…) 그리고 도대체 언제부터 '호감 가는 인물'이 목표가 된 걸까요? 그건 마치 '그 여자를 더 밋밋하게 만들 수는 없을까? 그 여자가 조금만 더 재미없을 수는 없을까?'라 하는 것과 같잖아요. 대체 왜 여성에게만 '호감 가는 것'이 중요한 거죠?"[9]

라임스는 피드백의 요청을 거부하며 까다로운 규범을 흔들어놓는다. 어쨌든 호감은 가부장제 내에서 안정감을 준다. 그것은 당신이 현상 유지에 방해가 되지 않음을, 당신이 모두 및 모든 것과 있는 그대로 잘 지내고 있음을 의미한다. 하지만 라임스와 비어스가 호감이라는 덫을 거부할 때마다, 또 복잡한 여성 인물을 그리고 찬양할 때마다, 그들은 더 많은 화면 밖 여성을 해방시켜 현실 속에서 보다 편안히 지낼 수 있도록 해준다. 가부장제의 울타리에서 딱 한 발자국만 더 가면 가능한 현실인 것이다. 그러나 라임스가 TV 경영진들로부터 받아온 그

피드백은 — 그가 강력한 페미니즘적 대응을 했음에도 — 많은 것을 말해준다. 우리가 수용을 받으려면 호감 가는 여성 역할을 수행해야 한다는 것, 청중을 얻으려면 나긋나긋하고 겸손해야 한다는 것에 대해서 말이다(라이스는 자신이 '강한 여성'에 대해 썼다며 비평가들이 칭송하는 것에 대해서도 정당하게 화를 내고 — "나는 강하지 않은 여성을 모른다!" — , 남성 캐릭터를 수정할 때에는 결코 '강하다' 또는 '똑똑하다'라는 형용사를 덧붙여 수정하지 않는다는 사실을 지적한다).

자부심 느끼기

자부심과 관련해 '콧대가 높다' big-headedness 는 새로운 표현이 아니다. 그레고리우스 교황이 대죄를 공식화했을 때 그는 자부심을 가장 핵심적인 악덕, 즉 다른 모든 악덕이 파생되는 악덕의 '머리'라고 명명했다. 자부심이 가장 끔찍한 것은 신이 필요치 않다는 느낌을 암시하기 때문이라고 여겨졌다. 자부심은 내가 혼자서 할 수 있거나 해냈고, 따라서 오직 신에게만 있는 영광을 자신도 받을 자격이 있다고 믿는다는 것을 암시했다. 그보다 몇 세기 전 에바그리우스 폰티쿠스도 비슷한 견해를 확립하여 《수행론》Practikos에 다음과 같이 썼다. "자부심이라는 악마는 영혼을 가장 심각하게 타락시키는 원인이다. 수도사로 하여금 하느님이 자신의 조력자임을 부정하고 좋은 행동이 자기 자신에게서 비롯되었다고 여기도록 유도하기 때문이다. 더욱이 그는 형제들 사이에서 콧대가 높아, 모두가 자신에 대해 같은 견해를 갖고 있지 않다는 이유로 그들을 어리석다고 여긴다."[10] 궁극적으로, 자부심은 신 그리고 다른 사람들과의 올바른 관계를 약화시킨다. 그러나 우리가 잊지 말아야 할 아이러니는, 오늘날 (이른바) '자수성가한' 남성은 존경을 받는 반면 여성이 자기 공을 주장하는 것은 부끄러운 일로 여겨진다는 점이다.

그래서 여성들은 그렇게 하지 않는다. 열심히 일하면서도 대단한 칭찬을 바라지 않는다. 힘을 가지려 노력할 때 우리는 역량을 우선시하고, 노력과 탁월함이 최선의 길이라 확신한다. 우리는 답이 확실할 때에만 손을 들어 목소리를 높이고, 대부분의 경우엔 고개를 숙인 채 혼신을 다해 묵묵히 일한다. 우리의 가치를 기록에 남겨야 한다는 생각보다는 그것을 인정받기를 바란다. 그러나 이런 태도는 이 자본주의 체제에서 우리를 딱히 멀리까지 데려가주지 못했다. 우리는 계속해서 과소 대표되고 임금도 덜 받았다(제2장 '나태' 참조). 학계와 경제 경영 분야 저술가들은 자신감 또는 야망의 격차를 불평등의 주된 이유 중 하나로 언급하며 여성들에게 자신감을 더 깊이 파고들라고, 목소리를 높이라고, 승진과 임금 인상과 투표권을 요구하라고 촉구한다.[11] 마치 문제가 스스로의 가치를 주장해야 할 우리의 자신감 부족에 있다는 듯 말이다. 하지만 우리는 우리를 향한 억압에 대해 스스로를 비난할 정도로 어리석지 않다. 그래서는 안 된다. 우리는 크게 성공하거나 감히 더 많은 것을 요구하는 여성들에게 무슨 일이 일어나는지에 대한 교육을 충분히 받았다.

자주 인용되는 한 연구를 보자. 156명의 피험자가 남녀 각각 1인의 가상 CEO를 평가했는데, 두 사람 모두 말을 많이 또는 조금 했다. 참가자들은 강력한 남성 CEO가 목소리를 높이기를 기대하고 그가 대화를 지배한 것에 대해선 보상을 주었지만, 여성 CEO는 다른 사람들보다 더 많이 말했다는 점에서 반발을 샀다. 여성 CEO를 가혹하게 평가하기는 남녀 모두 마찬가지였다.[12] 특히 우려되는 부분은, 여성들은 자신감을 *발휘하면* 불이익을 받는다는 점을 안다는 것이다. 친구들에게 혹시 자신감 문제가 있다고 생각하는지를 물어보면 그들은 하나같이 그렇지 않다고 단언한다. 그들은 함께 일하는 대부분의 남성 동료보다 자신들이 더 잘 준비되어 있고 더 유능하다는 점을 안다고 인정한다. 그저 그걸 겉으로 드러낼 만큼 바보가 아닐 뿐인 것이다.

자신감 표현을 꺼리는 현상은 크리스틴 엑슬리Christine Exley와 저드 케슬러Judd Kessler의 연구에서 입증되었다. 그들은 여성들이 남성들과 똑같이 능력을 발휘한다는 것을 알면서도 그 사실을 고백하길 꺼린다는 것을 발견했다. 여성은 그렇게 하면 안 된다는 훈련을 받아온 터다.[13] *하지만 그것은 역효과를 낸다.* 한 연구는 여성의 영향력이 따뜻함과 배려심 있고 친화적인 모습에 지나치게 집착한 나머지, 남성에겐 너무도 효과적인 '능력 발휘에 자신감을 더하면 권력과 영향력을 얻을 수 있다'라는 공식이 여성 앞에선 날아가버리고 만다는 사실을 확인한 바 있다. 이 연구의 저자는 "자신감은 성 중립적이지만, 자신감 있어 보이는 것의 결과는 그렇지 않다."라고 결론짓는다.[14] 요컨대 자신감을 표현하는 것은 여성에게 별 효과가 없기 때문에, 여성에게 단순히 *자신감을 더 가지라고* 말하는 것은 왜곡된 것이다.

자신이 자랑스럽다는 여성의 말을 언제 마지막으로 들었는지 기억하는가? 물론 우리는 파트너, 자녀, 동료, 친구 들을 자랑스러워한다.

그런데 자신이 자랑스럽다고? 어쩌면 마라톤을 완주하거나 여타 육체적 시험을 통과한 것에 대해서라면 그런 말—극복에 대한 자부심—을 들어봤을지도 모르겠다. 하지만 자신의 성취를 자랑스러워하는 여성의 목소리는 좀처럼 듣기 어렵다. 대신 항상 감사해야 할 다른 사람들—그를 그 자리에 있게 해준 이들, 그의 업적에 함께 기여한 이들—이 있다. 내 경우에는 스스로가 자랑스럽다고 말할 때면 부끄러움에 숨이 막힐 것만 같다. 그보다는 "제가 스스로를 자랑스러워 할 수 있는 때는…"이라는 식으로 이런저런 조건을 달거나 "별일 아니에요."와 같이 나 자신을 축소시키는 쪽이 훨씬 편하다. 나는 단지 주변의 기대에 부응했을 뿐이다. 나를 지지해주는 부모가 있었고, 교육을 받았다. 피부색이 희고, 대기업에서 커리어를 쌓았으며, 재정적 안전망의 추가 혜택이 있었기에 그렇게 한 것이다. 나 같은 사람들을 위해 설계된 이 사회에서 내 성취를 자랑스러워하는 것은 그릇되게 느껴진다. 그런데 그렇다 한들, 나는 아무 공도 인정받지 말아야 하는 것일까?

몇 년 전 나는 BIPOC('흑인, 원주민, 유색인'Black, Indigenous, and People of Color의 약자로, 역사적으로 억압받은 소수 인종이나 민족을 지칭—옮긴이) 창업자들에 초점을 맞추어, 흑인 퀴어 여성인 벤처 캐피털 창업자 알란 해밀턴Arlan Hamilton을 인터뷰했다. 정부 지원 식권으로 30대의 시간 대부분을 버텨낸 노숙자였던 그는 가난에서 벗어나려 고군분투하며 살았다. 그는 노숙자 상태에서 지칠 줄 모르고 일해 첫 기금을 모았지만[*] 그

---

[*] 크런치베이스Crunchbase(기술 기업 및 스타트업 기업에 대한 투자 관련 정보를 제공하는 서비스 회사—옮긴이)의 자료에 따르면 벤처 캐피털 자본금의 98퍼센트는 남성에게 간다. 우월,《하버드 비즈니스 리뷰》Harvard Business Review에 실린 글 '남성과 여성 기업가는 벤처 투자자들로부터 다

런 그조차도 자신이 자수성가했다는 생각에 대해선 거세게 고개를 가로젓는다.[15] 고독한 창작자가 되는 것은 남성들이 집착하기 좋아하는 신화지만 해밀턴은 자신의 어머니, 남동생, 팀 동료, 그리고 자신에게 경제적 여유가 없을 때 음식을 사준 친구 공동체도 그 공을 인정받을 자격이 있다고 주장한다.[16] 그의 겸손이 그토록 끝없음에도, 알란의 성취에 대한 비판자들은 그가 자기 자신으로 가득 차 있다고 암시하려 안간힘을 쓴다. 필사적으로 그를 쓰러뜨리려는 것이다. 《인크》Inc.에 실린 알란 관련 기사의 제목을 보면 그런 충동을 알 수 있다. "알란 해밀턴, 자신을 항상 앞서가던 과대광고를 마침내 따라잡다."[17] (이는 사실이 아니다. 그는 잘 뻗어나가고 있고, 다른 유색인 창업자들도 그럴 수 있도록 돕고 있다.) 하지만 해밀턴이 경계하는 태도를 보이는 데도 일리가 있다. 여성은 생존과 성공으로 가는 길에서 발소리를 죽여야만 하니까.

스포트라이트의 모순

우리 가족은 경쟁심이 강하다. 오빠의 남편 피터가 우리 가족은 식당의 빵 바구니 앞도 경기장으로 바꿀 수 있다는 농담을 했을 정도다. 피

른 질문을 받고, 이는 그들이 받는 투자금에 영향을 미친다'의 저자들은 벤처 투자자와 기업가가 참여하는 테크크런치 디스럽트(북미 최대의 IT 온라인 매체인 테크크런치TechCrunch가 매년 주최하는 대표적 스타트업 콘퍼런스 행사―옮긴이)에서 140개 문항으로 질의응답을 진행. 응답들의 결과를 평가해 "그들은 남성들에겐 잠재적 이익에 대해, 여성들에겐 잠재적 손실에 대해 묻는 경향이 있었다. 우리는 남녀 투자자 모두에게서 이런 편향의 증거를 발견했다."라고 쓴 것은 결코 우연이 아니다. 저자들은 또한 남성이 받은 투자금이 여성들의 일곱 배에 달한다는 점도 발견했다.

터는 저녁 식탁이나 등산로에서 우릴 지켜보면서, 우리가 그를 스포츠나 비스포츠 경쟁에 끌어들이려 할 때마다 고개를 저으며 웃었다. 부모님은 종종 '우승'을 트로피가 아니라 성과 ― 읽은 페이지 수, 스키를 탄 일수, 결심을 지켜냈는지의 여부 ― 로 측정하여, 성실성이 상보다 더 중요함을 강조했다. 가장 뛰어나고 가장 많이 노력해야 한다는 이 조합은 나를 혼란스럽게 했다. 결국 나는 이기기 위해 경쟁하는 것을 싫어하는 대신 얼마나 노력했는가에 집중하는 편을 선호하게 되었다. 노력에는 겸손과 미덕이 있었지만, 영광은 나를 불편하게 했다. 우리 부모님도 그걸 확인시켜주었다. 나는 두 분이 나와 내 메달을 자랑스러워한다는 걸 확신했지만, 그들은 '내가 콧대가 높아질까' 두려워 내게 그 말을 하지 않으려 했다. 이것은 내가 훈련하고, 공부하고, 탁월함을 보일 때마다 반복된 후렴구였다. 커가면서 여러 가지 것들이 승리에 바짝 가까워졌을 때 나는 마음의 준비가 단단히 되어 있지 않았다. 나는 스스로 접고 붕괴했으며, 스스로를 방해했다. 그러나 말 못하게 불편한 마음으로도 더 자주 이겼다. 나는 최선을 다하는 법, 열심히 일하는 법, 내 몸과 마음을 단련하는 법, 성과를 통해 내 가치를 입증하는 법, 흠잡을 데 없이 일하는 법을 알았고 이는 트로피로 결실을 맺었다.

나는 테니스, 수영, 승마, 수학 등 다양한 종목에 출전했다. 그중 특히 모굴 스키에서는 가장 극적으로 승리를 거두어 열 살 때 전국 1위를 차지했다.* 나는 스키를 정말 잘 탄다. 사실 이 문장을 쓰면서도 애매하게

---

* 농담이 아니라, 나의 아버지는 이 꼭지의 초안을 읽고선 어쩌면 내가 내 성취를 과장하는 것일지도 모르니 전국 1등이 맞았는지, 아니면 그냥 지역 1등이었는지를 확인해보라고 주의를 줬다(나는 열 살 때 전국 1등이었다. 물론 당시엔 그 대회에 출전한 어린 여자 선수가 몇 명 없었고, 그 등수는 한 번의

'잘 탄다'라고 얼버무리고 싶다. 나는 모든 턴이 정확하고, 다리는 흔들림이 없고, 빠르고, 대체로 직활강 라인을 탄다. 나는 다른 어떤 일보다 스키 타는 데 많은 시간을 썼다. 나는 우리 집 바로 위의, 우리 가족 소유의 리프트 두 대가 있는 산에서 1년에 90일을 보냈다. 주말 이틀 모두와 수요일 한나절, 그리고 다른 공휴일 모든 시간을. 나는 리프트에서 내리자마자 턴을 하고 또 했다. 가끔은 홀로 스키를 타며 혼자 있는 훈련을 했고, 산장에서 혼자 밥을 먹을 때에도 어색함을 느끼지 않도록 훈련했다. 여름이면 스키 캠프를 갔다. 마른 땅에서 하는 훈련도 했다.

열다섯 살 때 기숙학교에 들어가기 전 나는 국가대표팀에 들어가기 위한 준비를 할 것인지, 아니면 더 나은 교육을 받기 위해 동부로 갈 것인지를 선택해야 하는 기로에 섰다. 어쩌면 올림픽까지 나갈 수 있었을지도 모르지만, 내 몸이 알아서 결정해주었다. 고관절 굴곡근이 뼈 앞뒤로 움직이며 삐거덕거렸고, 나는 대표팀에까지 들어갔으나 결국 첫해에 팀에서 나올 수밖에 없었다. 그곳에서 나는 고통스럽고 불행했으며, 재미와는 거리가 먼 생활을 했다. 대표팀의 실력자들은 너무나도 대단해 가슴이 쿵쾅거렸다. 나는 안도의 한숨을 내쉬며 집으로 돌아갔고, 그곳을 나오게 된 것에 감사했다. 내 목구멍이 열리기를 거부했기에 결국 내 몸이 대신 거절한 것이었다.

작가이자 전 WNBA(전국 여자 농구팀) 선수, ESPN 해설자인 케이트

직접 경쟁이 아니라 대회 점수를 모두 합산해서 나온 것이었다. 아마 미국 북서부 지역에서는 대회가 그리 자주 열리지 않았으니 내 점수가 더 많이 누적됐을 것이다). 자, 지금 내가 뭘 하고 있는지 보라.

페이건Kate Fagan은 최근 루게릭병으로 작고한 프로 농구선수 아버지 밑에서 자랐다. 그는 아버지에 대해 러브레터에 가까운 회고록을 썼는데, 그것은 두 사람이 코트에서 수십 년 동안 관계를 구축한 방식에 관한 연구이기도 하다. 사춘기, 공간과 독립에 대한 욕구, 커밍아웃에 대한 불안, 경기에 대해 커져가는 불만으로 그 관계는 갈수록 점점 복잡해졌다. 재미로라도 더는 농구를 하지 않았으나 페이건은 훌륭한 선수였고, 그의 기량이 탁월했음에도 그의 아버지는 페이건이 자기 기술을 하찮게 여겨야 한다고 주장했다. 페이건은 다음과 같이 썼다. "아버지의 핵심 인생 철학 중 하나는 '사람들에게 내가 잘한다고 말하지 말고, 그들 스스로 그걸 알아내게 하라'였다. (…) 어린 나이였지만 나는 어떠한 종류의 자랑도 매력적이지 않은 행동으로 인식했다."[18] 페이건에게 있어 농구는 그의 주된 초기 정체성이었다. 나는 그의 번아웃과 거부감의 원인이 어떤 식으로든 그가 아주 조금이라도 자신의 재능을 기뻐하고 자축하는 일을 부끄럽게 여긴 사실인 것은 아닐지 의심스럽다. 스포트라이트에는 어느 정도의 공포가 따른다는 것을 아는 터다. 그 공포는 기쁨을 무디게 한다.

나는 성인이 되어 다시 스키를 타게 되었고, 나와 아이들을 위해 스키를 우선시하고 있다. 나는 스키 타는 즐거움을 되찾았다. 아무도 내 폼, 공기의 휘날림, 도착 지점까지 걸린 시간을 기록하지 않는 덕이다. 하지만 사람들이 나를 쳐다보면 여전히 불편함을 느낀다. 그럴 때면 나는 다른 사람들이 내 고글 시야에서 사라질 때까지, 동상 걸린 내 발가락이 얼어붙도록 서서 기다릴 것이다. 이것은 내게 갈등을 불러일으킨다. 스키는 아마도 내가 가장 잘하는 일일 것이기에 잘 탄다고 인정받고 싶지만, 그와 동시에 콧대를 조심하라는 아버지의 경고가 귓전에 울린다. 잭슨 홀Jackson Hall로 가족 스키 여행을 갔던 기억이 떠오른다. 열 살쯤 됐을 무렵의, 안개 자욱한 어느 날이었다. 나는 미니 절벽들로 유명한 토일렛 보울Toilet Bowl을 직활강하다 실수로 절벽 아래로 날았다. 다행히 부드러운 눈 위에 떨어져 다치지는 않았는데, 부모님은 내가 멀쩡한 것에 웃고 안도하면서도 그 일이 과시욕 때문에 일어난 것임을 내게 상기시켰다. 이카루스처럼 내가 죽음을 향해 뛰어든 거라고.

어렸을 때 나는 거의 남자아이들과만 스키를 탔기 때문에 그들이 자신의 기량에 대한 관심을 끌기 위해 가능한 한 모든 것―리프트에서 내리며 360도로 회전하기, 함성 지르기, 무모할 정도로 서로를 따라잡기 등―을 하는 동안 그들의 조용한 그림자로 지냈다. 그들은 절대 자기 가슴을 치는 법이 없었고 늘 뻔뻔할 정도로 당당하게 자기들 실력에만 집중했다. 과시욕을 발현한다고 누가 그들을 야단치는 소리는 들은 기억이 없고, 그저 제설 작업자를 죽일 수도 있으니 속도를 늦추라고 고함치는 소리만 들었던 것 같다. 나는 남자아이들과 함께 있는 게 좋았다. 그들은 나를 로프 아래로, 나무 사이로, 때로는 벼랑 너머로 끌고 다니며 실력이 더 나아지도록 밀어붙였고, 쇼트커트를 한 내가 눈에 띄지 않게 숨을 수 있는 공간도 되어주었다. 그들은 나보다 더 빠르고 강했다. 나는 그들과 보조를 맞추려 노력했고, 따라서 위협적이지 않은 일종의 애완동물 같았다. 우리는 서로 직접 경쟁한 적도 없었다. 그곳엔 자유가 있었고, 그보다 훨씬 더 큰 기쁨이 있었다.

나의 성공이 내 콧대를 높일지도 모른다는 부모님의 걱정은 틀린

게 아니었다. 그렇게 된다면 사회의 시선으론 내가 참아주기 힘든 비호감이 되고, 다른 여자아이들로부터 소외당할 테니까. 뛰어나되 눈에 띄지 말고, 인정이나 관심을 받으려 하지 말라는 이 가르침은 평생 나를 따라다녔다. 그것은 '스카우팅'에 집착하는 문화, 즉 현명한 에이전트들이 나를 발견하고 무명에서 건져낼 것이라는 흔한 생각에 반영되었다. 문화 분야에는 교외 쇼핑몰이나 바깥에서 눈에 띄어 스카우트된 이야기가 차고 넘친다. 어느 현관 입구 계단에 앉아 있던 로사리오 도슨Rosario Dawson, 어느 비행기에 타고 있던 케이트 모스Kate Moss, 일리노이의 한 농장 가판대에서 옥수수 껍질을 벗기고 있던 신디 크로퍼드Cindy Crawford의 이야기들처럼 말이다. 미국의 능력주의에서 재능은 자연스레 빛을 보게 마련이라는 이러한 생각은 우리를 수동적으로 만들었다. 우리가 열심히 재능을 갈고닦고 있으면 언젠가는 그들이 찾아올 거라고. 실력만 갖추고 있으면 결국 다 알아볼 거라고. 관심이나 승인을 받으려 애쓰는 건 기껏해야 모양 빠지는 짓일 뿐이라고.

나는 최근 도쿄 올림픽에서 금메달을 딴 팀에서 마지막으로 탈락한 여자 선수와 이야기를 나눴다. 그들은 3년 동안 함께 훈련했지만, 그가 잘린 뒤 팀원 한 명 외에는 어떤 코치도 그에게 연락하지 않았다. 어느 날 밤 한 무리의 아이들이 소프트볼을 하는 모습을 바라보며 그는 내게 자신의 속사정을 들려주었다. 물론 그는 팀원들이 자신에게 전화하지 않은 것에도 약간 상처를 받았지만, 스스로에게 더 큰 배신감을 느꼈다. 그는 팀이 가장 중요하고, 개인적 야망은 함께 성취하는 영광 다음의 문제라는 환상에 빠져 있었다.

"다음엔 더 냉철하게 행동할 거예요." 그가 말했다. "다른 사람의 행복이나 나에 대한 평가에 너무 집중하는 대신, 더 자기주도적으로 행동하고 최선을 다하는 데 집중할 거예요." 그러더니 다시 한 발 물러섰다. "하지만 물론 우리 팀과 팀원들은 염두에 둘 겁니다." 우리는 잠시 침묵 속에 앉아 있다가 그가 말을 이었다. "맙소사, 그런 생각을 하다니 웃기네요. 여성 스포츠에서는 자신에 대해 이야기하는 것이 불편하게 느껴지고 무슨 일이 있어도 항상 다시 팀 이야기로 돌아가게 돼요. 코치는 늘 저희한테, 미디어 앞에선 반드시 팀 이야기로 끝맺으라고 하죠. 반드시 그렇게 하라고요. 남자들한테도 그렇게 얘기하는지는 모르겠네요."

그가 내 앞에서 자신의 양가감정을 극복하는 동안, 나는 그의 깨달음 안에 슬픔과 약간의 분노가 들어 있음을 느꼈다. 그는 *자신이 이기고 싶은 욕망*을 우선시하기로 결심한 듯했지만, 그런 말을 하는 것조차 부끄럽게 느껴진다는 점을 인정했다. "팀 없이는 이길 수 없다는 걸 아니까요." 그렇다. 팀에 들어가지 않고서는 이길 수 없다. 그리고 때로는 바로 그 게임이 삶의 일부다. 설령 우리가 여성들에게 그렇지 않다고 가르치더라도 말이다. 우리는 경쟁을 우리 욕망을 위한 숫돌로, 때로는 이기고 때로는 지면서 계속 노력하기 위한 메커니즘으로 활용하도록 지도받는 대신, 자신의 욕망을 더 큰 선善으로 승화시킬 수 없다면 차라리 그냥 가만히 앉아 있는 게 낫다는 문화적 서사를 암암리에 듣는다. 그러면 다른 사람에게 뭔가를 빼앗아올 필요도, 누가 내게서 빼앗아간다고 화날 이유도 없으니까. 결국 우리가 원하는 것을 성취하는 누군가의 모습을 보고 그가 교만하다고 서로 야유하거나, 감히 그를 이기려 했던 것을 수치로 덮어버릴 때, 우리 중 많은 여자들은 아예 경기장에 발을 들이지 않게 될 것이다.

나르시시스트와 에코이스트

내 친구 제인은 거의 매일 아침 TV에 나온다. 타고나길 명랑한 데다 전염성 있는 매력을 지닌 제인은 여러 잡지 표지와 화제의 주인공이었다. 미국인들은 그를 사랑한다. 하지만 그는 스포트라이트를 받는 데 편안하고 능숙한 만큼이나 방어도 재빨라, 칭찬이라도 좀 할라치면 말이 채 끝나기도 전에 그걸 상대방에게로 떠넘긴다.

"오늘 정말 멋지네, 제이…"

"아냐, 진짜 예쁜 건 너지!"

내가 뉴욕을 방문했을 때 어느 날 밤 우리는 센트럴파크가 내려다보이는 식당에 늦게까지 머물렀고, 다른 손님들이 자리를 뜬 뒤에도 한참을 더 있었다. 나는 그에게, 너무 재밌고 관심 받을 만한 순간에 그렇게 관심을 받는 것이 불안하진 않은지 말해달라고 몰아붙였다. 게다가 그는 항상 TV 출연 예약이 잡혀 있었다! 제인은 프로듀서들이 매주 자기한테 다시 전화한다는 것을 인정한 다음 단서를 달았다. "내가 편하게 연락할 수 있게 하니까!"(물론 그런 이유로 그들이 다시 전화하는 것은 아니다.) 자기 재능을 인정하는 게 왜 그리 어렵냐고 묻자 그는 1분가량 생각하더니 자신이 어렸을 때 아역 배우이자 모델이었고 광고도 몇 개 따냈다고 이야기했다. 갑자기 스타덤에 오른 제인은 어머니에게 엄청난 불안감을 안겨주었고, 어머니는 제인에게 자매나 반

친구들을 기분 나쁘게 만들지 말라고 경고했다. 제인은 이 가르침을 너무도 철저히 내면화한 터라 자신의 본래 모습에 대해 눈에 띌 정도로 부끄러워하게 되었다. 타인들의 관심에서 기쁘거나 인정받은 느낌을 받는 대신, 그는 자신이 '대단한 사람'이라 생각하지 않는다는 것을 세상에 보여주기 위해 지나칠 정도로 에너지를 소비한다.

이것은 우리 모두에게 손실이다. 자신의 빛을 흐리는 것은 제인에겐 시간 낭비이며, 우리에겐 자기 재능을 축하하는 누군가의 예의를 놓치는 일이다. 나는 *그가 스스로를 자랑스러워하기* 바란다. 하지만 두들겨 맞지 않으려 고개 숙이고 싶어 하는 것도 이해가 된다. 그가 칭찬을 제대로 받아들이지 못하고 거부하는 것은 우리가 아는, 빛나는 동시에 살아남는 방식이다. 나는 이것을 이해한다. 나 역시 항상 눈에 띨까 노심초사하며 사니까. 사실 우리 대부분이 그렇다.

나는 패션잡지 《럭키》Lucky의 편집 보조자로 취업 시장에 뛰어들어 샘플 포장과 배송, 내 이름이 안 들어가는 짤막한 소개글 쓰기 등의 보조 업무를 하다가 나중에는 여러 페이지짜리 코너를 편집하고 썼다. 하지만 감히 스스로를 작가라 칭하지는 못했다. 그게 내가 하는 일이고 출판까지 됐는데도! 나는 유명인과 다른 '전문가'를 위한 책 대필 작업을 부업으로 하기 시작했다. 뉴욕에서 생존하려면 추가 수입이 필수이긴 했으나, 다른 사람의 목소리가 되는 일에 편안함도 느꼈다. 마치 내 이름을 내세우지 않으니 내가 가짜가 아니기라도 한 것처럼. 나는 내가 대필해주고 있는 사람들의 대중적 영향력과 내겐 없는, 사상을 전파하는 그들의 능력을 열심히 가리키고 있었다. 플랫폼을 가진 사람을 대신해 책을 쓰지 않을 이유가 뭐겠는가? 글은 분명 내 안에서 흘러나왔지만, 그것이 타인들의 '권위'를 거치게 한 다음 세상에 닿는 모습을 무대 밖 커튼 속에 숨은 채 지켜보는 편이 내겐 안전했다. 나는 열두 권의 책을 대필하거나 공동 집필했는데, 책 뒤에 실린 감사 인사에 내 이름이 들어갔는지조차 신경 쓰지 않았다. 나의 자아 없이 글이 나를 통과하도록 내버려두고, 결과에 초연하고, 판단받는 기분이 들지 않고, 추적할 수 없고, 보이지 않는다는 것은 내게 안전하게만 느껴졌다.

내가 거친 모든 직업에서 브랜드 및 유명 설립자 뒤에 숨는 것은 짜릿했다. 나는 익명성을 즐겼다. 하지만 최근 팟캐스트를 시작하고 나서부터는 더 이상 숨지 못했다. 그리고 넷플릭스 시리즈를 찍게 됐을 때는 사람들의 귀에 대고 속삭이는 유령이 아니라 눈에 보이는 사람이 될 수밖에 없었다. 방송이 나가기 몇 달 전부터 불안감이 목을 조여왔다. 좋은 시리즈라고 생각하지 않아서가 아니라 내 투명 망토를 넘겨주는 것이 두려워서였다. 나는 내가 비평가들과 인터넷 트롤들의 먹이가 될 것이고, 눈에 띄는 순간 쉽게 파괴될 수 있다는 것을 깨달았다. 부모님은 단지 그 일이 일어나고 있다는 것을 인정하지 않는 것으로, 내 두려움이 정당한 것이었음을 재확인시켜주었다. 아마 내가 〈뉴욕 타임스〉나 〈월스트리트 저널〉에 다녀온 뒤였을 어느 시점에, 아버지는 내게 놀리는 듯하면서도 날카로운 핵심이 담긴 문자를 보내왔다. "이렇게 많은 관심을 받으니 이제 잔뜩 콧대를 세우고 다닐 거냐?" 그리고 정작 TV 쇼가 방영된 날엔 아무 문자도 오지 않았다. 부모님 모두 일언반구도 없었다. 두 분이 그게 대단한 일이라 생각하지 않았거나, 내가 그렇게 생각하길 원치 않아서였을 것이다(그것도 아니라면 내가 늑대 무리에게 잡아먹히는 걸, 내 높은 콧대가 잘려나가는 걸 보고 너무 겁에 질린 나머지 자발적 기억상실증을 일으킨 것일는지도).

넷플릭스 프로그램이 방영된 바로 그날 내가 나르시시즘 전문 심리학자 크레이그 맬킨Craig Malkin을 인터뷰한 것은 우연이 아니었는지도 모른다. 우리는 모두 나르키소스 이야기를 잘 알고 있다. 샘물에 비친 자기 모습과 사랑에 빠진 소년 나르키소스가 자신의 아름다움에 너무 사로잡힌 나머지 시들시들 앓다 죽었다는. 하지만 나르키소스를 사랑한 요정 에코에 대해서는 그만큼 이야기하지 않는다. 그에게 자신을 내어주고 싶은 에코의 지칠 줄 모르는 욕망은 에코가 자기 목소리 없이 다른 사람들의 생각만 되풀이하는 삶을 살도록 저주받았다는 뜻이었다. 나르키소스와 에코는 문화적 스펙트럼의 양 극단, 즉 위험할 정도로 자기에 집착하는 사람과 자기를 완전히 부정하는 사람을 대표하게 되었다.

의학적 진단이 필요한 공식적인 자기애성 인격장애는 과대망상, 칭찬에 대한 욕구, 특권 의식, 대화를 독점하고 지배하려는 경향, 비판에 대한 민감성 같은 특징을 지닌다. 이는 에바그리우스 폰티쿠스가 묘사한 자부심과 매우 흡사하게 들린다. 부풀려진 자의식 때문에 여성은 저주받지만 남성이 받는 불이익은 아무것도 없다는 사실, 아니 오히려 우두머리가 될 수 있다는 사실은 흥미롭다.*

---

* '정직한 자만심' honest overconfidence이란 말을 만들어낸 컬럼비아 경영대학원의 어네스토 루번 Ernesto Reuben 교수에 따르면, 남성은 특히 취업이나 승진 때 자신을 과대 포장함으로써 이익을 얻는다. 그가 MBA 학생들에게 자신들의 과거 성과를 떠올려보라고 요청하자 "남성은 일관되게 자신의 성과를 실제보다 30퍼센트 가량 더 높이 평가했다."[19]

맬킨의 치료는 주로 에코이즘에, 또는 건강한 나르시시즘이 부족한 사람들에게 초점을 맞춘다. 건강한 나르시시즘이란 말은 그가 만든 것이 아니지만 그는 이를 대중화했다. 놀랄 것도 없이, 에코이즘과 싸우는 사람은 남성보다 여성이 훨씬 많다. 맬킨은 내게 이렇게 설명했다. "에코이스트는 내가 차지하는 공간이 작을수록 좋다는 규칙에 따라 살아요. 그들은 자신이 짐이 될까 봐 두려워하죠. 그리고 연구에서 우리는 그 결정적 특징이란, 어떤 식으로든 나르시시스트처럼 보이는 것에 대한 두려움이라는 점을 발견했어요." 그런 다음 맬킨은 보다 직접적으로 핵심을 짚었다. "사람들은 결국 자부심과 오만함을 혼동해요. 그들은 자부심의 순간을 벌하거나 수치스럽게 여기는데, 여자아이들에 대해 특히 그렇게 하지만 남자아이들에게도 마찬가지죠. 하지만 자부심이라는 정상적 감정이 수치를 당하면 사람들은 그것을 잘라내고, 단절하고, 완전히 떨쳐버림으로써 연결되는 법을 배워요. 그것이 바로 에코이즘으로 가는 길이죠."[20]

맬킨의 설명은 내 친구 제인, 그리고 내가 아는 수많은 여성을 떠올리게 한다. 우리는 자부심 넘치는 사람처럼 인식되는 게 너무 두려워 자기표현을 충분히, 때로는 전혀 못한다. 맬킨은 자신의 환자들이 에코이즘과 나르시시즘의 중간 지점, 즉 '건강한 나르시시즘'이라 불리는 지대에 도달하도록 돕는다. 자부심을 느끼는 일은 건강한 자존감에 필수적이고 중요한 요소다. 그것은 내가 나의 재능과 특별함, 독특함을 인식하고, 나의 재능을 세상에서 사용할 힘이 있다고 느낀다는 뜻이다.

맬킨을 비롯한 자존감 및 심리학 분야 전문가들은 특별함에 대한 이런 감정이—정당화되든 소망에 그치든 상관없이—긍정적일 뿐 아니라 필수적이라 믿는다. 맬킨은 다음과 같이 말한다. "지난 25년간 심리학자들은 대부분의 사람들이 지구상의 거의 모든 이들보다 자신이 더 낫다고 확신하는 듯 여긴다는 증거를 엄청나게 수집했어요. 이 풍부한 연구는 우리를 한 가지 불가피한 결론으로 이끌 뿐이에요. 바로, 특별하다고 느끼고 싶은 욕구는 오만한 얼간이나 소시오패스만의 마음 상태가 아니라는 사실이죠."[21] 우리 인간은 자신이 특별하다고 느껴야만 한다. 설령 자기의 특별함을 스스로에게 인정할 정도로만 안전하다고 느끼더라도.

하지만 혹시 그 이상이라면 어떨까? 만약 이 특별함에 대한 감정이, 자부심이 인간성의 필수 요소라면? 그 모든 것의 핵심이라면? 우리는 평등을 원한다. 평등한 권리, 평등한 기회, 학교에 대한 평등한 지원을 바란다. 그리고 그것들은 훌륭하고 중요한 목표다. 하지만 우리는 모두가 똑같지 않다는 것도 인식해야 한다. 우리 각자에게는 저만의 설계, 기질, 재주, 재능이 있다. 우리는 각자 기여하고, 제몫을 하고, 주고받기 위해 여기에 있다. 이런 것들은 자아적 특성이지 부끄러워할 일이 전혀 아니다. 우리에게 '나는 누구'인지를 이해하고 거기에 숨결을 불어넣을 수 있는 지각력과 동물적 특성을 주는 게 우리의 에고가 아닌가? 독특한 정체성과 목적의식이 특징인 에고는 자아를 포괄한다. 수백만 넷플릭스 시청자에게 나 자신을 노출한 그날 맬킨과 마주앉았을 때 부모님으로부터 이런 말을 들었다면 도움이 됐을 것이다. 내가 용감하게 자신을 드러내는 것이 자랑스럽다는, 무슨 일이 있더라도 숨는 것보다 내 재능을 사용하는 것이 더 중요하다는 말을. 이상적인 세상이었다면 나는 스스로에게 그런 확신을 줄 수 있었을 것이다. 하지만 우리의 재능은 다른 사람들에게 감동을 주고 그들의 필요를 충족시킬 만큼 중요한 것이라는 이 사실 또한 중요하다. 그것은 일종의 부름과 응답이다. 좋든 싫든 우리 모두는 하나의 집단인 터다. 이때 구별 지점으로서의 에고는 필수적이다. 우리를 효율적 벌집이 아닌 전 지구적 인류 공동체로 만드는 게 그것이기 때문이다. 여성은 전체를 위해 힘을 보탤 준비가 되어 있으며, 그것이 우리의 조건이다. 우리가 하나의 종種으로서 궁극적으로 생존하려면 '여성은 모든 영역에서 자신들의 재능을 발휘해야 한다'는 명령을 따라야 한다. 그러면 그것은 메아리가 되어 우리에게로 다시 돌아올 것이다.

우리의 특별함을 이해하는 법

특별함의 문제는 우리가 그것을 타인보다 더 낫다, 우월하다는 식으로 억압이나 지배의 도구로 휘두를 때 발생한다. 구별 자체는 문제가 아니다. 진정한 자아라는 잠재력의 작은 씨앗은 날 때부터 보호하고 잘 길러야 조금은 거칠고 자연스런 상태를 유지할 수 있다. 에고나 자아의 문제는 그것을 우리가 누구인지에 대한 현실과 분리된 환상이 되도록 내버려둘 때 발생한다. 에고는 교감과 공동 창조보단 우월성과 지배를 향해 돌진할 때 문제가 된다. 결국 우리는 똑같은 것들을 잘하도록 만들어져 있지 않고, 이는 인류 차원의 생물 다양성이라 할 수 있다. 나무나 균류도 자기들끼리 상호의존적이고 복잡한 관계를 맺고 있듯―나무는 하늘을 향해 가지를 뻗고, 균류는 지면 아래로 균사다

발을 확장한다—어떤 기여가 더 필수적이고 중요한지를 누가 판단할 수 있겠는가?

우리의 본능은 우리에게 우리 흔적을 남기라고, 우리가 물려받은 유산을 세상 속에서 연소시키라고, 덧없는 삶을 영구한 것으로 만들라고 촉구한다. 우리 각자 안에 있는 신성은 보이고, 인정받고, 승인받고, 전수되기를 갈망한다. 맬킨이 썼듯이, "약간 과장된 에고에는 장점이 있다. 자신을 평균 이상이라 생각하는 사람들은 겸손한 또래보다 더 행복하고 사교적이며 종종 신체도 더 건강하다는 사실이 많은 연구에서 발견되었다. 그들의 허풍은 창의성, 리더십, 높은 자존감을 포함한 수많은 긍정적 자질과 연관되며, 이는 직장에서의 성공을 촉진할 수 있다. 장밋빛 자아상은 그들에게 자신감을 불어넣어주고, 참담한 실패나 끔찍한 상실 후에도 고난을 견디는 데 도움이 된다."[22] 이것이 건강한 나르시시즘이다. 이를 통해 우리는 세상에 참여한다고 느끼고, 적절하게 인정받는다 느끼며, 우리 존재가 얼마나 중요한지를 안다. 자신의 특별함에 대한 이런 믿음은 우리가 더 나은 일을 하고 더 나은 사람이 되려 지속적으로 노력하는 데 매우 중요하다. 우리는 우리가 세상을 개선할 수 있고, 종종 압도적으로 느껴지는 장애물을 극복할 수 있다고 믿을 필요가 있기 때문이다.

건강한 나르시시즘 또는 건강한 에고는 자존감과 다르지만 자주 혼동된다. 모든 '자아' 개념이 그렇듯 이들 개념 또한 애매모호하며 가까스로 사촌 관계를 유지한다. 극단적 나르시시스트는 결국 낮은 자존감에 사로잡히는 경향이 있는데, 과장과 허세는 무능함과 자기회의의 느낌을 극복하기 위해 쓰는 일종의 종이가면이라 할 수 있다.* 자신과 현실 사이에 장벽을 치려는 본능은 어린 시절에 학습된다. 주로 그 자신이 나르시시스트인, 자녀가 스스로를 정확히 들여다볼 거울을 들어줄 수 없는 부모에 의해 심긴다. 이때 아이는 부모의 투사와 기대를 비추는 스크린이 된다. 반대쪽 끝에 있는 에코이즘은 아무도 나를 봐주지 않을 때, 즉 학대하는 부모를 만나거나 처한 현실이 너무 암담할 때 만들어진다. 만약 내가 최초로 우상시하고 존경하는 부모가 나의 진정한 자아를 봐주거나 찬양해주지 않는다면 이는 어린 시절의 가장 근원적인 상처 중 하나가 될 수도 있다. 아이는 자신이 누구인지에 대해 근거 있는 설명을 해주고, 자신의 본질을 이해할 수 있도록 도와주는 부모에게 의존한다. 부모의 그런 역할이 우리의 최종 정체성까지 만들어주진 않지만 이는 가장 근본이 되는 첫 단계다. 맬킨이 설명하듯 "어린아이들은 부모가 자기를 특별하다고 느끼게 만들어줄 때에만 자신이 중요하다고, 자신이 존재한다고 느낀다. 희망과 꿈, 슬픔과 공포, 무엇보다 칭찬에 대한 욕구 등 아이의 내면생활에 주의를 기울이는 부모는 건강한 자아감을 발전시키는 데 필수적인 '거울'이 되어준다."[24]

나의 부모는 정말 훌륭한 부모였지만, 내가 아는 모든 사람들이 그렇듯 많은 것을 내게 주면서도 정작 필요한 모든 것은 주지 않았다. 나의 부모도 다른 부모들처럼 늘 딴데 정신이 팔려 있고 바빴으며 우리

---

* 심리치료사 테리 리얼Terry Real은 2021년에 출간한 저서 《우리》Us에서 이것이 포괄적 평가라고 경고한다. "나르시시스트로 분류된 사람들의 절반가량은 내적 수치심이 원인이다. 나머지 절반은 단순히 자신이 다른 사람들보다 낫다고 생각한다. 과대망상적 우월감은 무능감에 대한 도피심리일 수도 있지만, 단순한 엉터리 권한 부여의 유산일 수도 있다."[23]

일에 너무 관심을 갖거나 우리의 성취를 축하하는 식의 관심으로 우리를 '망치는' 데 반대했다. 지속적이고 일관된 감탄이 울려 퍼지지 않는 세상에서 살아갈 준비를 시킨 것이 잘못은 아니었지만, 아이는 인정을 필요로 하는 존재다. 아이는 자기가 괜찮다는 것을 확인하기 위해 두리번거릴 것이고, 사랑받고 안전한 애착을 느끼려면 뭘 해야 하는지 알아낼 것이다.

나와 가깝고 내가 사랑하는 사람들 중엔 이와 정반대의 경험을 가진 이들이 있다. 그들은 자신들이 탁월하고, 글을 잘 쓰고, 미술에 특출나다고 세뇌당했다. 심지어 어떤 감정을 느껴야 하는지도. 그들은 이런 말에 익숙하다. "우리 귀염둥이, 너는 정말 대단해. 모든 게 다 훌륭해. 아무 문제 없어." 이렇게 따뜻한 말들이, 진짜 세상으로 그 친구들이 나왔을 때 사실 자신에겐 자기가 믿었던 만큼의 재능이 있는 것은 아님을 깨닫게 함으로써 실패하게 만들었다는 뜻은 아니다. 하지만 자신의 현실을 신뢰하는 그들의 능력에는 손상을 준 것 같다. 사실 아이들도 다 안다. 자기가 그린 사과가 슬픈 똥처럼 보인다는 것을. 자기가 슬프거나 두렵거나 외롭다는 것을. 그런데 그게 사실이 아니라는 말을 듣는다면 기껏해야 혼란스러워질 뿐이고, 최악의 경우에는 자기가 자신을 안다는 믿음을 잃는다. 우리는 정확한 평가를 갈망하고, 세상 속 우리 자신에 대한 스스로의 인식이 세상의 인식과 일치하기를 바란다.

내가 아는 많은 여성들은 과소평가되고, 간과되고, 어떤 식으로든 평가받지 않는 것에서 더 큰 안전함과 안정감을 느낀다. 나는 우리가 스스로를 축소하는 것은 압박을 두려워하도록 타고났기 때문이라고 생각하지 않는다. 그것은 우리가 우리의 가장 열등한 자질로 시작하거나, 어떻게든 단서를 덧붙임으로써 스스로를 깎아내리도록 훈련받았기 때문이라는 게 내 생각이다. "바보 같은 질문일 수도 있는데요…", "그저 궁금해서 묻는 건데요…", "이미 생각해보신 적이 있다면 죄송하지만…", "제가 틀렸을 수도 있지만…"과 같은 단서들 말이다. 또한 우리는 혹시라도 다른 사람들이 먼저 할 세라 우리의 온갖 잠재적 단점부터 지레 집어내 열거하기 바쁘다. 어쨌든 선수를 쳐서 스스로에게 상처를 입히고 나면 다른 사람은 더 이상 그렇게 할 수 없을 테니.

스스로를 믿지 않는 것에서 우리가 안전함과 안정감을 찾는 것은, 우리에게 그렇게 말하는 세상이 있을 뿐 아니라 그렇게 하면 잃을 것이 적기 때문이기도 하다. 그래서 우리는 꽁꽁 묶인 상태로 남아 있고, 떨치고 나가려는 다른 여성들까지 때려 주저앉히려 한다. 내가 여기 이렇게 웅크리고 앉아 있는데 네가 어떻게 감히, 라고 생각하며.

진정한 자아 대 환상적 자아

'정상적 자부심을 차단할 때' 우리는 별도의 자아를 만든다. 자신의 더 여리고 진실하게 느껴지는 부분을 묻어버리고, 실제 자기 모습과 구별되는 더 안전한 버전을 선택하는 것이다. 이 본능은 내가 2020년 10월에 60명의 다른 구도자들과 일주일을 함께하며 유타의 한 컨벤션 센터에 앉아 있을 때 찾아왔다. 우리는 그곳에서 예슈아(맞다, 예수다)의 메시지를 전하는 카리사 슈마허라는 영매와 성모 마리아의 메시지를 전하는 대니엘 기번스Danielle Gibbons라는 영매의 이야기를 들었다. 그들은 진정한 자아 대 '환상적 자아'* 혹은 우리가 투사로 만들어내는 자아에 관한 일련의 이야기와 명상으로 우리를 이끌었다.

당시 나는 직장에서 후원받은 이런 유의 선교 활동에 7년째 매달리며 내가 할 수 있는 모든 것을 다 시도하고 있었다. 그런데 그 주는 뭔가 달랐다. 전적으로 새롭고 심오한 일련의 깨달음이 밀려왔던 것이다. 둘째 날, 슈마허는 우리 대부분이 차지하고 있는 공간이자 우리가 대개의 시간을 보내는 공간인 환상적 자아에 관해 길게 이야기했다. 우리는 진짜 자기 자신과 따로 떨어져 살면 진정한 자아가 상처받는 것을 막을 수 있다는 믿음이나 이해에 따라 무의식적으로 그렇게 한다. 그것은 고통과 거절, 우리의 욕구가 충족되지 못할 가능성에 대비한 방패막이이자 과잉 경계다. 슈마허의 말대로 "우리 중 많은 사람들은 어렸을 때 진정한 자아가 안전하지 않았던 탓에 그것을 떠나야 했다. 자연히 그 아이들은 자신이 '안전하다'고 본 것에 근거하여 정체성을 상정했다."[25]

요컨대 우리는 진짜 자신의 모습을 받아들이는 것을 피하기 위해서라면 거의 무슨 일이든 다 할 것인데, 이는 고요히 내면을 들여다보며 자기 자신과 함께 앉아 있는 일이 다른 사람들이 우리를 정의하도록 내버려두는 일보다 훨씬 어렵기 때문이다. 슈마허는 이렇게 설명했다. "우리가 자신에게 해줄 일은 그저 자기 자신으로 존재하는 일, 자

---

* 어떻게 보면 이것은 인류학자 애슐리 몬터규가 말한 제1자아(생물학적 자아), 제2자아(문화적 자아)와 다를 바 없었다.

신을 충분히 지켜보고 지지하는 일이에요." 그 과정에서 우리는 환상적 자아라는 갑옷, 즉 우리를 완전한 무$_無$로부터 보호하는 갑옷을 벗어놓고 대신 우리의 진정한 자아라는 신성한 갑옷을 입어야 한다. 그러려면 깊은 믿음을 갖고 자신의 가장 연약한 속살을 드러내야 하지만, 이는 자유와 기쁨을 향한 좁은 관문이다.

우리는 자기 안에서 편안히 쉬는 법, 제 모습을 스스로에게 정확히 보여주고 반기는 법을 찾아야 한다. 우리의 진정한 자아를 받아들일 때 다른 여성들이 스스로를 반기는 것도 더 잘 지지할 수 있는 터다. 그리고 어쩌면 우리 아이들을 위해서도, 안전을 보장받으려면 사회에 순응해야 하리라 예언하는 대신 그들이 삶의 목적을 이루는 데 있어 산파 역할을 할 방법을 찾을 수 있을 것이다. 무리에 얼마나 잘 어울리는지가 아니라 무엇을 독특하게 기여하는지, 얼마나 정확히 자신이 의도한 사람이 되는지로 사람들에게 가치를 부여하는 시스템에서 우리가 살아간다면 얼마나 좋겠는가? 슈마허가 설명했듯이, "세상에 덜 끼워 맞출수록 자신에 더 가깝게 존재할 수 있다." 우리 모두, 특히 내가 보다 넓은 세상에서 무언가를 *하고 그러므로 존재하는가*의 여부에 자신의 가치가 달렸다고 느끼는 동료 여성들이라면 이 말에 대해 잠시 생각해보자. 만약 우리 각자가 스스로에게 먼저 헌신한다면 어떻게 될까? 다른 사람을 사랑하기 전에 자신을 사랑하는 법부터 배운다면? 자신을 알고 포용하여 그 재능을 세상에 제공하는 데 더 안전함을 느낀다면? 다른 여성들이 자신의 특별함을 즐기는 것을 못마땅하게 여기는 대신 거울을 들어 비춰준다면? 그간 우리가 학습한 대로 '나는 가치 있는 사람일까?'라고 묻는 대신 '나는 주고, 또 받는다'라고 생각한다면? 만약 우리가 자기애의 몸짓에 뒤따르는 수치심 없이 우리의 특별함을 바라보고 축하할 수 있다면 정말 놀라운 일이 될 것이다. 나는 내가 되게끔 설계되었고, 당신은 당신이 되게끔 설계되었다. 다른 사람의 운명을 살아가는 것은 자아를 배반하는 일이다. 우리는 우리가 되어야 한다고 생각하는 사람이 아닌 실제 우리 모습에게 투항해야 한다. 하지만 그동안 우리는 '자부심이 넘친다'는 암시를 피함으로써, 세상으로부터 숨음으로써 진정한 자기인식을 놓쳐왔다.

재능의 발견

우리는 매사를 선형적으로 생각하고 항상 더 많은 것을 추구하는 경향이 있다. 그래서 삶은 가부장제가 우리에게 믿으라 한 것처럼 서열화되고 위계적으로 정렬되는 게 아니라 순환과 계절로 이루어져 있다는 점을 잊었다. 물론 자연에는 먹이사슬이 있지만 그것은 야생에서 순간의 힘으로 결정되지, 자의적 법에 따라 권력을 축적하고 휘두르는 억압 시스템으로 결정되진 않는다. 자연계에서는 생태계가 균형을 이루며, 일부 동식물은 이를 위해 제 생명을 내어준다.

시인이자 생물학자인 로빈 월 키머러Robin Wall Kimmerer는 베스트셀러가 된 자신의 책 《향모를 땋으며》에서 아메리카 원주민의 틀에 따른 호혜성의 순환을 깊이 파고든다. 그가 제시하는 한 예는 옥수수, 콩, 호박의 세 자매 농법으로, 원주민 공동체는 왜 이것들을 단일 작물끼리 잘 분리해 깔끔하게 열을 지어 심지 않고 항상 섞어서 심었는가 하는 것이다. 이렇게 하면 각 식물은 다른 두 자매 식물의 필요를 충족시켜주고, 그로써 다 함께 번성한다. 옥수수는 지지대가 되어주고, '호기심 많은' 콩은 사방으로 뻗어 나가지만 옥수수가 차지한 공간을 압도하지는 못한다. 호박은 그 큰 잎으로 그늘과 미기후微氣候(지면에 접한 대기층의 기후로 대개 지면에서 1.5미터 높이 정도까지가 해당되며 농작물의 생장과 밀접한 관계가 있음—옮긴이)를 제공하고, 덕분에 토양은 비옥해져 다음 계절에 건강한 환경을 보장한다.

우리는 자립과 개인적 책임에 관한 이야기를 사랑하고 우리의 자매들과 헤어져 각자의 사적 공간에서 살지만, 이 이야기는 우리 모두에게 교훈을 준다. 우리는 개인적으로나 공동체적으로나 이 지구의 선물에 빚지고 있고, 서로를 깊이 의존하며 살아간다는 교훈 말이다. 호혜성의 순환 뒤에 놓인 메커니즘은 우리의 개인적 재능을 발견하여 집단 전체를 위해 활용하는 것이다. 키머러가 썼듯이, "세 자매 농법은 내게 우리 민족의 기본 가르침 하나를 떠올리게 한다. 우리가 알 수 있는 가장 중요한 것은 우리의 독특한 재능과 그것을 세상에 사용하는 방법이라는 가르침이다. (…) 자매들 사이에 있으면, 공동체 구성원들이 자신들의 재능을 이해하고 나눌 때 공동체가 어떤 모습이 될 수 있는지를 생생하게 볼 수 있다."[26] 우리의 독특한 재능을 세상과 나누려면 그것에 자부심을 가져야 한다. 자신의 능력을 계발하는 데 부끄러움을 느끼면 그 능력은 시들시들 죽어버리고 만다.

우리 문화는 이것을 이해하지 못하는 것 같다. 우리는 문화적 자매애를 즐기기보다 수컷 알파 개들에게 끝없는 경의를 표한다. 지도자, 승리자, 1등에 오른 남자들을 사랑하며, 어떤 방법을 썼든 혁혁한 승리를 거둔 사람들의 도래를 알리기 바쁘다. 시스템과 그 우두머리, 그들 권력의 중재자처럼 보이는 사람 — 이를테면 대통령, 사제, 교수 — 들을 믿고 싶어 안달이다. 그 과정에서 우리는 종종 우리의 주체성을 부정한다. 다른 사람들이 우리에게 존재하는 법을 말하도록, 우리의 가치를 마음대로 정하도록 내버려두고, 우리의 마음에 울림을 주든 말든 그들이 하는 말을 충실히 따른다. 퓰리처상을 수상한 언론인 이저벨 윌커슨Isabel Wilkerson은 베스트셀러가 된 그의 책《카스트》에서 늑대 무리의 과학, 그리고 개들을 하나로 묶어주는 요소에 대한 우리의 오해를 이야기한다. 그는 알파 늑대가 관심과 갈채를 받지만 그룹의 심장, 가장 중요한 개체, 떠나보냈을 때 무리가 가장 슬퍼하는 개체는 오메가(동물행동학에서 서열이 가장 낮은 개체를 지칭 — 옮긴이) 늑대라는 것을 발견했다. 내게 이것은, 맨 앞에 선 이들에 대한 집착 때문에 나머지 사람들의 재능을 우리가 놓치고 있다는 말로 들린다. 일이 어떻게 이루어지는지, 누가 그 일을 하는지, 그리고 우리 모두가 하고 있는 필수적 역할이 무엇인지는 인식하지 못한다는 말로 여겨지는 것이다.[27]

　모두의 역할이 다 중요하다. 우리는 여자들을 뒤로 물러서게 할 여유가 없고 그들의 리더십, 지혜, 전체에 대한 이해를 필요로 한다. 최근 나는 CNBC 기자인 줄리아 부어스틴Julia Boorstin과 젊은 여성 창업자이자 CEO인 야스미나 아가노비치Jasmina Aganovic를 만났다. 이미 성공적인 자기 회사를 가진 MIT 졸업생 아가노비치는 자신이 미용 바이오테크 분야에서 대규모 자금 조달에 이제 막 성공했음에도 자신에게 가면증후군(자신은 사기꾼이고 모든 사람이 그 사실을 알게 될 것이라는 불안 — 옮긴이)이 있음을 고백했다. 기업에서 글로벌 리더가 된 여성 대부분의 프로필 목록을 만든 부어스틴은 아가노비치에게 인지심리학자 테레즈 휴스턴Terese Huston의 연구를 살펴보라고 조언했다.

휴스턴은 최고의 리더는 자신감을 조절할 수 있다고 주장한다. 이를테면 그들은 정보를 받아들이고 다른 관점을 고려해야 할 땐 자신감을 낮추며, 결정을 내리고 그것을 실행에 옮길 땐 자신감을 다시 올린다는 것이다.[28] 여성의 탁월한 리더십 기술을 다루는 책 《여성이 리드할 때》When Women Lead를 쓴 부어스틴은 여성 리더의 기업이 성과를 내는 이유 중 하나가 자심감 조절이라고 믿는다. 부어스틴이 썼듯이, "과장된 자신감은 종종 합리적 결정을 가로막았다. 남성 CEO들은 CEO 자신감의 전형적 척도에서 높은 점수를 받은 반면, 여성 지도자들은 자신의 능력을 더 정확히 평가하고 다양한 유형의 피드백에 훨씬 더 민감하다. 부정적 소식을 접하거나 부정적인 결과가 예상될 때 여성은 남성보다 더 단호하게 대응한다."[29] 사업적 성공을 위해서는 더 확신에 찬 남성적 페르소나 역할을 하는 대신 자신이 되는 것이 가장 유리하다는 이 소식에 아가노비치는 확실한 위로를 받았다.

어쨌든 여성은 다른 사람의 말을 경청하고, 모르는 것을 인정하고, 남의 말을 가로막지 않는 데 훨씬 능숙하다.[30] 자부심의 죄와 더 적절한 표현 방식에 대해서 나는 '자존심 삼키기'swallowing your pride라는 관용구에 의지하려 한다. 이 속담은 우리가 확신의 위치에서 무지의 위치로 옮겨 가야 함을 뜻한다. 이렇게 하면 잘못에 대해 사과하고 다른 사람과의 관계에서 내가 전적으로 옳지 않을 수도 있음을 인정할 수 있다. 여기에는 분명 지혜가 있는데, 특히 우리가 어떤 믿음에 고착되어 있거나 확실성에 집착할 때 더욱 그렇다. '나는 모른다'와 '내가 틀렸다'는 강력한 주문이다. 내가 아는 대부분의 여자들처럼 나 역시 남녀를 불문하고 균형 잡힌 자존감을 갖고, 나르시시즘적이고 과대망상적인 수많은 남자들의 특징인 '완고한 개인주의'보다 준비와 질문과 경청과 공동체의 힘을 우선시하는 사람들이 우리를 이끄는 날이 오길 고대한다. 가부장제 사회에서는 (백인) 남성의 행동이 정상으로 인식되는 반면 다른 모든 행동은 일탈로 여겨진다. 그러므로 나는 여자아이들과 여성들을 보다 남성처럼 행동하라고 떠밀어야 한다는 생각에 반대한다. 우리 사회 자체는 정상화되고 여성성과 균형을 이루도록 진화하여 협력과 노력, 보살핌에 대해서도 '정직한 자만심'을 지지하는 만큼이나 적극적으로 우선시하고 보상해야 한다.

 그러나 가장 눈에 띄는 지도자만 추대하려는 욕망 때문에 우리는 우리 삶에서 가장 중요한 사람들을 곧잘 간과한다. 우리 자신과 이웃, 구청장, 우리 아이들 학교 선생님, 우리와 함께 일하는 사람들이 바로 그들이다. 우리의 삶에서 누가 없다면 가장 아쉬울까? 집 앞의 쓰레기를 수거해 가는 사람이나 여름 농작물을 수확하는 사람일까, 아니면 저 윗동네에 사는 CEO일까? 우리 집단의 건강과 안녕에 누가 더 큰 영향을 미치는지는 수수께끼가 아니다. 우리는 엉뚱한 역할과 기능을 우선시하면서 언제 우리의 주도권과 자율성을 되찾을지, 우리가 던지는 조약돌이 그리는 파문에 대해 언제부터 연구하기 시작할지에 대한 질문을 회피한다. 하지만 우리가 생태계에 참여하고, 생명의 수레바퀴를 움직이는 톱니바퀴로 다양한 역할을 한다는 사실은 부인할 수 없다. 우리가 집중해야만 하는 것은 무엇이 우리를 특별하게, 독특하게 만드는가다. 어린이집 선생님이 하는 말처럼 들리는 건 원치 않지만, 이것이야말로 우리 각자가 앞으로 나서서 자기 역할을 하는 것의 핵심이다. 그 부름은 제각각의 모습으로, 우리를 위해 미리 계획된 역할을 향해 나아가라고 우리를 손짓한다. 우리가 우리 자신보다 못한 존재가 되려 한다면 이는 근원 또는 우주를 부정하는 일이다.

겸손의 재구성

나의 심리치료사는 여자 내담자들이 글레넌 도일의 베스트셀러 책 《언테임드》를 가져와 미리 표시해둔 부분을 큰 소리로 읽어준다고 말했다. 《언테임드》는 도일이 그 언어를 주기 전엔 우리가 어떻게 표현할 수 있을지 잘 몰랐던 진실을 말하며 깊은 울림을 주는 책이다. 나와 만났을 때 도일은 자기 책에도 실린, 처음 오프라 윈프리를 만났을 때의 이야기를 들려주었다. 당시 도일은 자신의 글에 대한 반응을 축소하고 그 영향을 과소평가했는데, 윈프리가 이렇게 말했다고 한다. "바보 같고 나약하고 어리석은 척하는 것은 당신 자신과 나와 세상에 해를 끼치는 일이에요. 실제의 당신보다 못한 존재인 척할 때마다 당신은 다른 여성들이 온전히 존재할 수 있는 권한을 훔치는 셈이 돼요. 하찮음을 겸손과 혼동하지 말아요."[31]

이 실수는 익숙하게 들린다. 이 바늘에 실을 꿰는 법을 이해하는 여성은 별로 없다. 우리 중 '건강한 나르시시스트'라는 목표, 적절하고 정확한 자존감의 골디락스 goldilocks 영역에 도달하는 사람은 많지 않다. 우리는 무엇을 자기 공으로 삼을 수 있는지, 무엇이 우리의 유전적 조상과 스승과 세상에 속하는지를 알지 못한다. 다시 말해 무엇이 우리고, 무엇이 우리의 성장 배경, 운, 특권, 기회의 결과인지를 모르는 것이다. 그것은 하나의 순환이기도 하다. 이에 대해 우리 부모들을 비난하기도 어렵다. 자신이 누군지를 우리가 알아내는 동안 흔들림 없이 우리 손을 잡고 있는 방법이 무엇인지를 그들이 항상 아는 것은 아니기 때문이다. 그들의 손을 잡아주었던 이도 아마 없었을 것이다. 또한 다른 사람이 우리를 정의하고 우리 가치를 평가하며 그것에 점수를 매기고 승인하게끔 내버려둘 수 없듯이, 우리는 다른 사람들과 사회적 조건이 우리의 행복을 책임져주길 기대해서도 안 된다.

어린 시절 들었던, 어떤 대가를 치르더라도 겸손하라는 아버지의 훈계가 떠오른다. 그 자체가 틀린 말은 아니었다. 그러나 나는 그 말을 나의 성취 능력과 그것이 나를 오만하게 하리라는 가정을 결합하지 않는 방식으로, 요컨대 시도도 하기 전에 무언가가 된 양 행세하지 말라는 뜻으로 받아들이고 싶다. 만약 내가 '다 끝냈다'거나 어떤 결승선을 넘었다고 느꼈다면, 그때의 잘못은 그 지점에서 더 나아가기를 멈춘 것이다. 아버지는 내게 흠잡을 데 없는 사람, 봉사하는 사람이 되고, 잠재력을 극대화하라는 것과 자부심을 느끼지 말라는 이중 의무를 부과했다. 또 위험 신호로 나를 차단했고, 마치 자기표현을 더 확장하면 필멸할 것처럼 느끼게 했으며, 나를 사랑하지 않는 누군가의 손에 내가 부끄러움을 당하지 않도록 지레 부끄럽게 만듦으로써 나를 보호하려 했다.

글레넌 도일은 《언테임드》에서 다음과 같이 썼다. "겸손humiliation은 라틴어 'humilitas'에서 유래한 단어로 '땅의'라는 뜻이다. 겸손하다는 것은 내가 누군지 아는 것에 기초를 둔다. 그것은 내가 되어야 할 존재가 되는, 즉 내가 창조될 때 예정된 만큼 높고 강하고 크게 성장하고, 도달하고, 온전히 꽃피울 책임을 뜻한다. 나무가 시들고 쪼그라들어 사라지는 것은 명예롭지 않다. 여성 또한 마찬가지다."[32] 겸손은 커튼 뒤에 숨어 있는 것이 아니라, 하늘을 향해 손을 뻗는 동안 발을 땅에 단단히 붙이고 있어야 한다는 뜻이다. 결국 나의 재능은 땅, 즉 겸손, 토양, 우리 발 밑 흙에 속하는 것이므로. 로빈 월 키머러는 학생들을 들판으로 데려가 자연과 그 풍요로움, 땅이 제공하는 풍성함을 경험하게 한다. 그는 젊은 제자들에게 이렇게 말한다. "이 자연이 메뚜기에게 돌려줄 선물은 메뚜기가 자연에게 준 것만큼이나 다양해. 우리가 해야 할 일 역시 우리가 줄 수 있는 것을 발견하는 일이지. 자기가 타고난 재능의 본질을 배우고 그것을 세상에 유익하도록 사용하는 일, 이것이 바로 교육의 목적이 아닐까?"[33] 이것이야말로 우리 모두가 희망하는 바 아닌가?

여성이 잠재력과 창조력을 최대한 발휘한다면 세상이 어떻게 될지에 대해 우리는 자주 듣는다. 우리 각자가 자신의 재능을 발휘하고 다른 모든 여성도 그럴 수 있도록 지원한다면 어떤 일이 일어날까? 아마 더 완벽하고 더 통합되고 더 충만한 세상을 만들 수 있을 것이다. 우리는 이 약속을 알고 느낀다. 1992년 메리앤 윌리엄슨 Marianne Williamson은 오프라 윈프리가 글레넌 도일에게 했던 충고를 예고하는 듯한 글을 썼다. "우리의 가장 깊은 두려움은 우리가 부족하다는 것이 아니라, 우리가 측량할 수 없을 정도로 강력하다는 것이다. 우리를 가장 두렵게 하는 것은 우리의 어둠이 아닌 우리의 빛이다. 우리는 스스로에게 묻는다. '나는 누구이기에 이렇게 훌륭하고 멋지고 재능 있고 대단한가?'라고. 사실 우리가 누구인데 그렇지 않겠는가? 우리는 하느님의 자녀다. 하찮은 존재인 척하는 것은 세상을 위한 것이 아니다. (…) 우리 자신의 빛으로 세상을 비출 때, 우리는 저도 모르게 다른 사람들도 그렇게 하도록 허용한다. 우리가 자신의 두려움에서 해방될 때, 우리의 존재는 자동으로 다른 사람을 해방시킨다."[34]

나는 두려움의 해독제가 믿음이라 생각한다. 우리에게 자연의 경이와 우리 자신의 신성의 해방 사이에서 균형을 맞추도록 요청하는 더 큰 정렬 체계에 대한 믿음. 우리는 균형, 호혜, 풍성한 주고받기를 위해 설계되었다. 이는 지극히 개인적인 일이다. 시스템이나 구조가 하는 일, 또는 우리가 서로에게 해 줄 수 있는 일이 아닌 것이다. 이 일은 선출직 공무원이나 CEO나 공동체 지도자가 할 수 있는 것도 아니고 우리 어머니, 아버지, 형제자매가 우리 대신 해줄 수도 없다. 나는 여러분을 해방시킬 수 없고, 여러분도 나를 해방시킬 수 없다. 하지만 만약 여러분이 스스로를 해방시킨다면 아마 나 또한 여러분을 본받아 내 자유를 찾을 수 있을 것이다. 우리는 <u>스스로를 사랑하고</u>, <u>스스로를 반기고</u>, 자신의 목적을 위해 살고, 저만의 독특한 예언을 이행하며 자신을 자랑스럽게 세상에 내어놓는 삶의 모습을 서로에게 보여줄 수 있다.

———— ◆ ————

자부심을 필수적인 것으로 받아들일 때
우리는 우리의 독특한 재능을 발전시키고 받아들일 수 있다.

제 5장

탐식

인간의 몸과 시선의 각축

몸은 우리가 세상과의 관계를 해결하는 프리즘이자
우리의 감정과 영혼이 거주하는 집이다.
그 단절과 해방의 이야기.

Gluttony

방종과 통제 사이에서 벌어지는 일

나의 부모님은 미네소타주 로체스터 소재의 메이요 클리닉에서 만났다. 아버지는 호흡기내과 레지던트 과정을 마친 대범한 남아프리카 유대인이었고, 어머니는 정신병동에서 눈에 띄는 단발머리 간호사였다. 아주 오래된 이야기다. 결혼을 하고 나서 두 분은 결혼생활에서 흔히 발생하는 두 가지 문제를 한 번에 해결하고자 했다. 매년 각자 자기 마음대로 쓸 수 있는 용돈을 똑같은 금액으로 갖되, 이를 위해선 매년 1월의 체중이 각자의 서른 살 때 체중보다 2킬로그램 이상 더 나가선 안 된다는 규칙을 만든 것이었다. 이 아이디어는 아버지가 냈는데, 남자가 그런 아이디어를 내놓은 것은 좀 특이한 일이었다. 내가 아는 남자들 중 이런 식으로 자기 몸을 감시하는 남자는 많지 않기 때문이다. 아버지는 자기 환자들이 비만에 빠져드는 것을 기습 공격에 빗대 묘사했다. 처음엔 아주 조금씩 야금야금 체중이 늘다가 갑자기 20킬로그램이 확 붙어 감량은 엄두도 내기 힘든 상태가 된다고 말이다. 그래서 아버지는 노년에 이를 때까지 열심히 노력하기로 결심했다.

이 꾸준한 체중 측정은 확실히 효과가 있었다. 70대에 이른 두 분은 대부분의 미국인에 비해 훨씬 건강하고 활동적이다. 하지만 몸무게에 대한 아버지의 집착은 우리 집에 저격수 같은 경계심을 불러일으켰고, 아버지 자신은 원하는 건 뭐든 먹을 수 있고 먹는 사람이라는 사실로 좌절감을 더했다. 키 172센티미터에 몸무게 68킬로그램의 몸임에도 불룩 튀어나온 배 때문에 아버지 친구들은 아버지를 '부바'Bubba(미국 남부에서 형제나 남자아이를 다정하게 부르는 호칭으로, 주로 귀여운 아기나 어린이에게 사용함—옮긴이)라 불렀다. 게임 캐릭터인 팩맨Pac-Man이 그렇게 하듯, 아버지는 마치 인간 버전의 쓰레기 압축기처럼 항상 간식, 과일 한 조각, 다른 사람이 접시에 남긴 음식을 찾아다닌다. 아버지의 가장 짜증나는 술책은 디저트 메뉴가 나오면 그냥 넘기고 잠복해 있다가 뭔가를 주문한 사람의 접시에 기습적으로 포크를 들이대는 것이다. 아이러니하게도 아버지는 우리 중 최고 대식가이며 자제력이 거의 없는 사람이지만 엄청난 신진대사의 축복을 받은 이이기도 하다. 반면 엄마는 방종과 제한 사이를 오가며 체중을 유지한다. 간헐적 단식이 유행하기 훨씬 전부터 엄마는 일상적으로 그걸 실천했다. 지방이 그대로 들어간 라테와 시나몬롤로 아침 식사를 하고 나머지 끼니는 금식하는 등 아버지와는 반대되는 방법으로였지만.

본인은 수월하게 체중을 유지하고 있음에도, 아니 어쩌면 그 때문에 아버지는 뚱뚱한 사람*에 대해 비판적이고, 우리 대부분이 체중 조절에 많은 노력이 들고 허기에 시달리기 일쑤라는 것을 이해하지 못한다. 아버지는 평범한 사람 혹은 여자가 음식과 어떤 관계를 맺는지도 이해하지 못한다. 내겐 빵 냄새만 맡아도 살이 찔 거라 말하는 친구들이 있고, 나이 들면서 나 역시 그들 중 하나가 되어가고 있다. 아버지를 변호하자면, 그분은 50년 전 의과대학에서 다섯 시간짜리 영양학 교육을 받은 바 있다. 그러나 그 지식은 제아무리 메이요 클리닉에서라 해도 구식이 된 지 오래다. 오늘날 대부분의 사람들이 그렇듯 아버지는 뚱뚱한 사람들이 칼로리 계산을 잘 못하고, 접시를 지나치게 가득 채우며, 자다 말고 부엌에 들어가 캔디바와 감자튀김을 몰래 먹는다고 생각했다. 아버지는 그들의 비만을 영양에 대한 지식 부족, 자제력 부족, 운동 거부(다들 알다시피 식욕과 나태는 항상 짝을 이루어 거론

---

* 나는 여기서 팟캐스트 〈메인터넌스 페이즈〉의 진행자이자 《우리가 살에 관해 말하지 않는 것들》의 저자인 오브리 고든이 자신의 인스타그램(@yrfatfriend)에서 알려주는 대로 '뚱뚱하다'fat라는 단어를 쓸 것이다. 고든은 '뚱뚱하다'라는 표현에 대해 이렇게 쓴다. "이는 주로 플러스 사이즈의 옷을 입는 사람들에 대한 중립적인 묘사다. '뚱뚱하다'는 모든 사이즈의 사람들을 모욕하는 말로 자주 사용되지만, 많은 뚱뚱한 활동가들—어떤 잣대로 봐도 의심의 여지 없이 뚱뚱한 사람들—은 이 말을 '키가 크다' 또는 '키가 작다'처럼 우리 몸을 묘사하는 객관적 형용사로 재생시킨다. (…) 뚱뚱하다는 말은 끝도 없는 완곡어법의 행렬—복스럽다, 볼륨있다, 몸집 큰 남자, 몸집 큰 여자, 글래머러스하다, 튼튼하다, 건장하다, 풍만하다, 두툼하다, 튼실하다, 보기 좋게 통통하다, 토실토실하다, 복성스럽다, 사랑할 데가 더 많다, 과체중, 비만—과 대비된다. 이 모든 완곡어법은 그저 너무도 많은 날씬한 사람들이 우리 몸을 보고, 명명하고, 갖기를 얼마나 끔찍해하는지만 떠올리게 할 뿐이다." '비만'은 여전히 의학 용어이기에, 내가 이 책에서 쓰는 이 단어가 어떤 뚱뚱한 활동가에겐 비방으로 느껴진다고 고든은 설명한다(이 단어의 어원은 '뚱뚱해지도록 먹다'라는 뜻의 라틴어이기 때문이다). 이와 유사하게, 누군가를 과체중이라고 묘사하는 것은 단 하나의 정상 체중이 있고 나머지 체중은 비정상임을 암시하기 때문에 문제라고 여겨진다.[1]

된다) 탓으로 여겼다.

　아버지는 전형적인 의학적 관점—명백한 비만 혐오—을 가진 분이었지만, 이제 우리는 그간 우리가 지나치게 단순화한 부분과 잘못 알았던 부분을 배우고 있다. 우리는 우리의 몸이 각자 얼마나 다른지를 간과해왔다. 피부색, 눈동자 색, 머리카락 색, 발 크기, 은밀한 부분의 범위 등을 어쩌지 못하는 우리에게 그런 통제력이 있다 여기는 것이 우습기만 하다. 태어난 아기들을 대상으로 질병관리센터의 성장 곡선 도표에 따라 체중과 키를 측정할 때, 우리는 모든 아기들이 동일한 곡선을 따를 것이라 주장하지 않는다. 사실 기대체중 하나만 보더라도 아기들은 각자 저만의 곡선을 갖는다.

　이런 차이는 화학적 수준에서도 나타난다. 흔히 만병통치약이라고 들 하는 약에 대한 반응도 우리는 통제할 수 없기 때문이다. 어떤 사람에게서 효과를 보이는 약일지라도 다른 사람에게서는 별 효과가 나타나지 않을 수 있다. 부작용은 항상 천차만별이다. 자신의 건강에 대한 고삐가 이렇게까지 느슨함에도 우리는 우리가 저울을 지배해야 한다고, 마치 연금술사처럼 각자 신뢰할 수 있는 방식으로 물질을 물질로 바꿀 수 있고 우리 몸의 일부를 마음대로 자라거나 사라지게 할 수 있다고 확신해왔다. 만약 사회가 원하는 방식으로 우리가 보지 않는다면 그것은 우리의 잘못이 된다. 우리는 세상을 기쁘게 하고 세상에 순응하기 위해, 우리 몸의 크기에 대한 기대에 부응함으로써 우리의 선함을 표현하기 위해 어떤 본질적 명령을 따르지 못했다. 물론 우리가 꾸준히 확장함에 따라 우리 모두에게 놀라운 일이 벌어지고 있는 것은 사실이지만, 상황은 우리가 믿도록 유도된 것만큼 그리 간단하지만은 않다.

우리의 비만 혐오 문화

문화적으로 우리는 뚱뚱한 사람들을 멸시한다. 비만 혐오는 건강이라는 도덕으로 위장된, 용인 가능한 편견의 마지막 보루다. 큰 몸에 대한 우리의 거부는 몸 긍정 운동이 자리 잡은 지금도 여전하다. 하버드대학의 유명한 암묵적 편견 테스트에 따르면 몸에 대한 긍정이 비만의 수용으로 이어지는 것은 아니다. 연구자들은 2007년부터 2017년까지의 데이터를 분석한 뒤, 비만에 대한 명백한 편견은 그들이 측정한 여섯 가지 항목 중 가장 느리게 변한 데 반해 암묵적 편견은 더 심해졌다고 기록했다.[2]

이런 발견은 내게 전혀 놀랍지 않다. 여성 잡지와 건강 관련 산업에서 직장생활 대부분을 했던 동안 내가 비현실적인 신체 크기를 홍보하는 데 참여했음을 잘 알고 인정하기 때문이다. 비만은 건강과 관련해 신뢰할 만한 척도(항상 그런 건 아니다)라는 생각에 도전하는 기사를 우리가 낼 때마다 나는 소셜미디어의 댓글 폭탄에 시달린다. 내가 날씬함을 궁극적 목표로 삼아서는 안 된다고 암시함으로써 위험한 생활습관을 조장한다 느끼는 그 여자들은 내게 "비만이 사람을 죽이는 유행병인데 지금 무슨 이야기를 하는 거예요?! 이건 건강에 전혀 도움이 되지 않아요!!!"라고 항의한다.

우리는 비행기에서 뚱뚱한 사람이 자기 옆에 앉을 때 몸서리를 치고, 때로는 항의를 하고, 그들이 감히 몸을 드러낼 때 빤히 쳐다보고, 그들이 식료품점 통로를 지나갈 때 고개를 절레절레 흔들고, 그들이 TV에서 시도 때도 없이 농담의 대상이 될 때마다 낄낄거린다. 못 믿겠다고? 주위를 둘러보라. 그리고 뚱뚱한 사람들이 세상을 헤쳐 나가면서 일상적으로 겪는 학대, 그들을 포함시켜 구축하지 않은 구조와 시스템에 대해 그들이 하는 이야기를 한번 자세히 들어보라. 체중으로 차별하는 것은 아직도 완전히 합법적인 일이다.*

인스타그램에서의 활동가이면서 팟캐스트 〈메인터넌스 페이즈〉Maintenance Phase의 진행자이자 《우리가 살에 관해 말하지 않는 것들》을 쓴 오브리 고든 Aubrey Gordon은 몸무게가 160킬로그램이다.³ 고든에 따르면 그는 '날씬 고문'이라 부르는 일명 '걱정 트롤링'을 견디며 살아가는데, 사람들이 부드러운 훈계("과일도 설탕이에요.")와 함께 자신의 쇼핑 카트에서 음식을 빼고 이런저런 다이어트를 제안한다고 한다. 그가 썼듯이, "걱정 트롤은 우리의 사이즈에 대해 탄식하고, 칭찬도 오직 비판적 경고를 덧붙여서만 한다. 얼굴이 정말 예뻐요. 살만 조금 빼면 좋을 텐데. 그들의 시선은 우리의 포크를 따라 접시에서 입으로 이동하고, 때로는 우리가 먹는 것, 먹거나 안 먹는 것, 먹는 양을 두고 자유로운 논평까지 한다."⁴ 고든은 자기가 만나는 사람들에겐 자신의 사이즈가 두려움을 불러일으킨다고 생각한다. 그는 이렇게 설명한다. "마른 사람들이 뚱뚱한 사람들에 대해 말하는 방식은 비정하고 자기위로적이다. 그것은 스스로가 스스로에게 보내는 경고다. 나는 곧 자

---

* 신체의 형태나 크기로 차별해선 안 된다고 법률에 분명하게 명시해놓은 주는 미시건주가 유일하다.

기들이 그렇게 될까 두려워하는 미래이기에, 그들은 나를 통해 뚱뚱한 미래의 유령과 이야기한다."⁵

국제적으로 아동 비만은 여아보다 남아에게서 더 많이 발생하지만** 성인이 되면 여성이 남성보다 비만률이 높고,⁷ 뚱뚱한 사람 다수는 유색인과 경제적 지위가 낮은 사람들이기도 하다. 고든과 함께《비만의 역설》The Obesity Paradox을 쓴 폴 캄포스Paul Campos 같은 전문가들에 따르면, 뚱뚱함에 대한 편견은 "빈곤층과 유색인들을 겨냥한 경멸과 편견이 그저 다른 이름으로 지속되도록 허용하는 도그휘슬dog whistle[특정 정치적 집단(주로 극우집단)끼리 공유하는, 본래 의미와는 전혀 다른 정치적 메시지를 갖는 말—옮긴이]"이 되었다.⁸ 이것은 인종주의, 성차별주의, 계급주의를 '건강주의'로 포장한 것일 뿐이다. 고든은 '사이즈 다양성과 건강 협회'Association for Size Diversity and Health의 전 회장인 폴 퍼거슨Fall Ferguson 변호사의 말을 인용하는데, 그는 건강주의가 "건강하지 않은 사람은 그저 단순히 충분히 노력하지 않았거나 도덕적 잘못 또는 죄가 있는 사람이라는 생각을 포함한다."라고 설명한다.⁹

뚱뚱해진다는 것은 우리 문화에서 너무도 두려운 일이기 때문에, 예일대학교의 '러드 식품 정책 및 건강센터'Rudd Center for Food Policy and Health가 실시한 설문 조사에 따르면 응답자 4,283명 중 46퍼센트(그중 83퍼센트가 여성이었다)가 비만이 되느니 차라리 인생의 1년을 포기하겠다

** 통계가 이러함에도, 제시카 노델Jessica Nordell은 자신의 책《편향의 종말》에서, "내 딸이 과체중인가?"라고 검색하는 부모는 "내 아들이 과체중인가?"라고 검색하는 부모보다 두 배 많다고 기록한다. 또한 오싹하게도, 노델은 "내 아들이 영재인가?"라고 검색하는 부모의 수가 "내 딸이 영재인가?"라고 검색하는 부모의 두 배 반에 달한다고 보고한다.⁶

고 답했다. 15퍼센트는 이런 운명을 피하기 위해 10년을 포기하겠다 했고,**10** 30퍼센트는 차라리 이혼을, 14퍼센트는 알코올 중독을 선택할 것이고, 25퍼센트는 자녀를 가질 수 있는 능력을 포기할 것이며, 15퍼센트는 차라리 심각한 우울증을 택하겠노라고 답했다. 여기서 잠깐 짚고 넘어가자면, 차라리 10년 일찍 죽는 편을 택하겠다고 답한 응답자도 전체의 15퍼센트에 달했다.* 고든은 여성의 일생에 걸친 신체 불만족을 추적한 UNC-SELF 연구를 언급하며 이렇게 썼다. "모든 연령대의 여성은 천문학적 수준의 신체 불만족을 보고한다. 최저 수치는 75세 이상 여성의 71.9퍼센트, 최고 수치는 25세에서 34세 사이 여성의 93.2퍼센트다."**11** 연구자들이 '규범적 불만족'이라 명명한 이 심리는 사실상 죽음에 가까워져서야 조금씩 옅어지기 시작하는 것이다.

이런 통계는 일탈적이거나 이상적이지 않은 몸이라고 인식되는 일이 오늘날의 사회에서 얼마나 나쁜지를 반영한다. 이걸 보니 정말 슬퍼진다. 게다가 기이하게도, 내게 딸이 없다는 사실이 감사하기까지 하다. 고든이 썼듯이 "우리 대부분은 날씬함이라는 복음을 전하는 제자 역할을 하도록 기대받는다. 거기서 나와 같은 몸은 작은 죄악이다. 뚱뚱한 사람들은 도덕적 교훈을 일깨워주는 이들이며, 우리의 뚱뚱한 몸은 잠깐이라도 경계를 저버린 경건한 날씬이를 따라다닐, 뚱뚱함이라는 음울한 예언자다."**12** 뚱뚱함을 '유행병'으로 묘사하는 것을 들으면 마치 그것을 차단할 수 있을 것만 같다. 혹은 우리 아버지의 설교를

---

* 이 데이터를 다시 확인해보면, 뚱뚱함에 대한 이런 편견은 저체중에 해당하는 응답자에게서 가장 극단적으로 나타난다(저체중 응답자 중 33.4퍼센트가 10년의 수명을 포기하겠다고 답했다). 반면 비만이거나 고도비만 응답자 중 기꺼이 10년을 포기하겠다고 답한 이들의 비율은 10~11퍼센트였다.

들으면, 그것과의 싸움을 멈추는 순간 모래 늪에 빠지듯 비만의 늪에 빠져 다시는 돌아오지 못할 것 같아진다.

미의 기준

여성의 몸과 외모가 평가되고 판단되는 방식만큼 음험한 경험을 남성들은 절대 하지 못할 것이다.**13 우리의 '아름다움'은 파트너의 신의(절대 자신을 놓지 마라. 안 그러면 더 젊은 모델로 대체될 테니!)와 더 나은 임금 및 경력을 가질 기회, 사랑과 인정을 사는 티켓, 사회적 화폐다.*** 바람직한 신체 유지는 우리의 임무 중 하나다. 우리는 우리 눈으로 파악 가능한 요소들을 근거로 여성의 가치를 판단하기 좋아하고, 적어도 내가 살아온 경험으로 보건대 그 가치는 잘 통제된 나긋나긋한 몸으로 고정되어 있었다. 우리는 선함과 순수함을 아름다움과 동일시한다. 건강과 허영은 이런 식으로 서로 얽혀 있으며, 이 동일시는 우리가 용인할 수 있는 영역 바깥에 존재하는 사람에게 수치를 주기 위한 방패막이로도 활용된다. 또한 우리는 날씬함을 순종과 동일시하며 수용, 바람직함, 규율에 신경 쓰는 사람이 되는 일과 동일시한다. 너무 큰 여성에겐 집단의 짐이 된다고 꾸짖고, 그처럼 명백히 스스로를 소

** 이 판단은 법정으로까지 확장된다. 한 연구는 남성 배심원이 수표 사기 혐의에 대해 비만 여성을 유죄로 판단할 확률이 더 높다는 사실을 밝혀냈다. 여성 배심원은 이런 편견을 보이지 않았다.
*** 기념비적인 어떤 연구에 따르면, 여성은 체중이 30킬로그램 증가할 경우 9퍼센트 낮은 임금을 받았다.14

중히 여기지 않는 모습을 보인다면 결코 자신의 가치를 인정받지 못할 거라 경고한다.

여성과 음식에 관한 이야기는 사실 가장 오래된 이야기이기도 하다. 이브의 신화에서 이브는 사과를 한 입 베어 물었다는 이유로 정원에서 쫓겨나 우리 발밑에 정죄의 함정을 향한 문을 활짝 열었다. 우리는 음식을 먹을 때마다 동석자, 부모, 우리 자신으로부터 판단당한다. 허기가 보내는 신호에 귀 기울이는 대신 그것을 비난하고 수치스럽게 여기며, 그 존재를 부정하고, 그것이 표현하려는 바를 고려하지 않으려 한다.

모든 세대는 비교를 위해 새로운 도구를 만들어낸다. 화가의 붓(그리고 그 뒤에 있는 남성의 시선)부터 포토샵, 페이스튠, 틱톡의 '뷰티' 필터까지 모두 그 목적은 같다. 진짜를 파악하는 것은 불가능하다. 우리는 비교의 도깨비 집에 살고 있다. 20세기 중반까지만 해도 여성들은 손바느질로 드레스를 만들었기에 각자 자기 체형에 맞는 패턴과 사이즈로 제작했다. 그러다 옷이 대량 생산되기 시작한 1950년대부터는 스스로를 남과 비교할 수 있는 사이즈 차트가 유행했다. 1980년대 들어서는 그 차트가 바뀌었는데 이는 더 큰 혼란을 낳았다. 사람들은 매릴린 먼로[Marilyn Monroe]를 12 사이즈의 모래시계 몸매를 가진 섹스 심벌로 떠올리고 싶어 하지만, 오늘날의 기준으로 보자면 그는 아마 2~4 사이즈였을 것이다. 키는 168센티미터인데 몸무게는 54킬로그램, 허리둘레는 고작 22인치였으니까. 그는 아침으로 계란 두 개를 우유에 섞어 마시고 저녁으론 생당근을 곁들인 구운 스테이크나 간을 먹어 몸매를 유지했다. 완전히 키토식이었던 셈이다.[15]

먼로처럼 서구 문화에서 아름다움을 대표하는 모델과 여배우는 항상, 때로는 이해할 수 없을 정도로 말랐다. 내가 10대 초반이었을 때 등장한 케이트 모스는 신디 크로퍼드나 클라우디아 시퍼Claudia Schiffer 등 '보다 건강한' 이전 슈퍼모델에 대한 일종의 쿠데타였다. 《보그》Vogue를 훑어보던 열네 살의 나는 키 170센티미터의 모스가 몸무게는 48킬로그램이라는 사실에 수치심을 느꼈다. 당시 나는 키가 모스와 같았지만 몸무게는 이미 그보다 9킬로그램 초과인 상태였다. 이는 체중과 여성에 대한 나의 첫 깨달음이었고, 어쩌면 내가 그렇게까지 마른 건 아닐지 모르며 나는 아직 자라고 있는 중이라는 걸 깨달은 순간이기도 했다. 이 깨달음은 적어도 이후 10년간 나를 저울에서 멀어지게 했고, 아마 이것은 내게 좋은 일이었을 것이다. 돌이켜보면 모스가 '헤로인 시크'heroin chic(1990년대 초에 유행한 스타일로 창백한 피부와 눈 밑 다크서클, 끈끈한 머리카락 등으로 대표되는 퇴폐미가 특징임―옮긴이)를 유행시킨 데 대해 빌 클린턴 대통령으로부터 수상쩍은 소득 검열을 당한 사실도 재미있다. 오늘날의 표지 모델들은 죄다 케이트 모스와 비슷해 보이지만 실은 그 이상이다. 왠지는 몰라도 그들은 더 큰 키에 더 말랐으며, 그들을 여성으로 구분해주는 곡선은 꼭 다림질이라도 한 것처럼 훨씬 더 납작하다. 그들 역시 대부분은 아직 성숙한 여성이 아니고 대개는 10대들이지만, 그럼에도 그들은 성숙한 여성이 갖는 아름다움의 화신으로 예고된다.

마른 체형이 어린 여자아이들에게 보내는 신호―바람직함은 말라깽이들의 특권이며 여성의 몸에 대해 말하고 판단하는 일은 정상이라는 것―에 대해서는 거의 모든 이들이 우려하고 있다. 그러나 그보다 더 해로운 것은, 마른 몸은 노력이나 결핍과 상관없이 타고난 것이라는 메시지를 모델, 유명인, 기타 미의 전형으로 여겨지는 사람들이 전하는 것이다. 물론 그들은 축복받은 긴 팔다리나 큰 키 같은 유전적 요인을 타고났지만, 저체중을 유지하려면 아무리 신진대사가 빠른 사람이라 해도 엄청난 의지력을 발휘해 신체의 자연적 욕구에 맞서야 한다.

나는 이것이 역설임을 안다. 만약 이 여성들이 날씬함을 유지하기 위해 굶주리고 몸에 부담을 줘야 한다는 사실을 인정한다면, 그들에겐 건강하지 못한 기준을 세웠다는 비난이 쏟아질 것이다. 하지만 만약 그들이 지키지 못하면 그 기준은 효과도 없을뿐더러 애초에 미의 기준이 되지도 못한다. 이런 사이클은 무한 반복된다. 이 사이클은 결코 여성에게 힘을 실어주지 않는다. 이 기준을 따르려면 제한된 식사를 하거나 아예 먹지 않아야 하고 엄청난 운동으로 내 몸 수치와 싸워야 한다. 매주 맞는 오젬픽Ozempic(당뇨병 치료제로 개발되었으나 식욕을 억제시켜 체중 감량 용도로도 남용됨—옮긴이) 주사나 당뇨병 치료제, 식욕 억제제 같은 비법의 속삭임에 귀 기울이고 성형수술도 불사해야 한다. 사실상 온종일 여기에 매달려야 하는 것이다. 그러려면 자신에게 엄청날 정도로 집착해야 한다.

그럼에도 불구하고, 판단의 대상으로 삼아도 된다고 느껴지는 유일한 부분은 투명성과 정직성의 부족이다. 어떤 대가를 치르더라도 작은 몸이고 싶다는 욕망은 우리 문화에서 이해받는다. 나는 단지 그 사실과 방법들이 분명하게 지적되길 바란다. 우리는 가늘고 탄탄한 몸매를 가진 이들 여성의 이미지를 보면서 그들이 '원하는 대로' 먹는다는 말을 듣지만, 정작 그들이 '원하는' 것은 필라테스와 10킬로미터 달리기 사이에 먹는 한 줌의 식전 샐러드와 아몬드 열두 알, 닭가슴살 뿐이라는 이야기는 듣지 못한다. 그래서 우리도 원하는 대로 먹는데 왜 그런 모습이 아닌지 궁금해한다. 우리는 우리가 어디에서 길을 잃었는지, 왜 우리의 계산은 맞지 않는지 알고 싶어 한다. 그리고 일그러진 거울이 가득한 방에 우리가 있다는 사실을 알게 되면 아마 훨씬 안도할 것이다. 아, 당신이 모래시계 몸매인 것은 지방을 얼려 제거했거나, 칼로 도려냈거나, 2주 동안 먹지 않았기 때문이지, 라고 말이다. 허기라는 현실을 스스로 부정하려 애쓰는 사람이라면 "나는 먹고 싶은 건 뭐든지 다 먹어."라는 말이 거짓말로 느껴지지 않을 수도 있겠지만.

비만이라는 착각

6세기에 일곱 가지 대죄를 성문화한 교황 그레고리우스 1세는 탐식을 "너무 까다롭게, 너무 호화롭게, 너무 급하게, 너무 게걸스럽게, 너무 많이" 먹는 것이라 정의했다.[16] 그런데 정확히 어느 정도가 적당한지는 어떻게 알 수 있을까? 그레고리우스는 사실상 오로지 생존을 위해서만, 즉 몸의 쾌락을 위해서가 아니라 생존 기능의 유지를 위해서만 먹어야 한다고 제안한다. 어쨌든 당시의 생각에 따르면 육체는 저열한 것이고, 그 욕구를 우선시하는 것은 부도덕의 원천이 되는 터다. 오늘날에는 탐식을 까다로움, 호화로움, 급함, 게걸스러움과 동일시하지 않는다. 그것은 오로지 *너무 많은 양*에만 적용되며, 비만은 그 명백하고 시각적인 결과라 여긴다. 하지만 모두가 알다시피 우리는 그레고리우스의 목록과 정반대로—가리지 않고, 싸구려로, 천천히, 여유롭게, 부족하게—먹으면서도 몸은 전혀 그래 보이지 않을 수 있다. 제 임무에 충실한 몸은 통제하기도, 보기 좋게 만들어내기도 어렵다.

우리 사회의 비만 증가는 걱정스러운 문제이지만, 그 원인이 무엇인지는 가늠하기 어렵다. 탐식과 나태 때문일까? 아니면 유전적·환경적 요인 때문일까? 매사추세츠 종합병원의 '비만, 대사 및 영양 연구소'Obesity, Metabolism and Nutrition Institute 소장 리 카플란Lee Kaplan은 거의 60종에 달하는 비만 유전자를 확인했고, 케임브리지 연구진은 단 하나의 돌연변이가 확실히 비만을 일으키는 유전자를 24개 이상 발견했다. 2016년 〈뉴욕 타임스〉의 어느 기사 제목은 이 수수께끼를 요약한다. "모두에게 적합한 단 하나의 체중 감량 접근법이 있을까? 결코 없다."[17] 연구에 따르면, 체중 감량은 모두에게 단 하나의 방법으로 가능한 것이 아니라 각자에게 주어진 제각각의 미로다.

우리는 또한 개인의 책임에 관한 이야기를 지나치게 좋아하는 나머지, 사회가 정한 기준에 맞지 않는 사람들을 헐뜯고 싶어 한다. 비만을 유행병으로 설명하면서도, 그것에 감염된 사람들을 만성 질환의 희생자로서 대하지 않고 오히려 잘못된 선택들에 대해 비난하기 바쁜 것이다. 우리는 비만을 공중보건의 위기라 지칭하며 비만이 의미하는 상당한 의료비용을 납세자들이 어떻게 감당할 것인지에 대해 이야기한다. 그러나 지금과 같은 추세라면 수십 년 내에 납세자의 절반가량이 비만이 될 것이고, 입법자들 다수도 이미 그런 상태다.[18] 한편 모든 비만인은 급사한다거나 모두가 날씬해지길 원해야 한다는 이야기는 과학적 사실과 거리가 멂에도 이런 사실은 모두가 인정하기 싫어한다. 구글에서 '비만의 역설'을 검색하면 비만이 심혈관 질환 발병의 위험 요인이긴 하나 비만 환자는 '정상' 체중의 환자보다 더 오래, 건강하게 살고 특히 수술이나 암 같은 개입 후엔 더욱 그러함을 보여주는 연구 결과들을 볼 수 있을 것이다. 또한 만성 고혈압 환자들의 경우, 비만인은 '정상' 체중인 사람들보다 더 문제없이 산다.[19] 사실 그동안 우리는 우리의 편견으로 성급하게 이런저런 결론을 내렸던 것이다.

우리는 앉아서 생활하는 시간이 많아졌고, 앉아 있는 것은 새로운 흡연이라는 생각에 문화적으로 사로잡혀 있다. 하지만 진화생물학은 이 생각을 지지하지 않는다. 우리는 고대 조상을 암벽 등반 트라이애슬론 선수로, 끊임없이 움직이는 사람으로 낭만화하길 좋아하지만 그것은 사실이 아니다. 동물로서 우리는 항상 재생산을 위해 칼로리를 절약하고, 불필요한 움직임을 제한하고, 가만히 있도록 프로그래밍되어 있다. 우리는 운동을 갈망하게끔 만들어지지 않았으며, 오히려 그 반대다. 크로스핏 열풍이 온 나라를 휩쓸고 있지만, 하루에 그저 몇 킬로미터 정도씩 걷는 사람은 수렵·채집인 조상 못지않게 활동적이다. 그들도 앉아서 쉬는 데 많은 시간을 보냈다. 운동생물학자로《운동》Exercised이라는 두툼한 책을 쓴 하버드대학의 대니얼 리버먼Daniel Lieberman 교수에 따르면, 수렵·채집인의 '평균 신체 활동 수준'PAL(총 에너지 소비량을 기초대사량으로 나눈 값)은 남성이 1.9, 여성이 1.8이었다고 한다. 온종일 책상 앞에 앉아 있는 미국인은 보통 1.4에서 1.6 사이다. 우리 조상을 이기는 데는 그렇게까지 많은 노력이 들지 않는다는 뜻이다.[20] 맞다. 몸을 움직이는 것은 우리에게 좋고, 우리는 날마다 움직이려 노력해야 한다. 하지만 아침 식사 전에 하는 5킬로미터 달리기는 우리의 자연스런 본성이 아니고 그랬던 적도 없다.

비만 유발 화학물질, 즉 우리를 뚱뚱하게 만들 수 있는 환경 요인을 연구하는 브루스 블럼버그Bruce Blumberg 교수는 '비만 유행병'이 헬스클럽의 대유행과 함께 전 미국을 휩쓸었다고 지적한다.[21] 우리는 의심할 여지 없이 이전 세대보다 운동에 대해 더 의식한다.[22] 다이어트와 다이어트 보조제의 유행 또한 우리가 체중에 더 많이 민감하다는 것을 시사한다. 그럼에도 우리의 몸무게는 전보다 10퍼센트 더 나간다. 평균적인 미국 남성은 175센티미터를 약간 넘는 키에 체중은 91킬로그램인데 이 몸무게는 2001년의 82킬로그램보다 증가한 것이고, 사춘기 이후 미국 여성은 키가 평균 162센티미터가량이고 체중은 78킬로그램 정도로 이 역시 2001년의 69킬로그램에서 늘어난 수치다.[23] 한편 2001년에 347억 달러 규모였던 체중 감량 시장은 이후 급증해 2019년에는 700억 달러를 넘어섰다. 2000년에는 헬스클럽 및 피트니스 센터의 회원이 3,280만 명이었으나, 2019년에 그 수는 거의 두 배로 증가했다.[24] 사람들은 전보다 더 열심히 싸우면서 보상은 더 적게 받는 것 같다. 왜 우리는 잘못된 방향으로 가고 있는 것일까?

우리의 체중은 우리의 경각심 및 극도의 경계심과 더불어 올라가고 있다. 체중에 대한 낙인찍기가 체중 증가를 유발하고 건강을 악화시킨다는 믿을 만한 연구가 있다. 고든은 다음과 같이 썼다.

'체중 낙인 찍기의 역설적 효과'라는 제목의 한 연구는 체중에 대한 낙인이 사탕이나 칩과 같은 고칼로리 음식의 섭취 가능성을 증가시킨다는 사실을 밝혀냈다. (…) 2018년 저널 《바디 이미지》Body Image에 발표된 또 다른 연구는 뚱뚱한 여성일수록 뚱뚱함에 대한 낙인을 내면화하고, 자기 몸에 대해 죄책감과 수치심을 품고, 건강관리를 회피할 가능성이 더 높다는 사실을 발견했다. (…) 연구는 또한 체중에 대해 내면화한 편견을 전당뇨와 "당뇨병, 심장병, 뇌졸중 위험을 크게 높이는 심혈관 질환 위험 요인의 집합체"와 연관시켰다. 즉, 우리가 건강상의 위험이라 생각하는 것은 사실 차별과 낙인을 내면화한 경험이 가져온 건강상의 위험일 수도 있다는 뜻이다.[25]

다이어트는 의사들이 실제로 확실한 답을 가지고 있지 않은, 의학의 남은 개척지 중 하나다. 칼로리를 섭취하고 태운다는 단단한 공식은 한심할 정도로 구식이고 지나치게 단순하다. 섭취한 것보다 더 많은 칼로리를 태우라는 단순 공식이 체중계의 숫자와 관련된다고 아무 여자에게나 한번 말해보라. 아마 그는 웃을 것이다. 이 거짓말, 다시 말해 우리 몸이 우리가 아직 이해하지 못하는 호르몬이나 내력 혹은 다른 복잡한 시스템으로부터 아무 영향도 받지 않는 자동차 같은 기계라는 생각에 우리는 지쳤다. 우리 주변의 다양한 몸들은 우리 중 누구도 똑같지 않다는 사실에 대한 증거다. 우리는 똑같은 방식으로 체중을 유지하지 않으며, 똑같은 음식이라 해서 누구에게나 똑같은 속도로 대사되지도 않는다. 우리는 동질적 집단이 아니다. 사춘기, 배란, 임신, 수유, 폐경에 따라, 심지어 피임약 브랜드만 바꿔도 호르몬이 변하는 것을 경험한 여성은 에스트로겐, 테스토스테론, 코르티솔 등의 수치 변화가 허리 굵기에 미치는 영향을 잘 안다. 게다가 이것들은 그저 주요 호르몬일 뿐이다. 평생 스트레스 속에서 다이어트를 하다 보면 신진대사가 훨씬 더 왜곡되는 모습을 보게 된다.

다이어트와 시시포스 신화

몸과 음식에 관한 한은 끝이란 것이 없다. 만약 수많은 알약, 음료, 가루, 각종 프로그램에 그들이 약속한 날씬해지는 효과가 있었다면 그 산업은 결국 죄다 접어야 했을 것이다. 그러나 실패에 대한 책임, 충분히 엄격하게 관리하지 않은 책임은 항상 우리에게 있다. 마치 종신형을 받은 재소자처럼, 사람들은 끊임없이 그것들을 사용하지만 절대 목표 체중에 도달해 출소하지 못한다. 우리의 몸을 이상적 형태로 영원히 굳혀놓을 마법의 가루, 빠른 해결책, 물리적 방법은 없다. 날씬함이 행복을 보장하지 않는다는 기본적 진실을 모르는 사람은 더욱이 없다. 자신을 자기가 원하는 모습으로 영원히 보이게 해줄 구제책 혹은 해결책이란 건 존재하지 않는다. 우리는 먼저, 왜 작은 몸이 목표인지부터 물어야 한다.

'웨이트 와쳐스'Weight Watchers의 창립자 진 니데치Jean Nidetch에 관한 책을 쓴 마리사 멜처Marisa Meltzer는 자신의 삶을 끝없는 다이어트와 그것에 대한 저항으로 묘사한다. 그의 부모는 어렸을 때부터 그의 체중에 집착하기 시작했다. 그는 다음과 같이 썼다.

가장 마법 같은 사고방식은 내가 포기할 수 없는 것 같다는, 즉 이번에는 다를 것이라는 생각이다. 내게 있어 다이어트란 신체처럼 거칠고 통제 불가능한 것을 아주 약간 더 통제 가능한 뇌로 통제하라고 요구하는 일이다. (…) 행동 교정 프로그램을 통해 감량하는 체중은 6개월 동안 고작 평균 5퍼센트에 불과하며, 대부분의 참가자들은 2년 뒤면 그중 3분의 1을 다시 회복한다. (…) 나는 하우스가 언제나 이긴다는 것을 안다!(어떤 도박이든 결국 돈을 버는 쪽은 하우스, 즉 도박장이라는 뜻—옮긴이) 이 경우의 하우스는 다이어트 회사와 내 뚱뚱한 몸이다. 그들이 다가올 때 나는 냉소적이지만, 자꾸만 '어쩌면 이번만은…' 하고 생각하게 된다. 내가 날씬하지 않은 건 내가 충분히 그걸 바라지 않고, 충분히 헌신하지 않으며, 그저 충분히 노력하지 않기 때문이라고 생각하는 것이다.[26]

멜처의 말이 옳다. 하우스가 항상 이긴다. UCLA의 한 연구팀은 칼로리 제한에 대해 수십 년 동안 이뤄진 연구를 면밀히 조사한 결과 별 효과가 없다는 것을 발견했다. 체중 감량에 성공한 사람들 중 83퍼센트가 결국 원래보다 체중이 증가했던 것이다.[27] 그런데도 우리는 이번에는 다를 것이라는 환상에 계속 동조한다.

먹는 음식, 날씬함, 몸 크기 줄이기에 대한 집착에는 우리의 유한하고 창조적인 에너지가 엄청나게 소모된다. 우리는 결국 삶에서 벗어나고, 잘못된 것에 초점을 맞추며, 쉽게 말해 내면이 아닌 외면에만 신경을 쓰게 된다. 심리치료사이자 작가인 제닌 로스Geneen Roth가 《여성, 음식, 신》Women Food and God에서 설명하듯 그것은 시시포스적이다. "당신은 끊임없이 해야 할 일이 있다. 절대 완성할 수 없는 것을 하기 위해 분투하고 밀어붙이고 노력하는 한, 당신은 당신이 누구인지 안다. 바로, 체중 문제가 있어 날씬해지기 위해 열심히 노력하는 사람이다. 항상 목표가 있기에 당신은 길을 잃거나 무력감을 느낄 필요가 없다."[28] 여기서의 약속이란, 당신이 원하는 허벅지를 얻는다면 마침내 당신은 소속감의 보이지 않는 안전선을 넘어 행복하고 안전하며 받아들여지리라는 것이다.

체중계 수치에 대한 집착은 우리 몸 안에 존재하고 우리의 허기를 이해하는 진짜 임무로부터 우리를 멀어지게 한다. 우리의 몸은 적절한 매뉴얼만 있으면 완벽히 조작 가능한 기계가 아니다. 그것은 우리 영혼의 집이다. 불협화음이 일 때 혹은 에너지와 감정이 적절히 지휘되거나 표현되지 않을 때 그것은 막히고, 정체되고, 옴짝달싹 못하게 된다. 그 막힘은 우리가 세상에서 어떻게 나타나는지 또는 나타나지 않는지에 반영된다. 이 '나쁜' 감정을 마비시키길 멈추면, 아마도 우리는 우리의 몸이 느끼는 방식과 우리에게 뭘 말하려는지를 이해하게 될지 모른다.

섭식장애의 스펙트럼

열다섯 살 때 나는 기숙학교에 들어갔다. 당시엔 버터와 시나몬 설탕을 듬뿍 바른 베이글 두 개가 적절한 아침 식사라 생각했다. 그리고 기숙사에 돌아가기 전의 벤 앤 제리스 아이스크림 한 컵은 고된 하루에 대한 완벽한 보상이었다. 나는 체중 문제가 없고 활동적이었기에, 샐러드 바와 프로즌 요거트 기계 주변을 맴돌거나 음식이 '역겹다'고 주장하며 식사를 거르는 새 여자친구들과 나의 습관이 얼마나 다른지 깨달을 때까지 그렇게 먹었다. 내게 뭐라 하는 이가 있는 것은 아니었지만 그 아름답고 날씬하고 유복한 여자아이들이 자신에 대해 말하는 것, 즉 자기가 뚱뚱하다거나 곧 뚱뚱해질 거라 불평하고, 상상 속의 옆구리 살을 움켜쥐는 순간들 때문에 깨닫게 되었던 것이다.

그런 속마음을 들으며 처음으로 "아, 망할!"이라고 육성으로 내뱉었던 때가 기억난다. 테이블 건너편의 여자아이가 스스로를 디저트나 탄수화물을 먹기엔 너무 뚱뚱한 사람이라고 생각했다면, 그건 나에 대해 뭘 말하는 것이었겠는가? 자기비판을 통해 대화를 해야 한다는 강박은 기숙학교에서만으로 국한되지 않는다. 그것은 "나에 대한 나쁜 말은 내가 먼저 할 테니 너희는 좀 기다려."라는 여자아이들 세계의 비밀 코드로, 우리가 자신으로 가득 차 있다고 다른 사람들이 생각하지 않기를 바랄 때 사용하는 언어다(제4장 '교만' 참조). 레이철 시먼스는 《소녀들의 심리학》에서 이렇게 설명한다. "여자아이들은 자신이 '대단한 애'로 낙인찍힐 가능성을 차단하기 위해 '난 너무 뚱뚱해'란 말을 사용한다. 만약 어떤 여자아이가 스스로에 대해 뚱뚱하다고 말하지 않는다는 것은 곧 자신이 완벽하다고 생각한다는 뜻임을 연구자들은 발견했다."[29] 다이어트를 하지 않으면 자기 몸은 노력을 들일 필요가 없는 몸이라고 기본적으로 생각한다는 뜻이다. 이는 곧 우리 문화에서는 날씬함을 자기 자신에 대한 만족이란 의미로서의 완벽함, 흠잡을 데 없음과 동일시한다는 이야기다.

하지만 포만감을 느끼려면 충분히 채워져야 하는 게 아닐까? 만족은 내가 충분히 먹을 자격이 있다고, 모든 부스러기와 발걸음, 순간을 관리하며 노력하는 것을 멈출 자격이 있다고 믿는다는 뜻이다. 하지만 우리는 가냘픈 몸을 가졌어도 그 사실을 부정한다. 이의를 제기하면서, 더 잘할 수 있다고 제안하면서.

기숙학교에서는 섭식장애의 전염성이 연쇄상구균의 경우보다 더 강해 보였지만, 이제 삶의 맥락이 더 넓어지면서 나는 그것을 다르게 분류한다. 지나치게 절제된 식습관, 혹은 융 학파의 심리치료사 매리언 우드먼이 '세련된 거식증'stylish anorexia[30]이라 일컫는 것은 완전한 강박적 섭식장애와 항상 차원이 같지는 않다. 내가 기숙학교에서 배운 것은 그 이후로 쭉 직장에서 친구들과 점심이나 저녁을 먹으며 목격한 것이기도 했다. 완전한 금식이 아니라 음식에 대한 지나친 경계, 먹으면 안 되는 것과 먹지 않을 것을 둘러싼 끝없는 다이어트. 대사 기능이 쇠퇴하기 시작한 40대 동료 엄마들은 해마다 하는 다이어트나 디톡스를 넘어 이제는 영구적 제한이나 건강식품에 대한 탐욕으로 넘어간다. 하지만 그것조차 장내 미생물을 피하지는 못한다. 그들 중 아파 보이는 사람은 아무도 없다. 그것은 건강에 관한 강박이 아니라 보잘것없는 허영에 대한 집착일 뿐이다. 통제력을 잃는 것에 대한 두려움 말이다.

고등학교 때 내가 가장 사랑했던 친구 중 하나는, 밤에 모로 누웠을 때 양쪽 허벅지 살을 건드리지 않고 다리 사이에 두 손 모두를 집어넣을 수 있을 때 자신이 목표 체중에 도달했음을 알았다고 설명했다. 이 테스트를 통과한 뒤 친구는 몸을 떨며 잠을 청했고, 체온 유지를 위한 그 떨림으로 여분의 칼로리가 태워지리라는 사실에 기쁨을 느꼈다.

친구가 이 고백을 했을 때 나는 어떻게 반응해야 할지, 나도 오목한 허벅지를 만들어야 하는 건지, 아니면 친구를 상담실로 끌고 가야 하는 건지 알 수 없었다. 혹 친구의 어머니에게 전화를 했어야 했던 것은 아닐까? 같이 짐을 싸고 딸을 뉴햄프셔 숲속에 떨궈주며 자기 딸이 힘겹게 얻은 실루엣에 아마도 기뻐했을 그 여성에게? 당시에는 친구가 뭘 좇는지 몰랐다. 그러나 섭식장애를 다루는 심리치료사들을 만나본 뒤, 이제는 습관적 굶기든 과식이든 아니면 흔히 보이는 그 둘의 조합이든 간에 모든 종류의 강박장애는 삶에 저항하는 행위이며 몸의 모든 울림, 욕망, 욕구와 더불어 몸 안에 있기를 거부하는 일임을 이해하게 되었다.

융의 틀을 바탕으로 하여 매리언 우드먼은, 거식증 환자는 가벼워지고 물질에 얽매이지 않으며 마치 병 닦는 솔로 몸속을 싹 문질러낸 것처럼 깨끗하고 텅 빈 느낌을 갖고 싶어 한다고 생각했다. 반면 강박적으로 먹는 사람들은 산 채로 묻히기를, 자신을 덩어리로 응결시키기를 원한다. 두 행동 모두 무감각과 의식의 분열로 가는 길인 동시에 통제를 위한 싸움이다. 《여성, 음식, 신》의 저자 제닌 로스는 어린 시절 찌고 빠졌던 총 몸무게가 450킬로그램에 달해 하마터면 스스로 죽음에 이를 뻔했다. 그는 우리 모두가 제한과 허용의 스펙트럼 안에 있다고 주장한다. '허용자'는 음식으로 몸을 보호하려 무의식적으로 계속 먹는 데 반해 '통제자'는 통제를 믿는다. 그는 이렇게 쓴다. "그들은 가능하면 온 세상을 통제하고 싶어 한다. 통제자는 혼돈이 임박했고 그 영향을 최소화하기 위해 지금 당장 조치를 취해야 한다는 확신에 따라 행동한다. (…) 자기 몸의 크기를 통제한다면 고통을 통제할 수 있고, 고통을 통제하면 삶을 통제할 수 있다고 믿는 것이다. 나쁜 일이 절대 일어나지 않도록. 혼돈이 끼어들 틈이 없도록."[31] 로스의 경험에 따르면, 같은 몸이 이 둘 사이를 오간다. 통제를 계속 하다 어느 순간부터는 폭식에 빠져드는데, 이 지점에서는 음식으로 자신을 소멸시키려 한다. 이는 마치 뉴턴의 진자에 있는 공을 당기는 것과 같아서, 일단 움직이기 시작하면 그 무한 반복 사이클이 시작된다. 그 사이클은 "어젯밤엔 나빴어. 오늘은 착하게 보내야지."라는 이상한 도덕을 오가는 수준일 수 있으나, 어떤 경우엔 파국적이기도 하다. 어떻게 하면 이 공의 딸깍거림을 멈출 수 있을까?

영혼과 세상의 중개자, 몸

몸 안에 있는 것은 어려운 일이다. 몸은 우리가 세상과의 관계를 해결하는 프리즘이다. 몸은 우리의 감정과 영혼의 집이며, 우리는 종종 이로부터 단절되어 그보다 높은 곳에서 살기로 결심한다. 영적으로, 그리고 에너지 차원에서 우리는 어디서 우리가 끝나고 다른 사람들이 시작되는지 알지 못한다. 또한 우리가 정확히 얼마만 한 공간을 차지할 자격이 우리에게 있는지 이해하기 위해 고군분투한다. 우리 몸이 항상 변화하고 있음을 앎에도 우리는 마냥 그대로인 곳에서, 낡지 않고 삐걱대지 않으며 팽창하거나 누수가 생기지 않는 집에서 살고 싶어 한다. 그리고 그 집의 크기는 어느 정도가 적절한 것인지 궁금해한다.

음식을 방어 수단으로 선택하는 것은 몸과 세상이 안전하지 않다고 경험하는 트라우마의 결과일 때가 종종 있다. 어린 시절의 부정적 사건들과 비만에 관한 최근 연구는 이 양자의 연관성을 강력히 뒷받침한다. 정서적·신체적·성적 학대, 방임, 정신질환, 친척의 수감, 이혼, 중독은 모두 신체적·정신적 건강 문제를 일으킬 위험을 증가시키고, 여기엔 비만도 포함된다.[32]

작가 록산 게이Roxane Gay는 자신의 충격적인 회고록《헝거》에서, 열두 살 때 한 무리의 남자아이들로부터 집단강간을 당한 사실에 대해 이야기한다. 수십 년간 그는 이 끔찍하고 수치스러운 비밀을 몸무게가 260킬로그램이 될 때까지 강박적으로 먹는 행위로 묻어버렸다. 그는 이렇게 썼다. "남자아이 몇이 나를 파괴했고, 나는 간신히 살아남았다. 그런 범죄를 또다시 참아낼 수는 없으리란 걸 알았기에 나는 먹었다. 내 몸이 혐오스러워지면 남자를 쫓아낼 수 있다고 생각해서였다. 그 어린 나이였음에도 뚱뚱함은 남자들이 바람직하지 않다 느끼는 것이고, 그들의 경멸 아래 있다는 걸 알았던 것이다. 나는 그들의 경멸에 대해 이미 너무 많이 알고 있었다."[33] 게이는 갑옷으로 변신한 것이었다. 남자아이들의 공격을 작은 몸으로 막아내지 못한 그 열두 살짜리 아이를 보호하기 위해.

몸은 우리가 세상 및 서로와 접촉하는 길이다. 음식은 그저 우리 중 많은 이들이 자신을 표현하는 매개체이고, 우리의 겉모습이나 존재 방식에 투사되는 유해한 기대에 대한 해독제에 가깝다. 허기를 충족시키는 것 이상을 먹거나 본능적 허기를 완전히 무시할 때, 우리는 마치 '나는 내 느낌과 감정을 대사할 수 없고, 기쁨을 누릴 자격이 없고, 사라지고 싶고, 죽고 싶다'라고 말하는 것 같다.

일곱 가지 대죄는 통제의 발판에 관한 것이다. 만약 인간의 모든 충동을 제거할 수 있다면 우리는 신성하진 못할지언정 최소한 안전하긴 할 것이다. 정욕이 그렇듯 탐식의 전장 역시 몸이다. 그 기치 아래 우리는 자신을 선하거나 나쁘다고, 지나치거나 알맞다고 판단하며 스스로와 전투를 벌인다. 우리는 통제력, 특히 자신에 대한 통제력을 우상시하는데, 다른 누구보다 여성에 관해서는 더 그렇다. 자제력, 자의식, 자신보다 다른 사람을 먼저 인식하는 일은 어릴 때부터 시작된다. 어떤 식으로든 먹는 행위를 처벌로 삼는 데는 분명 잔인한 면이 있다. 그것은 우리가 누구이며 어떤 사람이 되려 하는지에 대한 부정이며, 자아에 대한 깊은 거부다. 우리는 스스로를 독방 감금이란 형벌을 받아야 하는 죄수처럼 취급하고, 스스로를 자유로이 내버려둘 만큼 신뢰하지도 않는다.

그러나 무언가를 가질 수 없다거나 믿어선 안 된다는 말을 들으면 그것을 더 원하게 될 뿐이다. 먹는 것을 스스로 제한한다는 것은 곧 우리의 본성과 전쟁을 벌이겠다는 것이다. 자신에게서 욕구와 욕망이 있는 부분을 제거하려 애쓰는 것이다. 특히나 '이번 주 내내 착하게 살았으니 오늘은 좀 나빠도 돼'라는 식으로 도덕화할 때 그렇다. 선은 모든 상대성을 잃는다. 무엇에 비해 착하다는 것인가? 더 정확히 말하자면, 누구에 비해 착하다는 것인가? 전 세계적인 체중 증가의 원인을 살필 때는 우리의 커져가는 자의식을 고려할 필요가 있다. 핸드폰 화면을 넘길 때마다 그 안의 누군가를 자신과 비교하는 데는 정신적 대가가 따른다. 전에는 비교할 기회가 별로 없었지만, 지금은 어디에나 있고, 심지어 너무 많다. 이것은 저울에서 역반응을 일으키기에 충분할 정도로 자기혐오와 명백한 규율 부족을 부추긴다. 디지털 체중계와의 싸움에서 나는 체중에 집착할수록 체중계 숫자가 꿈틀거리며 내 통제를 벗어나는 듯한 경험을 했다. 체중에 관한 생각은 결코 도움이 되지 않았고, 금식과 디톡스와 베어 먹는 횟수를 세어도 끈덕지게 변하지 않았다. 둘째 아들을 낳은 후엔 전보다 7킬로그램이 더 나가는 상태가 이어졌다. 내가 내 몸에서 모성의 통과의례를 지우기 위해, '내 몸을 되찾기 위해' 이를 악물고 노력했음에도 체중은 그 자리에 머물렀다. 나는 내 몸을 허기지게 하려 할 때마다 몸이 마치 내게 가운데 손가락을 쳐들듯 몇 킬로그램 더 느는 것으로 반발하는 게 느껴진다. 몸은 구속과 제약으로부터의 자유를 요구한다. 변화를 받아들이고, 어찌 됐든 나 자신을 사랑하라고 내게 요구한다.

몸의 언어를 듣는 연습

몇 년 전 나는 어느 넷플릭스 프로그램에 출연했다. 거기서 나는 테이블에 엎드려 있었고, 척추지압사 존 아마랄 John Amaral 은 내 몸 위에 두 손을 올린 채 꼭두각시 인형처럼 나의 에너지장을 조작했다. 내 몸은 반사적으로 움직였다. 물결처럼 움직이고 싶어 했지만 엉덩이가 공중에 뜬 채로 계속 허리에서 멈췄다. 나는 고통스러웠고 아무리 애를 써도 몸이 이완되지 않았다. 그는 내게 "소리를 내세요. 소리를 내야 해요. 놓아주세요!"라 코치해주었으나 나는 그러지 못했다. 내 입에서 나온 소리는 괴상하고 가느다란 방귀 소리처럼 들렸다. 나는 소리를 다 뱉어내지도 못했고, 미치광이처럼 팔을 휘젓고 있는 내 몸에게 힘을 빼라고 설득하지도 못했다. 내가 엎드린 테이블 주위로 카메라가 빙 돌아 움직이는 동안 나는 뒤틀린 채로 이게 대체 언제 끝날지, 다시 평평한 자세가 되려면 몸에게 뭐라고 전달해야 할지 궁금하기만 했다. 이것은 최근에야 배운, 나는 내 몸을 통제할 수 없다는 경험을 상기시키는 경험이었다.

그 몇 주 전에 나는 비공식 치료사와 하루 종일 엑스터시 심리치료 시간을 가졌다. 두 시간에 걸쳐 의료용 엑스터시를 2회 투여받고, 안대와 헤드폰을 쓰고선 내 몸속으로 들어가는 과정이었다. 치료는 총 여덟 시간에 걸쳐 진행되지만 그보다 훨씬 짧게 느껴진다. 이것은 일종의 마라톤 치료이며, 이 치료를 경험한 많은 사람들은 소파에서 한 몇 년쯤을 보낸 것 같다고 말한다. 엑스터시는 공포 반응을 조절하는 편도체를 억제하여 나쁜 기억이나 트라우마를 다시 자극하지 않고 무의식 속 기억에 접근할 수 있게 해준다. 치료사는 조용히 앉아 환자가 말하게 하고, 나중에 진행할 것들을 메모한다. 특별한 유도 같은 것은 하지 않는다.

내가 이 과정에서 느낀 첫 번째 감각은 정수리에서부터 천천히 아래로 내려오는 따뜻한 사랑이었다. "내 몸에 들어온 건 처음인 것 같아요!" 나는 안대를 쓴 채 소리쳤다. 그것은 설명하기 힘든 느낌이었고, 압도적인 진실처럼 느껴졌다. 울음이 났다. 그다음엔 어린 시절의 성적 트라우마가 떠오르며 몸이 움직이기 시작했다. 다리가 아래위로 흔들리고 엉덩이가 빠르게 진동하더니, 등이 구부러지고 어깨가 격렬하게 움직였다. 마치 엄청난 긴장이 풀리는 것처럼. 이 움직임은 몇 시간이고 반복됐다. 치료사는 내가 몸을 펴는 것을 도와주었지만 그 움직임은 다시 시작되었고, 내 온몸을 점령해 내 안에 들어 있던 모든 것이 빠져나오게 했다. 나는 그 움직임에 동승한 기분이었다. 나의 '나'는 그 동작들의 표현에 대해 무력했다. 그것을 밖으로 꺼내는 느낌은 좋았지만 그것이 어디에서 왔는지, 심지어 무엇인지조차 모른다는 사실이 이상하게 느껴졌다. 내 안에서 끝도 없이 풀려 나오는 것들이 내겐 어떻게든 내 몸을 통제하고 침묵시키려 애썼던 지난 세월처럼 느껴졌다. 마치 샴페인 병의 마개가 펑 하며 열린 것 같기도 했고, 간신히 치타를 피한 뒤 긴장을 풀고 있는 가젤이 된 기분이기도 했다. 치료사에게 나는 이 주문을 반복했다. "나는 나예요. 단순한 생물학적 존재가 아니에요." 그 순간 나는, 여태껏 살아온 동안 가장 현명하고 진실한 이해에 도달한 기분이 들었다.

내가 몸에서 억압한 일부 트라우마는 의식이 원치 않을 때 쾌락을 느끼는 것과 관련됐다. 싫다는 말과 좋다는 몸이 보내는 이 뒤섞인 신호에 나는 항상 배신감과 깊은 수치심을 느꼈다. 하지만 엑스터시의 도움으로 나 자신을 사랑하고 활짝 연 순간엔, 몸이 완전히 나의 지배하에 있지 않고 온전한 독립체로 존재한다는 사실과 더 깊은 수준에서 연결되었다. 몸은 제 할 일을 하려 했고, 저만의 언어가 있었다. 하지만 나는 몸에게 말을 걸려고도, 몸이 하는 말을 들으려고도 하지 않았다. 그것이 나와 소통하려는 시도를 오랫동안 무시했고, 수치심 등의 나쁜 감정으로 가득 차도록 내버려두었다.

몸은 몇 시간 동안 멈출 줄 모르고 계속 움직였다. 치료사는 다시 내가 몸을 펴는 것을 도우며, 이번엔 내 엉덩이 부분에서 일어나는 일을 소리와 연결해보라 했다. 나는 처음으로 목구멍에서 작지만 긴 소리가 나오게 할 수 있었다. 그 소리는 마치 갓 태어난 아기의 성난 울음처럼 들렸는데, 목구멍이 아니라 보다 깊숙한 곳에서 나오는 것 같았다. 내가 소리를 내뱉자 마침내 몸의 움직임이 느려졌다. 하지만 이것이 이제 시작일 뿐임을 나는 알았다. 몇 년이 지난 지금도 여전히 나는 고통스럽거나 화가 나거나 배가 고플 때 내 몸이 무슨 말을 하고 있는 건지 이해하려 노력한다. 나는 그것이 말할 때까지 조용히 앉아 있는다. 전엔 귀 기울이는 법을 몰랐기에 그 괴로움을 무시하고 그것이 내 엉덩이, 턱, 허리, 심장을 쥐어짜도록 내버려두었다. 때때로 몸은 내가 명상을 하거나 요가 수업을 받거나 밤에 잠들어 조용히 있을 때 움직이기 시작한다. 나는 그저 그 일이 일어나도록, 풀려나도록 내버려둔다. 옆 매트 위의 낯선 사람들에게 "미안해요. 제 몸은 가끔 가다 그냥 자기 할 일을 해요."라고 말하면서. 얼마 전엔 자고 있던 남편이 깜짝 놀라 침대에서 벌떡 일어났다. 지진이 난 줄 알아서였다. 그냥 그의 옆에 있던 내 다리가 난리를 친 것이었는데 말이다.

내 의지와 상관없이 내 몸이 스스로를 표현하리란 걸 나는 안다. 그리고 내 몸이 원하고 필요로 하는 것을 더 잘 들어야 한다는 것도. 하지만 스스로를 적절히 먹이는 법은 아직도 잘 모르겠다. 나는 바빠서 혹은 스트레스 때문에 식사를 건너뛰기 일쑤이고, 너무 배가 고프거나 시간에 쫓길 땐 부엌 싱크대에서 칩을 미친 듯이 흡입한다. 나는 내 몸과 대화하는 방법을, 우리가 어느 지점에서 같고 어느 지점에서 저만의 생각을 갖는지 이해하는 방법을 배우고 있다. 몸은 속도를 늦춰야 한다고, 또는 앉아서 뭐라도 씹으라고 내게 말한다. 자꾸 서두르는 바람에 맛을 음미하는 것을 잊어버려 나는 삶의 큰 즐거움 중 하나, 즉 식사에 집중하며 혀로 그 맛을 느끼는 일, 몸이 냄새를 맡고 맛을 음미하는 일을 놓치고 만다.

심리치료사이자 의사인 제임스 고든 James Gordon은 전 세계를 돌아다니며 사람들이 트라우마를 해결하도록 돕는다. 부드러운 복식 호흡부터 그림 그리기, 혼돈스러운 호흡부터 몸 흔들기와 춤추기에 이르기까지, 그에게는 몸에 갇힌 트라우마를 해결하는 데 필요한 온갖 도구가 있다. 이 모든 치유 활동은 오랫동안 무시되었던 감정이 수면 위로 올라와 대사되고 통합될 수 있도록 해준다.

그는 트라우마가 소화에 미치는 영향에 관해 이야기하며, 우리가 음식을 강박적으로 빨리 먹으면 효소가 음식을 분해할 시간이 없고 공기도 함께 삼키게 되어 속이 더부룩하고 불편해진다고 설명한다. 더불어 속도를 늦추려면 과일 한 조각과 다크 초콜릿 한 조각을 접시에 담고 명상을 하라고 권한다. 그렇게 가만히 숨을 쉬면서 어떤 기억과 편견이 떠오르는지, 시선이 어디로 가는지, 음식에 대해 어떤 감정이 드는지 알아차려보는 것이다. 그런 다음엔 아무 조각이나 골라 코에 갖다 대고 냄새를 맡고, 만져보고, 눈을 감고 입안에서 굴린 다음 아주 천천히 씹는다. "시간이 지날수록 사람들은 자기가 음식의 맛을 얼마나 제대로 음미하지 못하는지, 또는 심지어 뭘 먹는지조차 인식하지 못하는지를 깨닫는다. 트라우마를 가진 많은 사람들은 먹는 속도를 가속화하고 충분한 즐거움을 느끼지 못하게 만든 불안을 인식하게 된다."라고 그는 말한다.[34] 결국 이 연습을 통해 우리는 매 끼니를 먹을 때마다 그 순간의 자기 느낌, 특히 좋은 느낌에 집중하며 천천히 먹는 법을 배우게 된다.

각자의 몸과 친구가 되는 법

고든은 크건 작건 누구에게나 트라우마가 있고, 우리 모두가 무언가를 통해 그걸 해결하려 애쓴다고 생각한다. 체중과의 씨름이 명백하게 벌어지는 나라에서는 그것이 표현되는 방식 중 하나가 음식이라 주장하는 일이 결코 어렵지 않다. 대부분의 사람들이 음식을 무질서하게 먹는 터다. 몸에 대한 우리의 불안과 초조는 다른 요인들과 상관없이 그 자체로 하나의 트라우마다. 거식증과 폭식증의 임상적 진단은 얼마 되지 않을지 몰라도, 우리 중 다수는 비정상적으로 음식을 먹는다. 실제로 노스캐롤라이나대학과 잡지 《셀프》Self의 2008년 조사에 따르면, 인종과 민족을 불문하고 75퍼센트가 그렇다고 한다.[35]

모든 훌륭한 페미니스트들은 우리 몸을 대상화하는 일이 우리 자신, 우리의 식욕과 체중을 통제하도록 강요하는 억압적 문화의 또 다른 징후라 이해한다. 우리는 작은 몸을 유지하라는 훈계가 턱도 없는 소리라는 것을 인식하고, 우리가 원하는 만큼의 공간을 차지해야 한다고 진심으로 믿는다. 그 고리는 도저히 끊을 수 없을 것 같지만, 그럼에도 우리가 스스로를 통제하지 않는다면 이 가부장제 구조가 어떻게 우리를 계속 통제할 수 있겠는가?

그렇게 생겨난 반대 논리는 우리 몸의 크기가 어떻든 그 옆구리 살과 풍만한 몸을 사랑하라는 자기 몸 긍정주의다. 그러나 내게는 이것도 공허하게 느껴진다. 이 논리 역시 긍정적으로 느끼라며(!) 우리가 느껴야 할 기분을 지시하기 때문이다. 게다가 이 또한 몸을 우리 정체성과 가치의 중심 전달자로 바라보는 관점이다. 록산 게이가 《헝거》에서 이렇게 썼듯이 말이다. "나는 내 몸이 싫다. 내 몸을 통제하지 못하는 내 나약함이 싫다. 내 몸이 느끼는 방식이 싫다. 사람들이 내 몸을 바라보는 방식도 싫다. 사람들은 내 몸을 빤히 쳐다보고, 내 몸에 대해 처방을 내리고, 말을 얹는다. 나는 자기 가치를 몸 상태와 동일시하는 게 싫고, 이 등식을 극복하기가 너무 힘든 것도 싫다. (…) 내가 모든 크기의 내 몸을 포용하지 못해 수많은 여성을 실망시키는 것도 싫다."[36]

자기 몸 긍정주의는 마치 무슨 칙령처럼 느껴진다. 아무리 '훌륭한' 몸을 가졌더라도 자기 몸을 사랑하는 것은 자연스럽게 이루어지지 않는 경우가 많다. 우리의 몸은 너무도 많은 트라우마를 담고 있다. 그중 다수는 소화되지 못했고, 또 다수는 우리가 계속 몸속에 가둬놓으려 한다. 순응하는 몸을 가진 사람으로서, 또 체질량지수 도표에서 '정상' 한가운데에 자리 잡은 사람으로서 나는 여전히 게이의 말에 공감한다. 왜냐하면 그의 말은 저울 속 수치에 관한 것이 아니기 때문이다. 몸은 단지 우리가 우리의 고뇌를 투사하는 수단일 뿐이다. 제닌 로스가 말했듯, "날씬함은 형태도 무게도 이름도 없는 공허함을 해결하지 못한다. 크게 성공한 다이어트조차 엄청난 실패인 이유는 새로운 몸속에도 전과 똑같은 납덩이 같은 심장이 있기 때문이다. 영적 허기는 절대 육체적 차원에서 해결되지 못한다."[37] 우리에게 필요한 것은 자기 몸 긍정주의가 아닌 중립이다. 어쨌든 자기 몸에 대한 느낌은 각자의 책임하에, 공평하고 균형 있게 표현되어야 한다.

잡지에서 다양한 모양과 크기의 몸을 보여줌으로써 표준을 바꾸고 문제를 해결할 수 있다고 믿는 일은 그저 표적을 옮기는 것에 불과하다. 우리 몸에 대해 긍정적으로 느끼는 것은 《스포츠 일러스트레이티드》Sports Illustrated에 실리는 수영복 차림의 여성 모델들 문제에 대해 기분 나빠 하는 것보다 더 근원적이고 심오한 일이다. 우선 다양한 이미지는 여전히 몸, 즉 겉모습에 관한 것이지 내면에 요구되는 노력과 관련된 것이 아니다. 어떤 크기의 자신도 일단 포용하라며 사람들을 밀어붙이는 것은 내면을 들여다보고, 스스로를 알고, 그것에 귀 기울이고 치유하는 작업을 시작할 필요가 없음을 암시한다. 우리의 몸은 이 모든 세월이 지난 뒤에도 소화하지 못한 것을 말하고 싶어 글자 그대로 죽을 것 같아 하는데, 이런 과정을 그냥 건너뛸 수는 없다.

중요한 것은 우리가 소속감을 통해 안전을 확보하라는 사회의 모든 권고와 죄악에 관해 숙고하면서, 본질적으로 배타적일 수밖에 없는 구조를 '포용'이란 말로 재포장하지 않는 것이다. 그 어떤 사회 규범이라 해도 그 확립의 결과는 고려되어야 한다. 사회를 보다 '포용적으로' 만든답시고 언어를 강제한다면, 이 역시 그 뜻을 이해하지 못하는 사람들을 소외시키는 대가를 치르게 될 것이다. 이 새로운 규칙들은 보다 수용적이거나 나을 수 있겠지만, 애초에 사회적 가치를 규정한 데 따른 문제까지 해결하진 못한다. 우리에겐 우리 모두가 자신을 찾을 수 있는 구조가 필요하다. 아무도 표준이 아닌 구조, 어떤 평가나 꼬리표도 필요 없이 우리가 그저 제 모습 그대로 자유롭게 존재하는 구조 말이다.

*자유*는 평화를 향한 길을 시사하기에 적절한 단어처럼 느껴진다. 어쩌면 그 목표는 몸과 내가 친구로 지낼 수 있도록 몸과의 휴전 혹은 항상성에 도달하는 것이리라. 과학은 아직도 우리에게 어떤 정해진 지점, 우리 몸이 알아서 하도록 맡겨두면 돌아갈 바람직한 체중이 있는지의 여부를 밝히지 못했다. 어쩌면 우리는 영영 모를지도 모른다. 우리가 삶의 매 지점마다 어떤 모습이어야 하는지, 이를테면 어느 부위의 피부가 처지고 어느 부위가 더 찌며 어느 부위가 불량해져 우리의 종말을 부추기는지 정확히 알 수 있는 로드맵이나 방법은 없다. 어쨌든 매년 후려침을 당하기 위해 체중계에 순순히 올라가는 우리 부모님의 접근 방식은 시간에 따른 중력을 부정하는 한 가지 방법처럼 느껴진다. 어쩌면 우리는 다른 방식을 허용할 수도 있을 것이다. 이를테면 만족스러울 때까지 먹고, 우리 몸이 이리저리 헤매도록 놓아두고, 그것이 원하는 미래로 우리를 이끌게끔 우리의 통제권을 포기하는 방식을.

◆

탐식을 필수적인 것으로 받아들일 때
우리는 우리 감정의 대사를 돕고 가장 깊은 허기를 채울 수 있다.

On Our Best Behavior

탐욕

인간의 결핍과 부의 격차

가진 자들과 그렇지 못한 자들 사이의
극심한 불균형.
결핍이라는 우리 정체성의 핵심에 관한 이야기.

Greed

금욕주의의 뿌리

에바그리우스 폰티쿠스는 수도사가 되기 전 이보라Ibora(오늘날의 튀르키예)에서 돈과 땅, 노예를 가진 사람이었다. 그의 전기작가들은 그가 사교계의 유부녀 명사와 사랑에 빠진 뒤 자신의 세속적 재산을 포기하고 사막으로 도피했다고 주장한다. 사막에 도착한 그는 자신의 열정을 다스리며 여생을 보내기로 결심했다.[1] 그는 극도의 금욕주의를 받아들였고, 추운 겨울에 밤새도록 우물 안에 서 있었으며, 소량의 빵과 기름으로만 연명했다.[2] 폰티쿠스와 그의 동료 수도사들은 미래를 위해 돈을 모아두는 것을 거부했고, 하루하루 신에 의지하며 살아갈 수 있다고 주장하며 근근이 먹고살았다. 아마 그들은 일단 더, 라는 생각으로 시작하면 언제가 충분한지 알기 어려운, 소유의 미끄러운 비탈길을 이해했던 것일지도 모른다.

이론적으로는 무엇이든 비축할 수 있지만, 폰티쿠스에게 탐욕은 돈을 모으는 일과 관련된다. 《반박하기》 중 탐욕에 관한 장에 그는 '돈에 대한 사랑에 관하여'라는 제목을 붙였다. 그리고 수도사들을 위한 안내서인 《수행론》에서는 돈에 대한 사랑이 수도사들을 현재의 순간, 신앙에서 끌어낼 것이라 경고하며 이렇게 썼다. "탐욕은 긴 노년, 육체노동을 할 수 없게 될 (미래의) 순간, 다가올 기근, 우리를 찾아올 질병, 극심한 가난, 다른 사람들로부터 생필품을 받는 것에서 오는 커다란 수치심을 마음에 떠올리게 한다."[3] 폰티쿠스의 견해에 따르면, 우리가 감정이란 악마의 노예가 되지 않기 위해서는 신에게 완전히 의존해야 했다.

몇 세기 후 교황 그레고리우스 1세는 폰티쿠스의 사상을 일곱 가지 대죄로 구체화하면서, 이를 더 큰 세상 속 삶에 적용할 수 있도록 수정했다. 그레고리우스 교황은 엘리트들에게 자선을 위한 막대한 기부를 요구하며, 교회의 돈은 실제로 가난한 사람들의 것이기에 교회는 부의 청지기라고 주장했다. 빈틈없는 행정가였던 그는 바티칸을 오늘날 우리가 어느 정도 인정하는 정부로 조직했고, 그가 탐욕을 대죄로 분류한 일은 부유한 시민들로 하여금 교회에 돈을 바치도록 채찍질하는 데 매우 효과적이었다. 가장 명백한 차원의 죄는 부의 축적이 아닌 관대함의 부족인 터였다. 그레고리우스 교황은 더 나아가 이 악덕이 범죄를 일으킬 수 있다고 주장하며 "배신과 사기, 속임수, 위증, 불안, 폭력, 그리고 동정심을 거스르는 냉담한 마음은 탐욕에서 생긴다."라고 썼다.⁴ 하지만 그는 탐욕의 영적 차원과 실제적 차원을 구별하는 데도 주의를 기울였고, 그 덕에 바티칸은 훗날 막대한 부를 축적할 수 있었다. 그리고 친절하게도 그레고리우스 교황은 개인들이 교회에 얼마간의 현금을 기부하는 한 그들의 부를 허용해주었다.*

예수가 남긴 유명한 말이 있다. "낙타가 바늘귀를 통과하는 것이 부자가 천국에 들어가는 것보다 쉽다."(마태 19:24)⁶ 이 경구는 당연히 기독교 내에서 많은 논란과 당혹감을 불러일으켰다. 물질적 부의 적절한 양은 과연 얼마인가? 교회 자체의 부를 의식한 신학자들은 예수의 가르침이 부 자체에 관한 것이라기보다는 탐욕을 만들어내는 돈에 대한 애착—집착적 에너지—에 관한 것이고, 특히 그 부를 계속 나눈다면 더 그렇다고 설명했다. 레베카 코닌딕 드영Rebecca Konyndyk DeYoung 교수는 토마스 아퀴나스에 대해 이렇게 쓴다. "아퀴나스는 관대함이라는 미덕에 반하는 탐욕이라는 악덕에 반대하지만, 그가 사용하는 이 '미덕'virtue의 라틴어 단어 '리베랄리티'liberality는 영어 단어 '자유'liberty와 어원이 같다. 이 언어적 연관성은 관대함이 자유freedom와 관련된다는 힌트를 우리에게 준다. 이 경우에는 돈에 대한 집착과 돈이 살 수 있는 것에 대한 약속으로부터의 자유를 가리킨다. 자유로운 인간의 자유롭고 열린 태도는 탐욕스런 인간이 '내' 돈에 대한 소유욕과 통제욕에 사로잡힌 모습과 대조된다."⁷ 그러므로 부는, 내가 그것의 간수

---

* 가톨릭교회의 재산을 정확히 파악하기란 어렵다. 로마 가톨릭교회의 중앙 행정 기관인 교황청이 관리하는 땅만 해도 1억 7,700만 에이커(약 71만 6,300제곱킬로미터로 남한 영토의 약 7배가 넘는 크기—옮긴이)에 이르고 그 외 교회, 수도원, 미술품, 다른 값진 물건들에 대해서는 말할 것도 없다. 2020년 바티칸이 투명성을 위해 공개한 보고서에 따르면 순자산이 약 40억 유로에 달한다.⁵

가 아니라 청지기일 뿐이라면 괜찮다.

하지만 교회는 그 뒤로 길을 잃었고, 그것이 1517년에 마르틴 루터가 종교개혁을 촉발시키며 한 주장이었다. 루터의 주된 반대는 교회가 구원을 위한 면죄부를 받아들이고 심지어 요구하기까지 했다는 것이었다. 실제로 교회는 회중에게 죄의 교정 *비용*을 지불하라 부추기고 있었다. 더 이상 고해성사와 고행만으로는 충분하지 않았던 것이다. 루터는 이것이 교회의 탐욕일 뿐 아니라 부도덕이라고, 즉 오직 믿음과 신의 은총만이 구원에 이르는 길이라고 느꼈다. 또한 탐욕이 미덕으로 인식되었다는 생각에, 1535년 그는 "오늘날 탐욕은 재능 있고 영리하며 신중한 청지기 의식으로 간주되기에 이르렀다."라고 설교했다.[8] 시장은 상업이란 그럴듯한 이름하에 사람들이 도둑질하고 속이도록 부추기며, '도둑질하지 말라'라는 계명을 어기게 한다는 것이 그의 생각이었다. 또한 그는, 어떤 사람들은 동료 시민들을 상대로 이득을 취하고 뻔뻔스런 도둑질을 하며 그것을 사업 수완이라 일컫는다고 생각했다.

더불어 루터는 부가 신의 은총의 표시이고 가난이 비천함에 대한 정당한 형벌이라는 고질적 생각에 분개했다. 영적 부와 물질적 부를 세심하게 구분하며 그는 후자가 전자와 아무 관련이 없고, 부는 추구하거나 소유하기 위한 것이 아니라 함께 나누기 위한 신의 선물이라 주장했다. 루터는 분명 일의 중요성은 믿었지만, 부가 능력merit과 관련되거나 영적 가치를 지닌다고는 믿지 않았다.[9] 1980년대에 유행한 개신교의 '번영 복음'prosperity gospel (신앙과 긍정적 고백을 통해 경제적 성공, 건강, 행복, 개인적 축복을 얻을 수 있다고 믿는 기독교 교리 — 옮긴이) 때문에 오늘날에는 루터의 믿음이 이상하게 받아들여진다. 유명한, 그리고 엄청나게 부유한 번영 복음 전도사들은 '부와 건강'이 선한 사람들에 대한 하느님의 보상이라 약속하며* 둘 중 하나가 없다면 그것은 나의 도덕적 실패 때문이라고 본다.

우리 문화에서 부는 기회와 접근, 그리고 그에 따른 권력과 확고히 맞물려 있다. 우리는 지금 가진 자들과 그렇지 못한 자들 사이의 극심한 불균형의 시대에 살고 있으며, 둘 사이의 중간 지점은 점점 사라지는 중이다. 더욱이 우리는 탐욕을 특징으로 하는 문화, 즉 지구가 지탱할 수 없을 정도의 압도적 소비주의로 자산 축적**이 이루어지는 시대에 살고 있다. 그리고 부유층 명단은 돈을 추구하도록 훈련받은 남성, 주로 백인 남성들이 지배한다. 사람들의 자산을 매일 추적하는, 《포브스》의 글로벌 '실시간 억만장자' 명단에서 상위 40위권 안에 든 (자산 규모가 335억 달러에서 2,327억 달러에 이르는) 여성은 고작 여섯 명인데[10] 그것도 하나같이 남성이 축적한 재산의 상속자들이다. 프랑수아즈 베텐쿠르 마이어스Françoise Bettencourt Meyers(로레알의 재산 상속인), 앨리스 월튼Alice Walton(월마트의 재산 상속인), 줄리아 코크Julia Koch(코크 인더스트리Koch Industries의 부회장이었던 고故 데이비드 코크David Koch의 부인), 매켄지 스콧MacKenzie Scott(아마존의 창업자 제프 베이조스의 전처), 베아테 하이스터Beate Heister(독일의 슈퍼마켓 체인 알디Aldi의 상속인), 재클린 마스

---

* 번영 복음 전도사 조엘 오스틴Joel Osteen은 재산이 5,000만 달러 이상으로 추정되는데, 그의 30만 달러짜리 페라리가 온라인상에 등장했을 땐 약간 곤란한 처지에 몰렸다.

** 흥미롭게도 '자산'asset은 '충분하다'enough라는 어원에서 나온 단어로, 충분한 재산이 있음을 암시한다.

Jacqueline Mars(사탕 및 반려동물 회사의 상속인) 모두가 그렇다.*

그 명단의 맨 꼭대기에는 빌 게이츠와 워런 버핏이 있다. 잘 알려진 사실이지만, 2010년 그들은 다른 억만장자들이 재산의 50퍼센트를 자선사업에 기부하도록 장려하기 위해 기부 서약을 시작했다(듣기엔 좋지만 여전히 의문은 남는다. 절반으로 줄어든다 쳐도, 그게 누가 *되었든* 그렇게까지 많은 돈을 갖는 것이 적절한가, 하는 의문이. 과연 백인 남성 몇이 세계에서 가장 복잡하고 해결하기 힘든 문제를 돌보겠다고 자처하며 나서도 되는 것일까? 이들 억만장자 대부분이 10년 전보다 훨씬 더 부유해졌다는 사실은 어떻게 해결할까?) 그런데 전 세계 억만장자 2,000명 중 그 서약에 서명한 것은 고작 10퍼센트가량뿐이었다.[12] 누가 봐도 세상에서 가장 많은 부를 얻어낸 가장 부유한 시민들, 그들은 부의 재분배를 믿지 않는다는 이야기다.** 물론 2019년의 재산 분할 당시 아마존 지분의 절반을 가져간, 베이조스의 전처 매켄지 스콧은 예외다. 스콧은 이미 재산의 18퍼센트를 기부했고, 금고가 텅 빌 때까지 적절한 기관들에 수표를 보내겠다고 밝혔다. 한편 스콧의 전남편은 같은 기간에 재산의 1퍼센트를 기부했고, 팬데믹 때는 자기 호주머니에 1,300억 달러를 더 채워 넣었으며, 페니스 모양의 제트기를 타고 우주로 날아갔다. 사적

---

* 《포브스》의 한 2022년 기사에 따르면 전 세계 2,668명의 억만장자 중 여성은 달랑 327명뿐인데, 그중 226명은 부를 상속받은 경우였다.[11]
** 인심과 성차에 관한 흥미로운 연구도 많을 뿐 아니라 부와 공감의 관련성에 관한 연구도 많다. 오싹하게도, 버클리대학교의 폴 피프Paul Piff 교수와 대커 켈트너Dacher Keltner 교수의 몇 차례 연구에 따르면 부유한 이들은 공감을 덜 한다. 이 점 역시 자선 활동의 차이를 일부 설명해주는 것 같다. 2020년의 어느 기부 보고서에 따르면, 전체 온라인 선물 중 거의 3분의 2와 기부금의 53~61퍼센트는 여성에게서 나온다.[13]

우주 경쟁의 대열에 동참한 일론 머스크는 2021년 첫 4개월 동안 1억 5,000만 달러를 기부했는데 이는… 순 재산의 0.08퍼센트에 해당하는 금액이다.[14]

우리 문화는 이런 지나친 탐욕을 허용할 뿐 아니라 그 남성들을 존경한다. 그들이 다른 사람에게 어떤 대가를 전가한다 해도 사업 수완이 좋다면서 말이다. 우리는 남자들이 밥벌이를 할 것을 기대하고, 그들의 직업적 성공을 칭찬한다. 한편 여자들에게는 기부를 기대한다. 연구에 따르면 고액 자산가 중 여성은 남성보다 훨씬 더 타인을 생각한다. 바클레이스Barclays(영국의 글로벌 금융 서비스 기업—옮긴이)의 보고에 따르면 여성은 남성보다 거의 두 배를 기부한다.[15] 또 1980년대의 연구에 의하면 주로 거물 사업가의 아내들인 부유한 사교계 여성 명사들은 기부와 자원봉사를 하지만, 남편의 이름으로 하기 때문에 이는 그들이 아닌 그 남편들의 업적으로 기려진다.[16]

역사적으로 여성은 재산이 없었다. 1970년대 중반까지만 해도 기혼 여성은 자기 이름으로 신용 거래를 하는 것이 불가능했기에 은행 계좌도 못 만들고, 주택 담보 대출도 못 받았다. 여성은 남성의 소유물이었고, 수동적이고 눈부신 트로피, 남편의 성공을 입증하는 쇼 조랑말, 남편의 재정적 능력을 자랑하는 광고판으로 찬양받았다. 남편은 잘 벌고, 아내는 그걸 쓴다. 아내는 남편의 가치를 시각적으로 반영하는 고급 취향의 것들로 온몸을 휘감는다. 얼마나 이상한 유산인가. 이 구조에서 여성은 부와 아무 매개 없는 관계를 형성할 여지가 거의 없다. 또한 탐욕에 의해 이중으로 핍박받는다. 우리는 돈으로부터 멀어지도록 훈련받고 돈은 우리를 위한 것이 아니라고 배우지만, 그와 동시에 물건을 구매해 경제를 움직이는 것이 우리의 일이라고 믿도록 프로그래밍된다. 사회는 우리의 소비주의를 옹호한다. 내가 아는 여성들은 돈에 대해 깊은 양가감정을 갖고 있다. 돈이 약속하는 안전과 권력에 이끌리면서도 돈이 영속화하는 불평등을 역겨워하는 식으로.

여자는 왜 소비하는가

나는 선물가게 냄새를 맡는 데 선수다. 길모퉁이에 펼쳐 놓은 보따리든 가판대든 국립공원 기념품 가게든, 돌돌 만 캔디색 행키 팽키(고급 속옷 브랜드명―옮긴이) 끈팬티가 담긴 계산대 앞 바구니든, 크리스털 샹들리에로 실내 장식을 한 부티크든 상관없이 나는 항상 동등한 기회를 부여하는 소비자였다. 어쨌든 나는 쇼핑과 개인 스타일을 위한 잡지 《럭키》에서 파리, 몬트리올, 로스앤젤레스, 애틀랜타 최고의 부티크를 안내하는 글을 쓰며 20대를 보냈다. 나는 의료용품점에서도 내가 살 만한 물건을 찾아낼 수 있다. 좋아하는 기억 중 하나는 당시 동료이자 지금은 존경받는 소설가인 루만 알람Rumaan Alam이 박제된 사슴 머리를 들고 스태튼 아일랜드(뉴욕의 다섯 개 자치구 중 하나―옮긴이)를 걸어가게 했던 일이다. 나는 그걸 전당포 벽에서 '구해냈다.'

어렸을 땐 솔방울과 씨앗 구슬로 만든 귀걸이로 나무 보석함을 꽉 채웠다. 비록 그것들을 실제로 착용할 수는 없었지만, 나는 그저 가능한 한 많이 갖길 원했다. 용돈을 모아 10달러가 되면 스펜서 선물 가게에서 그걸 쓰고 싶어 부모님에게 쇼핑몰까지 차로 데려가달라고 간청했다.

성인이 되어 여행할 기회가 생기면—주로 일 관련 취재 여행이었다—가방을 비워 가곤 했다. 다시는 가질 기회가 없을 것 같다 싶은 물건이 보이면 무엇이든 집으로 가져오기 위해서였다. 두루마리 천, 빈티지 블라우스, 라오스의 야외 시장에서 꿈처럼 찾아낸 작은 하트 수공예품 같은 기념품은 대단한 가치는 없어 보여도 꼭 사야 할 것으로 내 마음에 꽂혔다. *중요한 건 이런 것들을 손에 넣는다는 거야.* 하지만 집에 도착하는 순간 그 주문은 깨져버리고, 아무것도 작동하지 않는다. 결국 나는 이국적인 옷을 입고 출근하지도 않으며, 그토록 많은 쿠션 커버를 만들겠다는 약속도 결코 실현되지 않는다.

이런 사재기 충동이 광고에서 비롯된 것인지, 아니면 매년 신학기 쇼핑을 하는 것 외엔 나의 충동구매 욕구를 철저히 무시한 부모님에 대한 반응이었는지는 잘 모르겠다. 내가 '어른'이 됐을 때는 그 사재기 충동을 패션지 기자라는 내 직업 탓으로 돌렸다. 나는 이른 아침 TV 방송에 밝은 실크 블라우스와 아슬아슬한 하이힐 차림으로 출연했고, 니먼 마커스 아울렛의 제이크루에서 200달러, H&M에서 150달러, 자라에서 100달러를 쓰는 식으로 빈티지 옷과 세일과 패스트 패션에 상당한 돈을 소비했다. 또한 나는 직업상 '유행에 신경 쓸' 필요가 있고, 폴리에스테르/레이온 옷을 사 입으면 오전 10시 반쯤엔 나쁜 냄새가 날 거라 합리화했다. 자연을 소중히 여기며 자랐음에도 그것은 내가 물건을 구매할 때마다 지구를 오염시킨다는 생각, 잘 만든 옷 몇 벌을 구매해 오래 입는 게 보다 합리적인 소비라는 생각으로 이어지지 않았다. 내가 선호하게 된 좋고, 빠르고, 저렴하고, 두 개를 사면 할

인되는 물건이란 규칙도 실제론 들어맞지 않았다. 내가 산 물건은 진정한 의미에서 좋은 물건이 아니었으나 그건 중요하지 않았다. 색이 잘 조율된 옷장 속 물건들의 양 자체가 내게 편안하고, 안전하고, 풍요로운 느낌을 주었다.

지금 돌이켜보면 더 깊고 무의식적인 이야기가 쇼핑을 부추긴 것이었다. 내 안에는 소비를 통해 국가의 경제를 떠받치는 일이 나의 의무라는, 결국 나는 한 가정의 CEO라는 생각이 뿌리 깊게 박혀 있었다. '경제'economy라는 단어의 그리스어 어원인 'oikos(house)'와 'neimein(manage)'에조차 '집'home이란 뜻이 담겨 있다. 미국 경제는 9·11 테러 사건과 대침체, 코로나를 지나면서도 거뜬히 살아남았으나, 그 악화 가능성에 대한 나의 공포 반응은 시장이 계속 굴러가도록 계속해서 모든 걸 소비하지 않으면 모든 걸 잃을 것이라는 생각으로 이어졌다. 우리는 경기침체가 워싱턴의 정책 입안자가 아닌 *우리의* 책임이라 믿게끔 프로그래밍되었다. 이 북소리는 음흉할 정도로 무의식적이지만, 여성 친구들에게 물어보면 그들도 똑같이 느낀다고, 즉 가족의 안전과 자신의 직업을 지키려면 우리 각자가 편하게 느끼는 정도를 넘어선 소비를 해야 할 것처럼 느낀다고 말한다.

자선사업가 린 트위스트는 《돈 걱정 없이 행복하게 꿈을 이루는 법》에서 9·11 테러의 즉각적인 사회적 영향, 즉 사람들을 돕고, 헌혈을 하고, 슬퍼하기 위해 온 나라가 어떻게 결집했는지를 떠올린다. 우리는 바쁜 일상을 멈추고 함께 모여 애도했다. 그러다 경제가 휘청이자 부시 대통령은 우리에게 싸움을 다짐해주는 대신 쇼핑몰로 달려가 우리의 애국적 임무를 다하라 독려했고, 그의 부름은 내게 큰 울림을 주었다. 트위스트는 "쇼핑은 애국심의 표현으로, 테러리스트에게 그들이 우리의 경제, 소비주의, 미국의 정신, 미국의 생활방식을 파괴할 수 없다는 것을 보여주는 방법으로 그려졌다."라고 썼다.[17] 이 애국 활동은 여성들에 의해 수행되었다. 우리는 더 많이 소비한다.*

20년 후, 이 반응은 코로나로 이어졌다. 다른 사람들처럼 나 역시 코스트코에서 화장지와 통조림을 놓고 싸우는 동료 시민을 지켜보면서, 더 직접적으로는 내 모든 물건과 함께 집에 틀어박히는 것으로 팬데믹에 적극 반응했다. 나를 에워싸려 고른 모든 물건의 에너지가 옷장과 벽에서 진동하는 것이 느껴졌다. 하지만 그 모든 걸 없애고 오직 나 자신 및 가족과만 앉아 있고 싶은 충동만큼이나, 경제 붕괴를 막기 위해 필수품을 더 비축하고 더 많은 물건을 사고 싶은 충동을 느꼈다. 기업과 곧 일시 해고될 근로자들에겐 분명 나의 은퇴 계좌보다 내 지원이 필요할 터였으니.

로스앤젤레스의 화재 지역 가까이에 사는 우리는 지난 몇 년간 두 차례의 화를 가까스로 면했다. 2018년의 며칠 동안 우리는 대피 준비 명령을 받은 상태로 지냈다. 나는 고양이를 담아 데려갈 토트백과 중요 서류를 담을 가방을 준비했다. 작은 옷가방 하나를 챙겨 보석, 예술품 몇 점과 함께 차에 실었다. 아이들은 유모 비키와 함께 지내도록 불길에서 멀리 떨어진 리버사이드로 보냈다. 롭과 나는 집에 앉아 지역 뉴스를 틀어놓고 각자의 노트북을 두들겼다. 짐을 더 싸는 것에 관해

---

* 캐털리스트Catalyst(직장에서의 여성 지위 향상을 추구하는 비영리단체—옮긴이)의 '구매력' 보고서에 따르면 "평균적으로 전 세계 여성의 89퍼센트가 일상 쇼핑 목록을 통제하거나 공유하는 반면, 남성은 41퍼센트만이 여기에 참여한다."[18]

제6장 탐욕

서도 이야기했지만, 전부 교체할 수 있거나 다시 사지 않을 것들이라고 결론지었다. 그냥 물건일 뿐이었다. 내 웨딩드레스는 과연 내게 필요한 것이었나? 롭에겐 정말 에어조던 컬렉션이 필요했을까? 우리는 화마가 우리 집을 지나간다면 모든 물건이 그냥 불타도록 내버려두기로 했다.

그로부터 1년 후의 어느 날 한밤중에 대피해야 했을 때, 우리는 이전의 화재 대피 훈련 덕에 준비가 잘되어 있었다. 우리는 아이들과 고양이와 서류를 챙겨 도망쳤다. 호텔 방에서 화재 관련 보도를 지켜보면서 — 불길이 번진 곳 왼쪽 아래에 우리 집이 있었다 — 우리는 손을 잡고 어깨만 으쓱하고 있을 수밖에 없었다. 이상하게도 새벽 3시의 그 호텔 방은 평화롭기만 했다. 우리는 우리가 무의식적으로 따른 것이 무엇이었는지, 우리 삶의 온갖 올가미를 벗어난 우리는 누구인지, 우리의 삶은 우리와 잘 맞는지, 우리 삶을 새롭게 선택할 것인지에 관해 이야기했다. 유독성 먼지로 뒤덮인 우리 집은 기적적으로 무사했다. 우리는 우리 선에선 가능한 것들을 청소하고 나머지는 버린 뒤 정상으로, 그러니까 이런저런 물건을 끝없이 원하고 필요로 하는 맞벌이 부모와 두 아이의 고단한 일상으로 돌아왔다.

기울어진 운동장

유독 여성이 결핍을 느끼는 것은 어찌 보면 당연한 일이다. 이는 가부장제 내에서 우리가 갖는 정체성의 핵심이며, 우리에게 남성과 권위

구조에 의존해야 한다는 환상을 불러일으킨다. 남성, 특히 백인 시스 이성애자 남성은 사회에 나갈 때 그곳의 자리는 자기들 중 단 몇 명에게만 허락될 것이라고 믿지 않는다. 문화적으로 그렇게 학습되지 않기 때문이다. 그들은 회의실 테이블에 놓인 수많은 의자, 중역실을 향해 잘 닦인 길로 해방된다. 이는 마치 타고난 권리처럼 느껴진다. 남성이 돈을 원하고, 좇고, 부끄러움 없이 자유롭게 그것에 대해 토론하는 건 '자연스러운' 일이다. 남자는 자신을 위해 협상하는 일이 당연시되며, 고용 관리자의 기분을 상하게 할 경우에는 더 많은 기회가 열린다. 남자들은 똑같은 규칙에 따라 경기를 벌일 필요가 없다. 그들은 경기에 참여할 뿐 아니라 경기에서 이기라고 배운다. 그들에게 있어 탐욕과 야망은 좋은 것이고, 혹 반드시 미덕은 아닐지언정 그것들을 추구하리라는 기대를 받는다. 그들은 존경과 찬탄을 받는다.

한때 월스트리트의 외로운 여왕이었던 샐리 크로첵Sallie Krawcheck은 현재 여성들이 재정적 자유를 얻을 수 있도록 돕는 엘리베스트Ellevest 라는 스타트업을 운영 중이다. 샐리는 여성들이 돈에 대해 스스로에게 하는 이야기를 바꾸고 싶어 하고, 우리가 돈에 대해 보다 공개적으로 이야기하기를 원한다. 그는 내게, "여자들은 돈을 너무 적게 벌거나 가졌을 때에도, 돈을 너무 많이 벌거나 가졌을 때에도 수치심을 느껴요."라 말했다.[19] 우리가 골디락스처럼 적당한 지점을 찾아 헤맬 때 균형을 잡는다는 것은 불가능하다. 우리의 연간 소득, 우리의 '가치'—대개는 우리 밖의 권위자들에 의해 결정되며, 특히 우리 중 극소수만이 그 자리에 앉는다는 점에서—는 탐욕과 나태와 교만 사이의 완벽한 벤 다이어그램이 되어 우리가 그걸 받을 자격이 있는지, 그것이 우리의 가치를 반영하는지, 우리는 그것을 받기 위해 충분히 노력했는지를 묻는다. 자신의 트레이딩 비밀, 비트코인 투자, 보너스에 대해 자랑하는 여성은 보기 힘들다. 집 계약금이나 희귀 그림을 사기 위해 돈을 번다고 이야기하는 여성도. 어쩌다 생계를 책임지게 된 기혼 여성조차 자신의 능력을 과소평가하면서, 어떻게든 남편이 더 '남자답다'고 느낄 수 있게끔 남성 지배적 관계를 되찾을 기회를 찾는다.

샐리는 1900년에 1,000달러를 투자한 사람은 이후 전쟁, 경기침체, 공황 등 온갖 일이 있었더라도 지금 5,700만 달러를 갖게 됐을 것이라 말하며 이렇게 설명했다. "우리는 항상 성별 임금 격차에 대해 이야기해요. 남성은 1달러인데 여성은 82센트라는 매우 실망스런 격차죠. 그런데 성에 따른 부의 격차는 어떤 줄 아세요? 1달러 대 무려 32센트예요. 적어도 임금 격차는 약간이나마 긍정적인 방향으로 움직이고 있지만, 부의 격차는 반대 방향으로 가고 있는 거예요. 그 이유 중 하나는 남성이 여성보다 더 많이 투자했기 때문이고요. 어려운 시장에서도 어쨌든 부는 늘어나니까."[20]

이런 불평등의 이유 중 하나는 돈을 둘러싼 담론이 여성들에겐 부족한 탓이다. 우리는 재정에 관해 잘 모르고, 주식보단 소비재에 지출하라는 압력을 더 많이 받는다. 하지만 그것은 보기보다 더 근본적인 문제다. 여성은 남성과 같은 정도로 시장에 참여하지 않는데, 이는 노력 없이 돈을 버는 일을 잘못이라고 느끼기 때문인 듯하다.[21] 하지만 만약 우리가 돈을 균형의 매개체로, 재화나 고용과 교환되는 유한하고 한정된 것으로 본다면 소득에 대한 소극적인 생각이 오히려 죄로 느껴질 것이다. 일단 개입하기 시작하면 우리는 금방 따라잡을 테고,

실제로 직업적으로든 개인적으로든 투자 실적에서 여성은 남성을 능가하는 게 사실이다.*[22] 하지만 우리 중 시장에 참여할 수 있는 자원이나 근본적 자신감 또는 의지를 가진 사람은 너무 적다. 아무것도 하지 않음으로써 돈이 생겨나게 하는 일은 결코 여성의 첫 번째 본능이 될 수 없을 것만 같다. 우리에게 부는 어떤 결과물이나 재능 혹은 일과 연계되지 않은 마술적 환상이 아닌, 물질에 기반을 두는 것이기에.

몇 년 전 샐리는 나와 술을 마시다가, 여자아이들은 어렸을 때부터 돈 이야기를 하는 것이 무례한 것으로 프로그래밍된다는 이야기를 했다. 그러더니 내게 "얼마나 벌어요?" 하고 날카롭게 물었다. 그의 존재감은 압도적이었고, 그래서 나는 즉각 직설적으로 대답했다. 결국 우리는 돈에 대해 말하는 연습을 하고 있다고 생각했으므로. 그는 화들짝 놀라 하마터면 의자에서 떨어질 뻔했다. "이 질문에 대답한 여자는 당신이 처음이에요. 당신이 그렇게 할 줄은 몰랐어요. 대개는 '너무 많이요' 혹은 '별로 안 많아요'라 얼버무리고선 화제를 바꿔버리죠." 이런 조심스러움은 우리에게 많은 대가를 치르게 한다. 이야기를 통해 돈에 대한 수치심을 주입받은 우리는 본질적으로 자신이 더 낮은 가치로 평가받는 데 동의했으며, 돈을 요구하고 따지고 그것에 편안해지는 법을 모른다. 우리가 성별에 상관없이 적절하고 공정하게 받고 있는지 측정할 데이터도 부족하다. 우리는 돈을 원한다는 것 자체를 부끄럽게 여기고, 우리가 그럴 자격이 있는지조차도 알지 못한다. 게

---

*　이에 대해 연구자들은 여성의 경우 조사는 더 많이 하고, 거래는 덜 하며, 과도한 자신감을 조장하는 테스토스테론이 적기 때문이라고 생각한다.

다가 저축보다는 소비를 하라고 권유받아왔기에 삶의 파국적 순간에도 무너지지 않도록 부를 축적할 기회를 놓쳤다. 모두가 충분한 상태에 이르는 것은 분명 경제에 필요한 부분이다. 하지만 우리 사회가 안전망을 제공하려 하지 않기에, 그 일은 결국 우리 각자의 몫이 되었다.

돈에 관한 고백

나의 어머니는 돈으로 인한 스트레스가 많은 가정에서 자랐고, 그 탓에 어머니에겐 결핍에 대한 두려움이 아로새겨졌다. 아버지가 충분한 돈을 벌었음에도—몬태나 기준으론 부유층에 속했다—어머니에겐 그것이 결코 충분하다 느껴지지 않았다. 어머니는 언제 재정적 재앙이 닥쳐올지 모른다며 항상 경계했다.

결핍과 풍요 사이를 오가는 어머니의 모습은 마치 폭식과 절식을 오가는 모습과 비슷했다. 어머니는 믿을 수 없을 정도로 인심이 후하고 기부도 정기적으로 했지만, 그런 다음엔 마치 죽 잡아당겼다 놓은 고무줄에 얼굴이라도 맞은 듯 허겁지겁 긴축 재정에 들어갔다. 돈은 충분했지만, 어머니는 그것이 언젠가 어떤 식으로든 증발해버릴까 노심초사했다. 나는 어머니가 계산에 집착하는 것을 느낄 수 있었다. 이를테면 라테를 살까 말까 망설이는 식으로. 누구에게든 빚을 지는 게 너무 싫은 나머지, 비디오테이프 반납 기한을 넘겼을 때면 어머니는 나에게 가게로 들어가 연체료 1달러를 지불하게 했다(가게 주인들은 나를 바보라 생각했다. 다음 대여가 곧 연체료라는 건 상식에 가까웠으니까!).

미친 사람은 어머니임을 스스로 확인하기 위해 나는 어머니를 조롱했지만, 어머니의 불안은 너무도 명백할 뿐 아니라 전염성까지 있었다.

나 역시 결혼 후 처음 몇 년 동안은 남편을 비슷한 처지로 내몰았다. 맛있는 저녁 외식을 하러 나갔을 때마다 나는 돌아오는 차 안에서 청구서에 대한 불안감을 토로했고, 그러면 남편은 이렇게 말했다. "좀 혼란스럽네. 이건 당신 아이디어였잖아." 그건 사실이었다. 마음의 끈을 약간 풀고 즐기는 순간 안전의 약속이 파괴되어버릴 거라는 기분을 제법 넉넉한 은행 잔고로 상쇄시키지 못한다는 점에서, 나는 어머니와 닮은꼴이었다.

이를 바꾸어놓은 것은 미처 예상치 못했던 한 사건이었다. 어머니는 1980년대에 〈도나휴〉Donahue라는 TV 프로그램에 '비교적 부유한 주부'로 출연해, 돈에 대한 공포와 궁핍 혹은 당시의 표현을 빌리자면 '노숙자 아줌마가 되는 것'에 대한 두려움에 관해 이야기한 적이 있었다. 청중은 어머니에게 야유를 보냈다. 백인 의사의 아내는 그런 상태에 대한 두려움을 주장할 만큼 가난과 가깝지 않다고 느낀 터였다. 당시 나는 겨우 여덟 살 정도였음에도 수치심이 밀려오는 것을 느꼈다. 상대적으로 이렇게나 많이 가진 어머니가 어떻게 감히 결핍에 대해 목소리를 낼 수 있는 걸까? 적어도 내 어머니를 볼 때 청중은 불안이 종종 비합리적—불확실한 미래에 얽매여—이고, 우리 중 많은 사람이 그 안에서 허우적대며, 다음 구명정을 찾으려 미친 듯이 수평선을 두리번거린다는 것을 잘 몰랐다. 자기 안에 불안이 있으면 타인의 기준에서 '부유하다'는 것은 하나도 중요하지 않기에.

2019년에 나는 글로리아 스타이넘Gloria Steinum(미국의 페미니스트 저

널리스트이자 사회운동가 — 옮긴이)을 만났는데, 그도 내 어머니와 같은 날 〈도나휴〉에 초대 손님으로 출연했다. 스타이넘은 그 에피소드를 기억했을 뿐 아니라 그 중요성에 대해, 그리고 어머니가 말한 근거 있는 공포에 대해 단호히 말했다. 당시 모든 사회경제적 수준의 여성들에 있어 가난에 대한 두려움을 말한다는 것이 얼마나 중요했는지, 우리 세상에서 돈이 안전과 동의어일 때 다른 사람에게 의존한다고 느끼는 것이 얼마나 트라우마였는지를. 배우자에게 돈을 의존한다는 것은 무서운 일이며, 이 의존이 바로 가부장제 권력의 뿌리다. 어머니의 경험상으론 여성이 경제권을 쥐고 자기 미래를 통제하지 않는 것이 문화적 규칙이었다. 스타이넘은 또한 그 에피소드가 얼마나 혁명적이었는지에 대해서도 말했다. 여성은 돈에 관해 이야기하지 않고, 자신이 그걸 원한다는 것을 숨기고, 어쩌면 어느 날 나타난 젊은 모델 때문에 자신은 무일푼으로 버림받을지도 모른다는 진짜 공포에 대해 침묵하도록, 그러면서 공짜로 얻어먹는 사람이라는 오명을 뒤집어쓰고 살도록 길들여졌기 때문이다. 보이지 않는 가사 노동은 GDP에 잡히지 않는다. 이 점에서 지난 35년 동안 변한 것은 별로 없다.

이런 요인 등으로 여성들은 자기결정권에서 오는 안정감의 사치를 거의 느끼지 못한다. 우리의 가치는 너무도 가변적이다. 우리는 적게 가져갈 뿐 아니라 그마저도 착하게 행동하고, 줄을 잘 서고, 제 역할을 다해야 한다는 메시지와 더불어 갖는 데 익숙하다. 오직 그럴 때에만 우리는 봉급과 수당과 사회 복지 지원을 정당화할 수 있다. 우리는 감사해야 한다. 우리는 망치지 않는 데 선수다. 우리는 '…하면'이란 말의 세상 속에서 자라고 훈련받았다. 제대로 된 남자와 결혼하면 은퇴

후 생활이 보장될 거야. 열심히 일하면 승진할 수 있을 거야. 내가 좋은 사람이라면 우리 아이가 아프지 않고 부모님도 영영 돌아가시지 않을 거야. 충분히 벌고, 충분히 저축하고, 충분히 쓰면… 난 괜찮을 거야. 안전할 거야.

어렸을 적 오빠 벤과 나는 다른 아이들과 마찬가지로 말을 먹이고 잔디를 깎는 허드렛일을 하며 부모님으로부터 매주 용돈을 받았지만, 나는 항상 '진짜 일'도 했다. 진료실에서 차트를 정리하고, 검사실을 준비하고, 머리에 망을 뒤집어쓰고선 병원에 식자재를 배달하고, 예일대 심리학과에서 연구비 지원서를 관리했다. 2002년 대학을 졸업했을 때 비록 실용적인 전공 대신 인문학 학위의 약속에 훌렁 빠져버리긴 했지만, 각종 청구서 대금을 내는 일이 내 구직의 초점이 되어야 한다는 것만은 알고 있었다. 내가 졸업하기 전의 몇 년 동안 월스트리트는 아이비리그 출신들을 너무도 간절히 원해 16×16을 셈할 수 있는 사람이라면 누구에게든 일자리를 제의했기에, 나는 꽤 괜찮은 직장을 잡을 수 있으리라 생각했다. 이 유리한 상황의 수혜자에는 비교종교학을 전공한 나의 오빠 벤도 포함되었다. 오빠는 2년 동안 인수합병 분야에서 일하다가 출판계로 이직했다. 나는 영어와 순수미술을 전공했음에도 내가 평생 뭘 해야 할지 알아내는 동안엔 그런 일자리가 나를 먹여 살려주리라 생각했다.

그러나 2001년 9·11 테러로 국가와 경제가 흔들리면서 첫 번째 인턴 버블이 터졌다. 최고 은행인 골드만삭스Goldman Sachs는 금융 전공자에 대해서조차 신입 채용 제의를 철회했다. 고용 시장은 암울했다. 나는 소파에 틀어박혀 수백 통의 이력서를 보내고, 정보 인터뷰를 요청하고, 답신 전화가 오지 않는 휴대폰의 엄청난 요금에 사색이 되었다. 무섭고 우울한 4개월이 지난 후에는 《럭키》에서 신입 프리랜서 일자리를 얻어 몇 안 되는 편집자를 위한 기본 행정 업무를 담당하게 되었다. 또다시 실직 상태에 놓일까 두려운 마음에, 나는 나를 없어선 안 될 사람으로 만들어줄 모든 방법을 찾았다.

그 후 몇 년 동안 여러 잡지사에서 이런저런 일을 한 끝에 나는 결국 하나의 이력을 갖게 되었다. 내가 쓴 글은 대부분 쇼핑에 관한 글이었는데, 너무 변절자가 된 것처럼 느끼기 싫어 여행 이야기도 약간 섞었다. 그리고 보수가 썩 좋지 않은 이 분야에서 조금이라도 수입을 더 짜내려 업계 내를 두리번거린 끝에 부업으로 대필 작가 활동을 했다. 뉴욕시에서 성공을 노리는 거의 모든 사람이 그렇듯 나는 여차하면 빚을 질 수도 있는 상태에서 간신히 생계를 이어갔고, 모르는 사람들과 함께 쓰는 아파트였지만 주말에도 종종 외출을 하지 않았다. 일단 현관문을 나서면 식료품과 커피, 책 구입, 지하철 요금 등으로 25달러는 써야 하기 때문이었다.

누군가로부터 구조받고 싶다는 마음도 잠깐 들긴 했으나, 나는 결국 의존이 나의 불안감을 키울 뿐이며 내 두 발로 서야 한다는 사실을 깨달았다. 만약 20대 때 나와 사귀다가 의도치 않게 내 역심을 키워준 남자들이 아니었다면 아마 나는 지금의 이력을 갖지 못했을 것이다. 내 학벌과 콘데 나스트Condé Nast(미국의 글로벌 미디어 기업으로 《보그》, 《럭키》, 《GQ》 등 유명 잡지들을 펴내고 있음—옮긴이) 직원이라는 이력을 사랑하고, 쿼그(부유층의 별장이나 주거지가 있는 뉴욕주 롱아일랜드 남부의 작은 마을—옮긴이)에 사는 자기들 할머니를 짜증나게 할 거라 여겨질 정도로 특이한 나의 몬태나 뿌리와 미묘한 괴짜 성향을 높이 산 남자들에게 나는 미끼였다. 그들은 히피 흉내를 내는 부유층 젊은이, 지루한 기업 변호사, 헤지 펀드 투자자 들이었고, 내 직업에 대해선 그저 그런 직업, 결혼한 뒤 용돈 정도를 벌고 싶은 게 아니라면 확실히 포기할 취미에 가까운 직업이라 여겼다. 그중엔 자신과 결혼하면 나와 자기를 연결해준 친구에게 버킨백을 사주겠다고 한 남자도 있었다. 하지만 재정적으로 무척 힘들 때조차, 나는 내 운명을 다른 이의 손에 맡기느니 고가의 가죽 가방을 갖든 못 갖든 자족을 향해 천천히 나아가는 쪽을 선호한다는 사실을 깨달았다. 누군가의 소유물이 되는 느낌에는 관심이 없었다. 재정적 안정과 독립은 내게 가장 중요한 일이 되었고, 나는 자기 힘으로 돈을 버는 게 중요하다고 스스로 다짐했다.

그러다 스물아홉 살 때 남편 롭을 만났다. 우리는 금세 사랑에 빠졌고, 둘 다 많은 돈을 벌진 못했기 때문에 얼른 살림을 합치며 뉴저지로 거처를 옮겼다. 맨해튼이 보이고 출퇴근 거리가 비슷한 50평짜리 옥탑방이었음에도 맨해튼 놀리타의 내 11평짜리 방보다 약간 더 비싼 곳이었다. 나는 쇼핑을 계속했고, 미래를 위해 돈을 모으기가 힘들었다. 내가 번 돈을 순환시키지 않는 것이 마치 잘못된 일인 듯 느껴져서였다.

소비 중독과 고대의 지혜

언젠가 기사를 쓰기 위해 히말라야 기슭의 아유르베다(고대 인도 힌두교의 대체 의학 체계—옮긴이) 스파인 아난다에 머무르게 됐는데, 그 연노랑색 로비에 들어서는 순간 나는 내가 경험하는 감각이 뭔지를 알았다. 가슴 속에서 솟구쳐 오르는 익숙한 전율은 상거래의 향기였다.

닷새간 이뤄지는 신성한 인도 정화 의식인 판차카르마의 첫날, 남편과 두 살배기 아들이 있는 곳의 지구 반대편에서 나는 내 병을 말끔히 씻어줄 아유르베다 의사에게 결정권을 넘겨주기로 되어 있었다. 내 유일한 임무는 매일 아침 새로 제공되는 가슬가슬하게 풀 먹인 흰색 쿠르타 잠옷을 입고 방에서 하타 요가실로, 스파로, 명상 수업실로, 식당으로 조용히 다니는 일이었다. 나는 이 치료법이 내 몸에서 독소를 제거해줄 것이라 약속받은 바 있었다. 여러 번의 관장(코 청소를 포함한) 덕분에 나는 모든 걸 뒤로한 채 더 나아지고, 더 빛나고, 더 가볍고, 확실히 더 비워질 것이었다.

하지만 나의 도샤dosah(아유르베다에서 개인의 생리적·심리적 특성을 나타내는 세 가지 기본 에너지 혹은 원리—옮긴이)—공간과 바람으로 이루어진 바타, 불과 물로 이루어진 피타, 물과 땅으로 이루어진 카파 체질 중 나는 바타 체질이었다—를 정한 의사와의 상담 후 나는 아래층 리셉션 데스크 뒤에 있는, 자이푸르Jaipur(인도의 도시 중 하나—옮긴이)의 대표적 보석 가게인 '보석궁전'에서 공수되어 온 보석함들 근처를 계속 맴돌았다. 다이아몬드 조각 목걸이, 루비 펜던트, 뱀 모양의 금반지도 있었는데 모두 충동구매를 할 만한 가격은 아니었다. 나는 하나하나 다 착용해본 후 자리를 떴고, 다음 날 아침에 다시 돌아왔다. 그리고 그 자리에서 슬슬 생일이 가까워지는 엄마에게 문자를 보냈다.

"엄마, 엄마한테 이 목걸이를 꼭 사드리고 싶어. 아니면 이 목걸이."

"아니야. 나는 하고 다니지도 않는 예쁜 목걸이가 이미 수두룩해. 고마운 생각이지만 제발 돈을 아껴."

"엄마, 이 반지는 어때?"

"아니, 안 낄 거야. 돈을 아끼라고. 네가 여기 오는 것 외엔 아무것도 필요 없고 바라는 것도 전혀 없어."

물론 엄마 말이 옳았다. 나 역시 그런 생일 선물은 필요치 않았다. 마음 같아선 거기 있는 물건을 싹 쓸어오고 싶었지만, 결국엔 그중 어느 것도 착용하고 다니지 않을 것임을 나는 알고 있었다. 이미 쟁여둔 것만 해도 두 평생은 하고 다닐 만큼 충분했으니. 반지도 목걸이도 너무 많았다. 그럼에도 나는 모든 상품을 사진으로 찍고선 저녁 식사 자리에서 넘겨보며 최종 선택을 숙고했다. 신용카드를 꺼내는 것은 이미 예견된 결론이었다.

며칠 후, 한 젊은이(열여덟 살로 아주 어렸다)가 다가오더니, 자신을 1980년대에 뭄바이의 스와미 파르타사라티Swami A. Parthasarathy가 설립한 베단타 연구소Vedanta Institute의 방문학자 칼린이라고 소개했다. 그는 자기 강연에 나를 초대했고, 마사지와 요가 니드라nidra(아유르베다에서의 수련법 중 하나—옮긴이) 수업이 없었던 나는 그를 따라 옆방으로 들어갔다. 이후 그는 내 인생을 바꿔놓았다. 고대 인도의 철학인 베단타는 4종의 베다Veda(산스크리트어로 된 힌두교 경전)의 결론에 기초하며, 그 문자적 뜻은 '지식의 끝'이다. 발생 시기가 서기 5세기까지로 거슬러 올라가지만 이 철학은 놀라울 정도로 현대적이다. 그 기본 명제는, 우리가 지성(지식과 혼동하면 안 된다)을 덜 발달시키고 추진력이 삶을 추동하게 함으로써 스스로를 비참하게 만든다는 것이다. 베단타 세계관에서 보는 발달된 지성은 명상과 의식적 알아차림에서 오며, 이를 통해 우리는 무언가에 대한 생각에서 분리될 수 있다. 우리의 마음은 감정, 즉 우리가 좋아하는 것과 싫어하는 것의 자리다. 우리의 마음은 우리를 지치게 하고 미치게 한다. 우리는 그것을 제대로 관리할 수 없다.

8년이 지난 지금까지도 생각나는 칼린의 세 가지 이야기는 다음과 같다.

1. 좋아하는 것과 싫어하는 것으로 마음을 가득 채우면, 우리는 세상이 우리의 선호를 충족시키지 못할 때 실망하게 된다. 우리가 통제할 수 있는 유일한 부분은 우리 자신과 우리가 환경에 반응하는 방식이지만 우리는 세상과 다른 사람들이 변해야 한다고, 혹은 달라져야 한다고 주장한다.
2. 우리의 마음은 과거를 반추하고 미래를 걱정하는 데 엄청난 에너지를 사용한다. 현재에 집중하는 훈련을 하지 않으면 항상 피곤할 것이다.
3. 무언가를 얻기 직전이 가장 기쁜 순간이다. 무엇이든 막상 내 소유가 되는 그 순간, 그것의 가치는 모든 면에서 떨어진다. 15미터짜리 요트를 구매한 사람은 이제 30미터짜리 요트를 갈망하고, 비즈니스 클래스 표를 구매한 여자는 퍼스트 클래스를 타고 싶어 한다. 선물가게에서 다이아몬드 조각 목걸이를 찾는 여자아이는 나중에 더 값비싼 무언가를 원할 것이다. 이는 소비주의에 기반한 '도착 오류' arrival fallacy(긍정 심리학자 탈 벤-샤하르Tal Ben-Shahar가 명명한 심리 현상

으로, 목표를 달성하거나 의도했던 도착 지점에 이르면 그 후론 영원히 행복할 것이라는 착각에 빠지는 것을 뜻함—옮긴이)다. 마침내 구매할 물건은 결코 우리에게 만족을 주지 않을 것이다.

그 말과 함께 주문이 풀렸다. 나는 로스앤젤레스 집의 내 보석함에서 빛을 잃은 채 방치된 그 목걸이를 상상했고, 더는 그것을 원하지 않았다. 그 어떤 것도. 쇼핑은 내 안의 일시적이나 끈질긴 욕구를 채워주지만, 근본적인 허기나 필요를 해결하는 데는 아무 도움이 되지 않는다는 것을 나는 깨달았다. 그간 내가 물건을 산 것은 그저 소유하기 위해, 수집하기 위해서였다. 칼린의 말을 들은 뒤로 선물가게는 그 힘을 잃고 말았다.

'가치'와 '값어치'의 차이

문화적으로 우리는 값어치worth와 가치value를 동일시한다. 하지만 내가 배운 바에 따르면 이 두 단어는 전혀 동의어가 아니다. 값어치는 외적 승인이다. 세상은 내가 어떤 자격이 있는지를, 그리고 그에 상응하는 내 지위를 결정한다. 값어치는 나의 시간을 포함해, 어떤 것에 대한 비용과 같다. 반면 가치는 내적 계산이다. 그것은 훨씬 더 심오하고 개인적인 것, 나에게 특히 중요한 것이다.

여성들이 시장에서 자신의 가치를 정의하기 시작하고 그에 이어 자신을 옹호해야 할 때 상황은 더 어려워진다. 나의 시간, 재능, 에너지가 가치 있다고, 많은 값어치가 있다고 말하는 것은 당혹스러운 일이다. 내가 인재 스카우트 전문가와 인사 전문가에게 전화를 걸어 여성들이 어떻게 채용 제안을 협상하고 임금 인상을 탐색하는지 물었을 때, 그들의 대답은 그리 긍정적이지 않았다. 와튼 경영대학원의 협상 전문가 모리 타헤리포어 Mori Taheripour는, 여성들은 보통 협상에 뛰어나지만―협상은 감정 이해와 공감과 공통 이익을 바탕으로 한 기술이기에―자신들을 위해 협상할 때는 그렇지 못하다고 설명했다. 그다음으로는 무언가를 요청하기 힘들어한다. 지나치게 설명하거나, 걱정스레 정당화하거나, 아예 접어버리는 것이다(협상의 기술은 불편한 침묵 속에서 가만히 기다리는 침착함을 요구한다. 이는 누구에게나 어려운 일이지만, 모두가 기분 좋고 편안하도록 배려해야 한다고 배운 우리 여자들에게는 특히나 더 어렵다). 또한 타헤리포어는 여성이 다른 여성에게 관대하게 대하기 어려워함을 시사하는 연구를 인용했는데, 이는 아마도 괴롭힘 당한 경험을 저도 모르게 되돌려주고 싶어 하는 심리와 관련이 있을 것이다.[23]

인사 부서의 또 다른 한 임원은 상대가 더 높은 금액으로 받아칠 것을 기대하며 회사를 대신해 제안했다가 그런 요구를 받지 않는 불편한 상황에 놓일 때가 많다고 했다. 그는 "여성들은 자신을 위해 협상하지 않아요."라면서, "그들이 묻고 따지는 과정 없이 첫 제안을 받아들이면 정말 미칠 것 같지만, 나는 회사를 대표하기 때문에 그들에게 더 많이 요구하라고 정확히 말해줄 수가 없죠."라고 설명했다. 더 나은 제안을 요구하지 않으면 시간이 지남에 따라 그 차이가 훨씬 크게 벌어지기 때문에 나중엔 극복하기 어려워진다. 그는 또 타헤리포어가

지적한, 우리가 다른 여성에게 더 깐깐하게 구는 경향을 강조하며 이렇게 말했다. "반면 여성 임원은 급여와 성과급 인상에 보다 인색하고 냉정한 경향이 있다는 사실도 발견됐어요. 자료에 근거한 것이 아니라 그저 내 관점일 뿐이지만, 이런 경향은 자신들이 힘겹게 정상에 올라야 했으니 세상에 쉽게 이뤄지는 건 없다는 생각에서 비롯된 것 같아요."

세상에 쉽게 되는 게 있기라도 하다면야. 하지만 나는 이 말이 옳다는 것을 안다. 몇 년 전 나는 한 젊은 편집자에게 내가 생각하기에 후한 제안을 했고, 그 편집자는 면밀한 조사를 거쳐 꽤나 큰 차이가 나는, 내 첫 제안은 결국 그다지 후한 것이 아니었음을 시사하는 역제안으로 화답했다. 인정하기 부끄럽지만, 나의 첫 반응은 '*대체 자기가 뭐라고 생각하는 거지?*'였다. 나는 그 젊은 여성을 고용하고 싶었지만, 반사적으로 그 제안을 거절하지 않기가 몹시 힘들었다. 어쨌든 그 자동반사적 반응을 무시하고서 나는 그가 요구한 것을 들어줬고, 그는 우리의 가장 대단한 스타 편집자들 중 한 명이 되었다. 나는 그 여성의 용기와 진취적 태도를 소중히 여기게 되었다. 나는 스스로를 점검할 필요가 있었다. 그가 제안한 것은 내 제안이 자신의 가치와 일치하지 않는다는 것뿐이었고, 결국엔 그가 옳았다.

나는 한때 나와 함께 일했던 남자가 나보다 두 배나 많은 돈을 벌었다는 사실을 알게 된 맥락에서, 봉급으로 측정되는 가치에 대해 생각했다.* 봉급의 격차도 아팠지만, 그의 봉급 액수와는 상관없이 그 사람과 함께 일하는 것 자체도 상처가 됐다. 그는 지극히 평범했다. 건설적인 아이디어를 내놓지도, 좋은 결과를 창출하지도 않았으며, 자기

팀을 소외시켰다. 하지만 그는 자신의 영향력 부족을 전혀 깨닫지 못하는 축복을 누렸다. 백인 이성애자 중년인 그는 마치 자신의 존재가 회사에 선물인 것처럼, 반신반인처럼 행동했다. 한편 나는 내 자리에 있는 것이 너무나 감사했기에 내 가치를 보여주기에, 즉 나의 가치를 증명하고, 설명하고, 강조한 다음 다시 돌아가 그게 충분한지를 확인하기에 급급했다. 이것은 지난 세월 동안 내가 함께 일한 대부분의 여성에게서 받은 인상이기도 했다. 우리는 날마다 우리의 값어치를 보여주려 분주히 움직였다(제2장 '나태' 참조). 그 남자가 너무 적게 일한 것이 억울했는지, 아니면 내가 너무 많이 일한 것이 억울했지는 잘 모르겠다.

2017년엔 여배우들 사이에서 동등한 출연료에 대한 강력한 요구가 일었다. 할리우드에서의 성차별을 종식하기 위해 싸운 '타임즈 업' TIME'S UP이란 운동의 일환이었다. 공식적인 운동이 일어나기 전에 몇몇 여배우가 파장을 일으켰는데, 특히 제니퍼 로런스는 해킹된 이메일에서 자신과 에이미 애덤스Amy Adams가 〈아메리칸 허슬〉에 함께 출연한 제러미 레너Jeremy Renner, 크리스천 베일Christian Bale, 브래들리 쿠퍼Bradley Cooper 보다 적은 출연료를 받은 사실이 밝혀지자 이를 문제 삼았다. 2015년에 로런스는 《레니》Lenny(미국의 영화감독이자 배우인 레나 던햄Lena Dunham과 편집자 제니퍼 코너Jennifer Conner가 만든 온라인 페미니스트 주간

---

* 임금 불평등을 우연히 발견하는 일은 심심치 않게 일어난다. 나 역시 몇 번이나 그런 일을 겪었는데, 한번은 내가 회계 실수를 보고한 사람이 어쩌다 그 사실을 흘린 탓이었다. 요는 이런 정보가 밖으로 샌다는 것이다. 그러니 기업들은 보상에 투명해지는 편이 훨씬 좋을 것이다. 무엇보다 그 보상에 대해 제대로 된 할 말이 있어야 하므로.

지—옮긴이)에 이렇게 썼다. "진짜로 싸우지 않고 협상을 끝내기로 한 결정엔 호감을 얻고 싶다는 바람이 한 가지 요소로 작용했을 거라고 말하지 않는다면 거짓말을 하는 게 될 것이다. 나는 '까다롭거나' '제멋대로'로 보이고 싶지 않았다. 당시엔 그게 괜찮은 생각인 것 같았다. 인터넷에서 그 출연료를 보고 나와 함께 일하는 모든 남자는 자신이 '까다롭거나' '제멋대로'인 사람으로 보일 걱정을 전혀 하지 않는다는 사실을 깨닫기 전까지는."[24]

1인칭으로 쓴 이 에세이에서 로런스는 그 정도의 돈이 정녕 필요치 않았기에 협상을 하는 것이 이상하게 느껴졌다고 인정했다. 부유한 여배우들이 남배우들과 동일한 보수를 주장한다는 이야기를 처음 들었을 때의 내 직관적 반응이 솔직히 그랬다. 이미 충분히 가진 그들이 수백만 달러를 두고 옥신각신하는 모습으로 여겨졌던 것이다. 그러고 나서 깨달았다. 이런 반응이 얼마나 철저히 문제를 영속시키는지를. 물론 로런스는 그 돈이 필요하지 않지만, 착하고 감사할 줄 아는 여자 이미지를 우선시함으로써 불공정한 시스템에 순응할 필요도 없었다. 그것은 모든 여성에게 끔찍한 선례이며, 우리가 반드시 떨쳐내야 하는 우리의 성향이다.

여기서도 우리는 다시 호감과 수용의 세계로 돌아간다. 왜냐하면 가부장제는 여성들이 항상 화해하고, 순종하고, 모든 걸 기분 좋게 해야 한다고 주장하기 때문이다. 판돈과 압박이 클수록 이런 기대는 여성이 자신의 욕구보다 다른 사람의 편안함을 우선시해야 함을 뜻한다. 영리한 생존 전략이고, 가부장제가 작동하는 방식이다. 하지만 이는 계속해서 우리를 작은 상태로, 꽉 묶여 있도록, 우리 몫에 감사하게끔 만든다. 여성과 돈에 관해서라면 수백만 가지의 구조적 문제가 존재한다. 하지만 우리가 다른 사람들에 비해 얼마나 많이 가졌는지를 인정해야 한다는 주장, 즉 우리가 탐욕스럽다는 암시는 너무도 교활한 후려치기다. 우리 문화는 우리가 자궁 안에서든 밖에서든 보살핌을 우선시하고, 품고, 보호하고, 먹이도록 길들인다. 이것은 나쁜 본능이 아니다. 그러나 계속해서 젖을 짜내는 것, 남성이 더 가질 수 있도록 여성이 덜 가지는 것은 잘못된 일이다.

결핍의 경제학과 뇌과학

식료품점의 농산물 코너에서든 직장의 고용 관리자와의 대화에서든, 자기가 필요로 하고 사용할 만한 것만 갖는 자기인식과 자제력의 소유자를 나는 별로 본 적이 없다. '낭비하지 말고 원하지 말라'는 다 헛소리다. 오늘날의 문화에서는 항상 뭐든 많을수록 좋다. 이런 비축과 과잉 구매 성향은 사실 비합리적인 것이 아니라 오히려 그 반대다. 긴 겨울과 가뭄에도 살아남을 자원을 모으고 비축하던 인류 초기 때부터 우리 몸에 각인된 성향인 것이다. 우리의 원시적 마음은 식료품점의 풍요로움과 가용성을 따라잡지 못했다.

    나는 아들을 낳은 뒤 아기 모임에 나갔는데, 탠디라는 이름의 현명한 여자가 리더였다. 그는 어느 초보 엄마가 젖이 잘 나오지 않는 것에 미친 듯이 좌절하며 우는 모습을 보고 이렇게 말했다. "당신이 그렇게 느끼는 것은 당신의 몸이 저 모퉁이 가게에서 분유를 판다는 걸 모르기 때문이에요. 몸이 당신의 아기는 죽을 거라고 믿게 만드는 거죠. 하지만 그렇지 않아요. 다른 먹을거리가 얼마든지 있으니까요." 탠디 말이 옳다. 우리가 구매할 돈이 있고 접근할 수만 있다면 음식은 얼마든지 있다.* 우리가 나누기만 한다면.

우리 조상들은 서로를 보호하고 부양했다. 경쟁은 물론 있었지만 협력도 있었다. 그것이 유일한 생존 방법이라는 인식에서 비롯된 것이었다. 이런 개념, 서로 의존하지 않으면 죽을 수 있다는 인식은 우리 몸, 우리 DNA에 살아 있다.

한때 우리는 모든 노동이 가족과 집단을 부양하는 공동 사회에 속했다. 당시 누구든 노동의 대가로 받는 임금은 생존 자체였다. 우리는 먹을 것을 찾아다니고, 수확하고, 우리가 먹는 음식을 길렀으며, 입는 옷을 만들고, 사는 집도 지었다. 우리는 자신과 서로에게 의지했다. 여성들은 '책무'가 있었을 뿐 아니라 가족의 안전과 생존을 직접적으로 보장했다. 현대 사회는 우리를 생계의 요구에서 해방시킴으로써 자신의 능력을 보다 확장된 방식으로 사용할 수 있고 생존에 필요한 수많은 힘든 일을 기술과 자동화에 맡기게 해주었지만, 이런 의존 탓에 우리는 취약하고 단절된 상태가 되었다. 자기 손에 의지했던 때에는 힘과 안전이 있었지만 이제 우리의 생계는 물론 건강 보험까지도 우리의 고용 여부와 연관되고, 따라서 우리의 통제를 넘어선 경제와 연결되어 있다. 그중 하나라도 통제할 수 있는 사람은 별로 없다. 우리가

---

* 2022년의 끔찍했던 전국적 아기 분유 부족 사태—팬데믹과 오염 제품 리콜, 공급망 문제로 인한—에서 보았듯, 마트 매대에 항상 분유가 쌓여 있는 것은 아니다. 신생아를 먹이지 못하는 상황은 너무도 끔찍하고 트라우마로 남을 일이다.

힘이 빠지고 뭔가 균형이 깨진 것처럼 느끼는 것도 당연한 일이다. 우리는 다른 사람들의 자비에 의존한다. 그들에게 우리의 가치와 값어치를 증명해야 하면서도, 동시에 우리 옆과 뒤에 있는 사람 모두를 위협으로 인식한다. 이것은 우리 몸에 일종의 트라우마로 새겨져 있다. 우리는 이 불안을 대사할 수 없기에 집단의 부담으로 서로에게 전가한다. 이 악순환은 실로 끊기 어렵다.

북아메리카의 토착민들은 백인들이 도착하기 전의 1만 4,000여 년 동안 지구와 그 자원을 관리했다. 《향모를 땋으며》에서 로빈 월 키머러는 아메리카 원주민의 문화에 출몰한 탐욕스러운 신화적 생물 윈디고Windigo를 떠올린다. 그는 다음과 같이 쓴다. "옛날엔 혼자 너무 많은 것을 취하여 공동체를 위험에 빠뜨리는 개인은 일단 충고를 듣고, 그 다음엔 배척당했으며, 탐욕이 계속되면 결국 추방되었다. 윈디고 신화는 배고픔과 외로움을 안고 방황하는 운명에 처한 추방자들이 자신을 배척한 자들에게 복수한 기억에서 비롯됐을 것이다. 상호주의의 그물망에서 추방당해, 함께 나눌 사람도 내가 돌볼 사람도 하나 없는 것은 끔찍한 형벌이다."[25] 키머러가 생각하기에 윈디고는 지금도 미처 날뛴다. 우리는 지금 우리가 필요로 하는 것이 아니라 다른 사람들만큼, 또는 다른 사람들보다 더 많이 얻어야 한다고 느끼는, 그렇지 않으면 *공정하지 않다*고 느끼는 세상 속에 살고 있다.

공동체 규칙이나 구조도, 세금과 법률도 없이 각자 알아서 방법을 찾고 판단해야 했던 팬데믹 초기, 자원이 자칫 부족해질지 모르는 가능성만 존재하는 상황에서조차 우리는 제대로 대처하지 못했다. 정신을 잃은 채 우리가 필요로 하는 것보다 훨씬 많은 물건을 최대한 사들이는 탐욕에 사로잡혔으니까. 코로나 기간에 싹쓸이당했던 식료품점 선반, 어지러울 정도로 많은 화장지가 순식간에 꽉 들어차버렸던 벽장을 떠올려보라. 부족함이 감지되는 이런 순간, 우리는 우리의 높은 자아와 가치를 배신한다.

부족하다는 생각, 현실이든 상상이든 무언가 충분하지 않다는 느낌은 우리 뇌에 중요한 작용을 한다. 경제학자 센딜 멀레이너선Sendhil Mullainathan과 심리학자 엘다 샤퍼Eldar Shafir는 부족함이 사람들로 하여금 과도하게 집중하고 강박적 사고를 하도록 시야를 좁히며, 그로 인한 대역폭 수축이 우리의 기능에 지대한 영향을 미친다는 사실을 발견했다. 그들이 썼듯이 "대역폭은 우리의 계산 능력, 즉 주의를 기울이고, 좋은 결정을 내리고, 계획을 고수하고, 유혹에 저항하는 능력을 측정한다. 대역폭은 지능과 대학 입학시험부터 충동 통제와 다이어트 성공에 이르기까지 모든 일과 관련된다."[26] 부족함에 대한 인식은 지능지수를 13쯤 떨어뜨리고, 부족함의 위협이 사라지면 지능지수는 다시 회복된다. 충분히 갖지 못하는 것에서 오는 마비는 생각하고, 행동하고, 건전한 결정을 내리는 우리 능력을 방해한다.

특히 여성은 시간, 돈, 기회의 부족으로 시야가 좁아져 길을 잃기 쉽다. 우리를 둘러싼 시스템은 우리에겐 어떤 식으로든 우리끼리 나눠야 하는 한정된 양이 있다고 강조한다. 마치 좌석을 확보하지 못하면 홀로 중간에서 헤매게 되는 끔찍한 의자 뺏기 놀이처럼.

돈에 대한 다른 생각들

린 트위스트는 '저 바깥의' 권위체가 자원을 통제할 때, 부족함에 대한 해로운 신화를 도입한다고 설명한다. '충분치 않다', '많을수록 더 좋다', '그냥 본래 그런 것이다'가 바로 그것이다. 이것은 누군가 이기면 누군가는 패배하는 제로섬 게임이다. 이런 말들은 우리를 '너와 나'의 세상이 아닌 '너 아니면 나'의 세상에 갇혀 있게 한다.[27] 한마디로 이는 서구다. 누군가는 항상 더 나은 것을, 누군가는 항상 더 많이 갖고 있는. 셀레스트 헤들리는 저서 《아무것도 하지 말라》Do Nothing에서 이렇게 말한다. "미국인들은 연소득이 250만 달러 정도가 아니면 부유하다고 생각하지 않는다. 이는 미국에서 상위 소득으로 분류되는 금액의 30배, 미국 가구 평균 순자산의 30배에 해당하는 액수다."[28]

말도 안 되는 현상이지만 나는 그 이유를 안다. 나 역시 지난 몇 년간 중산층에서 중상층으로 도약했을 정도로 수입이 괜찮았지만, 나의 서부 로스앤젤레스 이웃들에 비해 가난하다고 느낀다. 내가 별 어려움 없이 지낸다는 걸 알지만 맥락이 핵심인 터다. 미국에선 너무도 많은 사람이 빚을 지거나 그달의 월급에 의지해, 또는 그보다 더 나쁜 방식으로 살아간다. 미국은 출산이나 사별, 또는 병든 식구를 돌보기 위한 유급 휴가 같은 사회 안전망이 거의 없다. 공동체가 '우리'에 초점을 맞추는 시스템이 거의 없는 나라, 기업의 복지 수표를 소중히 여기는 한편, 고펀드미GoFundMe(미국의 유명 기부 사이트로, 어려운 사람들이 각자의 사정을 올리고 자금 지원을 요청하면 각 개인이 자발적으로 기부한 것을 모아 그들에게 전달함—옮긴이)에서 서로를 구제하도록 내버려두는 나라인 것이다. 우리는 모두 부족 공동체와 헤어져 혼자 살아가며, 겁에 질린 사실을 인정하는 것이 너무 수치스러워 억지 미소를 장착한 채 스스로를 지킨다.

더 많은 것을 욕망하는 것은 남성적 에너지, 즉 정복하고, 빼앗고, 약탈하는 에너지이지만, 여성은 그것을 다르게 경험한다. 나는 돈이든 시간이든 지지든 기회든 자신이 충분히 가졌다고 느끼는 여성을 적어도 서구에선 별로 보지 못했다. 그리고 대부분은 그게 사실이다. 우리는 불안에 사로잡혀 벼랑 끝에서 비틀거리고, 필요한 것을 얻지 못할까 싶어 걱정한다. 세상을 충분히 알고 있기에 우리는 확실히 보장된 건 아무것도 없음을 이해하고, 어떤 것도 진짜로 통제하고 있다고 착각하지 않는다. 그래서 수치심의 채찍질을 경험한다.

우선, 경제적 안정이 어떤 기분인지 이야기하는 것은 굴욕적이다. 돈은 영적이지 않고 역겹고 천박하기 때문이다. 만약 그걸 가졌다면 쓰고 기부함으로써 나눠 없애야 한다. 또한 너무도 많은 사람이 극도의 결핍 속에 살고 있을 때, 기본적 욕구를 넘어서는 것에 대한 욕망을 표현하는 건 수치스러운 일이다. 나는 이미 다른 사람들보다 더 많이 가졌는데 어떻게 더 많이 요구할 자격이 있겠는가? 우리는 우리가 얻는 것이 분명 자격 있는 다른 사람의 호주머니에서 나온다거나, 다른 사람들의 몫을 덜 남겼다는 개념에 길들여져 있다. 이는 이상한 공간이고, 어떤 움직임도 옳게 느껴지지 않는 일종의 집단 가스라이팅이다. 이로 인해 거의 공황 상태에 빠진 사람이 과연 나뿐일까? 아닐 거라 생각한다. 아이러니하게도, 이런 결핍감만큼은 우리에게 풍부하다.

여성은 돈을 유한하고 경계 있는 연못과 같다고 믿게끔 프로그래밍 된 반면, 남성은 돈을 끝없이 포효하는 강으로 인식한다. 우리의 생각은 여러 면에서 문제가 있다. 종종 얕은 목표에 갇히는 탓에 여성은 부에 대한 접근으로 권력을 정의하는 문화에서 충분한 돈을 모으는 일에 대해 걱정할 뿐 아니라, 그 공급을 점점 줄어드는 것으로 인식한다. 그 원천에 '더'는 없으며, 그것은 확장되지도, 풍부하지도, 무한하지도 않다. "물이 움직이고 흐른다고 생각하면 물은 정화되죠. 하지만 저장되거나 붙들리거나 갇혀 있다고 생각하면 물은 정체되고, 그걸 붙들고 있는 사람에게도 독이 돼요."라고 트위스트가 내게 설명했듯이.[29]

돈에 경계가 있다고 생각하는 것은 미친 짓이 아니다. 돈이란 것은 한때 땅에서 파내고 개울에서 걸러 내야 하는 금이라는 유한하고 귀중한 물질에 국한되었다. 돈은 엄청난 비용을 들여 자연에서 훔치는 것이었다. 물론 이제 우리는 돈을 컴퓨터 화면에서 0과 1로 산출되는 에너지로 인식하고, 그것을 차고 단단한 현금으로 계산하는 일은 훨씬 드물어졌다. 하지만 돈을 끝도 없이 확장할 수 있는 무엇으로 상상하는 일은 여전히 현명한 것으로 느껴지지 않는다. 결국 우리는 물질 세계에 살고 있기 때문이고, 비록 우리가 온갖 마법을 부려 우리 자신을 보충하는 행성에서 살고는 있지만 어쨌거나 제한된 자원에 묶여 있음을 알기 때문이다. 우리는 우리 삶의 모든 부분에서 이 역설과 씨름한다. 우리가 가진 것을 소중히 여길 것인가, 아니면 항상 더 많은 것이 있을 것인가? 저축할 것인가, 쓸 것인가?

궁극의 창조자인 여성이 소비의 문제로 가장 힘들어하고 동요하는 듯 보인다는 게 재미있다. 아마 우리의 불안은 비이성적인 것이 아니라 그저 우리가 너무 과용하고 집단으로 균형을 잃었다는 사실, 그리고 끝없는 욕구를 반드시 자제해야 한다는 믿음을 부지불식간에 인정하기 때문인지도 모른다. 우리는 어머니 지구와 동일시된다. 무엇이든 끝이 있고, 그것은 새로운 성장 고리로 이어짐을 아는 터다. 이런 이해는 시장경제와 정반대다. 시장경제는 항상 더 많은 부와 성장의 여지가 있는 우상향 곡선을 따른다. 이 기하급수적 증가라는 남성적 관념에 대응해 어쩌면 각자 선을 지키고, 뒤로 물러서고, 끝없는 축적의 광기에서 등을 돌리는 일이 우리 여성의 임무일지도 모른다.

욕구와 필요의 기준을 세우는 일

코로나는 우리에게 양도할 수 없는 한 가지 규칙을 상기시켜주었다. 세상에 확실한 것은 없고 오직 통제의 환상만 있을 뿐이라는 규칙을. 처음 몇 주, 몇 달 동안은 대규모 경제 붕괴에 대한 두려움이 안전에 대한 나의 모든 실존적 불안을 불러일으켰고, 그래서 나는 내 안에 밀려오는 두려움의 파도에 대응하기 위해 늘 그랬듯 자신을 지탱하고, 가족을 보호하고, 우리가 필요한 것을 얻을 수 있는 방법을 찾았다. 나는 여기저기 낚싯줄을 던지기 시작했다. 정규직 일자리를 단단히 붙들고 있는 것 외에 책 제안서를 완성하고, 이사직을 맡았으며, 덕분에 한 달 내내 풍요로움과 안정감을 맛보았다. 나는 누구나 부러워할 만한 위치에 있었다. 남편에겐 "형편이 허락하는 한 우리가 최대한 적극적으로 살았으면 좋겠어. 나도 풍요로움이란 걸 경험해보고 싶어."라고 설명했다. 한 달 후, 나는 정규직 일자리를 잃었다.

월급과 더불어 나를 한 문장으로 정의하는 편리함도 사라져버렸다. 문화적으로 실직은 불륜이나 이혼보다 더 낙인찍히는 상태다. 게다가 내 직업은 오랫동안 내 창의성을 담는 그릇이었기에, 나는 공동체를 상실한 슬픔마저 감당해야 했다.

이윽고 나는 내가 농경시대를 떠올리게 하는 반전을 경험하고 있다는 중요한 사실을 깨달았다. 가족을 부양하기 위해 더는 하나의 구조에 의존할 수 없었고, 대신 이제 나를 부양하는 구조가 되는 법을 배워야 했다. 그러기 위해서는 돈과의 관계를 치유하고, 돈을 비축하지 않고 갖고 있으며, 편하게 그러나 경솔하거나 죄책감을 느끼지 않고 소비하며, 매달리거나 집착하지 않고 관리하는 법을 배워야 했다. 또한 나는 물건들과 나의 관계도 계속해서 다듬고 개조하고 싶었다. 그러려면 내가 원하는 것과 필요로 하는 것의 차이를 알아내야 했다.

재정 상황이 완전히 변함에 따라 나는 '현재', '이상', '5개년 계획'이란 세 가지 항목으로 예산을 세웠다. 이는 어려운 작업이었다. 나의 필요를 적고 그것을 현금으로 계량화하니 감정이 개입되어서였다. 나는 자꾸만 내가 탐욕스럽다고 느껴졌다. 내가 아는 많은 여성처럼 나 역시 돈이 충분하지 않다거나 필요한 게 수중에 없다고 대뜸 말했지만, '충분하다'나 '필요하다'는 것이 구체적으로 어떤 모습인지는 굳이 따져보지 않았다. 스스로에게조차 제대로 표현하지 못하는 욕구를 요구하기란 어렵다. 내가 인정하지 못하는 것을 정량화할 수는 없다. 나는 '이상' 항목에 내가 원하는 것 또는 좋아하는 것을 억지로 집어넣었다. 다섯 개를 썼고, 할 수만 있다면 컴퓨터를 불태웠을 정도로 쓰자마자 부끄러워졌지만 그럼에도 꿋꿋이 마주보며 그것들을 허용했다. 탐욕을 미덕으로 키우는 일엔 결코 열성을 다하지 않는다 해도 충분함이라는 개념만큼은 편히 받아들여야 했다. 두 개념은 절대 같지 않고, 기본 필수품이 아닌 것을 원해도 괜찮다고 인정해야 했다.

내가 '원할'지는 몰라도 가질 여유는 없을 것 같은 것들을 생각하면서도, 내 가족의 필요를 충족시킬 수 있다는 게 얼마나 만족스럽고 기쁜 일인지를 나는 새삼 깨닫는다. 특히 모두가 기본적으로 열심히 싸우지 않으면 우리의 필요를 충족할 수 없다고 믿는 미국에서는 이 충분함의 기준을 세우는 일, 무엇을 빼고 넣을 것인지를 정하는 일이 목표가 되어야 할 듯하다. 지난 40년 동안 우리는 스스로를 '나'의 집으로 정의했다. 그리고 팬데믹은 우리의 생활방식이 공동체에 미치는 영향, 즉 우리 경제가 휘청이면 그것은 조부모님을 폐렴으로 잃는 것보다 더 무서운 일임을 분명히 했다. 한편 여성이 이끄는 공동체가 많은 '우리주의'We 국가는 모든 면에서 훨씬 나았다.[30] 그런 나라의 시민들은 심지어 집 안에 있거나 마스크 쓰기를 '원하지' 않더라도 더 보살핌 받는다고, 자신들의 필요가 중요하게 취급된다고 느꼈을 것이다.

필요와 충분함을 균형의 도구로 사용한다는 것은 어떤 느낌일까? 테레사 수녀는 그저 한 사람 한 사람씩 도와 수십만 명의 인생을 바꿔놓았다. 그는 자기 앞에 서 있는 한 개인에 집중했고, 바로 거기서부터 그의 영향력은 태양등처럼 환하게 퍼져 나갔다. 전 세계 400여 센터를 지원한 그의 조직은 절대 현금 기부와 흑자 재정으로 운영되지 않았다. 커리어 지원 모금 활동가인 트위스트에게 이것은 최악의 경우 저주, 잘 봐줘야 수수께끼처럼 보였다. 이에 대해 테레사 수녀는 자신은 무언가 필요하면 기도했고, 그러면 항상 그 필요가 충족되었다고 말했다.[31] 급진적이진 않더라도 터무니없는 말이 아닐 수 없다. 지불해야 할 청구서 앞에서 시도하기에는 분명 상상하기조차 두려운 방법이다. 하지만 만약 우리가 우리의 필요를 적고 작은 유리병에 넣어 바다에 띄우면서 그것이 이루어지리라 믿는다면 어떨까? 명료한 표현은 어쩌면 우리의 마음을 집중시켜 우리의 필요를 가장 기본적인 상태로 정제해줄 수 있을 것이다. '더 많이'와 '충분히'라는 모호한 느낌 대신 보다 정확한 수치를 표현하면, 삶이 우리에게 던지는 모든 변화구에 대비할 약간의 여유분도 가질 수 있을 테고.

퍼듀대학과 버지니아대학의 과학자들이 174개국의 데이터를 분석한 결과 '만족스러운 삶'을 위한 이상적인 개인 연 소득은 9만 5,000달러였고(자녀가 있는 경우엔 더 필요하다), 10만 5,000달러를 넘어서면 행복도가 떨어졌다. 6만 달러보다 훨씬 적으면 대부분 힘들어했다.[32] 만약 대부분의 가족이 이 기준선에 근접하도록 한다면, 또는 이들에게 보편 의료 서비스에 대한 접근성과 양질의 저렴한 보육 서비스, 생계 유지가 가능한 최저임금을 보장한다면 어떻게 될까? 얼마나 많은 사람이 부족함의 터널에서 빠져나올 수 있을까? 얼마나 많은 이들이 '아메리칸드림'을 이룰 여지와 여유를 찾게 될까? 그런 아메리칸드림은 텅 빈 식당 방과 먼지 자욱한 커다란 다락방을 갖춘 저택이 아니라, 여유 공간에서 즐거운 모험의 시간을 누리는 안전하고 충족감이 넘치는 삶,* 모두가 숨 쉬고 꿈꾸고 되돌려주는, 시간과 우정과 가족과 지구를 누릴 공간과 공기를 가지는 삶으로 표현될 것이다.

비록 지구의 자원을 빠르게 소모하며 생태학적 빚을 쌓아가곤 있지만 우리는 어쨌든 풍요로운 지구에서 살아간다. 만일 우리가 과잉과 광란을 멈추고 균형을 이룬다면 모두가 풍요로울 것이다. 그러나 우리는 우리가 빈손이 되리라는 오해 속에서 힘들게 일한다. 1년 치 화장지를 쌓아두지 않으면 언젠가 나뭇잎을 찾아 헤매게 될 것이고, 따지도 않을 통조림 식품을 줄줄이 쌓아두지 않으면 언젠가 굶어 죽을 거라 믿는다. 이는 모두 거짓말이자, 우리와 공급자를 연결해주는 시장의 기능이다. 우리는 시간이라는, 미래를 통제하느라 유일하게 보충할 수 없는 자원을 더는 낭비하지 말고 우리의 주의를 지금으로 돌려야 한다. 우리는 여기에 있다. 더 무엇이 필요한가? 키머러가 썼듯 "더 많은 돈을 벌고, 결코 만족에 다다르지 않을 물건들을 사는 데 우리의 아름답고 완전히 하나뿐인 삶을 써버리는 동안 우리는 자신으로부터의 추방마저 받아들였다. 하지만 실제로 우리가 갈망하는 것은 소속감이고, 소유물들이 우리의 허기를 채워주리라 믿도록 자신을 속이는 것은 윈디고의 방식이다."[33] 말할 것도 없이 소속감은 중요하다. 하지만 그 못지않게, 그냥 존재하고 싶은 갈망 또한 그 못지않게 중요하다.

---

* 미국에는 5만 개의 창고 시설이 있다. 2019년에 나눈 대화에서 트위스트가 지적했듯 이 나라에는 수십만 노숙자가 존재하는 반면, 더는 곁에 두고 싶지 않은 물건들을 지붕 밑에 두기 위해 월세를 내는 사람도 많다.

―――◆―――

탐욕을 필수적인 것으로 받아들일 때,
우리는 우리의 필요를 분명히 하고 그것을 충족하기 위해 함께 노력할 수 있다.

정욕

인간의 쾌락과 권력의 통제

쾌락과 욕망에 대한
미숙한 언어와 사유들,
그리고 보이지 않는 권력, 지배, 통제에 관한 이야기.

Lust

아, 내가 해리되고 있어

대학 신입생인 나는 지금 남자친구 방에 있다. 우리는 전국의 다른 남녀공학 학생들이 그렇듯 트윈 침대에서 섹스를 즐기는 중이다. 로맨틱한 분위기다. 이 만남이 기억에 남은 이유는 그때 내가 완전히 혼이 나갔기 때문이다. 나는 팔다리에 힘이 쭉 빠지며 남자친구와 함께 완벽한 오르가슴을 느꼈다. 무엇이 나를 그토록 황홀경에 빠뜨렸는지는 기억나지 않는다. 그가 무슨 특별한 일을 하진 않았으니까. 그때 이런 생각을 한 기억이 난다. '아, 이게 이런 느낌이어야 하는 거구나.'

그 후로 나는 그 완전한 이완 상태를 두 번 다시 겪지 못했다. 딱 한 번 포포브 보드카와 식당 오렌지 주스를 마시며 느꼈을 때를 제외하고는. 하지만 그 느낌은 뭐라 규정하기 힘든 가능성의 상태로 머릿속에 박혔다. 내가 기억하는 한, 그 하룻밤을 제외하고 나는 섹스를 할 때마다 구석구석 배어든 자의식과 과잉 경계, 즉 나를 대상화하고, 머릿속으로 끌어당기고, 몸과 분리하는 내면의 '목소리'를 느꼈다. 가끔 눈을 감으면 빙글빙글 도는 느낌인데, 지금은 그게 해리$_{dissociation}$라 부르는 과정임을 안다.

섹스 중에 멍한 정신으로 '딴 데' 있는 것이 뭔가 잘못된 것임을 깨닫는 데는 오랜 세월이 걸렸다. 나는 단순히 내 하루, 내 할 일 목록에만 사로잡혀 있는 게 아니었다. 내게는 문제를 인정하는 일 자체가 어려웠다. 왜냐하면 ①나는 그 생각을 하고 싶지 않았고, ②내 경험을 비교할 만한 문화적 대화를 찾지 못했으며, ③섹스는 내가 친구와 딱히 토론하는 주제가 아니었기 때문이다. 최근 나는 한 남성 친구와 등산을 갔는데, 그는 사귀는 여자와의 섹스가 따뜻한 몸 앞에서 자위하는 것처럼 느껴질 때가 있다고 말했다. 그 말에 나는 깜짝 놀랐다. 예전 남자친구와 싸울 때 바로 그가 내게 한 말이었기 때문이다. 나는 이 친구의 말을 이해했다. 역으로 나 역시 또래 10대 남자아이들의 소품처럼, 마치 그들이 넘치는 에너지를 주체하지 못하는 개라도 된 양 아무 자각 없이 들이대고 유사 성행위를 하려는 한 짝의 다리가 된 것만 같은 경험을 한 터였다. 그 남자아이들은 내가 그 방에 있든 말든 내 몸 안에 있든 말든 상관하지 않는 것 같았다. 그리고 아마 나는 전혀 거기 있지 않았을 것이다.

이런 식으로 거의 20년을 살고 난 후, 문득 의식 저편에 꽉 막아둔 어린 시절의 기억이 떠올랐다. 가족 친구의 친구가 내게 했던 짓이 성추행이었음을 깨달은 것이다. 모든 수수께끼가 풀리는 듯한 느낌에 나는 심리치료를 받으러 갔고, 단 한 번도 입 밖에 낸 적 없는 고등학교 때의 트라우마적 사건과 그 일을 거기에서 연결할 수 있었다(트라우마적 사건에 대해서는 뒤에서 자세히 설명하겠다). 오랫동안 나는 이 두 경험을 내가 자초했다 믿었고, 그 두려움 때문에 그동안 나의 성적 에너지를 '통제'하고 억눌렀다. 우리의 타고난 관능을 억누르는 것은 불행히도 우리의 활력을 막는 일임을 이제 나는 배워서 알고 있다.

나 혼자만 이런 것이 아니다. 여기에서 내 이야기를 하는 것은 그것이 특별히 충격적인 사건이어서가 아니다. 사실 전혀 그렇지 않다. 내 이야기는 사춘기 여자아이의 성 경험이라는 맥락에서 지극히 '평범하고' 많은 어린 남자아이들에게도 '평범한', 하나도 놀랍지 않은 이야기다. 지금은 그것들을 치유할 준비가 됐으나 그 일들은 내가 지금도 내 몸에서 떨쳐내려 애쓰는, 성적 쾌락과 접촉에 대한 수치심을 오랫동안 만들어냈다. 그냥 흘려보내는 것이 안전하지 않다고 말하는 머릿속 경계의 목소리를 잠재우기 위해 나는 긴 세월에 걸쳐 열심히 노력했다. 나는 내 욕망을 죽여왔는데, 그것이 안전의 대가라고 믿어서였다. 정욕에 대한 두려움, 그 부름에 대한 내 혐오감은 그렇게 나를 해롭게 하고, 제약하며, 쾌락에 대한 타고난 권리를 내게서 박탈했다.

종교가 처음으로 성을 정죄했을 때

종교는 성이 부도덕하고 죄라고 믿도록 우리를 길들였지만, 그 과정은 창세기처럼 단순하지 않다. 그것은 독신이 의무가 된 전통 속에서 이들 이야기가 어떻게 해석되고 전승되고 구체화되었는지와 관련된다. 구약에서 유일하게 정죄하는 성은 동성애이고, 그것에 대해조차도 논쟁의 여지가 있다.[1] 그러나 4세기에 기독교가 조직화되면서 성 아우구스티누스는 성에 기초한 '원죄' 이론을 만들어, 아담과 이브가 자기들의 맨몸을 인식하게 된 것을 정욕과 연결했다. 알다시피 그들이 갖게 된 것은 그런 '인식'이었다(이는 개인적인 경험이었을 수 있다. 《고백록》에서 아우구스티누스는 자신의 어린 시절에 대해 다음과 같이 썼다. "사랑과 정욕이 내 안에서 함께 끓어올랐다 (…) 나를 신체적 욕구의 벼랑으로 휩쓸어버리고, 죄의 소용돌이 속으로 몰아넣었으며 (…) 음행으로 들끓는 바다에서 허우적거리게 하고, (…) 광란이 나를 사로잡아 정욕에 굴복하게 했다."[2]). 아담과 이브가 자신들의 인간성을 깨닫고 고통과 죽음을 알게 한 선악과를 따먹었기 때문이라는 이야기 외에, 성경에는 하느님이 그들을 낙원에서 내쫓은 다른 이유를 암시하는 내용이 전혀 없다. 하지만 아우구스티누스는 그 두 사람이 무언가를 보고 무언가를, 즉 성에 대한 자신의 수치심 같은 감정을 느꼈다고 주장했다. 그의 견해에 따르면 아담과 이브는 자신들이 벌거벗은 사실을 처음으로 인지하고선 "서로의 성기로 시선을 돌렸고, 전엔 알지 못했던 강렬한 흥분을 불러일으키는 움직임으로 서로를 탐했다."[3]

이는 다소 비약인 듯 들린다. 아우구스티누스는 원죄가 예수를 제외한 — 예수는 처녀에게서 태어났고, 그 처녀 역시 처녀에게서 태어났다고 나중에 교회가 결정한 덕분에 — 모든 사람을 감염시켰다는 생각을 주류로 만들었다. 이런 비천함을 전달하는 것은 정자 자체였음에도 말 그대로 추락 혹은 타락한 사람은 당연히 이브였으며, 그 이유는 아담의 욕망을 부추겼다는 것이었다. 그렇게 이브는 남성의 유혹자, 우리가 지금도 뒤집어쓰고 다니는 범죄의 선구자가 되었다.

아우구스티누스가 인간의 가장 본질적 기능인 성을 정죄한 것은 로마의 도덕 기관이라는 당시 기독교의 역할과 딱 들어맞았다.[4] 제도화된 기독교는 사람들이 스스로를 질책하게끔 하는 체계를 만들었는데 그중에는 이전엔 문화적으로 기념되고 신성시했던, 가장 기본적이고 생명을 창조하는 이 충동도 포함되었다. 문화사학자 리앤 아이슬러Riane Eisler는 다음과 같이 썼다.

> 성에 대한 교회의 '도덕적' 정죄는 (…) 훨씬 이전의 종교 전통을 희미하게 기억하고 여전히 매달리는 사람들에게 통제력을 행사 및 유지하기 위해 교회가 고안해낸 고도의 정치 전략에서 필수적 부분이었다. 그 권력을 공고히 하고 유일무이한 신앙으로 자리매김하려면, 교회는 이전의 뿌리 깊은 종교 시스템에서 유래한 신화와 의례를 더 이상 용납할 수 없었다. 그 시스템에서는 여신과 그의 신성한 아들 또는 배우자를 숭배했고 여성이 사제였으며 남녀의 성적 결합이 강한 영적 차원을 지녔는데, 이 잔재는 공동의 선택을 통해서든 억압을 통해서든 그 어떤 대가를 치러서라도 근절해야 했다.[5]

교회는 성을 더러운 것으로 만드는 데 성공했고, 여성을 이 오염의 유발자로 지목했다. 여성을 인간 타락의 근원으로 이해하게 된 것은 이 시대에 일어난 일이었다.

교회가 성에 반대하는 태도를 예수와 결부시키려 그토록 노력했음에도, 정작 예수는 그에 대해 설교하지 않았고 성에 관한 이야기 자체도 별로 하지 않았다. 수천 년 동안 종교계에서 강박적으로 논의하고 토론해온 방식을 생각하면 이상한 일이 아닐 수 없다. 예수는 간음을 정죄했고 모든 남자가 결혼에 적합한 것은 아님을 시사했다. 그가 독신을 옹호했다는 열렬한 믿음은, 그가 천국에 초점을 맞춰 어떤 남자는 '고자'라 언급했던 짤막한 성경 구절에서 온 것이다.[6] 또한 예수는 그 유명한 산상수훈에서 정욕, 특히 여성의 대상화에 대해 목소리를 높였다. "나는 너희에게 이르노니 정욕을 품고 여자를 보는 자마다 마음에 이미 간음하였느니라"[7](마태 5:28) 이와 관련해 가장 유명한 일화는 간음 혐의를 받은 여자에게 돌을 던지러 나타난 군중을 향해 예수가, 아무 잘못 없는 자가 '먼저 돌을 던지라'라 한 다음 여자를 정죄하지 않은 일이었다.[8]

성적 결합에 관해 예수는 제자들에게 창세기로 돌아가라고 이야기했다. 거기에서는 성 자체가 하느님의 선물이자 일, 즉 종의 번식을 위한 영적 활동이자 창조적 활동이었다. 예수는 창세기를 언급하며 물었다. "예수께서 대답하여 이르시되 사람을 지으신 이가 본래 '그들을 남자와 여자로 지으시고' 말씀하시기를, '그러므로 사람이 그 부모를 떠나서 아내에게 합하여 그 둘이 한 몸이 될지니라' 하신 것을 읽지 못하였느냐. 그런즉 이제 둘이 아니요 한 몸이니 그러므로 하느님이 짝지어주신 것을 사람이 나누지 못할지니라 하시니."[9](마태 19:4-7) 예수는 성적 결합을 믿었고, 성을 결코 죄악으로 정죄하지 않았다.

우리의 슬럿 셰이밍 문화

20대 내내 나는 내가 함께 잤던 사람의 수를 의식했다. 우리 모두는 이런 계산을 속으로 했다. 친구와 나는 혹시라도 결혼 전에 그 수가 열 명 이상이 될까 두려워하며 살았다. 열은 어떤 이유에서인지 우리의 마음속 티핑 포인트tipping point(어떤 상황이나 시스템에 있는, 작은 변화가 큰 변화를 일으키는 전환점 ― 옮긴이)였다. 열이 넘어가면, 그리고 스물이 넘어가면 말할 것도 없이 음탕하고 방종하고 자존감이 부족하다는 것을 의미하지만, 열 미만은 잠재적 남자친구에게 내게 뭔가 모자란 구석이 있다는 신호가 될 수 있었다. 우리는 독신 시기의 활발한 성생활이 남성에겐 좋고 여성에겐 나쁘다는 믿음에 빠져 있었다.

2020년, 연구자들은 '그는 매력 있는 남자, 그녀는 창녀!'He Is a Stud, She Is a Slut!라는 절묘한 제목의 메타 분석으로 기존 연구를 요약하면서 그러한 이중잣대가 지속되고 있음을 강조했다. "전통적으로 남성은 성적으로 활동적이고 지배적이며 (이성애) 성행위를 시작하는 사람으로 기대되는 반면, 여성은 성적으로 반응적이고 복종적이며 수동적일 것으로 기대된다. 더욱이 전통적으로 남성은 여성보다 더 많은 성적 자유를 누린다. 그 결과, 남성과 여성은 같은 성적 행동에 대해 달리 취급될 수 있다. 일례로 '슬럿 셰이밍'slut-shaming(창녀처럼 행동하고 꾸민다고 수치심을 주는 일 ― 옮긴이)은 여자아이들의 50퍼센트가 경험하는 반면 남자아이들의 경우에는 20퍼센트만 경험한다."[10] 이 발견에 놀란 사람은 아무도 없을 것이다. 나와 내 친구들이 '쉬운 여자가 아니다'라는 느낌을 유지하는 데 관심을 가졌던 것에도 다 이유가 있었다.

나는 남편에게 물었다. 만약 내가 남편과 만나기 전에 서른 명의 남자와 잤다면 놀랐겠냐고. 물론 이중잣대를 들이대며 잔소리할 만큼 무지하진 않아서였겠지만 어쨌든 남편은 그 질문에 아니라고 대답했다. 그러나 연구에 따르면, 우리는 잠재적 파트너보다 동성 또래에 대해 '우리의 숫자'와 관련된 두려움을 더 크게 느낀다. 코넬대학교 연구진에 따르면 "많은 파트너를 끌어들이는 데 성공한 남성은 특별히 성공한 사람으로 여겨지며, [남성들에게] 자신감 있고 정서적으로 안정된 사람으로 여겨진다. 반면 여성이 많은 성적 파트너를 얻는 일은 어려운 성취가 아니고, 따라서 낮은 자존감에서 비롯된 것으로 해석된다."[11] 이 연구에서 내가 강조하고 싶은 것은 여성이 다른 여성에게, 남성이 다른 남성에게 판단을 받았다는 점이다. 연구자들은 여성에 대한 이 부정성否定性을 '짝 지키기 본능', 즉 마법의 질로 자기 남자친구의 관심을 끌 수 있는 다른 여자들을 가까이 두고 싶지 않은 감정 탓으로 본다. 흥미롭게도, 바람을 피우는 남성은 여성의 관심사가 아니다. 잘못은 남성이 아니라 그의 신의를 압도하고 그들에게 욕망을 불어넣는 사이렌 같은 여성에게 있기 때문이다.

성에 관한 한, 우리는 이런 생각들로 프로그래밍되고 그 잠재의식에 따라 행동한다. 성적으로 더 해방된 여성에 대해 여성들이 느끼는 혐오감은 그저 내면화된 가부장제, 즉 여성들이 도덕 규칙에 따라 서로를 단속하도록 설정된 사실의 반영일 뿐이다. 내가 스스로를 순수의 감옥에 가둘 것이기에 너 또한 그렇게 자신을 가두는 게 좋다, 라는. 연구진 중 한 사람은 나중에, "우정에 있어서 문란한 여성은 다른 문란한 여성을 받아들이지 않는 점, 그리고 바로 이런 이들이 우리가 지지받기 위해 의지할 수 있다고 생각하는 사람들이라는 점"에 무척 놀랐다고 시인했다. 더불어 그는, 남성은 문란한 여성을 장기적 관계의 대상으로 적절하다 여기지 않으며, 이 때문에 이들 여성은 더 고립된다는 것을 암시하는 추가 연구에 대해서도 언급했다.[12]

오랫동안 사회는 성에 적극적이라 여겨지는 여성을 처벌해왔다. 가부장제를 너무나 명시적으로 성문화한 법 유물 중 하나인 함무라비 법전에 따르면 여성의 간통죄는 익사로 처벌할 수 있지만 남성의 경우엔 사형으로 처벌하지 않는다는 사실을 기억하라. 또한 만일 여자가 이혼을 원하면 남편은 그 요구를 거절하고 다른 사람과 결혼해 전 부인을 노예로 삼을 수 있었다. 지금은 간통한 여성을 죽이거나 주홍글씨를 새기고 다니게 하지 않지만, 우리가 보기에 '너무 쉬운 여자'는 여전히 핍박한다. 여성을 성의 주체, 자기 욕망의 주체로 여기는 일은 불편한 것이다.

우리 문화는 여성을 성적 대상으로, 남성의 욕망을 담는 정적인 그릇으로 여기는 것에 더 익숙하다. 처음엔 매릴린 먼로, 베티 페이지Bettie Page, 조지핀 베이커Josephine Baker, 어사 키트Eartha Kitt, 브리짓 바르도Brigitte Bardot 같은 '벽걸이 노출 사진용 미인'과 '섹시녀'가 칸막이 벽과 군대 막사로 내몰렸다. 그리고 세월이 흐르면서 이 대상화는 보다 노골적으로 변했다. 《플레이보이》, 《펜트하우스》, 빅토리아 시크릿 패션쇼(그리고 카탈로그), 그리고 인터넷 포르노에서처럼. 하지만 그 목적들은 같으니, 바로 남성의 아랫도리에 불을 붙일 수동적이고 패티시화된 여성을 전시하는 일이다.

여성이 지나치게 성적으로 행동하면 사람들은 경악하거나 웃었다.

1970년대에는 시트콤 〈메리 타일러 무어 쇼〉The Mary Tyler Moore Show에서 사랑스러운 베티 화이트Betty White가 연기한, 터무니없이 음탕한 색광녀 이웃인 수 앤 니벤스 같은 인물이 나오기 시작했다. 화이트는 "밤에 침대에 누워 있는데 잠이 안 오더라고요. 그러다 아이디어가 하나 떠올랐어요. 그래서 바로 집으로 가서 그걸 썼죠."라는 명대사를 남겼다. 그는 〈골든 걸스〉Golden Girls에서 다정하고 멍청한 로즈 닐런드 역할도 맡아, 루 매클래너핸Rue McClanahan이 연기한 색광녀 블랑셰 데버러* 등과 함께 네 여자의 우정을 보여주었다. 블랑셰의 재치 있는 말 중 하나를 소개하자면 이것이다. "좋은 시간을 보내는 것과 창녀가 되는 것 사이에는 아주 가느다란 경계가 있지. 나도 알아. 내 발끝이 그 경계 위에 있다는 걸." 물론 이 역할들 모두는 1990년대와 2000년대 초반에 방영된 〈섹스 앤 더 시티〉의 전조였다. 거기에서 섹스를 가장 많이 한 사람은 킴 캐트럴Kim Cattrall이 연기한 사만다 존스였다. 사만다의 명대사 중 하나. "만약 뉴욕의 모든 개자식들이 나에 대해 뭐라 할지 걱정했다면 난 집 밖을 나가지도 못했을 거야." 우리 중 너무도 많은 여성들은 그 의견의 감옥 속에 계속 머물고 있다.

이 세 여성은 코미디물에 나오고, 그 점 때문에 우리는 그들의 선정적 행동에 웃을 수 있었다. 한편 마돈나는 우리의 문화적 버튼을 누르기로 작심하고 종교와 성에 관한 담론을 폭발시켜 전 세계를 논란에

---

* 블랑셰는 테너시 윌리엄스Tennessee Williams의 연극 〈욕망이라는 이름의 전차〉A Streetcar Named Desire에 나오는 허구적 인물 블랑셰 드부아를 대략 바탕으로 했다. 해이한 도덕성—남편이 죽고 나서 많은 남자와 관계를 맺었다—으로 미시시피 고향에서 쫓겨난 블랑셰는 결국 무일푼으로 동생 스텔라에게 의존하게 되는, 정신이 매우 불안정한 소싯적 미인이다.

빠뜨렸다. 처음엔 1984년 MTV 비디오 뮤직 어워드에서 〈라이크 어 버진〉Like a Virgin을 부르다 하이힐이 미끄러지는 바람에 웨딩드레스 차림으로 바닥에서 온몸을 비틀며 힐을 다시 신어야 했다(또한 그는 바닥에서 유사 성행위 동작을 하며 속옷을 반짝 내보였다). 기획사와 홍보 담당자는 그에게 무척 화가 났지만, 팬들은 너무 좋아하며 그에게 더 대담해질 용기를 주었다. 〈오픈 유어 하트〉Open Your Heart에서는 이국적인 댄서를 연기했고(그때 한 어린아이는 그를 보러 무대에 올라가려 했다), 〈라이크 어 프레이어〉Like a Prayer 뮤직 비디오로 펩시로부터 계약 해지를 당했으며(이 뮤직 비디오에서 그는 흑인 성자에게 키스해 거센 논란을 일으켰다), 〈저스티파이 마이 러브〉Justify My Love에는 거의 나체 차림으로 등장해 충격을 주었다. 그 외에 그는 커피 테이블 책(소파 테이블 등의 위에 장식용으로 올려두는, 주로 그림이나 사진 등으로 시각적 즐거움을 주는 책— 옮긴이)이 된 《섹스》Sex와 앨범 〈에로티카〉Erotica 등도 펴냈다.

경력이 이어지는 내내 마돈나는 비평가들의 이중잣대를 발 빠르게 비난했다. 그가 1990년대 초반 ABC 방송과의 인터뷰에서 이렇게 말했듯이 말이다. "MTV에선 아무래도 폭력과 여성을 비하하는 시간이 필수적인가 봐요. 만약 검열을 해야 한다면 그 점에 대해 위선자가 되어선 안 됩니다. 이중잣대를 들이대면 안 돼요. 폭력을 담은 영상과 여성을 비하하는 쇼는 이미 24시간 방영되고 있지만, 서로 합의한 두 어른 간의 섹스를 다루는 영상은 내보내지 않으려 하잖아요."[13] 그가 강조했듯 여성의 대상화는 항상 문화적으로 용인되었으나, 여성 자신을 정욕의 동인으로 보여주는 일은 별로 그렇지 못했다.

마돈나는 요즘 아예 예스러워 보일 지경이지만, 그 바통은 다른 여성들이 이어받았다. 리애나Rihanna, 레이디 가가Lady Gaga, 마일리 사이러스Miley Cyrus, 라나 델 레이Lana Del Rey, 릴 킴Lil' Kim, 니키 미나즈Nicki Minaj… 그리고 신곡 발표 사상 가장 뜨거운 화제를 불러일으켰던 카디 비Cardi B와 메건 디 스탤리언Megan Thee Stallion의 2020년 곡 〈와프〉WAP를 누가 잊을 수 있겠는가? 보수주의자들은 발작했다. 당시 캘리포니아주 공직에 출마했던 공화당 후보 제임스 브래들리James Bradley는 트위터에, 이 노래를 들으니 자기 귀에 "성수를 들이붓고" 싶어진다고, 또 "카디 비와 메건 디 스탤리언은 아이들이 신과 강한 아버지 없이 자랐을 때 일어나는 현상"이라고 썼다.[14] 사람들은 브래들리의 위선에 대해 잽싸게 반격했다. 결국 이 남자는 여성들의 "음부"를 움켜쥐기 좋아하는 도널드 트럼프를 지지했다고 말이다. 어쨌든 그들이 보기에 두 명의 흑인 여성이 자신의 "젖은 엉덩이와 음부"를 찬양하는 것은 더 나쁜 일이었다. 문화계와 음악 평론가들은 이 획기적인 성-긍정 히트곡을 찬양했다. 엄청나게 외설스럽긴 하지만 바로 그게 핵심인 터였다. 이는 수천 년 동안 여성이 대상화되고 묘사되어온 방식을 되찾는 일이다.* 성적 주체가 된 여성이 자신의 정욕을 낯설고 충격적인 것으로 느끼기에 그렇다고 말하는 일인 것이다. 우리 자신의 욕망을 구체화하는 것, 그리고 사회가 어떻게 생각할지를 전혀 신경 쓰지 않고 그렇게 한다는 건 과연 어떤 모습일까? 그걸 아는 사람

---

*   우리는 그 가사들이 기분 좋은 성적 자극을 준다고 생각하지만, 나는 이 2인조가 혹시 수메르 여신 이난나에서 영감을 받은 것은 아닐지 궁금하다. 이난나에 관한 신화는 역사상 가장 오래된 기록물(기원전 1900~1600)로, 그는 이렇게 외쳤다. "나 이난나를 위하여 / 누가 나의 음부를 일굴 것인가? / 누가 나의 풀밭 언덕을 일굴 것인가? / 누가 나의 젖은 땅을 일굴 것인가?"

은 너무나 적다.

위험한 섹스와 욕망의 지도

만약 쾌락이 삶의 신성한 부분이라 배우고 우리 욕망을 이해하도록 지도받는다면, 우리가 우리의 몸과 화해하고 그 정보를 이해하며 처리하는 것도 훨씬 쉬울 것이다. 오늘날의 우리 문화는 우리가 더는 성에 대해 금욕적이지 않다고 주장할 수 있다. 어쨌든 성은 잘 팔리는 콘텐츠이니까. 하지만 이빨 자국은 여전히 남아 있다. 적어도 이곳 미국에서는 몸에 대한 이해를 가르치지 않으려 한다. 만약 금욕을 설교하며 성을 신비하고 금지된 블랙박스로 남겨둔다면 아이들이 성적 활동을 거부하게 되리라는 잘못된 생각 탓이다. 우리는 절제가 부재와 같은 것이라 믿는다. 하지만 온갖 방식으로 동요하고 호르몬이 차오르는 몸은 결코 그렇게 작동하지 않는다.

'부재'는 어렸을 적 여자아이들에게 어깨와 무릎 사이 부분을 인지하지 말고 넘어가도록 가르칠 때 시작되고, 그렇게 이름 없이 지나간 것은 결국 말할 수 없는 것이 된다. 우리는 페니스는 인정한다. 그 활기로 남자아이들이 자위와 불가피한 젖은 꿈과 환상 세계에 접근하는 일도. 그들이 자기 몸을 만지는 것을 혼내진 않는다. 나의 두 아들도 늘 그렇게 한다. 나를 향해 자기 페니스를 흔들어대고, 벌거벗은 채로 집 안을 뛰어다니고, 소변을 볼 때마다 거길 총처럼 쥔다. 하지만 여자아이들의 손이 자기 성기를 향한다면 화장지를 쥐고 있는 편이 더 낫다. 문화적으로 우리는 남자아이들이 TV를 보면서 바지에 손을 집어넣는 일에 대해 창피를 주지도, 꾸짖지도* 않는다. 하지만 어린 딸을 둔 내 친구들은 거침없이 그들에게 치마를 내리고, 셔츠를 입고, 손을 떼라고 말한다. 이 모두는 이 여자아이들이 분명 어떤 짓도 하기 전에 겪는 일이다. 하지만 그들 역시 당장 벌거벗은 몸으로 자유롭게 뛰어다니고 싶어 죽을 지경일 것이다.

남자아이는 남자아이가 될 것이지만, 우리는 음부(나는 마흔이 될 때까지 그것이 질이 아닌 이 단어로 불린다는 것도 모르다가, 성 교육계의 유명 변절자 베티 도슨Betty Dodson이 넷플릭스에서 내게 설명해준 뒤에야 알게 되었다)를 건너뛴다. 클리토리스에 관한 이야기도 하지 않는다. 클리토리스 관련 이야기는 1948년판《그레이 해부학》Gray's Anatomy과 베스트셀러 시리즈《자기를 돌보는 법》The Care and Keeping of You에서도 배제됐는데, 후자는 나중에 여아들에게 자기 몸에 관해 가르치겠다고 약속한다. 여아와 성을 연구하는 저널리스트 페기 오렌스타인Peggy Orenstein은 이것을 '미국의 클리토리스 절제 심리'라 부른다.[15] 1998년에 헬렌 오코널Helen O'Connell의 선구적 연구가 있기 전까지 우리는 클리토리스가 광대한 쾌락 네트워크—페니스보다 말초 신경이 더 많은!—의 끝에 불과하다는 것조차 제대로 몰랐다. 그렇다. 이 사실을 알게 된 것도 고작 20년 남짓에 불과한 것이다. 우리는 성기가 쾌락 센터라는 말을

---

* 'chastise'(꾸짖다)의 정의는 '심하게 검열하다'다. 한편 메리엄-웹스터 사전에 나온 두 번째 의미는 '…에 대해 (채찍질로) 벌을 가하다'다. 그런데 'chaste'는 '도덕적으로 순수하다'라는 뜻의 라틴어 'castus'에서 온 단어다. 그런 특징이 시간의 흐름에 따라 성적 부재와 연결됐음은 이로써 뚜렷이 드러난다.

들는 대신 피 흘리고, 침투당하고, 원치 않는 임신으로 야망을 끝장낼 끔찍한 '상자'라 듣는다. 우리 X세대에게 있어 그것은 우리 목숨을 끝장낼 수도 있다. 우리는 에이즈 시대에 성인이 되었는데, 당시 이 병과 더불어 섹스는 사람을 죽일 수 있고 죽일 거라는 생각이 전파되었다.[16]

만약 그런 알맹이 부족의 영향이 이렇게나 광범위하고 유해하지만 않았다면 이토록 한심한 미국의 성교육에 대해서도 아마 그냥 웃어넘겼을지 모른다. 성교육이 하는 역할은 여자아이는 월경과 원치 않는 임신을, 남자아이는 발기와 사정을 하게 된다고 알려주는 것 외에 별로 없다. 오렌스타인이 설명하듯, "우리는 여자아이들을 성적 주체보다 성적 희생자로 이야기하는 것에 더 익숙하다."[17] 이 나라에서는 섹스가 '위험하다'는 가정이 지배적이다(반면 덴마크 부모들은 섹스의 '책임과 기쁨'을 가르친다). 성교육에 대한 우리의 금욕주의적 접근은 곧 우리가 아이들을 쾌락의 지도도, 욕망을 표현할 언어도, 동의의 미묘함에 관한 지도도 거의 없는 차가운 곳에 방치한다는 뜻이다. 이 정보 부족 탓에 그들은 좋은 느낌을 설명할 말을 찾지 못할 뿐 아니라 바람직한 결과도 얻지 못한다. 즉, 젊은이들에게 몸은 악기처럼 복잡하고 따라서 잘 연주하려면 노력과 연습이 필요하다는 사실을 가르치지 못하는 것이다. 모든 성교육에서는 심지어 *성관계*의 정의조차도 잘 못 내리는 듯하다. 만약 *처녀성*에 대한 우리의 집단적 정의('삽입된 적이 한 번도 없다')를 따른다면 많은 레즈비언은 한 번도 섹스를 해본 적이 없다는 말이 된다.[18] 이 모든 사실에도 불구하고 10대들은 여전히 삽입 섹스를 한다. 미국 질병통제예방센터의 2019년 보고서에 따르면 성관계 경험이 있는 고등학생은 약 38퍼센트였다.[19] 하지만 좋은 느낌을 표현할 언어도 없고 방법도 모르는 여자아이들에겐 그 성관계의 대부분이 즐겁지 않았으리라고 나는 추측한다. 우리가 각자 알아서 방법을 터득해야 하는 섹스는 몸속에서 느끼는 일이 아니라 어떤 객관적 이상의 형태로 수행하는 일이 된다. 오렌스타인이 인터뷰한 한 10대는 "남자친구는 내가 섹시하지만 관능적이진 않다고 해요."라고 설명했다.[20] 이런 구별은 이해할 만하다. 문화적으로(또 대상화로) 우리는 전자를 찬양하지만, 후자로 여자들에게 수치를 준다.

결국 우리는, 여자아이들은 관능적 존재가 아닌 관계적 존재라는 생각에 매달린다. 우리 사회는 착한 여자아이들은 육체적 쾌락이 아닌 오직 정서적 애착에만 투자해야 한다고 설교한다. 남자의 필요와 욕구를 위해 섹스를 제공하되, 그의 신의와 애정을 보장받는 데 초점을 맞춰야 한다는 것이다. 이처럼 우리는 애착 확보에 의존하도록 길들여졌다. 섹스 상담가 이언 커너Ian Kerner는 섹스에 생식, 관계, 오락이라는 세 가지 목적이 있다고 본다.[21] 여성에게 있어 생식적 섹스는 사회적으로 인정되는 것이자 임무다. 관계적 섹스는 그에 보답하고 헌신하는 한 괜찮다. 그러나 여자가 오락을 위해 섹스하는 것은 곧 '남자처럼 행동하는' 것이다. 여자아이들은 여성이 옷을 벗고 몸을 내줄 영역은 오직 사랑뿐이라는 생각으로 끊임없이 유도당한다.《잠자는 숲속의 공주》,《인어공주》,《백설공주와 일곱 난쟁이》,《라푼젤》 같은 동화와 구조 판타지에 길들여진 우리는 젊은 남자가 우리를 선택하고, 군중 속에서 우리를 골라내고, 우리를 합당한 존재로 기름 붓고, 구원하고, 구할 때 우리 삶이 시작된다고 믿는다. 이 이야기들은 사랑과 결혼을 제시하지만, 유모차를 밀기 위해 일어나는 일들은 건너뛴다.*

동화 속 여성이 보통 왕족이거나 왕족이 되는 것은 우연이 아니다. 선함과 순결에 대한 요구는 매우 계급적 성격을 띠는 터다. 어쨌든 초기 가부장제의 바빌로니아 법전 시대로 거슬러 올라가면, 여성에게 가장 오래된 직업은 매춘이다. 수천 년 동안 이어져온 이 규칙은 지금도 유효하다 할 수 있다. 여성은 존경받을 만한 사람과 그렇지 않은 사람이라는 두 범주로 나뉘었다. 어떤 여성이 존경할 만한가는 그가 한 남자의 성적 파트너인지 아니면 여러 남자의 성적 파트너인지로 결정된다. 고대에는 여자들도 간혹 지위를 얻을 수 있었지만 그걸 잃고 아내에서 첩으로, 또 노예로 전락하는 일은 더 자주 일어났다.[23] 일부 여성은 성적 품위를 주장하며 베일을 쓸 수 있었으나, 그 외 이런 수준의 사회적 지위와 수용을 표현하는 것은 법적으로 금지되었다.[24]

계급적 특징으로 정의되는 순수성은 지금 넷플릭스에서 사람들이 가장 많이 시청한, 숀다 라임스의 〈브리저튼〉Bridgerton이 갖는 초점들 중 하나다. 가부장적 상류 사회를 배경으로 여성의 성적 각성과 쾌락

---

* 전 유럽에서 수집, 분석한 이 동화들의 초기 버전은 근친상간, 식인, 강간 등의 주제로 어둡기 짝이 없다. 디즈니 영화에는 기절한 여성에게 (일말의 동의도 구하지 않고) 키스하는 장면이 많지만, 처음 이야기보다는 틀림없이 낫다. 《잠자는 숲속의 공주》의 원작에서는 어느 왕이 의식을 잃은 공주를 발견해 임신시킨다. 공주는 쌍둥이를 낳는데, 아기가 손가락을 빨아 가시가 제거된 덕분에 공주는 잠에서 깨어나 자기에게 아이들이 있다는 사실을 알게 된다! 왕은 나중에 공주와 자기 아이들을 다시 찾고 둘은 결혼한다. 이 이야기들 모두는 현대식 정전正典으로 건전하게 바꾼 것이다. 하버드의 민속 및 신화학 교수 마리아 타타르는 《1,001개 얼굴의 여자 영웅》에서, 월트 디즈니는 "딸에게 간계를 꾸미는 아버지보다 사악한 왕비(《백설공주와 일곱 난쟁이》), 잔인한 계모(《신데렐라》), 사악한 마녀(《잠자는 숲속의 공주》)가 등장하는 이야기를 더 좋아했다. 그를 비롯한 사람들은 탑에 딸을 가두거나, 딸의 손을 자르거나, 악마에게 딸을 판 아버지에 관한 수많은 이야기를 무시했다. 학대하는 아버지와 괴롭히는 오빠에 관한 이야기는 사라져버렸다."라고 설명한다.[22] 이와 유사하게, 원작 버전의 이야기들에서는 사악한 여성이 보통 친어머니였으나 현대 독자들의 불쾌감을 낮추기 위해 결국 계모로 바뀌었다.

을 다루는 이 드라마는 섭정 시대의 영국(1795~1837년. 빅토리아 시대 전 시기로, 문화적으로는 영국의 낭만주의 시대와 일치함—옮긴이)에서 사교계에 첫발을 내딛는 여성들, 즉 '결혼 시장'의 싱싱한 먹잇감에 초점을 맞춘다. 이 젊은 여성들의 성적 순결은 평판이 손상되지 않도록 감시와 단속을 당하는데, 이 모든 건 부계의 재산 승계 계보를 보호하기 위한 것이다. 한편 부유한 청년들은 '숙녀'뿐 아니라 많은 여성과 잔다. 하층 계급 여성은 성적 지식이 있고 영주의 첩 역할을 하지만, 숙녀는 부적절한 기미가 보일 시 모든 지위를 잃을 수도 있다. 보호자 없이 구혼자와 함께 있는 모습이 발각되면 사회로부터 슬럿 셰이밍을 받는다. 이 이중잣대는 역사적으로 정확하며, 1813년 런던에서만 그랬던 것이 아니다.

이런 패턴은 오늘날에도 나타난다. 한 종적 연구에서는 두 연구자가 5년 동안(대학 졸업 후 1년까지) 여대생들과 살면서 그들이 어떻게 세상과 관계를 탐색하는지 관찰했다. 연구자들은 그 젊은 여성들 및 그들의 궤적을 추적하며 많은 요소를 평가했지만, 궁극적으로는 계급과 창녀스러움에 대한 인식을 관찰해 발표했다. 그들은 모든 여성이 사적으로 같은 정도의 슬럿 셰이밍을 당하지만, 하층 계급 여성들은 특히 부유한 여성과 친구가 되려 할 때 훨씬 더 공개적인 슬럿 셰이밍에 직면한다.[25] 이 연구를 취재한 한 저널리스트가 썼듯이, "만연한 슬럿 셰이밍은 (…) 여성의 뿌리 깊은 계급주의 증상 중 하나일 뿐이었다. 하지만 더 중요한 것은 창녀스럽다는 혐의가 실제 행동과는 거의 무관했다는 점이다. 연구에서 성적 파트너가 가장 많았던 로리라는 부유층 젊은 여성은 가장 훌륭한 평판을 얻었는데, 주된 이유는 그가 자신의 성 경험사를 숨기는 데 선수이기 때문이었다."²⁶ 또한 연구자들은 창녀스럽다는 것의 기준이 무엇인지에 대한 합의가 전혀 없다는 점도 발견했다. 그것은 모든 젊은 여성이 기피하는 모호한 용어이자 정체성이었다. 그럼에도, 연구에 참여한 여성 53명 중 무려 48명은 서로에게 그 딱지를 붙였다.

젊은 여성을 '창녀'로 만드는 특성이 성관계의 기준만큼이나 흐릿한 것도 우연이 아니다. '헤픈' 여성을 묘사하고 대상화하는 단어들은 결코 부족하지 않지만,* 여성의 욕망을 묘사하는 언어와 정의는 확실히 부족하다. 우리는 사랑과 로맨스가 마음에서 시작되어 몸으로 이동하는 것을 느낀다. 하지만 이것에 목소리가 주어지진 않는다. 여성이 사타구니와 배에서 느끼는 열기와 압력에 대해서는 '발기' 같은 점잖은 표현이 없다. 이 현상은 우리가 원하는 무언가에 대한 표현이나 반응으로 확인하거나 만질 수 있는 것이 아니다. 그것은 마치 물웅덩이처럼 더 일시적이고 덜 중심화된, 강력하지만 뭐라 꼬집어 말할 수도 닿을 수도 없는 무지근한 아픔이다. 남성들의 경우엔 눈에 보이지만 여성들의 그것은 숨겨져 있다. 여성은 욕망 자체가 눈에 보이지 않기에 그것을 몸에서 찾거나, 명명하거나, 연구하거나, 혼자서든 파트

---

*   새로 만들어진 'fuckboy'(유약한 남자, 또는 재소자 중 강자의 성욕 해소 대상을 비하해 부르는 말―옮긴이) 외엔 이성애자 남성을 지칭하는 이런 단어, 즉 창녀, 매춘부, 논다니, 갈보, 창부, 유녀 같은 말이 없다[남창은 'escorts'(본래는 호위대라는 뜻―옮긴이)라 부르는데, 지나치게 듣기 좋은 명칭이다. 심지어 1970년대에는 '춤 파트너'로 번역되는 'gigole'에서 온 'gigolo'라는 멋진 명칭이 있었다]. 사실 남성에 대해선 '색광녀'에 대응하는 말도 거의 없다. 'satyrias'(남자 색정광, 색마)라는 단어를 들어본 사람이 과연 있을까? 한편 최근의 한 연구에서는 응답자의 8.6퍼센트가 충동적인 성적 행동을 했다고 보고했는데, 예상대로 남성(10.3퍼센트)이 여성(7퍼센트)을 능가했다.²⁷

너와 함께든 육체적으로 표현하는 법을 배우지 않는다.

내가 남자아이들에게 반하고 욕망을 경험하기 시작했던 열한두 살 때쯤, 내 생각은 롤러 스케이트장에서의 어린이 관람가 수준의 키스에서 가수 티파니Tiffany의 노래〈내 생각에 우린 지금 외로워〉I Think We're Alone Now를 중심으로 돌아갔다. 나는 스스로를 꼭 끌어안고서, 나와 함께 바닥을 뒹굴 누군가가 나타나기를 빌고 기도했다. 그렇게 바닥에 쓰러진 뒤 일어나는 일에 대해서는 별로 생각하지 않았는데, 그것은 내가 섹스에 대한 개념이 없어 그 경험을 어떻게 연결해야 하는지 몰랐기 때문이다. 머리로는 욕망과 사랑의 대상이 되고 싶었지만 그와 동시에 육체적인 경험, 즉 내가 손에 대고 연습한 '프렌치 키스'도 해보고 싶었다.

중학교 시절에는 내내 일기를 썼는데, 기껏해야 뜨뜻미지근한 내용이었다. 나의 짝사랑 대상은 주로 내가 모르는, 아마 스키장이나 테니스 코트에서나 가끔 보았을 남자아이들이었다. 그 아이들이 성적 환상의 대상은 아니었다. 하지만 나는 몸에서 열기를 느꼈다. 내가 그것을 인식할 수 있었던 것은 진 오엘Jean M. Auel의 '대지의 아이들'Earth's Children 시리즈를 모두 읽은 덕분이었다. 이 시리즈는 매기 넬슨Maggie Nelson과 록산 게이도 그 추억을 공유했을 정도로 우리 세대의 많은 책벌레 여성이 좋아했다.《동굴 곰 부족》The Clan of the Cave Bear에서의 섹스 묘사는 비록 무섭기도 하고 자극적이기도 하지만('잔뜩 충혈된 보라색 남근'이란 표현이 자주 등장한다) 어쨌든 나는 그 책을 읽으며 몸속에서 무언가를 느꼈다. 로맨스와 원초적 성적 욕망이 최초로 마음속에 퍼진 게 그 책을 읽으면서였는지, 혹은 그때 그런 연결을 지을 수나 있었는지도 확실치 않다. 확실한 것은 아무도 섹스를 그런 식으로, 즉 그것은 온 에너지와 전신을 동원하는 경험이 될 것이고, 나는 나의 쾌락을 옹호해야 한다고 설명해주지 않았다는 사실이다. 내 모든 친구처럼 나 역시 어떤 버튼만 탁 눌리면 마치 자동차에 시동이 걸리듯 일생일대의 드라이브를 경험하게 되리라 생각했다. 그것이 운전보다 훨씬 더 복잡하다는 사실, 육체적 감각은 항상 더 깊숙한 욕구와 연결되는 것이 아니며 때로는 연금술의 열쇠가 필요하다는 사실을 그때는 이해하지 못했다. 분명해 보였던 것은 로맨스가 욕망의 전제조건이지만 그 욕망은 밖에서 와야 한다는 것이었다. 여자아이는 남자아이가 군중 속에서 자신을 찾아내 다가오는 순간을 참을성 있게 기다리는 수동적 대상이어야 했다. 항상 우리는 선택하는 주체가 아닌, '보이고' 선택받는 대상이어야 했다.

모든 아이는 여러모로 대상화되지만—너는 부모에게 속한 존재이고 네 운명과 미래는 그들 손에 달렸다, 하는 식으로—여자아이들의 경우엔 특히나 더 그렇다. 어쩌면 이는 남자아이들의 경우 자기 어머니와 분리되고 스스로를 남자로 구별 짓도록 강요받기 때문일 수도 있지만, 그들에겐 자신을 표현하는 보다 쉽고 분명한 방법이 있기 때문이기도 할 것이다. 그들은 자기가 원하는 것을 알고 그것을 추구하며 자기 것이라 주장해야 한다. 뒤로 물러서거나 '계집애처럼 행동할' 때에는 벌칙이 기다리고 있다. 하지만 여자아이들은 심지어 가장 개방적이고 페미니스트적이며 진보적인 가정에서 자란 아이들조차 더 큰 문화에 의해 수동적 태도로 길들여진다. 사회적 규범을 무너뜨리는 일, 남자한테 데이트를 신청하고 거절당하는 일, 안달 냈다가 놀림과 조소를 받는 일은 너무나 부끄럽고 위험하다. 따라서 우리는 그 대신 간접적 경로를 활용하거나, 어설픈 자물쇠가 달린 일기장에 그것을 쏟아놓고는 우리가 선택받을 때까지, 우리의 가치가 확인될 때까지 하염없이 기다린다. 이런 수동성은 문제가 된다. 젠더학 교수이자 심리학자인 데버라 톨먼Debora Tolman에 따르면, "여성성에 대한 사회의 지배적 문화 구조는 여자아이들과 여성들이 바람직한 존재가 되되 욕망하진 않을 것을 부추긴다."[28] 톨먼은 이것이 여자아이들의 온전한 표현을 가로막는다고 주장한다. 이는 분명 안전해 보이기도 한다. 자신의 욕구 탓에 통제 불능 상태에 빠졌다고 생각하는 여자아이들을 우리는 비난하기 때문이다. 우리는 그들에게 슬럿 셰이밍을 하고, 그들이 관심을 갈망하고 해악을 불러온다며 비난한다.

우리는 모든 청소년기 아이가 자신의 온전한 자아를 관계 안으로 가져가는 법을 알아내도록 길을 만들어주어야 한다. 온전한 자아에는 신체적 자아, 즉 성에 대해 자신이 원하는 것이 무엇인지, 무엇이 좋은 느낌이고 나쁜 느낌인지를 아는 일이 포함된다. 이 욕구, 이 정욕은 우리 생활의 일부이자 생명력의 원천인 터다. 또한 우리는 젊은이들이 제 성적 힘의 윤곽을 파악할 때까지 애초에 이 생명력을 가졌다고 비난하는 대신 그것을 보호해주어야 한다.

관심의 강도와 감정의 추방

처음 엑스터시 치료를 받았을 때, 나는 내가 여덟 살 무렵에 거의 낯선 어른으로부터 성추행을 당했다는 걸 깨달았다. 여러 차례 마음의 지하실로 내려가 기억의 문이 열리기를 기다렸지만 결국, 수십 년이 흐른 뒤 정확한 진상을 파악하는 일엔 별 의미가 없다는 결론을 내렸다. 그리고 프로이트가 *사후성*Nachträglichkeit이라 부른 과정을 통해, 나이가 들면서 기억이 새로운 관점을 제시한다는 것 또한 깨닫게 되었다.[29] 내가 치유를 통해 한 일은 *그 사람이 통제력을 잃은 건 나 때문*이라는, 권력과 책임에 대한 나의 잘못된 감각 때문이라는 생각을 해체하는 것이었다. 7월 4일 독립기념일에 열린 큰 파티에서 그 남자와 별도의 이벤트를 했던 기억이 지금도 선명하다. 그때 그는 플랫헤드 호수에서 모터보트가 끌고 달리는 튜브를 자기와 같이 타자고 몇 번이나 고집했다. 그때 그 사람 몸을 떼어내려 무진 애를 썼던 느낌은 내 오른쪽 어깨에 아직도 남아 있다. 그리고 튜브가 그의 왼쪽 아래로 뒤집히는 바람에 내가 그 사람 몸 위로 철퍼덕 미끄러져 내렸던 일도. 다른 어른이 개입해주길 내가 기다리는 동안 우리는 몇 번이나 그렇게 튜브를 함께 탔다. 나는 내 불편함을 중시하다가 이 어른 남자의 기분을 해칠까 두려워 내내 웃고만 있었다.

돌이켜보면 그때 나는 짧은 쇼트커트 헤어스타일인 데다 조숙했던 탓에 어찌 보면 롤리타 같은 느낌이 있었던 듯하다. 실제로 나는 당시 성인 남성의 시선과 관심을 느꼈고, 지금 내 아이들의 친구들이 그 날것의 마음과 생각 덕분에 내게 흥미로운 대화 상대가 되듯 나 또한 그때 순진한 말을 많이 했던 것 같다. 하지만 당시 어떤 것이 적절한 관심이었고 무엇이 그렇지 않았는지는 지금 구분하기 어렵다. 그 어두운 경험 탓에 지금은 그저 모든 관심이 위험했다고 느껴질 뿐이다.

나의 어머니는 내가 아장아장 걸어 다니던 시절, 당신이 책을 읽어주는 동안 내 손가락이 사방을 돌아다녔던 이야기를 하며 내가 얼마나 성적이었는지를 즐겨 떠올린다. 부모님은 개방적인 히피들이었기에, 내게 창피를 주려는 게 아니라 그저 내 몸을 사랑하는 나의 성향에 대해 이야기했다. 엄마는 그게 좀 산만하긴 해도 귀엽다고 여겼는데, 엄마가 그걸 자위라 부르면 지금도 나는 귀가 화끈거린다. 섹스 치료사 헬렌 싱어 캐플런Helen Singer Kaplan이 설명하듯, 남아와 여아 모두 운동 능력이 발달하자마자 자기 몸을 친밀하게 탐색하는 것은 지극히 정상이다.[30] 하지만 어렸을 때 자기 몸을 만지기 좋아했다는 말을 들으면 누구라도 불편해서 화제를 돌려버리지 않을까? 우리가 아이들의 행동을 묘사할 때조차 육체적 쾌락과 만지는 행위를 항상 성적 욕구와 연결하는 것이 나는 좀 이상하게 느껴진다. 내 고양이를 쓰다듬어 녀석이 온몸으로 가르랑거리며 자기 등을 치켜세우고선 내 손에 갖다 댈 때, 나는 녀석이 성적으로 흥분했다고 여기지 않는다. 그보다는 자기를 만져주길 바라고 갈망하고 즐기는 동물이라고, 내 살결의 친밀함을 원하고 기분 좋아지길 원하는 동물이라고 여긴다. 그런데 왜 스스로에 대해서는 그렇게 생각할 수 없는 것일까?

엄마의 기억에 따르면, 나는 매우 성적인 아이여서 항상 나이 든 남자의 '강한 관심'을 불러일으키기에 바빴다. 어떤 행동으로 그런 관심을 불러일으켰는지는 알 수 없었으나, 나는 어쨌든 내가 그걸 요구했다고 생각했다. '강한 관심'은 HBO 맥스의 다큐멘터리 〈앨런 대 패로〉Allen v. Farrow에서 미아 패로Mia Farrow 등이 우디 앨런Woody Allen과 그의 딸 딜런 패로Dylan Farrow의 관계를 묘사했던 방식이다. 나는 그 다큐를 보기가 힘들었는데, 왜냐면 그것이 내 어렸을 때의 경험을 묘사한 방식이어서였다. 게다가 당시엔 그걸 알아차리거나 멈추는 문화도 아니었다. 사람들이 딜런 패로의 말을 믿는 데는 수십 년이 걸렸다. 심지어 지금도 사람들은 앨런에 대한 존경심을 포기하고 그가 자신의 영화를 통해 자기와 여자아이들의 부적절한 관계를 받아들이도록 우리를 은근히 길들였음groom을 인정하기 싫어한다. 여러 세대에 걸쳐 그는 여학생들을 탐하는 남자들의 문화 규범을 주류로 만들었다. 〈맨해튼〉Manhattan에서 열여섯 살의 매리얼 헤밍웨이Mariel Hemingway는 마흔두 살 먹은 남자(앨런)와 데이트하는 열일곱 살짜리 여고생을 연기한다. 헤밍웨이는 앨런과 함께 카메라에 담겨야 했지만, 이 영화는 많은 상만 받았을 뿐 비난은 조금도 받지 않았다. 모두가 이 영화를 사랑했고, 이 영화에 얼마나 많은 문제가 있는지에 대한 베일이 벗겨진 건 30여 년이 흐른 후였다. 앨런이 자기 의붓딸과 결혼했을 때조차 이런 사실은 거의 인식되지 않았다.

이 다큐멘터리와 딜런의 증언이 했던 가장 큰 기여 중 하나는 여전히 우리 문화와 사법 제도를 손아귀에 쥐고 있는 '부모 소외' 주장에 초점을 맞췄다는 것이다. 부모 소외는 학대 혐의를 받는 아버지가 책임을 어머니에게로 돌리며, 어머니가 자녀에게 특정 이야기를 주입한다고 비난하는 메커니즘이다. 아버지가 취하는 그다음 조치는 단독 양육권을 위한 맞소송이고, 실제로 그것은 효과가 있다. 이 다큐멘터리에 따르면, "피고인 아버지가 부모 소외를 주장할 때 가정 법원이 아동 성학대 혐의를 사실로 받아들이지 않는 경우는 98퍼센트에 달했다."[31] 영화는 5만 8,000명의 아동이 성학대 혐의를 받는 아버지와 아무 감시 없이 접촉하거나 함께 살도록 강요받았다고 주장한다.

부모 소외라는 가정은 딜런에게도 적용된 바 있었다. 나는 딜런보다 나이가 많지만, 1990년대 초 앨런이 기소되었을 당시 온 사회를 휩쓸었던 공포를 기억한다. 그 공포는 그가 저지른 범죄에 대한 것이 아니라 아이들이 거짓말을 하게끔 설득하는 일이 쉽다는, 아이들은 성학대 혐의를 만들어내고 그걸 무고한 어른에게 무기로 휘두르게끔 조종당할 수 있다는 생각에서 비롯된 것이었다. 여성이 자기경험의 신뢰하기 어려운 증인으로 여겨지는 것과 마찬가지로, 아이들도 진실과의 관계에서 추방당한 것이다. 우리는 아이들에게 그들의 기억이 너무도 엉터리라고, 그들은 현실 파악을 잘 못한다고, 그들이 몸으로 느끼는 진실은 거짓이라고 말한다.

나는 문득, 제 몸에 저장된 역사를 믿지 못해 자기 몸과 단절되는 여성이 얼마나 많은지 궁금해진다. 우리의 나쁜 경험이 단지 믿기 불편하다거나, 생각을 하기엔 너무 끔찍한 것이라 해도 그 진실은 결코 사라지지 않는다. 이 추방된 감정은 자기들을 다시 찾고 풀어줄 때까지, 안전하게 다시 초대받을 때까지 수면 아래에서 기다린다. 그리고 이렇게 품고 사는 일에는 대가가 따른다. 육체적으로든 감정적으로든 아니면 에너지적으로든, 타인으로부터 침투받은 경험은 쉽게 되돌려지지 않는다. 설령 그것이 단순히 관심을 즐기는 것에 그친다 하더라도, 쾌락이 관련되어 있을 때에는 자신이 공격을 유발하거나 초대한다는 느낌, 또는 그 관계에 어떤 식으로든 협력한다는 느낌을 쉽게 떨쳐버리지 못하는 것이다.

숫자로 보는 성적 트라우마

폭행은 즉각적인 신체적 트라우마와 은밀하고 눈에 보이지 않는 트라우마 모두를 발생시키는데, 후자에는 여성들이 책임과 비난을 받아들이도록 우리 문화가 프로그래밍한 방식도 포함된다. 트라우마적 사건은 정신에 대한 범죄가 된다. 의학인류학자 캐서린 롤런드Katherine Rowland에 따르면 그 통계는 꽤 충격적이다. "미국인의 20퍼센트 이상은 어렸을 때 성추행을 당한다. 여성 다섯 명 중 한 명은 평생 강간이나 강간 시도를 경험하고, 친밀한 파트너를 가진 여성의 3분의 1은 파트너의 폭력적인 신체 접촉을 경험하며, 유색 인종 여성의 경우 이 수치는 급격히 증가하고 있다. 여성 여섯 명 중 한 명은 살면서 스토킹을 당한 적이 있고, 살해당한 여성 중 현재 또는 과거 파트너의 손에 죽는 이는 절반에 가깝다."[32] 강간과 성 노예의 위기를 겪고 있는 원주민 여성들(원주민 여성의 56퍼센트가 성폭력을 당하고, 90퍼센트가 외지인으로부터 폭력을 당했다[33])을 제외하더라도* 오늘날 대부분의 강간은 인종 내에서, 즉 백인 남성이 백인 여성을, 흑인 남성이 흑인 여성을 강간하

---

*   이 지독한 범죄는 부족법과 연방법 사이의 커다란 간극 탓에 벌어진다. 이런 범죄를 주로 저지르는 이들은 원주민 보호구역 안이나 인접 지역의 석유 및 가스 시추 작업장을 따라 형성된 남성 캠프의 거주자들이다. 원주민 부족들에게는 원주민이 아닌 사람을 기소할 사법 체계가 없는데, 이는 원주민 여성이 반복적으로 살해되거나 실종되는 일이 일어나도록 부추기는 구멍이 되고 있다. 그러나 이들 범죄에 관심을 기울이는 사람은 별로 없다. 2021년 와이오밍 주립공원에서 실종되어 살해된 22세 여성 개비 페티토Gabby Petito의 시신이 발견됐을 당시 미디어가 보였던 광분은 페티토와 유사한 운명을 맞은 원주민 여성들에 대한 관심 부족과 극명한 대조를 이룬다. 2011년에서 2020년 사이 와이오밍에서만도 710명의 토착민이 실종된 것으로 보고되었으나,[34] 그에 대해 우리가 들은 바는 한마디도 없었다.

는 식으로 이루어진다.³⁵

　원주민 여성을 둘러싼 통계는 차치하고라도, 남북전쟁의 여파 속에서 폭력적인 사적 제재와 기타 잔혹 행위를 정당화하기 위해 백인 여성을 강간하는 이들로 내몰린 흑인 남성들만큼 억울한 남성 집단도 없다(사실 '백인 주인'이 남녀 노예를 강간하는 일은 수 세기 동안 흔했다). 하지만 이런 고정관념은 오늘날에도 지속되고 있다. 물론 흑인 남성의 성폭행을 신고하면 배신자로 인식되는 탓에 제대로 된 신고조차 못하는 흑인 여성의 입장은 또 다르지만.³⁶ 이는 '흑인 남성=포식자'라는 고정관념은 유지하면서도, 여성은 타인의 명예를 안전하게 지키기 위해 자기 몸과 정신을 희생해야 한다는 것을 보여주는 또 다른 해로운 예다. 한편 강간은 가장 강력하고 끔찍한 억압 도구 중 하나로 지속되고 있다.³⁷ 그리고 그것은 여전히 전쟁의 부수적 피해 중 으뜸이다.³⁸ 강간은 만족할 줄 모르는 욕망이 어긋난 것이 아니다. 그것은 권력, 지배, 통제에 관한 것이다.

　강간과 성폭행은 자격과 관련되어 있는데, 이는 남자들은 그렇게 하고서 도망치는 것이 *가능하며* 보통 그렇게 하기 때문이다. 형사 사법 제도에 회부되는 성폭행 사건 1,000건 중 가해자가 그냥 풀려나는 경우는 약 975건에 달한다.³⁹ 우리는 남성에게 책임을 묻는 데 별로 관심이 없는 것 같다. 종종 이들은 존경받을 만하거나, 사회적 지위가 있거나, 스탠퍼드대학의 수영 선수 브록 터너Brock Turner처럼 그저 유망한 남자들이다.* 데버라 터크하이머Deborah Tuerkheimer 검사가 내게 설명했듯, 힘 있는 남자의 명성은 생존자의 고통을 뭐랄까… 그냥 사라져 버리게 할 정도다. 여자는 어쨌거나 결국 그 일을 극복해낼 텐데, 큰일하는 남자의 인생을 굳이 망가뜨릴 필요가 있겠냐는 생각이 깔려 있는 것이다. 이런 뻔뻔한 생각은 가부장제에 깊이 뿌리박혀 있어, 이들 남자가 아무리 *학대자*일지라도 여성은 늘 남성보다 덜 중요한 존재로 여겨진다.

남성의 궁극적 잠재력에 대한 이런 존중은 여성이 자신에 대한 강간과 성폭행의 공모자라는 혐의를 받는 이유이기도 하다. 이는 '남성은 자기를 통제하지 못한다'는 끈덕진 생각에서 나온다. 그러니 자연히, 남성에게 해를 끼치는 충동을 불러일으킨 데 대한 책임은 여성에게 있다는 것이다. 우리는 남자아이들에게서 싹트는 성을 정상적이고 자연스러운 성숙 과정으로 축하하고, 그 욕구는 그들을 압도하고 통제할 수 없을 정도라고 믿는 데서 문화적 기쁨을 느끼는 듯하다. 동시에 여자아이들에 대해서는 더 책임 있는 쪽, 남성의 그 탐욕스러운 욕구를 돌보는 존재로 설정하며 그들을 비난할 태세를 취한다. 그렇게 우리는 그들의 몸을 자기파괴의 수단으로 바꿔놓고, 그들 자신의 욕망을 부정하며, 그것을 본질적으로 일탈적인 것으로 만든다.

최근 나는 다음과 같은 문구가 포함된 회사 이메일을 전달받았다. "직원들은 야하거나, 몸에 딱 달라붙거나, 길이가 너무 짧거나, 끈이

---

* 소라야 시멀리가 다음과 같이 보고하듯, 이는 여성들이 거짓말쟁이라는 가정에서 나온 결과다. "예컨대 조사에 참여한 대학생 대부분은 50퍼센트의 여성이 자신은 강간당한 적이 있다는 거짓말을 한다고 믿는다. 다른 연구는 8년 이하 경력의 경찰관 또한 강간 신고에 대해 대략 그 정도의 비율이 거짓에 해당한다고 믿는다는 사실을 보여준다. 불과 2003년만 해도 사람들은 필라델피아에서 벌어진 성범죄 피해자들을 '거짓말하는 쌍년 집단'이라 불렀다. 허위로 강간을 주장하는 사건은 여타 범죄와 비슷한 2~8퍼센트 정도라는 사실이 여러 나라에서의 수행 연구들을 통해 꾸준히 발견되었음에도, 이런 의심은 여전히 사실로 취급된다."[40]

없거나 끈을 목뒤로 묶는 상의 차림으로 출근하지 않기를 바랍니다. (…) 복장은 업무 환경에 적합해야 하고 (…) 주의를 흩뜨리지 말아야 합니다." 대놓고 여성을 지목하진 않았으나 이 이메일은 분명 여성을 대상으로 한 것이었다. "주의를 흩뜨리지 말라"니, 대체 무슨 자격으로 그런 말을 할 수 있는 것일까? 이는 마치 바다에서 생리를 하면 상어의 공격을 유발할 거란 말, 당신의 몸은 안전하지 않고, 안전한 방법을 알아내는 것은 당신의 의무라는 말과 같다. 여성에게 과도한 책임을 강요하는, 참으로 영리한 속임수가 아닐 수 없다.

과도한 책임에 대한 이런 기대는 우리가 성폭력에 대한 정의를 구하려고 드물게 법정에 나서는 경우에까지도 우리를 따라온다. 가해자가 여성의 인생을 망친 사실만으로는 충분치 않다. 그다음엔 여성이 그 가해자의 인생을 망친 책임까지 지게 된다. 그리고 여성의 고통은 정말 그만한 가치가 있는 것인가, 라는 의문이 남는다. 리베카 트레이스터Rebecca Traister는 미투 절정기의 여파에 대해 다음과 같이 썼다.

> 내가 아는 여성 대부분은 가부장제가 미치는 엄청난 영향력의 경계를 감시할 '기회'를 원치 않았다. 우리는 이들 남자가 직장을 잃는다는 막연한 전망과 실제 사례 때문에 갈등을 느꼈다. 그들과 그들 가족의 감정을 생각하면서, 그들의 잘못이 공개되면 그들은 미래의 직장을 잃거나 심지어 자해를 할지도 모른다고 걱정했다. 우리는 이런 엉뚱한 것에 주목해야만 한다. 지금도 우리는 이렇게 남자들을 걱정하도록, 그러나 어떤 이유에선지 여성과 여성의 가족, 여성의 감정, 여성의 장래에 대해서는 동일한 감정이입을 할 여유가 없도록 길들여졌

다. 여성은 자기 입장을 따져야 하는 순간에조차 자신이 아닌 남자들 걱정부터 해야 하는 것이다.[41]

이것은 철학 교수 케이트 만이 여성 희생자보다 남성의 감정과 건강, 행복을 우선시하는 방식을 설명하기 위해 만든 'himpathy'('him'과 'empathy'를 합성해 만든 신조어로 '남자에게 감정이입하기'라는 뜻 — 옮긴이)에 대한 완벽한 설명이다.[42] '남자에게 감정이입하기'는 항상, 그리고 완전히 자동반사적으로 이루어진다. 우리 여성은 이타적이고, 배려하고, '타인 지향적'이 되도록 너무도 길들여진 나머지 이런 책임감이 얼마나 과도한지를 인식하지 못한다. 우리는 남성의 강간에 책임이 없듯, 그 행동이 그들 삶에 미칠 영향에 대해서도 아무 책임이 없다. 이 부담까지 우리가 짊어지는 것은 완전히 잘못된 일이다.[43]

심리치료사 웬디 말츠Wendy Maltz는 자신을 "패치워크 생존자"라며, "살면서 여러 시기에 여러 종류의 성적 학대를 경험한" 사람이라 설명한다.[44] 수많은 환자를 만나온 그는 이런 패치워크 경험이 꽤 흔하다고 말한다. 나 역시 그랬고, 아마 대부분의 여성이 그럴 것이다. 성적 추행, 학대, 희롱, 강간이 그간 터무니없을 정도로 고발되지 않았음은 미투 폭로의 시대를 맞아 명백해졌다. 이는 우선 법 체계 내에서 사실을 입증해야 한다는 부담이 크기 때문이고, 여성 대부분은 사람들 중 자기 말을 믿는 이는 아무도 없을 것이라 인식하기 때문이다.

우리는 때로 자신에게 일어난 일이 매우 잘못됐다고 느끼면서도 그것을 범죄가 아니라고 합리화하려 한다. 최근 나의 한 50대 친구는 첫 아이를 수유하면서 아침 시사 방송 〈굿모닝 아메리카〉Good Morning

America에 나온 데이트 강간 이야기를 보고 나서야 자신이 10대 때 강간을 당했다는 사실을 깨달았다고 내게 털어놓았다. 자기가 아는 남자아이였기 때문에 강간이 성립되지 않는 줄 알았다는 것이었다.

친구의 무지는 이해할 만하다. 우리는 기분 나쁜 일들에 관한 이야기는 하고 싶어 하지 않는다. 한 남자의 인생을 악의적으로 망치고 싶어 한다는 혐의를 받거나, 자신의 나쁜 결정이나 행동에 대해 후회하고 싶은 사람은 아무도 없다. 신고한다고 좋을 일 또한 무엇 하나 없고, 카타르시스 역시 없다. 모든 결과는 끔찍하다. 또다시 트라우마를 일으키고, 굴욕적이며, 모두의 '부분부분'이 조목조목 법적 심리의 대상이 된다. 그게 진짜 '강간'이었는지, '싫다'라는 말을 상대에게 충분히 강하게 했는지, 얼마나 열심히 싸웠는지, 술을 마셨는지, 뭘 입고 있었는지, 몇 명의 남자와 잤는지, 충분히 힘들어했는지, 목숨의 위협을 느꼈는지 등등. 우리는 낯선 사람의 강간을 '전형적' 범죄—어두운 골목길, 칼, 눈 가리기가 등장하는—로 인식하지만, 그것은 결코 TV 시리즈 〈로 앤 오더: 성범죄전담반〉Law & Order: Special Victims Unit 에서처럼 분명한 것이 아니다. '강간, 학대 및 근친상간 전국 네트워크'RAINN: Rape, Abuse & Incest National Network에 따르면, 여성에 대한 성폭력 범죄의 80퍼센트는 이미 아는 사람, 때로는 사랑하는 이가 저지른다.[45]

누가 힘과 통제권을 갖고 있는가

강간을 힘과 권위의 가장 노골적인 표현이라고 한다면, 가부장제 권력 구조는 여성에 대한 억압에 기반한다. 그것은 우리의 순결에 대한 감시, 우리의 출산에 대한 통제, 성폭력의 위협과 성공에 의존한다. 이 구조는 5,000년 동안 이런 식으로 이어졌고, 오늘날에도 계속해서 우리의 삶을 제한하고 있다.[46] 여기에는 성에 대한 이런 억압과 강요가 우리 사회의 근간이며, 그와 더불어 남성이 여성의 생식 능력을 소유하고 있다는 믿음도 따라붙는다. 오늘날의 정치에서는 피임, 낙태, 심지어 '싫다'라고 말할 권한까지도 뜨거운 쟁점이 되었지만, 이는 전적으로 여성의 신체에 국한되어 있다. 우리는 '피임'이 누구에게 속하는지, 자기 몸에 대한 결정권이 여성에게 있는지, 아니면 건강, 고용, 자족에 대해 엄청난 위협을 받는 상황에서도 여성은 여전히 법적 판결의 대상인 재산인지에 대해 계속해서 논쟁을 이어가고 있다. 남성은 우리의 생식 능력을 감시함으로써 현상을 유지할 수 있다. 여성을 빈곤과 복종 상태로 몰아넣는 데 있어, 출산과 관련된 미래를 결정할 능력이 여성에게 있음을 부정하는 것보다 더 큰 수단은 없다.

당연히 아이러니한 것은 출산 통제, 특히 낙태에 대한 권력은 남성에게 있지만 그 부담은 여성에게 지운다는 점이다. 오늘날의 뒤집힌 정치 풍토에서, 특히 로 대 웨이드 판결 Roe v. Wade (1973년에 낙태 합법화가 이루어진 미국 연방대법원의 판결—옮긴이)이 번복된 이후부터는 원치 않는 임신을 중단하는 여성과 이들을 돕는 전문가를 기소할 법안이 우후죽순 부활하고 있다.* 그러나 남성에겐 면죄부를 준다. 이 예

---

* 현재 오클라호마주에서는 낙태가 금지되는 한편, 주 의회에서는 낙태를 중죄로 만드는 법까지 통과되었다. 이를 어긴 의사는 10년의 징역형을 살거나 10만 달러의 벌금을 내야 한다. 텍사스주에서는 현실상 현상금 사냥이 만연해 있다. 낙태를 도운 사람에게 개인이 소송을 걸기 위해 1만 달

비 아버지들을 임신의 공동 책임자로, 자기 욕망의 희생자로, 또는 책임과 제약으로부터 스스로 해방되기를 열망하는 공동 종결자로, 범죄자로 고발할지 말지에 대한 논의는 없다. 여성의 선택은 통제되고 있는 데 반해, 남성에겐 자신이 뿌린 씨앗의 결과에 대해 책임을 질 수 있을 때까지 정관 수술을 받도록 강요해야 한다는 제안은 들어본 적이 없다.** 우리는 한 번도 그것에 대해 생각해본 적이 없다. 이는 사실상 낙태에 관한 일이 아니라 단지 여성을 가두고, 통제하고, 제약하고, 단속하는 일에 관한 일이기 때문이다.

친밀감과 애정의 배신

멀리사 피보스Melissa Febos —막 성에 대해 알아가기 시작했던 시기의 피보스는 성적 지배자였다—는 자신의 회고록 《내 어둠은 지상에서 내 작품이 되었다》에서, 어른이 되어 자신의 여자친구 및 다른 친구와 함께 포옹 파티(서로의 동의하에 비非성적 접촉을 통한 친밀감을 경험하는 사회적 행사—옮긴이)에 갔던 경험을 이야기했다. 그는 모르는 사람과 끌어안고 싶진 않았지만, 친밀감과 경계에 초점을 맞춘 그 시간을 통해 뭔가를 배울 수 있으리라 생각했다. 피보스는 사람들이 그의 몸

러를 모금할 수 있기 때문이다. 한편 성폭행(강간을 포함한)에 대한 텍사스주에서의 최대 벌금은 1만 달러다.

** 여기서 역겨운 사실 하나. 강간당한 여성이 임신을 했을 경우, 강간자의 친권 박탈은 32개 주에서만 허용된다.

에서 원하는 것, 심지어 단순한 포옹조차도 거부하는 데 항상 어려움을 느껴온 터였다.

파티를 시작하면서 주최자가 규칙을 설명했다. 피보스는 이렇게 썼다. "그는 만짐touch을 둘러싼 명확한 경계 설정이 얼마나 어려운지를 인정했다. 주최자는 가족 안에서 거절하는 법, 다양한 종류의 만짐을 구별하는 법을 배우지 못한 이들이 많다고 말했다. 그러면서 '누군가를 만지기 전에는 허락을 구하고 구두로 좋다는 대답을 받아야 한다'는 세 번째 규칙을 알려주며, 우리더러 주변에 있는 사람을 대상으로 역할극을 한번 해보라 했다. 한쪽이 '껴안고 싶어요?'라 물으면 다른 쪽은 '아니오'라 대답하고, 그러면 물어본 쪽은 '자신을 돌봐줘서 고마워요'라 해야 했다."[47] 그 시간 동안 여러 남성이 피보스에게 포옹하거나 등 뒤에서 껴안아주길 바라는지 물었는데, 그 물음에 피보스는 불안해지면서 "그들이 원하는 것을 그들에게 주고 싶은 내 본능이 얼마나 강한지, 마치 내게 아무런 선택의 여지가 없는 것처럼 느껴질 정도"였다고 한다.[48]

나아가 그는 자신이 거부했을 때 그들이 얼굴을 살짝 찡그려 실망감을 표시하는 것에 대해서도 묘사한다. "여성혐오는 너무도 세밀하게 작동한다. 배고픈 사람이 냉장고를 미워하지 않듯, 그 남자들은 나를 미워하지 않았다. 그들은 단지 나의 욕구보다 자신의 욕구를 더 중시했을 뿐이다. 그리고 나는 그저, 내가 거절할 때 그들이 배고픈 사람이 열리지 않는 냉장고에 실망하듯 눈을 살짝 찡그리는 모습을 본 것이다."[49] 이런 것이 바로 남성의 잠재의식 속에 권리처럼 들어 있는, 여성을 강제하는 힘이다.

우리 문화에는 애정에 요구되는 것이 참 많다. 어린아이, 특히 여자아이는 요청을 해 오는 모든 이에게 키스해주고, 포옹해주고, 미소를 지어주어야 한다. 이를 거부하는 것은 친척, 부모, 심지어 낯선 이에게조차도 끔찍한 모욕이다. 하지만 때로는 뺨에 키스하는 것이 무해하다고 느껴지지 않을 때가 있다. 상대가 선을 넘었다는 느낌이 드는 것이다. 그러나 타인의 편안함을 우선시하도록 지도받은 우리는 자꾸만 자신의 본능을 무시하게 되었다. 이 공식에서는 우리 자신의 욕구가 중요하지 않았기에. 우리는 손길을 받아들이거나 제공하고, 유연하며, 애정에 대한 감사를 표시해야 했기에.

나의 이야기

내가 최초로 타인 앞에서 오르가슴을 느낀 건 강간을 당했던 때였다. 그 일을 그렇게 부르기로 결심한 것은 아주 최근의 일로,《침묵 시키기에 관하여》A Note on a Silencing를 쓴 레이시 크로퍼드Lacy Crawford와 대화를 나누고 난 뒤였다. 이 책은 우리가 다닌 기숙학교에서 자기보다 위의 학년인 남자아이 둘에게 오럴 강간을 당한 일에 관한 회고록이다. 나는 그에게 내가 겪은 일을 이야기했고 그는 내게 그 일, 즉 내가 힘껏 피하려 애쓰고 전혀 원치 않았던 접촉에 해당하는 명칭을 사용하라고 제의했다.[50]

16세 생일을 앞둔 고등학교 2학년, 아니면 1학년 말쯤의 일이다. 그 학교에 다닌 지 몇 달밖에 되지 않았을 때였고, 외로운 가을을 보낸 후 나는 몇몇 친구를 사귀었다. 연휴를 맞아 나는 그 새 친구들과 보스턴에 놀러 갔는데, 그때 우리는 일요일을 제외한 모든 날이 학교 스케줄로 꽉 찬 생활을 벗어나 조금이나마 10대다운 자유를 누릴 수 있었다. 우리 셋은 학교에서 온 다른 60여 명의 아이들과 같은 호텔에서 같은 방을 썼다.

나와 같은 침대를 쓴, 나중에 졸업할 때쯤엔 자매 같은 사이가 된 친구에게는 학교 레슬링 선수였던 남자친구가 있었다. 편의상 그들을 제인과 잭이라 하자. 잭의 가장 친한 친구도 레슬링 선수였는데, 그는 내가 입학하기 전 그 학교에서 쫓겨난 상황이었다. 그는 그렉이라 부르겠다. 그날 오후 우리는 호텔 수영장에서 그렉을 만났고, 그는 즉시 내게 호감을 보였다. 제인과 잭은 그렉이 나를 좋아할 거란 기대에 부풀었다. 그렉은 나를 겁먹게 했지만 나는 그에게 관심이 없었기에 그의 그런 관심에 별로 신경 쓰지 않았다. 그가 저녁 식사 때 우리와 다시 만나 이후 자기 집에 같이 갈 때까지는. 거기서 그는 나를 어두운 서재로 몰아넣고는 한 손으로 레슬링하듯 내 팔을 등 뒤로 고정시켰다. 그의 손을 뿌리치려 안간힘을 썼던 기억이 난다. 그는 한 손으로 너무도 쉽게 나를 붙잡고 키스하려 했다. 나는 몸부림을 쳤고, 그는 나를 풀어주었다. 나는 덜덜 떨면서 친구들과 다시 합류했다.

우리는 밤에 그의 집에서 나와 호텔로 돌아갔다. 호텔 복도에서 다른 학교 친구들과 어울려 술을 마시고 있는데 그가 다시 나타났다. 가슴이 철렁 내려앉았다. 그는 나를 스토킹하고 있었던 것이다. 하지만 아무도 주의를 기울이지 않았다. 나는 수학 시간에 친하게 지내던 남자 선배에게 다가가 그렉을 막을 방패로 삼으려 했지만, 그 선배는 친근하면서도 엉성하게 수작을 걸어왔다. 나는 제인에게 이 상황이 불편하다고 말했다. 그러나 제인은 취해서 멍한 상태였고, 내가 놀란 이유를 이해하지 못한 채 어깨를 으쓱했다. 제인의 생각에 나는 우쭐한 기분일 것이었기 때문이었다. 우리 방으로 돌아와 보니 제인과 잭은 한 침대에서 기절해 있었고 그렉은 다른 침대에서 깨어 있는 상태로 나를 기다리고 있었다. 나는 화장실로 들어갔지만, 당시엔 별로 친하지 않았던 다른 친구가 욕조에서 자고 있었다. 나는 그렉에게서 몇 발짝 떨어진 침대 가장자리에 앉아 어떻게 해야 할지 생각했다.

나는 항상 내가 어느 대학 기숙사에서 취한 상태로 순결을 잃을 거라 믿었다. 어쩌면 그것은 예지였을 수도 있고, 그저 내가 자란 문화에서는 섹스가 원치 않는 임신, 에이즈와 같은 문장 속에서 묘사된 탓일 수도 있다. 이 말이 이상하게 들릴 거란 건 알지만, 나는 이런 믿음을 강하게 갖고 있었다. 왜냐하면 어렸을 때부터 나는 내 몸이 나를 안전하지 않게 만들 것이고, 아무리 조심한들 충분치 않을 것이며, 나의 방어는 결국 제압당하고 말 거라 생각해왔기 때문이었다. 당시 나는 처녀였고, 섹스가 무엇인지조차 잘 몰랐으며, 단지 '처음'을 지키는 것이 중요하다는, 다시 말해 나쁜 상황은 파멸적이라는 사실만 알고 있었다. 지금은 당시 전화를 걸어 부모님을 깨운 뒤 나 혼자 머물 호텔 방을 잡아달라고 부탁하지 않은 나 자신을 책망하지만, 그때는 무섭기도 하고 핸드폰도 없었기에 그건 선택 가능한 일이 아닌 것 같았다. 당시 나는 키가 크고, 똑똑하고, 유능한 젊은 성인인 나 자신을 스스로 다룰 수 있어야 한다고 느꼈다. 약을 하지도, 술을 마시지도 않았다. 만약 잠들어버리면 나는 한밤중에 깨어나 그가 내 안에 있는 것이자 소중하고 침범할 수 없는 것, 절대 되돌릴 수 없는 것을 훔치고 있는 모습을 발견할 것이었다.

나는 그 자리에 누운 채, 등 뒤에서 들려오는 그의 기대 가득한 숨소리를 들으며 계획을 세웠다. 그러다, 만약 키스를 하면 그가 만족해 나를 내버려둘 수도 있겠다는 생각이 들어 몸을 돌려 그에게로 다가갔다. 그러자 그는 마치 무슨 거대한 인간 독거미처럼 내 팬티를 벗기더니 자기 머리를 내 다리 사이에 갖다 댔다. 나는 그의 팔을 잡고 레슬링 선수인 그 육중한 몸을 떼어내려 안간힘을 쓰면서도 방 안에 있는 사람들이 그 모습에 놀라 의심하지 않도록 최대한 소리를 내지 않기 위해 애썼다. 하지만 그것은 벽을 움직이려는 것과 다를 바 없었다. 나는 아마 60초도 안 되어 오르가슴을 느꼈던 것 같고, 내 몸이 자기의 쾌락으로 나를 배반했다는 수치심에 침대에 풀썩 널브러졌다. 결국 그 폭행을 자초한 것은 나였다. 내 오르가슴은 그렉에게 충분했다. 자기만족에 빠진 그는 더 이상 나를 괴롭히지 않고 한 팔로 나를 안은 채 잠이 들었다. 나는 밤새도록 마비된 채로 그 자리에 누워 좀전의 일을 잊으려 애썼다.

내가 극도의 수치로 느낀, 내가 원치 않는 무언가를 분명히 즐긴 사실이 실은 자기보호였다는 걸 이해하는 데는 26년이란 시간이 걸렸다. 이제 나는 성적 학대와 트라우마의 피해자들이 종종 공포 반응 때문에 오르가슴을 느낀다는 것을 안다. 하지만 당시엔 내가 오르가슴을 느낀 것이 그렉이 내게 한 짓이 좋아서였다고 생각했다.

다음 날 아침, 잭과 그렉은 함께 아침을 먹었다. 내가 그걸 알게 된 것은 그날 잭을 만났을 때 그가 낄낄거리면서, 그렉이 계란을 먹으며

"입에서 음모를 뽑아내기" 바빴다고 말했기 때문이었다. 그날 밤 캠퍼스로 돌아와 저녁을 먹으러 연못 옆을 걸어가는데, 평소 귀엽다고 생각한 선배가 지나갔다. 그는 내게 "엘리스, 보스턴 얘기 들었어!"라고 외치며 자기도 다 안다는 듯한 미소를 지었다. 입이 싸다는 오명을 여자들이 뒤집어쓴다는 건 얼마나 아이러니한 일인지. 나는 내 수치를 깊이 파묻어두고 싶었지만, 나의 굴욕에 관한 이야기는 열두 시간도 채 지나지 않아 기숙학교 남학생들 사이에 쫙 퍼졌다.

나는 그 일―내가 허용했고, 분명히 즐긴―을 뭐라 불러야 할지 몰랐기에 그걸 떨쳐버리고 상자에 담아 봉했다. 하지만 세월이 흘러도 나는 여전히 그렉의 존재를 유령처럼 느낀다. 마음의 눈으로 그의 흐릿한 얼굴을 보며, 그가 아직도 나와 함께 있으면서 지금의 내 삶에 영향을 미친다는 사실에 헛웃음이 난다. 최근 몇 년 동안은 그게 얼마나 중요한지 직시해야 했다. 이제는 옷을 벗을 때마다 그 경험이 나와 함께 있다는 것을 깨닫는다. 그리고 여전히 그 오르가슴을 철회하려, 되돌리려, 내가 통제할 수 있음을 증명하려 노력한다.

그날 이후 나는 그걸 질식시켜버리기 위해 내 성적 에너지를 억눌렀다. 4년 후 대학생 때는 술에 취한 덕분에 잠깐 자의식에서 벗어난 상태로 나를 사랑하는 남자와 함께 있었는데, 그때 내 몸은 제 역할을 할 수 있을 만큼 무장해제되었다. 그때가 유일하게 내가 오랜 시간 편안한 상태로 있었던 때다. 하지만 적어도 그 일은 일어났다. 마치 유령이 다락방 문을 두드려 내게 그 가능성을 확인시켜주듯이.

한 가지 감정을 억누르기 위해 나는 모든 감정을 억눌렀다. 내 느낌을 허용하는 대신, 그것들을 더 높은 차원으로 끌어올리거나 지성화

intellectualize함으로써 그 느낌을 일관되게 합리화하고, 수치심을 기적적으로 사라지게 만들고, 그것으로 나를 말할 수 있으리라 생각했던 것이다. 브레네 브라운은 이런 본능을 저장stockpiling이라 일컫는다. 우리는 우리의 감정이 사라졌다고 생각할 수 있지만, 표현되지 않은 모든 감정은 우리 몸 안에서 시간을 견디며 자기가 나갈 때를 기다리고 있다. 우리가 귀 기울이기를 거부하고, 그간 억눌렀던 모든 불쾌하거나 힘든 감정을 처리하고 대사하기를 거부한다 해서 그 경험이 증발하는 것은 아니다.⁵¹ 그 경험은 전이된다. 그리고 우리 몸이 우리에게 말하려 하는 것은 마치 쓰지 않아 잃어버린 방언처럼 해석하기가 더 어려워진다. 하지만 그 트라우마를 되짚어본다면 그것에서 해방될 수 있다. 심리치료사 갈리트 아틀라스Galit Atlas는 이렇게 설명한다. "마음이 기억할 때, 우리 몸은 마침내 잊을 수 있게 된다."⁵²

고등학교 때 보스턴의 그 호텔 방에서 내 몸이 저만의 계획으로 내 동의 없이 행동했을 때, 나는 내 몸과 나를 분리하기로 했다. 내가 바람직하지 않다고 여기는 감정과 느낌을 무감각하게 만들면 그 과정에선 다른 것도 모두 마비된다는 사실을 이해하지 못했기에 나는 그런 느낌을 그냥 아예 부정해버렸다. 피보스가 그렇듯 나 또한 지금 귀 기울이는 법을 배우고, 연결을 강화하고, 수치심을 씻어내는 길을 걷고 있다. 이제는 치한 퇴치 막대기를 내려놓고, 추웠던 겨울밤의 그 일이 어떻게 될 수 있었는지, 어떻게 되었어야 하는지에 대해선 나 자신을 더 이상 벌하지 않으려 노력한다.

성욕은 우리 몸 어디에 살고 있을까

내 느낌을 털어놓기 시작하면서, 나는 캐나다 온타리오에 있는 퀸즈 대학교의 섹슈얼리티와 젠더 연구소 성학자이자 심리학자 메러디스 치버스Meredith Chivers의 연구에서 약간의 위안을 찾았다. 그의 획기적 연구는 이성애자에서 퀴어, 그리고 그 사이의 온갖 성적 지향을 가진 남성과 여성이 시각적·청각적 성적 자극에 반응하는 방식이 그들 스스로 보고한 성적 반응과 어떻게 다른지 조사한다.

이 연구에서 치버스는 참가자들에게 게이 섹스부터 이성애자 섹스, 운동하는 사람, 자위하는 사람, 섹스하는 보노보에 이르기까지 다양한 자료를 보여주었다.* 남성 응답자들은 예측 가능한 방식으로 반응했다. 그들의 흥분 패턴은 그들이 밝힌 선호와 일치했으며, 영장류 동물에 대해선 이성애자든 게이든 관심을 보이지 않았다.[53] 반면 여성들, 특히 자신을 이성애자라 밝힌 여성들은 거의 모든 대상에 대해 신체적으로 흥분했는데, 그 이미지가 자신들이 흥분을 유발한다고 보고한 것과 반대일 때조차 그랬다. 레즈비언의 경우엔 자신이 말한 선호와 일치했다. 사람들은 이 데이터를 해석하면서, 이성애자 여성은 모든 동물적인 것에 몰입하는 데 반해 남성은 반응하는 대상이 한정적이라고 주장했다. 그러나 내 생각으로는 이성애자 여성들은 성적 욕구를 가지면 안 된다고 배웠기에 사실상 자기가 원하는 것이 무엇인

---

* 혈류량 변화를 추적할 수 있게끔, 참가자들은 성기에 혈류량 측정기를 부착한 다음 뒤로 젖혀지는 안락의자에 앉아 실험을 진행했다.

지 모르는 것 같다. 우리의 욕망은 그저 우리가 그 지도를 만드는 법을 배우지 않았기에 도식에서 벗어난 듯하다.

우리는 성을 몸의 신체적 반응이라 생각한다. 하지만 성적 흥분은 마음에서 시작되며 뇌도 일종의 성기다. 이상적 상태에서는 뇌와 몸이 일치한다. 하지만 우리가 심장에게 뛰라 하거나 폐에게 숨을 쉬라고 지시하지 않듯 몸은 제 의지대로 움직이고, 이는 치버스의 연구에서 중요한 시사점, 즉 신체적 흥분은 주관적·명시적 욕구와 무관하다는 사실로 이어진다. 젖은 질은 원치 않는 삽입에 대한 초대가 아니다(마찬가지로, 건조한 질이 성적 욕구의 부족함을 말하는 것도 아니다). 치버스 등의 과학자들은 원치 않는 성관계 중 질이 젖는 것은 불편함과 부상을 막기 위한 방어기제일 수 있다고 믿는다(발기부전이나 부적절한 또는 초대받지 않은 발기의 고통을 아는 남성은 이에 공감할 수 있어야 한다).

그렇다면 여성의 몸과 마음의 단절은 어떻게 설명할 수 있을까? 이는 우리가 방어기제로서의 성에 생물학적으로 준비된 존재, 원치 않는 성관계와 강간이 있으리란 것을 아는 존재라는 뜻일까? 여성의 몸은 본래 자기가 대상 혹은 그릇임을 파악하고, 일차적으로 자신의 생존을 도모하도록 만들어져 있다는 뜻일까? 아니면 이성애자 여성은 제 몸과 너무 단절되어 있어, 우리가 성적이라 해석하는 무언가를 보면 일단 '계산하지 말라'는 메시지부터 얼른 내뱉어버리는 걸까?

나는 치버스가 이성애자 여성에게서 관찰한 혼란이 부분적으로는 우리가 우리의 쾌락과 욕망을 이해하고, 이름 붙이고, 말하는 데 서툰 탓에 존재하는 것이라고 생각한다. 우리의 마음—성적으로 흥분된다고 우리가 말하는 것—과 몸의 반응이 항상 일치하지는 않는 건 그 길을 많이 가보기는커녕 정의조차 제대로 하지 않아서라고. 레즈비언의 욕구가 보다 정확히 추적되는 것은 그들이 뭘 원하는지, 상대가 어떻게 만져주길 원하는지, 누구와 그런 신체 접촉을 하고 싶은지를 더 분명하게 표현함으로써 자기 욕구를 주장해야만 했기 때문이 아닐까? 역사적으로 자신들을 거부하거나 물신화하는 문화에 맞서 스스로의 욕구를 날카롭게 벼렸기 때문이 아닐까? 그에 반해 너무도 많은 이성애자 여성은 여전히 대상화의 공간에 갇혀, 자신의 쾌락은 제쳐두고 오로지 타인을 즐겁게 하는 데 몰두하고 있는 것은 아닐까? 단순히 누군가의 원함의 대상이 되는 것에 응답하는 대신 자기가 원한다는 것은 대체 어떤 것일까?

우리의 환상이 우리에게 말해주는 것

치버스의 연구는 성적 흥분과 욕구의 벤 다이어그램을 이해하려는 것이지만, 문화적 길들이기는 여성이 남성의 강렬한 갈망에 성적으로 응답해야 한다고 지시한다. 그 남자가 나를 원하면 나는 살아나는 것이기 때문이다. 욕구의 대상이 되어야 한다는 이런 생각은 원함의 대상이 되는 것을 동의 없이 원함의 대상이 되는 것과 혼동하는 사람들에게 혼란을 준다. 그것이 '황폐화하기'ravaging 와 '강간'rape 의 차이다.

  이 두 단어는 어원이 'rapere'와 'raptura'(둘 다 '잡아채다', '강탈하다'라는 뜻—옮긴이)로 그 뿌리가 같다. 융 학파의 심리치료사 매리언 우드먼이 썼듯, "'rape'가 잔인한 성폭행을 통해 남성 적에게 붙들려 끌려가는 것을 암시하는 반면 'ravishment'('강간'과 '황홀경에 사로잡힘'이라는 두 가지 뜻을 가짐─옮긴이)는 황홀경을 통해 남성 연인에게 이끌리는 것을 암시한다. 전자는 권력과 연관되는 데 반해 후자는 사랑과 연관된다."[54] 겉으로 드러나는 현상은 비슷하다. 누군가 나의 몸을 보고 자신을 억제할 수 없을 때, 내 존재가 그들에게 통제력을 내려놓도록 부추길 때, 그것은 안전한 상호욕망 속에 자리한 권력의 한 형태가 된다. 이때 그들의 통제력 상실은 나 또한 자신의 쾌락으로 기뻐할 수 있도록 나를 해방시키려는 시도다. 그러나 강간은 오로지 권력과 관련된다. 그것은 그저 일방적인 행위일 뿐이며 쾌락이나 사랑과는 아무 관련이 없다.

하지만 많은 여성의 성적 환상이 'ravishment'의 요소들, 이를테면 때로는 지배당하는 느낌이 들 정도로 욕망의 대상이 되고 싶다는 것에 집중되면 뭔가가 뒤틀려버린다. 이런 환상이 그처럼 두드러지는 원인은 여성이 남성의 욕망에 봉사하는 성적 존재가 되도록 강요받는 일이 문화적으로 용인되는 탓이라고 나는 믿는다. 하지만 복종에 대한 수치심을 느끼는 여성은 많은데, 이는 그것이 단지 채찍을 연상시키기 때문이 아니라 무언가 왜곡되게 느껴지기 때문이다. 모든 훌륭한 페미니스트들은 삶에서 복종하지 않는 법을 안다. 그렇기에 침실에서일지언정 항복을 받아들이는 것은 우리가 원하는 모든 일에 반대되는 것처럼 보인다.

샌프란시스코의 심리치료사인 마이클 베이더Michael Bader는 주로 사람들의 성적 환상을 탐구하며 경력을 쌓았다. 그는 사람들의 성적 흥분 지도를 이용하여 그들이 어떻게 사랑받을 준비가 되는지, 어떻게 안전을 인지하는지 파악했다. 그 결과, 안전하지 않다고 느껴지면 우리는 마음 놓고 쾌락의 혼돈에 빠져들지 못한다고 그는 단언한다. 우리는 성적 흥분을 자극에 대한 자연적·생물학적·신체적 반응이라 여기고 싶어 하지만 실제 흥분은 더 복잡하게 이루어진다. 그가 썼듯, "흥분은 마음이 이미지와 감각에 적절한 의미를 부여해 쾌락을 불러일으킴으로써 일어난다. 성적 흥분은 심리학이 생물학을 활용하는 것이지, 그 반대가 아니다."[55] 치버스의 연구가 강조하듯, 설령 '준비된 것처럼 보이거나' 신체적 관심의 징후를 보인다 해도 흥분된 마음이 없으면 거기에 실재하는 것은 아무것도 없다.

베이더는 우리의 환상이 반드시 우리가 좋아하거나 원하는 것을 불러일으키는 것은 아니라고 그 관계를 탁월하게 통찰하며, 우리가 흥분할 만큼 안전하다고 느끼기 위해서는 무엇이 필요한지 설명한다. 그가 볼 때, 지배당하는 환상을 떠올리는 많은 여성은 자기가 '너무 과하다'고 여기도록 프로그래밍되어 있다. 환상 속에서 자기가 좌지우지당하면 상대방을 압도한다는 비난을 받지 않아도 되는 터다. 이런 맥락에서, 자신의 환상을 '강간'으로 분류할 수 있는 여성들은 사실 'ravishment'를 말하는 것이라 할 수 있다.* 그는 다음과 같이 썼다. "다른 사람에게 자신을 상처 주거나 비하하도록 힘을 실어줌으로써, 자신은 남을 상처 주거나 비하하는 사람이 아니라는 확신을 갖게 된

---

* 육체적 성 연구가인 자이야Jaiya는 자신이 이렇게 믿는다고 내게 말했다. "시스젠더 여성의 60퍼센트는 그렇게 누가 자기를 덮치고, 거칠게 덤비고, 통제력을 내려놓게 하는 환상을 가진다." 그는 내담자들에게 그 환상이 동의가 분명하게 이루어진 안전한 컨테이너 안에 있는 한 그것을 즐기라고 지도한다.[56]

다. 이 무의식적 논리는 '내가 다른 사람들에게 하는 것에 죄책감 느끼는 바를 다른 사람들도 나에게 하게 하라'는 일종의 왜곡된 황금률이다.[57] 만약 자신이 타인을 압도할까 걱정하는 사람이라면 자연히 자신도 쉽게 압도될 수 있다는 확신을 원할 것이다."

태어날 때부터 섹스는 나쁘고, 더럽고, 부도덕하며, 잘못되었다는 문화적 망상에 감염된 여성들이 성적으로 강요받는 환상을 갖는 것도 놀라운 일이 아니다. 베이더가 설명하듯, "섹스를 강요받는 환상"은 마음이 "자신은 성적인 존재가 되어서는 안 된다는 병적 믿음"을 해결하는 창의적 방법이다. "그것은 그의 양심, 가족, 문화를 향해 '내 잘못이 아니야'라고 말하는 일이다. 사람들은 수 세기 동안 이런 핑계를 사용해왔다." 베이더는 이런 유의 다른 환상들도 관찰했다. 이를테면 저녁 식탁에서 대화가 이어지는 동안 식탁 밑에서 손이 움직이는 것, 순수함은 유지되되 주의를 끌지 않고는 점점 과감해지는 동작을 멈추지 못하는 등의 것들을. 여성 로맨스 소설과 성애물의 세계로 한번 들어가보라. 대개는 그저 욕망만 서서히 끓어오르다 3분의 2 지점쯤에 가서야 처음으로 성관계를 하는 장면이 나온다. 독자는 표면상으론 사랑에 관한 문학적 추구에 몰두하다가, 어느 순간 갑자기 모두가 섹스를 하게 된다. 우리는 여성이 관계적이며 또 절정에 이르려면 반드시 낭만적인 도입부가 있어야 한다고 주장할 수 있지만, 이런 유의 책은 사실 베이더가 설명하는 현상의 정의에 딱 들어맞는다. 독자는 책 자체의 구조에 의해 성적 존재가 되도록 강요받고 그러다 절정으로 치닫게 되는 것이다.

환상이 복잡한 것은, 이미 자신의 성욕을 불안해하는 여성은 스스로 흥분된다고 생각하는 탓에 수치심이 가중될 수 있고, 더 나아가선 자신이 일탈적이거나 자기의 환상을 치료해야 한다고 믿게끔 내몰린다는 사실 때문이다. 베이더의 작업은 환상을 우리의 성욕에서 안전함을 찾아낼 지도로, 우리의 욕망과 성적 주체성을 되찾고 성적 흥분을 위해 문화적 억압을 털어낼 길로 제시하기에 우리에게 힘을 준다. 덕분에 어쩌면 우리는 그저 성욕을 견뎌내기만 하는 것이 아니라, 정욕이라는 우리의 생득권을 되찾고 성을 즐기게 될 수도 있을 것이다.

해방의 중요성

섹스를 즐기고 그에 수반되는, 온전히 살아 있다는 느낌을 만나려면 우선 신뢰와 안전이 필요하며 그다음엔 열린 마음으로 기꺼이 몸을 맡길 수 있어야 한다. 다른 사람에게 자신을 열고, 통제력을 포기하고, 다른 사람이 내 기분을 좋게 해주도록 하는 것은 여러 면에서 궁극의 취약성을 내보이는 행동이다. 우리의 성욕에는 생물학적 짝짓기 충동보다 더 깊고 신성한 측면도 있는데, 결국 출산에는 여성의 오르가슴이 필요하지 않기 때문이다. 그것은 재미난 보너스 같은 것도 아니다. 여성의 쾌락은 투항과 경외라는 더 깊은 경험을 향한 소용돌이이자 문이기 때문이다.[58] 내가 대학 기숙사에서 방문했던 공간이자 느끼고 봤던 영역, 발을 내딛은 장소였던 그 공간은 그간 '모성의 매트릭스'로 묘사되어온,[59] 신성함 및 삶의 가장 깊은 충동과 만나는 방식으로 누구나 접근할 수 있는 곳이다.

물론 역사적으로 순결이 신에게로 가는 가장 확실한 길로 여겨졌다는 점은 아이러니하다. 육신을 부정한다는 것은 거의 삶을 살지 않는다는 뜻이기 때문이다. 몸을 피하는 것은 우리 인간성의 아름다움과 삶의 창조적 문제와 더불어 우리가 여기에 있는 이유, 즉 우리의 감각으로 세상을 경험하고 온전히 우리 안에 있는 일을 부정하는 것이다. 또한 우리가 신화와 종교에서 배운 것이 있다면, 바로 아래로 내려가기 전에는 위로 올라갈 수 없다는 점이다. 예수는 승천하기 전에 강림했고 단테도, 오디세우스도, 아이네이아스도 그랬다. 신성한 여성, 검은 여신Black Goddesss은 저 아래에서 우리를 기다리며 우리가 그를 가부장적 통제의 속박으로부터 해방시켜주기를 바라고 있다. 역사에서 검은 여신은 생명의 전 순환을 상징한다. 그 한 가지 표현이 힌두교에서 삶과 죽음, 포물선의 끝, 새로운 시작이 되는 씨앗의 여신인 칼리Kali다. 다른 종교에서는 헤카테, 아르테미스, 이난나, 페르세포네, 닉스, 데메테르, 이시스라는 이름으로 표현된다. 이름만큼이나 그 얼굴도 다채로운 이 신은 우리 모두의 안에 있다. 그는 지하 세계를 지키고, 새로운 생명을 안내하며, 텅 빈 공간과 동굴, 자궁, 무덤의 입구를 표시한다. 이것들은 모든 생명이 필연적으로 거쳐야 하는 통로이자 구조다. 오르가슴을 '작은 죽음'le petit mort이라 일컫는 것도 잘못이 아니다. 해방이 되면 우리는 어딘가로 가서 새롭게 부활하므로.

우리 몸은 세상의 축소판이다. 자연적이면서도 정치적이다. 그 생명력을 억압하고 부정하면 우리는 우리의 쾌락뿐 아니라 우리가 아직 완전히 이해하지 못하는 차원을 가진 힘의 원천에 접근하는 것이 불가능해진다. 여성의 성에 대한 온갖 두려움, 즉 몸과 그 욕구에 대한 두려움, 통제력 상실에 대한 두려움, 죽음에 대한 두려움이 우리 문화에 가득한 것도 그 때문이다. 하지만 우리는 새로운 시대로 접어들고 있다. 이제 우리는 이 모성 매트릭스에 다시 연결되고, 우리의 모든 감각 속에 살고, 모든 걸 느끼며, 여기에 온전히 존재해야 한다. 우리 몸은 그 모든 곳을 향한 관문이고, 욕정은 그 문으로의 초대인 터다.

시간의 흐름에 따라 우리가 자연과 그리고 서로와 관계 맺어온 방식을 더듬어보면, 위계적이고 불균형한 권력이 우리 모두의 온전한 표현을 막아왔음을 알게 된다. 가부장제는 우리를 옴짝달싹 못하게 한다. 1990년대에 융 학파의 두 페미니스트 심리치료사가 시간의 흐름에 따른 우리의 관계 패턴을 보기 좋게 정리한 바 있다. 우연히 그 도표를 보았을 때,[60] 나는 거기에서 예견된 미래가 예언적으로 느껴졌다. 지금 그 도표를 보면 그들이 양성적이라고 명명한 새 시대의 윤곽이 어떻게 표현되었는지 알 수 있다. 그것은 우리가 앞으로 나아가 이 패러다임을 받아들일 수만 있다면 젠더를 초월할 뿐 아니라 힘을 지배가 아닌 사랑의 표현으로 이해하고 존중하게 될 것임을 시사한다. 이 지도는 우리가 매우 특정한 신체 부위를 가진 사람이 아니라 그저 몸을 가진 사람으로서 서로 관계 맺는 법을 배우게 되리라고, 즉 온전한 인간이 되리라고 약속한다.

우리가 접어들고 있는 시대는 가모장이나 가부장 시대가 아닌 균형 잡힌 시대, 이 필수적 에너지들이 적절하게 배분되고 존중되는 시대다. 우리는 지금 이런 아이디어의 출현을 목도하고 있으며, 특히 오늘날의 트랜스 운동을 생각해보면 더욱 그렇다. 비록 우리가 언어의 장애물에 걸려 넘어질지는 몰라도, 이분법을 없애고 스펙트럼으로 이

인간 진화의 주요 패러다임

가모장적	가부장적	중성적
본능적 자아, 부족적, 다신론적	자아 중심, 위계적, 일신론적	영혼/영적 자아, 생태적, 내적 결혼(내면화된 영성)
자연으로부터의 힘	자연에 대한 힘	자연과 함께하는 힘
문화적 표현 선물로서의 힘	**문화적 표현** 강인함으로서의 힘	**문화적 표현** 사랑으로서의 힘
심리적 상태 의존	**심리적 상태** 독립	**심리적 상태** 상호의존
대략적 시기 3만 년 전	**대략적 시기** 4,500년 전부터 현재까지	**대략적 시기** 미정

동해 구체적 정의 없이 그 중간 어딘가에 있으려는 깊은 문화적 욕구가 존재하는 것도 사실이다. 거기에서 우리는 더 진실한 우리 자신을 만날 수 있을지 모른다. 이 예견된 세상에서는 결국 자연을 지배하려는 욕구를 초월하고, 대신 자연과 협력하여 해를 끼치지 않고 그 잠재력을 활용하게 될 것이다. 또한 독립의 오류를 의로운 상호의존으로 변화시킬 것이며, 우리가 다른 모든 생명체와 맺고 있는 관계의 상호성도 인정하고 존중하게 될 것이다.

어쩐지 이 틀은 지속 가능하고 평화로운 미래로 가는 다리만이 아니라 보다 사랑스러운 다리, 우리의 욕구를 포용하고 발굴하며 그것이 우리를 어디로 데려갈지 탐구할 수 있는 다리가 되어줄 것만 같다. 어쩌면 우리는 우리 아이들을 트라우마적인 시작에 내맡기지 않고 성을 맞이하게 할 방법을 배우게 될 수도 있다. 우리는 그들에게 책임과 기쁨을 가르치고, 그래서 그들은 오로지 자신만의 경험을 위한 힘을 가질 수 있을지 모른다. 그래서 이 미래에서는 모두가 더 적절한 정욕을 가지게 될지도. 온전히 살고자 하는 욕구, 성적으로든 영적으로든 모든 면에서 우리 자신을 창조적으로 표현하려는 욕구를 우리가 억누른다면 그 에너지는 결국 어딘가로 가야 한다. 그러니 그 욕구가 우리의 의식을 확장하고, 몸과 마음 사이의 길을 다듬도록 내버려두어라. 그리하여 부디 우리의 몸이 우리가 세상을 두려움과 제약의 장소가 아닌, 신비와 마법과 쾌락에 열려 있는 모습으로 온전히 경험할 수 있게 하는 메커니즘이 되어주기를.

정욕을 필수적인 것으로 받아들일 때
우리는 쾌락을 되찾고 우리의 모든 창조적 잠재력을 활용할 수 있다.

제 8 장

분노

인간의 충동과 소통의 갈등

욕구가 충족되지 않을 때 관계는 갈등에 접어든다.
우리 안의 원망, 좌절, 화.
그 분노의 외침이 전하는 말들.

Anger

내가 화가 났음을 알게 되는 순간

몇 년 전 나는 턱에서 욱신거리는 통증을 느꼈다. 입을 벌려도 보고 뺨도 마사지해봤지만 통증은 강렬하고 가차 없었다. 어느 날 오후, 심리학자이자 점성가인 내 지혜로운 친구 제니퍼 프리드에게 전화를 걸었다. 욱신거리는 턱에 관해 이야기하자 그는 이렇게 말했다. "턱이 아프다는 건 네가 누군가를 물고 싶은데 제지당하고 있다는 뜻이야. 재갈이 물린 거지."

"근데 그럴 일이 없는걸."

"뭐, 그렇게 말한다면야." 하고 그는 대꾸했다. 나는 웃었지만, 혹시 친구 말이 정말 옳은 건 아닐지 궁금했다.

1년에 두 번씩 치아 스케일링을 위해 입을 벌릴 때마다 의사는 나의 이갈이 습관을 꾸짖는다. "곧 이가 다 부서지고 말겠어요." 나도 멈춰야 한다는 걸 알지만 잠자는 동안 취침용 치아 보호기를 하마처럼 질겅질겅 씹어댄다. 그 플라스틱 장치는 내 이는 보호할지언정, 내 얼굴 모양이 톰 브래디Tom Brady(미국의 전 미식축구 선수―옮긴이)처럼 되도록 발달한 깨물근은 쉬게 하지 못하는 터다.

나는 항상 얼굴을 찡그리고 있는 자신을 발견하는데, 이것은 어렸을 때부터 시작된 습관이다. 양옆으로 쩍 벌어진 턱에, 목 정맥이 터지도록 이를 꽉 깨물고 있는 이 얼굴은 집중하는 얼굴, 용을 쓰는 얼굴이며, 미소보다 더 반사적으로 나온다. 어느 날 아들이 나와 똑같은 얼굴을 하고 있는 걸 보고서, 나는 우리 둘 모두를 위해 이 문제를 해결해야겠다고 결심했다. 아들에겐 편두통 장애와 과호흡 문제가 있고 그 때문에 수면도 지장을 받는다. 이비인후과에 갔더니 우리 둘 다 혀가 조여져 있다는 사실이 밝혀졌다. 혀 밑 연결 조직이 너무 단단히 뭉쳐 있어 턱의 움직임을 제한하고 있었던 것이다. 상체가 팽팽하고 뒤틀린 느낌이 드는 데다 목이 항상 튀어나와 있는 것 역시 어쩌면 이 때문일지 몰랐다.

알 수 없는 요인으로 억제되어 있다는 사실은 내 아픈 턱에 대한 얼마나 풍부한 은유인지. 그 요인은 구조적인 것일 수도, 정서적인 것일 수도 있었다. 혹시 혀가 풀리면 이를 꽉 깨물고 갈아대는 습관이 완화될 수 있겠냐고 근기능치료사에게 물어보니, 그는 고개를 갸우뚱하며 "아마도요."라고 아리송하게 대답했다. 어쨌든, 매우 중심적인 무언가를 바꾸면 혼돈이 뒤따를 수 있다. 만약 그렇게까지 꽉 당겨지지 않는다면 내 몸은 과연 어떻게 재조직될까? 혀가 풀려도 나는 그걸 통제할 수 있을까?

우리는 진단을 좋아한다. 깔끔한 대답도. 몇 년 전 나는 12달러를 지불하고 아홉 가지 성격을 진단하는 에니어그램 테스트를 받았다. 이상주의적이고, 완벽주의적이고, 경직된 성격이라는 그 결과에 완벽히 수긍하며 나는 그 파일을 파일함에 보관했다.[1] 그리고 어느 날 아침, 글이 잘 써지지 않아 방이나 정리하기로 했던 나는 예전에 사두고 읽지 않은 《에니어그램과 영적 성장》이라는 책을 발견했다. 그걸 침대 옆 협탁에 올려놓고는 그 책의 저자 크리스 호이어츠Chris Heuertz와의 인터뷰가 담긴 팟캐스트를 들으며 산책에 나섰다.

내가 언덕을 오를 무렵 호이어츠는 아홉 가지 성격 유형 중 '정념'을 설명하며, 1번 유형은 보통 잠재된 분노 때문에 신체 중 턱 부분에 통증이 나타난다고 했다.* 호이어츠에 따르면 우리의 '집착'은 분개로, 이는 세상이 우리가 바라는 대로 되지 않는 데서 비롯된다. 나는 내 헤드폰을 통해 쏟아져 나오는 그의 목소리를 몇 번이고 멈추고선 되감아 들었다. 집에 돌아와 그 팟캐스트의 대본을 찾아봤으나, 호이어츠

---

* 지금 여러분도 에니어그램 테스트를 하고 있다는 것을 안다. 에니어그램의 창시자인 오스카 이차조에 따르면 유형별 정념의 종류는 다음과 같다. 1번 유형: 개혁가/분노, 2번 유형: 돕는 사람/교만, 3번 유형: 성취하는 사람/허영, 4번 유형: 개인주의자/시기, 5번 유형: 탐구자/탐욕, 6번 유형: **충실한 사람/두려움**, 7번 유형: 열정적인 사람/탐식, 8번 유형: 도전하는 사람/정욕, 9번 유형: 평화주의자/나태. 호이어츠는 다음과 같이 경고한다. "우리는 저만의 정념에 지나치게 동일시되기 쉬운데 그것은 그 정념이 우리가 하는 일의 동력이 되는 경우가 많기 때문이다. 사실 사람들이 자신의 유형을 자가진단할 땐 종종 정념 목록에서 고개가 가장 크게 끄덕여진다. 정념을 우리 자신의 한 내적 부분(그것이 중독될 때 치명적인 약점이 되는 것)으로 받아들일 때, 우리는 성격 구조를 설명하는 에니어그램의 효용에서 자신감을 얻을 수 있다."

가 학대 행위 혐의를 받은 후라 그 회차분은 삭제되어 있었다. 그런데 그걸 내가 어떻게 들을 수 있었는지는 나도 잘 모르겠다.

이야기는 점점 이상해진다. 최근 대중문화의 일부가 된 에니어그램은 그 역사가 생각보다 훨씬 오래되었고, 흥미로우며, 전 세계에서 추적된다. 오스카 이차조Oscar Ichazo라는 볼리비아 신비주의자는 에니어그램에 지금의 모양과 구조를 부여했으며, 자신이 설립한 아리카 학교Arica Schoool에서 1960년대와 1970년대에 이것을 가르쳤다.

이차조의 작업은 부분적으로 에니어그램의 상징을 기반으로 한다. 에니어그램은 그리스어로 '아홉 개의 다이어그램'이라는 뜻으로, 바닥 뚫린 별처럼 생긴 육각 모양 위에 삼각형이, 그 위에 원이 겹친 모양이다. 그 상징 문양과 수학 구조는 피타고라스로 거슬러 올라가며 카발라Kabbalah(유대교의 신비주의 전통 — 옮긴이), 이슬람교, 도교 등의 다양한 지혜의 전통과 더불어 소크라테스, 플라톤 및 신플라톤주의자들의 철학에서도 나타난다. 가장 유명한 사상가는 아르메니아의 신비주의자이자 수피교도인 게오르게 구르지예프G. I. Gurdjieff(1866~1949)로, 그는 에니어그램의 아홉 점을 다양한 방식으로 설명하며 거기에 모든 지식이 담겨 있다고 수수께끼처럼 말함으로써 에니어그램의 상징을 발전시켰다.[2] 구르지예프는 종종 심리적 성격 체계 전체를 창조했다고 잘못 알려졌는데, 이는 사실 이차조의 업적이다.

에니어그램 상징은 초기 기독교에도 나타난다. 앞서 언급한 바 있듯 에바그리우스 폰티쿠스는 초기 기독교 전통의 사막의 아버지로, 나중에 일곱 가지 대죄가 된 여덟 가지 정념logismoi에 구조를 부여했으며, 에니어그램 조합의 초기 버전을 명료하게 설명했다.[3] 이차조는 폰티쿠스의 목록을 에니어그램의 정념/집착으로 활용했고, 거기에 '용기/두려움'을 추가해 그 목록을 아홉 개로 만들었다. 돈 리처드 리소Don Richard Riso와 러스 허드슨Russ Hudson은 다음과 같이 설명한다. "본래 아홉 가지의 형태였던 것이 한 세기에 걸쳐 그리스에서 이집트로 건너오면서 어떻게 일곱 가지 대죄로 축소되었는지는 여전히 수수께끼로 남아 있다."4 뿌리는 같지만 에니어그램은 종교적이지 않으며, 오직 무서울 정도로 정확한 심리학적 통찰만 제공한다. 그것은 나를 지옥에 갈 사람이라 정죄하지 않으며 그저 내가 가장 균형을 잃을 가능성이 높은 곳, 그리고 나의 타고난 강점을 나누려면 무엇이 필요한지를 알려줄 뿐이다.

에니어그램 및 그것이 일곱 가지 대죄와 갖는 연관성에 대해 읽고, 내 에니어그램 유형이 화 및 분개와 관련된 것임을 보면서 나는 충격을 받았다. 확실히 나는 화가 자주 난다. 그 화가 질 떨어지고 열기 부족의 형태임을 미처 인식하지 못할 뿐이었다. 분명 나는 여과되지 않은 말을 쏟아낼 수 있다. 평소 나는 내 생각을 직설적이고 분명하게 표현하기로 유명한 사람이니까. 그러나 내 말이 최고조에 이르게 하는 일은 극히 드물었다. 마지막으로 소리를 지른 게 언제였는지는 기억조차 나지 않는다. 나는 끊임없는 조바심, 짜증, 화가 넘실대고, 마치 냄비 속 개구리처럼 서서히 사람을 삶아 죽이는 땅에 살고 있다. 여러모로 내 혀는 묶여 있다. 샴페인 병뚜껑에 감긴 철사 케이지처럼 나는 내 감정을 포함한 모든 것을 통제하고 있다고 여기기를 훨씬 좋아한다. 화를 인식하는 순간 내가 수치스럽고, 본데없으며, 점잖지 못하다 느껴진다. 나는 환기하는 법, 즉 폭발하지 않도록 상단의 공기를 빼는 법은 알지만, 애초에 그 기저에 놓인 감정 상태를 명명하고 처리하고 받아들이는 법은 배우지 못했다. 그게 너무 무섭다. 언젠가 내 친구 하나가 자기는 결단코 울지 않는데, 그건 일단 시작하면 절대 멈추지 못할 것을 알기 때문이라고 했다. 나도 마찬가지다. 한 번 소리 지르기 시작하면 절대 입을 다물지 못할까 두렵다.

끈질기게 지속되는 화

그 변화무쌍함과 온도 덕분에 화는 여러 이름으로 불린다. 그리고 그 평판은 복잡하다. 기독교 전통과 문화 전반에는 화가 언제 정당하고 심지어 좋은지, 그리고 언제 보이지 않는 선을 넘는지에 대한 합의가 거의 없다시피 하다. 분명 그 감정에 대한 관용은 누가 화가 났느냐에 달렸다. 구약의 신은 자주 분노하는 것으로 언급되는데[5] — 성경에서는 분노와 화가 동의어로 사용된다* — 결국 전 인류에게 화가 죄악이라고 말하기 시작하면서 이 점이 약간의 곤란을 초래했다. 교부들은 이 역설을 통합해, 신은 화가 난 것이 아니라 단지 인간이 착하게 살고 십계명을 잘 받들도록 겁주려는 것이고, 신의 화는 이것들을 어긴 이들을 벌하는 데서 정당화된다는 식으로 설명하느라 진땀을 흘렸다. 예수는 달랐다. 물론 예수도 탁자를 둘러엎고(마가 11:15-19) 나병 환자를 꾸짖어(마가 1:40-45) 신학자들을 다소 경악하게는 했다. 그러나

---

* "유순한 대답은 분노를 쉬게 하여도 과격한 말은 노를 격동하느니라"(잠언 15:1)

예수는 다음과 같이 함무라비 법전을 비폭력으로 진화시킨 일로 가장 유명하다. "또 눈은 눈으로, 이는 이로 갚으라 하였다는 것을 너희가 들었으나/ 나는 너희에게 이르노니 악한 자를 대적하지 말라/ 누구든지 네 오른편 뺨을 치거든 왼편도 돌려 대며"(마태 5:38-39)[6] 악한이 알아서 물러나도록 그냥 놓아두라는 것, 이것이 예수가 남긴 유산 중 하나다.

에바그리우스 폰티쿠스는 수도사로서 흥분과 감정에서 벗어나 오직 평화만 있는 상태인 아파테이아apatheia를 추구했다. 자꾸 화를 내는 것은 기도를 방해하니 악마적 생각이라는 게 그의 믿음이었다. 그는 다른 수도사들을 위해 100개의 짧은 '상'으로 구성된 《수행론》에서 다음과 같이 썼다.

> 가장 격렬한 정념은 화다. 사실 화는 해를 입힌 사람, 또는 해를 입혔다고 생각되는 사람에 대해 분노를 끓어오르게 하고 자극하는 것으로 정의된다. 화는 끊임없이 영혼에 짜증을 불러일으키고, 무엇보다 기도할 때 우리의 마음을 사로잡고 불쾌한 사람의 얼굴이 자꾸 눈앞에 어른거리게 한다. 그러다 그것은 더 끈질기게 지속되고, 분개로 바뀌며, 밤이 되면 불안이 밀려오는 때가 온다. 그다음엔 몸이 전반적으로 쇠약해지고, 영양실조에 걸려 안색이 창백해지며, 독이 있는 야수에게 공격당하는 환상에 빠진다.[7]

그가 분개에서 분노로, 독이 있는 야수에게 공격당하는 것 같은 느낌으로 스펙트럼을 확장해나가는 게 나는 마음에 든다. 폰티쿠스가

묘사하는 것은 우울증이라 여기는 전기 작가도 있다.[8]

토마스 아퀴나스는 《신학대전》에서 사막 수도사들, 그레고리우스 1세, 아리스토텔레스, 스토아 학파를 포함한 수많은 초대 교부의 생각을 요약했는데, 화에 관한 내용도 엄청나게 확장해 썼다. 그는 화를 유용한 인간 감정—결국 예수 안에도 있는 감정—이라 옹호하며, 올바르고 절제된 태도로 적용한다면 정의를 위해 적절히 행사할 수도 있다고 본다.[9] 하지만 칼뱅대학교 교수인 레베카 코닌딕 드영의 말을 인용하자면, 아퀴나스는 화의 표현이 다음 세 가지 방식으로 무질서와 죄가 될 수 있다고 생각했다. "우리는 너무 쉽게 화를 낼 수 있다(예컨대 걸핏하면 욱하고 화낼 때). 또 적정 수준 이상으로(가령 우리의 화가 지나치게 격렬하거나 그 불쾌한 행위에 비례하지 않을 때), 너무 오래 낼 수도 있다(즉, 화가 원한으로 들끓을 때)."[10] 여기서의 경계가 대체 어디인지는 분별하기 어렵다. 정도가 지나치거나, 너무 빠르거나, 너무 오래 지속된다는 것은 정확히 무엇을 말하는 것일까? 그리고 누구의 화가 타당한 것으로 간주되는 것일까?

화난 여성들

화, 노여움, 분노는 모두 복수심을 동반하며 특히 사람들 앞에서 드러낼 때 더 그러하다. 잘못은 바로잡아야 하고, 누군가는 벌을 받아야 한다. 여기에는 그 정당성을 인정받을 뿐 아니라 정의가 실현되리라는 기대가 있다. 물론 남자인 한에서 말이다. 여성은 분노를 표출할 때보다 수동적으로 눈물 흘리는 희생자일 때 더 나은 대접을 받지만, 그때조차 정의가 실현되는 경우는 드물다(제7장 '정욕' 참조).

1987년에 출간된 고전 《무엇이 여자를 분노하게 만드는가》를 집필한 심리치료사 해리엇 러너Harriet Lerner는 40년이 지난 지금까지도 유효한 이 개념을 못 박았다. "화를 직접적으로 표현하면, 특히 남성에게 그렇게 하면 우리는 점잖지 못하고, 여자답지 못하거나, 엄마답지 못하거나, 성적 매력이 없거나, 보다 최근에는 '공격적인' 사람이 된다. 우리의 언어에서조차 그런 여자를 '불여우', '마녀', '쌍년', '마귀할멈', '바가지 긁는 여자', '남성 혐오자', '남자 기를 죽이는 여자'라 힐난한다. 그들은 사랑할 줄 모르는 사람이고, 사랑스럽지 않으며, 여성성이 결여되어 있다. (…) 그 와중에 흥미로운 것은 여성에게 화를 내는 남성을 묘사하는 부정적 단어가 우리 언어에 하나도 없다는 사실, 남성들이 아예 그런 단어는 만들지도, 그런 사람을 뭐라 빗대어 부르지도 않았다는 사실이다. '호로새끼'bastard, '후레자식'son of a bitch 같은 욕마저 절대 남성을 힐난하지 않고 여성, 즉 그의 어머니를 탓한다!"[11]

나는 러너와 여러 이야기를 나누었는데, 그는 특히 언어가 얼마나 왜곡됐는지를 강조하면서 언어는 남성을 여성이 쏟아낸 분노, 화의 무력한 희생자로 묘사한다고 말했다. 하지만 밤에 여자에게 공격당할까 두려워 손에 후추 스프레이를 쥐고 주차장을 걸어가는 남자를 본 적 있는가? 대신, 우리 목소리가 분노의 절정에 이르면 우리는 병리학적 의미에서 *미친* 것으로 보인다. 시끄러운 여자는 불안정하고, 위험하고, 연극적이며, 망상적이고, 아무에게나 짖어대고, 제정신이 아니다.

화난 여성은 '고삐가 풀린' 것으로 간주되지만, 남성이 화를 내고 아무 데서나 공격성을 표출하는 것은 문화적으로 여전히 문제 되지 않는다. 대법관 청문회 당시 마치 막무가내로 덤벼대는 대학 사교 클럽 회원처럼 입에 거품을 물고 고함치던 브렛 캐버노Brett Kavanaugh와 차분한 크리스틴 블레이시 포드Christine Blasey Ford 교수를 한번 비교해보라. 분노할 만한 이유가 차고 넘치는 포드 교수는 평정심을 유지하고 감정을 절제하려 안간힘을 썼다. 그럼에도 그의 증언은 여전히 무의미하게 여겨졌다.* 또 사람들은 2016년에 있었던 제3차 대통령 후보자 토론에서 힐러리 클린턴에게 고압적 태도로 화를 냈던 도널드 트럼프는 놓아두고, 오히려 클린턴을 구제불능에다 권력에 굶주린 비호감 불여우라 욕했다.**

또는 테니스 코트에서 상습적으로 짜증을 내고 욕설을 퍼부은 존 매켄로John McEnroe와 2018년 US오픈 결승전에서 심판 카를로스 라모스Carlos Ramos와 공개적으로 싸운 세리나 윌리엄스Serena Williams를 비교해보라. 라모스는 세 가지 규칙 위반을 들어 윌리엄스에게 벌칙을 주었다. 우선 코칭에 대한 위반(그의 코치가 스탠드에서 엄지손가락을 번쩍 들어 올렸는데, 윌리엄스는 그게 '사인'이 아니라 주장했다). 다음은 라켓을 던진 것에 대한 벌점, 그리고 마지막은 이 두 가지 위반의 중요도를 놓고 심판과 언쟁을 벌인 것에 대한 게임 페널티였다. 그러한 페널티들

---

* 'testimony'(증언)의 어원이 'testicle'(고환)―즉, 고환을 걸고 맹세하다―인데, 이것만 봐도 우리의 법률 체계가 얼마나 한쪽 성에 치우쳤는지를 알 수 있다. 그런가 하면 'seminal'('중대하다'와 '정액의'라는 두 가지 뜻이 있음―옮긴이) 또한 좌절스러운 단어다. 또 시대를 불문하고 화난 여성을 묘사해온 'hysterical'(발작적인)의 어원은 'uterus'(자궁)이다. 자궁이 돌아다니며 정신병을 일으킨다고 여겨졌던 것이다. 사실 'woman'(여성)이라는 말 자체도 'wifmon' 또는 'wife of man'의 뜻이란 점에서 문제가 있다.

은 그의 시합에 영향을 줬을 수도, 그렇지 않았을 수도 있다(많은 팬은 전자라 느꼈다).

화에 대한 이러한 처벌은 끔찍한 이중잣대를 넘어선 문제다. 의분義憤은 세상을 바꾼다. 그것은 사회 변화의 척추, 진보의 힘이다. 여성들의 분노 표출이 제약당하면, 그 분노는 엉뚱한 것으로 승화되고 억압되거나 우리 자신과 서로에게로 돌려진다. 해리엇 러너는 다음과 같이 한탄한다. "알다시피 오늘날에는 교육받은 여대생들이 진짜로 '나는 평등을 믿지만, 저런 화난 여성이 아니기 때문에 페미니스트가 아니에요'라는 말을 해요."[13]

공개적으로 분노를 표출하는 여성에 대해서는 항상 혐오감이 존재했고, 특히나 그 대상이 더 강력한 위치에 있는 사람일 경우엔 더욱 그랬다.《착한 여자가 화낼 때》Good and Mad의 저자 리베카 트레이스터는 이렇게 썼다. "남성의 분노에 대해 우리는 그것을 우리의 각성을 일깨우는 순전히 미국적인 목소리로, 우리의 국가적 자장가로 들을 태세가 되어 있고, 자유를 요구하는 여성의 목소리는 전국의 칠판을 손톱

** 비즈니스와 정치 영역에서 화는 남성이 내면 칭찬을, 여성이 내면 비난을 받는다. 캐럴 길리건과 나오미 스나이더가《가부장 무너뜨리기》에서 강력히 주장하듯, "2008년에 이루어진 '화난 여성은 앞서 나갈 수 있는가?'라는 제목의 연구는 일터에서 화난 남성은 보상을 받지만, 화난 여성에 대해서는 남녀 모두가 그를 무능하며 높은 지위에 오를 자격이 없다고 여긴다. (…) 이는 특히 정치적 맥락에서 그러한데, 2010년 하버드대학의 한 연구는 참가자들이 여성 정치가들에 대해 그들이 권력을 추구하여 주도권을 얻는다고 볼 때, 그들에겐 연대감이 부족하고(즉, 타인을 돕지도 신경 쓰지도 않고), 그렇기에 도덕적 공분을 사게 되는 것으로 본다는 사실을 발견했다. 반면 권력을 추구하는 남성 정치가들에 대해서 참가자들은 그런 식으로 인식하거나 반응하는 대신, 오히려 더 유능하고 주도적이라 보았다. 가부장 프레임에선 여성의 주도권과 화, 자신이 원하거나 믿는 것을 위한 싸움을 (…) 이기적인 행동으로 간주하고, 따라서 그들이 관계를 잘 유지해나가긴 어려울 것이라고 본다."[12]

으로 읽는 소리로 들을 태세가 되어 있다. 이는 여성의 자유가 사실상 백인 남성의 지배를 제한하는 것이기 때문이다."[14] 여성이 목소리를 높이면 사람들은 기껏해야 귀를 막을 뿐이고, 최악의 경우 독하다고 비난한다. 영국의 역사학자 메리 비어드가 《여성, 전적으로 권력에 관한》에서 설명하듯, "여성의 공적 발화에 대한 혐오에 있어 예외는 두 가지뿐이다. 우선, 여성은 희생자로서 그리고 순교자로서 대개 자기의 죽음을 앞두고 목소리를 낼 수 있다. (…) 두 번째 예외는 보다 친숙하다. 이따금 여성은 자신의 가정, 자녀, 남편이나 다른 여성의 이익을 지키기 위해 정당하게 목소리를 낼 수 있다."[15] 비어드는 자신의 작업 탓에 살해 협박을 받았다(트위터에서 한 남성이 그의 머리를 자르고 강간하겠다며 협박했다).

흥미로운 것은, 사실상 별 힘도 없는 여성의 분노가 그토록 위협적이라는 점이다. 비어드 등의 고대 역사가들이 밝힌 사실들을 따라가 보면 여성의 분노에 대한 두려움은 오랫동안 억압된 여신에 대한 두려움이라는 사실을 쉽게 알 수 있다. 인도 유럽 세계에서 여신은 가부장제로 거의 소멸하기 전까지 창조와 파괴 모두를 상징했으며, 파괴는 새로운 생명을 위한 길을 열었다.[16] 오늘날에도 많은 여신이 세계 곳곳에서 여전히 숭배되고 있다. 힌두 여신 칼리는 최고 신 중 하나로, 가무잡잡한* 피부에 혀를 내밀고 잘린 머리들을 목에 목걸이처럼 이어 두른 모습으로 그려진다. 하와이섬의 창조자인 불의 여신 펠레는 용암을 분출해 새로운 땅을 만든다. 기독교가 지배하게 된 곳에서 교회는 많은 여신을 무서운 마녀로 변형시켰고, 이를 통해 여성의 힘에는 괴물 같은 면이 있음을 경고했다. 러시아에는 바바 야가라는 표독스러운 여신이 있는데, 그는 숲에서 만나는 사람들에게 도움을 주기도 하고 상처를 주기도 한다(그는 수많은 동화책에 등장하는,《헨젤과 그레텔》의 노파와 같은 인물의 선구자다). 한편 신화 체계에서 여신은 이름이 제각각일지라도 모두 생명의 전 순환을 상징했다.**

여신이 화 같은 특정 감정을 대표하게 된 것은 한참 후대의 일이다. 그리스 신화에서 제우스가 두려워했던 닉스는 밤의 여신이었다. 닉스에겐 광기와 분노의 정령 리사, 광기와 열광과 무모함을 적절히 대표하는 마니아를 포함해 자녀가 많았다. 물론 남자들에게 복수하는 퓨리스, 일명 에리니에스도 아마 닉스의 자녀였을 것이다. 베르길리우스Vergilius의《아이네이스》에서는 그들이 알렉토('끝없는 화'), 메가이라('질투에 찬 분노'), 티시포네('복수심에 불타는 파괴')라 불렸다. 그리고 고르곤, 메두사도 잊지 말자. 인류학자 마리야 김부타스는 메두사가 페르세우스에게 죽임을 당해 괴물이 되기(살아 있는 뱀으로 둘러싸인 그의 얼굴은 사람을 돌로 만들 수 있었다) 전까지는 여신의 절반을 상징했다고

---

*   인류학자 마리야 김부타스에 따르면 흑과 백의 상징 또한 최근 수천 년 사이에 바뀐 것이라 한다. 전全 인도유럽 세계에서 "검은색은 죽음이나 지하 세계를 뜻하는 것이 아니라 풍요를 상징하는 색, 동굴과 비옥한 토양, 생명이 시작되는 여신의 자궁의 색이었다. 반면 흰색은 죽음을 상징하는 색, 뼈의 색이었다."[17]

** 조지프 캠벨은 다음과 같이 설명한다. "서기 2세기, 아풀레이우스의 황금기 때 로마제국에서 여신은 여러 이름의 여신으로 찬양받았다. 고전적 신화에서 여신은 아프로디테, 아르테미스, 데메테르, 페르세포네, 아테나, 헤라, 헤카테, 삼미신 the Three Graces(각각 매력, 미모, 창조력을 맡음—옮긴이), 아홉 뮤즈the Nine Muses(제우스의 딸 중 시와 음악, 무용 등 예술과 관련한 여신들—옮긴이), 퓨리스(분노의 여신) 등으로 등장한다. 이집트에서는 이시스, 고대 바빌론에서는 이시타르, 수메르에서는 이난나로 등장하고, 서쪽의 셈족에겐 아스타르테로 불렸는데 모두 같은 여신이다. 그리고 우리가 가장 먼저 알게 되는 사실은, 이 여신이 모든 것을 총괄하는 신인 만큼 전 문화 체계와 관련된다는 점이다."[18]

설명한다.[19] 우리가 아는 뱀의 상징성은 우연이 아니다. 메두사는 비록 괴물이 되긴 했으나—또는 비어드가 지적하듯, 2016년 선거 때 트럼프를 페르세우스 취급하는 것[20]과 함께 힐러리 클린턴의 인기 밈이 되었지만—본래 훨씬 더 풍부한 존재였다. 하지만 신화에서 메두사는 남성만 돌로 만들지, 여성에겐 절대 그렇게 하지 않았다.

공적 장에서 화난 여성은 당연히 용납되지 않는다. 가부장적 남성이나 권력 및 억압 체제를 보호하기 위한 방패막이로 사용되지 않는 한에선 말이다.* 어쨌든 세라 페일린Sarah Palin(2008년 존 매케인John McCain 대통령 후보의 러닝메이트로 지명되어 낙태 반대 등 보수적인 반여성주의 정책을 기치로 내걸었음—옮긴이)이나 필리스 슐래플리Phyllis Schlafly(성평등 헌법 수정안 반대 활동으로 널리 알려진 보수 여성 정치가—옮긴이)나 보수 논객 앤 콜터Ann Coulter 같은 여성은 기득권층으로부터 자신들의 분노를 옹호받음으로써 결정적 예외가 존재함을 보여주었다. 트레이스터는 이렇게 썼다. "역사의 모든 지점에서 걸출한 '엄마 곰들'Mama Grizzlies(보수 여성 정치가 세라 페일린이 만든 용어로, 새끼 곰을 돌보는 엄마 곰처럼 가정과 지역구를 자식처럼 돌보는 보수 여성 후보를 지칭—옮긴이)은 그들이 지지하는 것이 여성의 전통적 성 역할로 돌아가는 일과 비백인들에 대한 정부 투자를 축소하는 일임에도(혹은 더 정확히 말해, 그 *때문에*) 스스로를 애국적이고 열성적인 엄마라 자칭하도록, 여성으로서 기이한 방식으로 강력해지도록 허락받았다."[21] 또한 슐래플리의 슬로건 중 하나는 '멈춰라. 자꾸 우리의 특권을 빼앗지 말라'였다. 그는 페미

---

* 아테나가 메두사의 머리를 정확히 이 용도로 쓴 것은 바로 화난 여성을 방패막이로 활용한 선례다.

니스트들이 (백인) 남성의 보호하에 있는 아내와 어머니의 자연스러운 위치를 공격하고 있다고 주장했다. 이는 가부장제를 옹호하고, 이 체제에 대한 자신의 충성심을 주장하기 위한 움직임이었다.[22] 이들의 공격적 발언들은 가부장제로 자신들이 특정한 보호와 지위를 제공받는다는 것을 인식한 수많은 백인 여성에게 가부장제가 호소하는 방식이다.

표현되지 않은 욕구와 내면의 저항

화난 모습에 대한 비난은 뿌리가 깊다. 공적든 사적이든 여성이 자신의 화를 표출할 수 있는 영역은 없다. 우리는 다른 사람들을 편안하게 해주도록 훈련받았고, 수동성과 그것에 내포된 의존성 및 희생자다움을 지향하도록 지도받았다. 또한 우리의 자연스러운 공격성을 억제하거나 아예 그런 마음조차 가져선 안 된다는 말을 들었으나, 적절한 출구를 찾지 못한 이 공격성은 옆으로 빠져나간다. 어렸을 때부터 우리는 우리의 '나쁜' 감정을 인식하거나 이해하도록 길러지지 않았다. 우리에게 적절한 탐구와 표현의 본보기가 되어주거나 우리의 감정을 지도해준 이는 아무도 없었다. 그 파급 효과 탓에 우리는 서둘러 모든 것을 좋게, 괜찮게 만들지 않은 채 그냥 불편한 상태로 존재하는 것을 힘들어한다. 우리가 사랑받을 만한 가치가 있는 사람이며, 선한 사람이라는 확신을 얻기를 간절히 원한다. 그리고 우리 중 많은 사람에게 선함은 순종, 순응, 부드러움, '여성다움'을 요구했다. 우리는 우리가 돌봄 영역에 국한된 양육자라 배우며, 스트레스 상황에서의 첫 본능이 '싸우거나 도망치기'가 아니라 '보살피고 친구가 되기'라 배운다.²³ 하지만 우리의 행동이 우리에게 길들여진 것인지 아니면 진짜 '본능'인지는 알 수 없다. 타인에게 먼저 집중하는 이 훈련은 우리에게 있어 자신보다 다른 모든 사람의 정서적 욕구를 우선시해야만 하고, 자신을 우선시하는 것은 일탈의 표시임을 암시하는 무거운 유산이다. 세상은 말한다. 착한 여자는 싸우지 않고, 착한 여자는 소리치지 않는다고. 우리는 더 성숙하고, 감정적으로 더 진화했다고.

나는 그 말을 믿지 않는다. 역사와 우리의 경험은 분명 이것이 더 복잡한 문제임을, 타인을 돌보고 우리 자신의 욕구를 충족하는 일이 상호배제적이어서는 안 된다는 점을 말해준다. 이렇게 확 바꾸려면 호혜성만 생각하면 된다. 즉, 관계에 대한 기대와 사회 자체 모두 조금만 재구성하면 되는 것이다. 남성들이 여성의 돌봄을 더는 가부장적 권리나 당연한 결론으로 여기지 않으면 된다.

'비폭력 소통법'을 만들고 이것으로 사람들을 훈련한 고故 마셜 로젠버그Marshall Rosenberg는 무너져 내리는 결혼생활과 흔들리는 평화 협정을 구하러 나선 협상의 달인이었다. 그는 심각한 갈등을 겪는 사람들을 만나, 양측 당사자가 자신의 욕구를 말하도록 수없이 도왔다. 그에 따르면 해결의 목표는 타협이 아니라 자신의 감정을 상대가 듣고 알게 됐다는 만족감이다. 경청했다는 것이 아니라 그냥 들었다는.

로젠버그는 우리가 자기주장을 하고 서로를 이해하는 능력이 집단으로 부족한 근본적 이유 중 하나는 우리의 언어 구조라 믿는다. 그는 다음과 같이 썼다. "우리는 지배 사회에서 왕과 강력한 엘리트를 위한 언어를 물려받았다. 대중은 자신의 욕구를 인식하려는 노력을 포기하고 그 대신 권위에 순종하고 복종하도록 교육받았다. 우리 문화는 욕구가 부정적이고 파괴적이라고 암시한다. 'needy'('궁핍하다'와 '자신감이 없다'라는 두 가지 뜻이 있음— 옮긴이)라는 단어는 결핍이 있거나 미성숙한 사람에게 쓰는 표현이다. 자기 욕구를 표현하는 사람은 종종 이기적인 사람으로 낙인찍힌다."[24] 욕구 표현에 대한 혐오는 특히 여성에게서 두드러지는데, 이는 여성이 가부장제의 시작과 더불어 그 말단에 있는 존재이기 때문이다.

더불어 로젠버그는, 여성은 돌보는 사람과 양육자가 되는 일이 존재의 전부이자 끝이며 도덕적 의무라 믿도록 사회화된 탓에 자기 욕구를 표현하는 법을 모른다고 주장한다. 그는 다음과 같이 썼다. "여성은 자기가 원하는 것을 요구할 때, 종종 자기 욕구에 대한 진정한 권리가 없고 그 욕구는 중요하지 않다는 사실을 반영 및 강화하는 방식으로 그렇게 한다."[25] 익숙하게 들리지 않는가.

로젠버그는 '해야 한다'는 말이란 곧 경건함을 가장한 "삶을 소외시키는 소통법"이라 규정하며, 스스로 느끼고 필요로 하는 것을 파악하기 시작하는 순간 우리는 훨씬 통제하고 억압하기 어려운 존재가 될 것이라 주장한다. 우리 중 얼마나 많은 사람이 일상에서 스스로 해야 한다고 생각하는 것을 강요당했는가? 우리는 무엇 때문에 어떤 일을 해야 했는가? 이 모든 보살핌을 자처하면서 우리는 누군가 우리의 이타심을 알아주고 우리를 돌봐줌으로써 그에 보답하리라 희망하며 우리의 욕구를 뒤로 미루고 절대 그것을 주장하지 않는다. 그러나 이는 종종 헛된 기대로 끝나버린다. 그럴 경우에 원망하는 마음이 들지 않기란, 그 화를 자기 자신에게로 돌리지 않기란 불가능하다.

감정은 다루기 힘들고, 우리 대부분은 그것을 표현하는 법은커녕 이해하는 법조차 배우지 못했다. 브레네 브라운이 설명하듯 우리는 보통 행복, 슬픔, 화라는 세 가지 감정만 식별한다.[26] 여러 세대에 걸쳐 우리는 내면의 삶으로부터 단절되어 있다고 느껴왔다. 화가 나면 그 이유를 안다고 생각할지 몰라도—차를 몰고 가는데 누가 내 앞으로 밀고 들어왔다, 직장에서 무시당했다, 파트너가 남은 우유를 냉장고에 넣지 않고 밤새 그냥 두었다—그게 *진짜* 이유인 경우는 드물다. 로젠버그가 가르쳐주듯, 화는 우리가 간과한 욕구에서 비롯된다. 어떤 욕구가 충족되지 않고 있는지 살피는 대신, 우리는 즉시 분석하고 판단하기 시작한다.[27] 처음에 짜증이 난 이유를 넘어서 그것의 진짜 뿌리를 파악하기란 결코 쉬운 일이 아닌데, 이는 그 밑에 있는 것을 풀어 대사시킬 도구가 우리에게 없기 때문이다. 그래서 그저 초점을 '저 밖', 이를테면 이 나쁜 감정과 생각을 유발한 시스템, 사람들, 동료, 파트너, 친구에게로 돌리는 것이 더 편한 것이다. 화는 우리를 두렵게 한다. 다른 사람들을 탓하는 편이 우리에겐 더 쉽다.

언젠가 티베트의 본교Bon 승려와 함께 나흘간의 명상 수련회에 참석한 적이 있다. 어느 오후, 우리는 호텔 강당에 모여 그가 화에 대해 강의하는 것을 들었다. 그는 화를 '모든 감정 중 가장 해로운 감정'이라 했다. 본교에서 말하는 화는 두 종류인데 하나는 뜨겁게 타오르는 분노, 다른 하나는 얼음장같이 찬 화다. 전자는 우리 자신과 관계를 가장 빠르게 손상하며 다음 다섯 단계로 발생한다. ①조급함, ②짜증, ③발끈하기, ④화, ⑤분노. 이를 방치하면 그 파장이 미치는 모든 것을 파괴한다. "숲을 만드는 데는 100년이 걸리지만, 불은 단 두 시간 만에 그걸 태워 없앨 수 있습니다."[28] 나의 화는 주로 1과 2로 분출된다. 확실히 나는 조급하고 짜증을 잘 낸다. 남편에게, 친구들에게 감정을 쏟아내보지만 그것으로 달래지진 않는다. 베트남 승려 틱낫한 Thích Nhât Hanh은 그런 식의 감정 분출은 그저 화에 부채질을 하는 것일 뿐이라고 말한다. 그는 "화가 더는 그곳에 남아 있지 않다고 생각할지 모르지만 그렇지 않다. 그저 너무 피곤해서 화를 못낼 뿐이다."라고 썼다.[29] 우리는 우리가 우리 시스템에서 그걸 빼낸다고 생각하지만, 실은 그걸 해결하는 대신 그저 그걸 부숴 마치 근육처럼 더 강하게 회복히도록 만들 뿐이다.

영화 〈브레이크업-이별후애〉The Break-Up에서 브룩(제니퍼 애니스턴 Jennifer Aniston 분)과 게리(빈스 본 Vince Vaughn 분)는 인상적인 싸움을 벌인다. 게리가 비디오 게임을 하는 동안 브룩이 거실로 걸어 들어온다. 그들은 조금 전 저녁 파티를 열었고, 브룩은 게리에게 자기는 이제 설거지를 할 거라 말한다. 게리는 "좋은 생각이야."라고 대답한다.

브룩이 "나를 좀 도와주면 좋겠어."라 하자 게리는 브룩을 쳐다보며 대답한다. "알았어. 조금만 있다가." 그런 다음 자기는 너무 피곤하고, 먹은 것들을 소화할 시간이 필요하다고 말한다. 브룩은 아침에 일어나 더러운 그릇을 마주하고 싶지 않다고, 온종일 일하고 저녁 파티를 열었으니 게리가 설거지를 좀 도와줬으면 한다고 말한다. 게리는 짜증을 내며 컨트롤러를 바닥에 탁 던지고 브룩을 도우러 일어선다.

브룩이 대답한다. "아니, 그건 내가 원한 게 아냐."

"설거지 도와달라며."

"나는 당신이 그렇게 하고 싶어 하길 바라는 거야."

아마 여성이라면 누구나 브룩의 말에 공감할 것이다. 우리는 우리가 말하지 않아도 우리의 욕구가 인정되길, 눈에 보이지 않아도 우리의 경계가 존중되길 바란다. 이 실망감이 화로 폭발하는 시점엔 이미 늦은 것이다. 이 영화의 제목이 시사하듯 두 사람은 결국 헤어지는데, 이는 브룩이 자신의 욕구가 충족되지 않는 상황을 오랜 시간 참아왔고, 게리는 브룩에게 그런 욕구가 있는지조차 몰랐던 사실이 절정에 이르며 드러난 결과다.

관계 상실에 대한 두려움

욕구가 충족되지 않을 때 관계는 갈등에 접어든다. 생산적으로만 진행된다면 이는 지극히 정상적이고 건강한 일이다. 하지만 결혼생활이나 파트너십을 오랫동안 유지해온 사람이라면 증언할 수 있듯, 우리는 종종 같은 문제로 상대와 싸우고 있음을 알게 된다. 또는 갈등을 피함으로써 좌절감을 어떻게 행동에 옮기거나 해소해야 할지 모른 채 날마다 분노에 휩싸이고, 이런 상황은 관계가 곪아 터질 때까지 계속된다. 전설적 결혼상담치료사인 존 가트맨과 줄리 가트맨 부부는, 커플 갈등의 69퍼센트는 *절대 해결되지 않는데*, 이는 성격이나 생활방식에 따른 욕구에 심대한 차이가 있기 때문임을 연구를 통해 발견했다.[30] 이를테면 청결과 정리정돈에 대한 욕구가 강한 사람이 침대 정리를 거부하는 파트너와 살게 된 경우에는 파트너에게 화가 나는 더 근본적인 이유, 파트너가 자신의 청결 기준을 충족하지 못하는 것에 그토록 집착하는 이유가 있는데, 그것은 아마 가구의 포장 비닐도 안 벗긴 채로 살고 아무것도 만지면 안 되는 가정에서 자란 탓일 수 있다. 누가 알겠는가? 가트맨의 요지는 이런 갈등은 해결되지 않을 갈등이라는 사실이다. 워싱턴대학에서 동료 연구자 시빌 카레르~Sybil Carrère~와 함께 '사랑 실험실'~Love Lab~을 만든 존 가트맨은 커플들을 관찰한 결과 주로 '묵시록의 네 기사', 즉 ① 비판, ② 방어적 태도, ③ 경멸, ④ 담쌓기의 증거를 통해 어느 커플이 이혼할 운명인지를 94퍼센트의 정확도로 예측할 수 있었다. 그들은 여성의 경우 비판 지수가 높은 데 반해 남성은 담쌓기 지수가 높다(팔짱을 끼고, 감정적으로 후퇴하고, 눈을 마주치지 않음)는 것을 발견했다. 한편 여성들은 문제 제기에 80퍼센트의 시간을 쓴다. 많은 여성이 좌절하고 불행해하지만, 변화를 어떻게 끌어낼 수 있는지는 잘 모른다.[31]

　남편 롭과 나는 어느 비 오는 주말, 시애틀에서 다른 수백 쌍의 커플과 함께 가트맨 부부의 관계 워크숍에 참석했다. 이틀 동안 우리는 여러모로 자극받았다. 수십 년간 결혼생활을 해온 가트맨 부부가 무대에서 역할극을 했고, 그다음에 우리는 강당에 커플끼리 흩어져 이런저런 활동에 참여했다(매우 큰 공간에서 모두가 동시에 떠들었기에 '음성 프라이버시'는 없었다). 첫날 우리는 가트맨 부부와 함께 우리의 관계를 돈독히 했다. 꿈과 우선순위와 감사한 점, 가장 좋아하는 추억, 일상으로 돌아가면 함께하며 친밀해질 시간을 늘리겠다는 계획을 나누었다. 그렇게 보낸 하루가 끝나자 수많은 커플이 손을 잡고 강당을 나서며 그날 밤의 데이트에 신나 했다. 이어진 둘째 날, 가트맨 부부는 우리를 전쟁터로 보냈다. 아주 쉬운 일이었다. 커플에게 상대와 타협이 불가능한 묵은 주장을 꺼내라고 한 다음 그들의 얼굴이 금세 붉으락푸르락해지는 모습을 지켜보기만 하면 됐으니까. 가트맨 부부로부터 훈련을 받은 조수들은 참가자들 사이를 돌아다니다가 '도움 요청' 피켓에 응답했지만 대개의 사람들은 자기들끼리 알아서 진행했는데, 그 모습들은 정말 대단했다. 팔짱을 끼거나 고개를 돌려 외면하는가 하면 몸을 앞으로 기울이며 소리치고(내가 보기엔 남자들만 그랬다) 그 앞에 있는 사람(주로 여자)은 무너져 내렸다. 우리는 눈물을 보고, 침묵을 보았으며, 폭력에 가까운 행동을 하는 무서운 남자도 하나 보았다.

나는 그 행사에 관한 글을 쓰기 위해 그리 내켜 하지 않는 롭을 대동하고 참석했지만(처음엔 가고 싶어 하지 않았던 그가 나중에는 가트맨 부부의 열성 팬이 되어 마지막에 들른 선물가게에선 모든 물건을 하나씩 다 샀다), 우리도 모든 과정을 똑같이 따라 했다. 가트맨 부부의 지시를 따라가며 나는 우리의 가장 오래된 싸움 주제 중 하나에 대해 한 가지 사실을 깨달았다. 최첨단 장비 연구에 집착하는 롭에 맞서 나는 새 스키 부츠를 너무 사고 싶음에도 27년 된 스키 부츠를 계속 신겠다고 고집을 부렸는데 이는 어렸을 때 내게 주입된, 새 물건을 원하는 것에 대한 수치심, 그것이 탐욕이라는 생각 탓이었음을 말이다. 표현되지 않은 욕구에 관한 로젠버그의 견해로 이를 해석하자면, 나는 자신을 허용하고 롭의 지지를 받아들여야 했다. 하지만 나는 맘 편히 새 스노보드 부츠로 자신에게 보상하는 그의 행동이 모욕처럼 느껴졌다. 솔직히 말해 특별히 싸울 만한 사안은 아니었지만 하여튼 우리는 그랬다.

그 워크숍에서 롭과 나눈 그 대화는 내게 진전처럼 느껴졌다. 보통은 자잘하게 언쟁을 벌이다 1년에 두 차례씩 크게 폭발하고, 그다음엔 적어도 며칠 동안 서로 말을 안 하며 아이들을 통해서만 소통하는 식이었기 때문이다. 그에 비하면 얼마나 건전한 방식이었는지! 하지만 자신들의 관계를 해결하고 싶어 고군분투하는 사람들로 가득한 강당에 있으면서 나는 우리가 화가 나면 얼마나 힘들어하는지를 떠올렸다. 서로를 방어적으로 만들기는 또 얼마나 쉬운지도.

우리가 갈등에 취약하다는 사실이 나는 이해된다. 싸움은 부끄러운 일이며, 특히 여성에 대해서라면 표현에 대한 문화적 찬양이 없을 뿐 아니라 그저 쨍쨍거리는 존재, 잔소리꾼, 늙은 아줌마, 쌍년이라 비하하기 바쁘다. 우리 부모님 대부분은 닫힌 문 뒤에서 싸웠고 종종 소리만 들릴 뿐이었지만 눈에 보이지 않아 오히려 더 무서웠다(심리학자 애덤 그랜트Adam Grant를 인터뷰했을 때, 그는 부모로서 할 수 있는 최선의 행동 중 하나가 갈등을 해결하는 모습을 아이들이 *지켜보게* 하는 것이라고 했다.³² 이는 '딱히 볼 일이 없는' 존재가 되고 싶은 나의 바람과는 너무도 상반되게 느껴지는 뜻밖의 정보였다). 나는 제대로 된 관계에선 갈등이 건강하고 필수적이라는 사실을 이해하며 자라지 못했다.

많은 여성이 최악의 시나리오이자 제대로 된 싸움을 시작하기 싫어하는 이유는 관계의 상실이다. 해리엇 러너에 따르면, 자기표현과 경계 설정을 둘러싼 가장 큰 두려움은 그런 일을 하면 버려지리라는 것이다. 우리는 자기 입장을 고수하기 두려워하며, 특히 가부장적 관계에 있는 여성들은 더 그렇다. 우리 부부의 경우 남편은 순한 양이고 나는 주된 생계부양자이며, 남편은 그 사실에 만족할 뿐 아니라 진보적인 가치관을 지니고 있다. 그럼에도 나는 여전히 내가 원하는 것을 말하기가 어렵다. 그래서 하지 않는다. 그리고 그가 내게 그러라고 명령해주길 바란다. 러너는 우리 모두에겐 자신이 어떤 욕구를 주장하면 파트너, 부모, 친구가 그것을 지지해줄 거라는 헛된 희망을 품는 경향이 있다고 설명한다. 하지만 "이걸 거절하고 내 뜻대로 하도록 내버려두지 않은 당신이 너무 자랑스러워. 정말 잘했어!"라고 상대가 말하는 일은 절대 일어나지 않을 것이다.

그러니 우리는 타인의 욕구에 순응하기를 거부한다는 것은 곧 상대의 반응도 통제할 수 없다는 뜻임을 인정하면서 경계를 유지하는 법을 찾아야 한다. 단호한 자기주장은 많은 여성이 관계에서 기능하도록 프로그래밍된 바와 거의 반대된다. 그 프로그래밍 방식은 보통 조종의 달인이 되는 일에 더 가깝다. 많은 여성이 어릴 때 자기가 원하는 것을 마치 다른 사람의 생각인 양 만들어 얻어내는 법을 배운다. 이 기술은 '전통적 여성'의 기능 중 하나다.

가부장제가 남성에게 어떻게 상처를 주는지에 주로 초점을 맞추는 또 다른 커플 심리치료사 테리 리얼에 따르면, 여성은 종종 "피해자의 위치에서 죄를 짓는" 경향이 있다. 그는 여러 영화 속 장면들 중 〈나의 그리스식 웨딩〉My Big Fat Greek Wedding의 하나보다 더 싫은 건 없다고 내게 설명했다. 그 영화에서 어머니는 이렇게 말한다. 남자는 집안의 머리이지만 여자는 목이란다. 여자는 머리를 자기가 원하는 방향으로 마음대로 돌릴 수 있지. "다들 정말 깜찍한 말이라고 생각하는데, 나는 거의 토할 뻔했어요. 그건 조종에 대한 찬양이니까요."[33]

해리엇 러너는 화 및 경계 설정에 대한 러너의 워크숍에 참석하는 것을 남편에게 저지당한 바버라라는 여자 이야기를 한다. 바버라는 러너에게 환불을 요청하는 전화를 걸어, 남편이 자신에게 화 문제가 있다는 것을 인정하면서도 그게 돈 낭비라 생각한다고 말했다. 바버라는 진짜 쟁점, 즉 누가 재정을 통제하고 자신이 원하는 대로 할 자유가 있는지에 관한 문제는 회피한 채 러너의 자격을 두고 남편과 언쟁을 벌였다. 러너는 내게 이렇게 설명했다. "한 가지를 바꾸기는 쉬울지 몰라도 한 가지만 바꾸기는 정말 어렵기 때문에 진짜 두려운 거예요. 만약 바버라가 워크숍에서 새로운 입장을 취한다면, 분명히 그 결혼생활에서의 다른 문제들도 많이 드러날 거예요. 그리고 바버라가 어떤 입장을 한 번 취하고 나면 다른 입장들도 취하게 될 것이고, 이를 통해 바버라는 변화와 성장을 겪겠지요. 그렇다면 과연 남편도 그와 함께 변할까요?"[34]

관계를 잃을지 모른다는 두려움은 여성에게 있어 가장 큰 문제다. 여성은 항상 자문한다. 압박하고 스스로를 정의하고 공공연히 자기주장을 편다면 그 뒤로도 계속해서 여기에 소속될 수 있을지, 자신의 욕구와 욕망을 우선시한다면 누가 자신과 함께할지를. 생각만 해도 끔찍하다. 미처 표현하지 못한 욕구를 속으로 간직하고, 외부의 반대에 부딪히느니 그것이 내면화된 분노로 발효되도록 그냥 내버려두는 편이 많은 여성들에겐 더 쉽다.

이 내면화된 화 또는 반감은 종종 우울증으로 나타난다. 한 연구자는 관계에서 소외감을 느끼고, 사회 규범에 따라 가능한 한 이타적으로 행동하며 배우자와 자녀를 위해 자신의 욕구를 제쳐두도록 압박받은 여성 60명을 조사했다. 그 결과는 말 없는 괴로움이었다. 연구자는 두 아이의 엄마인 제니라는 34세 기혼 여성에 관해 설명한다. 제니는 가족의 건강을 위해 자신을 지우는 것에 화가 난 일, 그리고 자신이 어찌할 수 없는 문화적 기준에 대해 느끼는 절망감을 이야기했다. 하지만 그렇다 해도 제니는 결혼생활의 역할들을 협상할 수 없다고 느꼈는데, 이는 단순히 그러면 자신의 결혼이, 따라서 가족이 존속될 수 있을지 확신할 수 없어서였다. 그는 차라리 화를 삼키고 우울증이 자신을 집어삼키게 내버려두는 편이 낫다고 생각했다.[35] 화를 불미스럽고 안전하지 않은 것이라 느끼는 여성은 너무나도 많다.

몇 달 전 나는 가정의학과 의사이자 중독 전문가인 가보 마테에게 그의 최신 저서 《정상이라는 환상》에 관해 이야기하려 이메일을 보냈다. 꽤 오래전부터 우리 부부와 친구로 지내온 그는 나와 롭의 정신 건강에 대해서도 조언을 해주곤 했다.

"요즘 어때요?" 그가 물었다.

"롭은 아주 잘 지내요." 나는 이렇게 대답하며 남편 이야기를 이어갔다.

마테는 자기가 내게 한마디 해줘도 괜찮겠냐고 물어본 뒤 다음과 같이 썼다. "나는 당신이 어떠냐고 물었어요. 그런데 당신은 남편이 아주 잘 지낸다고 대답했지요. 자신에 관해서는 아무 이야기도 안 하고요. (…) 비판하는 것이 아니에요. 이것은 가부장적 문화의 또 다른 표식이자 여성이 건강하지 못한 원인이죠. (…) 그 프로그래밍이 상당히 깊은 곳에서 작동하고 있어요."* 마테가 언급한 이 '건강하지 못함'은

---

* 그날 오후에 서로 길게 이어진 이메일들에서, 나는 내 감정 상태에 관한 지적을 그에게서 두 차례 더 받았다.

그가 수십 년 동안 치료하고 글을 써온, 여성에게 만연하며 압도적 영향을 미치는 자가면역질환이다. 그는 계속해서 '초자율적 자급자족성', 즉 다른 사람에게 아무것도 요구하지 않으려는 여성과 '친절함'이 암, 루게릭병, 류마티스 관절염 같은 자가면역질환과 갖는 상관관계를 지적한다. 이때의 '친절함'은 갈등을 회피하고 분노를 억제하는 태도로 이해된다. 그는 심리학자 리디아 테모쇼크Lydia Temoshok가 만든 'C형 성격type C personality'이라는 용어를 인용한다. 테모쇼크는 흑색종을 앓고 있는 환자 150명을 인터뷰한 결과 모두가 "협조적이고, 회유적이며, 자기주장을 하지 않고, 인내심이 강하며, 부정적 감정(특히 화)을 표출하지 않고, 외부 권위에 순응하는" 등의 'C형 성격'을 갖고 있음을 발견했다.[36] 요컨대, 처리되지 않고 다른 방식으로 승화된 화가 우리를 죽이고 있다는 뜻이다.

여자아이들의 사회적 공격성

화를 둘러싼 우리 문화의 부적절한 태도 탓에 우리는 아이들에게도 화를 적절히 표현하는 법을 가르치지 못한다. 우리는 물리적 형태나 언어적 형태로 드러나는 공격성은 인지하지만 제3의 유형인 사회적 공격성, 즉 가십, 동맹 구축, 무언의 대우, 배제 등은 잘 인지하지 못한다. 남자아이들에 대해 "남자애들은 다 그렇게 크는 법이니까." 하며 처음 두 가지 유형으로 사회화시키는 것과 달리, 우리는 직접적 대립이 가장 적은 제3의 방법으로 여자아이들을 사회화시킨다. 친절하고 칭찬받는 착한 아이가 되라고 가르치는 것이다. 그러나 학창 시절이나 때로는 성인이 되어서도 여성 간 우정의 따가운 맛을 경험한 사람이라면 증언할 수 있듯, 이 훈련의 영향은 생각보다 오래 지속되고 파괴적일 수 있다. 여성은 여러모로 잔인하게 행동할 수 있기 때문이다. 보다 수동적인 사회적 공격성이라 해서 얼굴에 주먹질을 당하는 일보다 덜 아픈 것은 아니다.

분명한 것은 공격성의 세 유형 중 어떤 것도 좋지 않다는 점이다. 하지만 학교와 가정 모두는 물리적 공격성에 대처할 준비가 더 잘 되어 있다. 무엇보다 그것은 눈에 보이는 덕이다. 하지만 사회적 공격에 가담한 여자아이들은 종종 같은 공간에 있는 어른들의 눈에도 띄지 않는다. 자기 아이가 사랑받고 인기 있는 아이가 되기를 바라는 끝없는 욕망을 부모가 이 불구덩이에 던져놓는다면, 이는 친구들이 자신에게 등 돌렸음을 알게 된 아이에 있어 재앙이 될 수 있다. 2001년에 발간되어 고전이 된 레이첼 시먼스의 《소녀들의 심리학》은 내가 어린 시절 경험하고 친구들의 딸들에게서 관찰한 것, 그리고 내가 어른이 되어서까지 마주한 것과도 공명한다. 시먼스가 썼듯이, "우리 문화는 여자아이들이 공공연한 갈등에 접근하는 것을 거부하고, 그들의 공격성이 비물리적이고 간접적이며 은밀한 형태로 나타나도록 강요한다. 여자아이들은 험담, 배제, 소문, 욕설, 희생자가 될 표적에 심리적 고통을 유발하도록 조종하기 등의 방법을 사용한다."[37]

따돌리기의 영향을 측정한 연구는 꽤 많다. '사이버볼'Cyberball 연구에서는 참가자 모르게 대기실에 연구원 두 명이 배치되었다. 이들은 갑자기 참가자를 끌어들여 공 던지기 놀이를 시작했고, 그러다 아무

말도 없이 참가자를 놀이에서 제외했다. 참가자는 계속 상당한 스트레스에 시달리는 듯 보였고, 주의를 딴 데로 돌리려 방 안을 두리번거리거나 자기 가방을 뒤적이기 시작했다. 저널리스트 어맨다 리플리 Amanda Ripley가《극한 갈등》에서 썼듯, "지금까지 최소 62개국의 5,000명 이상이 이 사이버볼 연구에 참여했다. 이 중 일부에 대해선 게임을 하는 동안 뇌를 스캔했는데, 그 결과 신체적 통증을 느낄 때 활동하는 부위와 똑같은 뇌 부위의 활동이 증가했음을 발견했다."[38] 소외되는 것은 명백히 아프다.

시먼스의 이론에 따르면 여자아이들은 자신의 자연스러운 공격성을 억누르며 온갖 모욕감, 짜증, 불쾌감을 쌓아놓고 있다가 결국, 어쩌다 자신의 사정거리 안에 있게 된 여자아이에게 급격히 화가 치밀어 오른다. 그 여자아이는 감정을 내려놓는 장소, 말하자면 감정 쓰레기통이 되는 셈이다. 하지만 누군가에게 직접적으로 발산하는 것은 '나쁘다'고 느끼기에, 누군가를 무릎 꿇리는 행위는 은밀한 작전이 된다. 다른 여자아이들이 그 부담을 나누고 지원하도록 동원되는 것이다.[39] 패자가 받는 결과는 참담하다. 그는 결국 다른 사람들로부터 고립되고, 갈등으로 유발되리라 두려워했던 바로 그것, 즉 배제를 겪게 된다. 결과는 심대한 심리적 트라우마다. 또한 그는 직접적인 대화에 참여하기를 평생 꺼리게 되는데, 이는 적절한 참여 방법을 모를뿐더러 위험 또한 너무 크다고 느끼기 때문이다.

아웃사이더의 분노

연구에 따르면 흑인 여자아이들은 갈등을 더 편안하게 받아들이고, 음흉한 '착한 여자아이' 프로그래밍은 권력에 가장 가까울 듯한 아이들을 표적으로 삼는다. 시먼스는 다음과 같이 설명한다.

> 지금은 유명해진 '미국 대학 여성 협회'American Association of University Women 가 1990년에 발표한 여학생 보고서에 따르면, 청소년기의 자존감 측정에서 가장 높은 점수를 받은 것은 흑인 여학생들이었다. 인터뷰에서 (…) 심리학자 니오베 웨이Niobe Way 는 주로 흑인 노동 계급 가족 출신 여자아이들이 갈등으로 배제되는 것이 아니라 힘을 얻는 관계를 묘사했다. 이들은 예외적이다. 이들 저항의 핵심은 진실을 말하는 것에 대한 편안함, 자신의 부정적 감정을 알고 표현하려는 의지인 듯하다. 여자아이들은 자신의 감정을 소중히 여기기로 마음먹을 때 자기 자신을 소중히 여기게 된다. 그들이 진실을 말하는 것은 적대적 문화에서 목소리를 높이는 것에 자신의 생존이 달려 있기 때문이다.[40]

사회경제적 지위가 낮은 여자아이들은 또한 물리적·언어적으로 화를 표출하는 데도 큰 어려움을 겪지 않는다. 그럼에도 어떤 '유형'의 여자아이에 대해서든 그런 경험이나 이야기가 전무한 이유는 너무도 많은 연구가 백인 중산층 아이들에 초점을 맞추기 때문이라고 시먼스 등은 강조한다.[41] 심지어 항상 감정적으로 섬세하고 자신의 감정을 잘 이해해야 갈등에 편안함을 느끼는 것도 아니다.

화를 더 쉽게 다룬다 해서 유색인종이 가부장적 프로그래밍에서 자유롭다는 뜻 또한 아니다. 나의 검안사는 모호크 헤어스타일의 40대 쿠바인 레즈비언으로 동부 해안의 하층 계급 가정에서 자란 사람이다. 최근 그는 내 동공이 확장되길 기다리는 동안 자신의 가장 친한 친구 결혼식에 막 다녀온 이야기를 해주었다. 그 결혼식에는 검안사의 전 파트너도 참석했는데, 자기가 새 여자친구를 데려갈 것이고 그곳에서 대화하는 건 원치 않는다고 미리 알렸음에도 그는 주말 내내 자신을 스토킹하며 괴롭혔다고 했다.

"아무 접촉도 하고 싶지 않다고 분명히 말했는데도 계속해서 저한테 접근하는 거예요." 그가 명백히 화난 얼굴로 말했다. "저는 세 여자친구를 제대로 보호해주지 못했어요. 얼마나 끔찍했는지 몰라요." 현 여자친구가 화났는데도 왜 전 파트너에게 화를 내지 않았냐고 내가 물으니 그는 경계를 분명히 하는 일이 너무 어렵게 느껴졌고, 구경거리를 만들고 싶지 않았다고 했다. "그게 다 저 착한 여자애 프로그래밍 때문이죠. 전 큰 싸움에 휘말리고 싶지 않았어요. 하지만 결국 제 여자친구에게 실망을 안기고 말았죠. 저 자신에게도 너무 화가 나고 좌절감이 느껴져요. 제 가장 친한 친구가 하는 결혼식에서의 제 시간을 예전 파트너가 망치도록 제가 방치한 셈이니까요."

부모님이 대만계 인도네시아 이민자인 내 가까운 친구 일레인은 자기 엄마가 화를 잘 낸다고 했다. 그의 엄마는 커서는 아니었지만 어렸을 땐 가난했고, 일레인은 부유한 백인 동네에서 자랐다. "소수 민족, 또는 아시아인에 대한 고정관념이 있을 수 있지만, 나는 그게 인종 때문인지는 잘 모르겠어."라고 그는 말했다. 또 "우리 가족 중 화를 내는 사람은 우리 엄마와 오빠였어. 3학년 때쯤인가 나도 못된 아이였던 시절이 있었는데, 지금 생각해도 오싹해."라고도 했다. 지금까지도 일레인은 목소리를 높이기보다는 우스갯소리로 비아냥거리기를 더 좋아한다. 나는 그가 화를 내는 모습을 한 번도 본 적이 없다. 나처럼 잡지 편집자가 된 그는 기꺼이 뒤로 물러서서 관찰한 다음 즉각적 보복에 대한 두려움 없이 자신의 판단을 기록한다. 그리고 "나는 지금 내 펠로톤Peloton(미국의 홈 트레이닝 전문 업체—옮긴이) 실내 자전거 위에서 분노를 다스리고 있어."라고 말한다.

다른 친한 친구 레지나는 열 살 때 과달라하라에서 텍사스로 이사했는데, 불같은 성격의 라틴계 여자라는 고정관념에 시도 때도 없이 시달린다며 이렇게 말했다. "이 고정관념으로 인한 분개가 많아. 우리 라틴계 사람들은 모든 일을 더 감정적으로 대하고 그걸 편하게 표현해. 우리는 포옹하고, 키스하고, 열정적이지. (…) 하지만 우리 문화는 여전히 가부장적이고, 여성이 넘지 말아야 하는 선이 존재해. 우리는 열정적이지만 여전히 공손해야 하지. 그러다 보니 화를 표출할 때마다 내가 전형적인 라틴계 여자처럼 행동한다고 느끼게 돼. 궁지에 몰린 듯한 기분이 종종 들고." 나 같은 백인 친구들은 더 화가 날 때에도 자기표현을 더 꺼리는 것 같다고 레지나는 말했다. "나는 나도 모르게 계속 '근데 너 화나지 않았어? 왜 더 화내지 않아? 혹시 스톡홀름 증후군이라도 있는 거야?'라고 사람들에게 물어."라면서 말이다.

일반화는 좋지 않지만, 어린 시절의 프로그래밍이 우리를 더 넓은 세상에서 일어나는 갈등에 어떻게 대처하도록 준비시키는지, 또는 그러지 않는지는 쉽게 알 수 있다. 레지나는 어렸을 때 토론 대회에 참가해 승리했고 커서는 유능한 변호사가 됐지만, 여전히 순종적인 딸이라는 한계 안에서 사느라 힘들어한다.

우리가 분노를 회피할 때

사적 영역에서 표현되지 않은 화는 우리의 생활을 제약하지만, 공적 영역에서 표현되지 않은 화는 우리의 권리와 주권 자체를 갉아먹는다. 가부장제에서 정치적 권력이 가장 적은 유색인 여성들은 무엇이 위태로운지를 이해하고 공정의 무게 대부분을 짊어진다. 반면 백인 여성은 이것을 지적으로는 이해할지언정 이 싸움에 완전히 개입하기를 꺼려 한심한 동맹을 맺어왔다.

어쨌든 백인 여성들은 공공연히 화를 표출해도 좋을 최적의 순간만을 골라왔다. 유색인 여성은 그런 사치를 누리지 못한다. 많은 이들에게는 여성혐오와 인종차별이 복합적으로 작용하는 억압 시스템에 맞서는 일이 일상인 터다. 브리트니 쿠퍼Brittney Cooper 교수는 그의 걸작 《설득력 있는 분노》Eloquent Rage에서 다음과 같이 썼다.

> 흑인 여성에겐 미쳐 날뛸 권리가 있다. 이 땅에 도착한 이래로 우리는 자유를 꿈꾸고 해방의 공간을 개척해왔다. 원주민 여성을 제외하고, 자신의 재생산 노동과 사회적 노동으로 세상을 지금의 모습으로 만든 흑인 여성보다 이 나라 몸의 정치학적 영혼을 더 잘 알고 이해하는 집단은 없다. 이것은 단순한 선전이 아니다. 흑인 여성은 우리를 미워

하는 세상에서 우리 자신을 사랑한다는 것이 어떤 의미인지를 안다. 우리는 아주 적은 걸로 많은 걸 한다는 것, 말하자면 '15센트로 1달러를 만드는 것'이 무엇을 의미하는지 안다. 우리는 권력의 턱에서 위엄을 낚아채 당당하게 걸어 나온다는 것이 무엇을 의미하는지 안다. 우리는 우리 공동체와 국가로부터 끔찍한 폭력과 트라우마를 마주하고도 어쨌든 계속 살아나간다는 것이 무엇을 의미하는지 안다.[42]

성별과 인종을 가로지르는 이중억압에 더해 낮은 사회경제적 계층에까지 속하는 이들에 대한 삼중 억압은 일종의 다초점 렌즈와 같다. 백인 중산층 여성은 권력에 인접해 있지만, 유색인 여성은 일반적으로 그 보호 구역에서 가장 멀리 떨어져 있다.

백인 여성들은 '문명화된' 선의 감옥에 갇혀 있는 것 같다. 내가 보기에 우리는 '백인'과 '여성' 사이의 정체성에 갇혀 자신의 괴로움을 토로할 곳이 없다고 느낀다. 화난 흑인 여성에 대해선 끔찍한 고정관념들이 넘쳐나지만(미셸 오바마에 대해 꾸준히 이어지는 언론 보도를 보라), 사실 흑인 여성이 지나치게 화나 있다는 것은 잘못된 생각이다. 자주 인용되는 2015년 ― 트럼프, 코로나, 조지 플로이드George Floyd, 텍사스 롭초등학교 총기 난사 사건, 로 대 웨이드 판결이 뒤집히기 전 ― 《에스콰이어》Esquire와 NBC 뉴스의 설문조사에 따르면 백인 여성이 가장 화나 있었다. 일반적인 이유는 세금, 교내 총격 사건, 빌 코스비Bill Cosby에 이르기까지 다양했다.[43] 2017년 《엘르》Elle의 후속 연구에서도 결과는 같았다.[44] 어쩌면 화를 풀고 대사하고 이해할 도구가 부족해서인지도 모르지만, 그보다는 우리가 조사자나 친구들에게 표출하는 일 이상의 행동을 할 경우엔 잃을 게 더 많다고 느끼기 때문일 것이다. 그보다는 현상 유지가 훨씬 쉽다. 하지만 이는 나쁜 선택, 잘못된 선택이다. 여성의 부차적 지위에 의존하는 시스템을 계속 우선시하고 그것에 힘을 실어줌으로써, 우리의 성보다 백인이라는 정체성을 우선시함으로써 우리의 종속을 영속화하는 나쁜 일이기 때문이다. 유색인 여성은 가부장제가 권력 유지에 대한 약속을 무기로 백인 여성을 결박해두는 방식을 훨씬 선명하게 볼 수 있다.

흑인 여성이 공동체를 조직하고 사회운동에 나서는 일, 2020년 파시즘으로부터 우리의 민주주의를 구해낸 일(2020년 대선에서 이민자, 여성, 유색인, 성소수자 등을 노골적으로 적대시하여 극우 세력의 준동을 부추긴 트럼프를 이기고 바이든이 당선되는 데 흑인 여성 조직이 적극적으로 도운 일을 말한다—옮긴이)은 우연이 아니다. 아웃사이더로서 그들은 화와 더 건강한 관계를 맺는다. 그들은 매우 생산적인 방식으로 그것을 행동으로 바꾸는 법을 잘 안다. 클레이튼 주립대학 연구원들은 이것이 사실임을 발견했다. 크리스틴 네프 교수가 자신의 저서 《강렬한 자기자비》Fierce Self-Compassion에서 설명했듯, "조사 결과 흑인 여성은 비판받거나, 존중받지 못하거나, 부정적으로 평가받는 상황에서 다른 사람들에 비해 화로 반응하는 경향이 덜했다. 이 발견은 일상의 인종차별과 성차별에 대처해야 하는 현실로 인한 성숙함을 보여주는 것으로 해석되었다. 흑인 여성은 화의 보호적 기능을 잘 인식하지만 화를 조절하는 능력도 뛰어나다."[45] 이들 연구에 대해 흑인 여성의 회복탄력성 및 침착한 대응 능력에 박수를 보내는 것으로 대응하기는 쉽지만, 생존을 위해 지속적인 인종차별에 맞서 감정적으로 무장해야 한다는 것은 사회가 심각하게 병들었다는 뜻이다. 그것은 백인 여성 또한 병들게 하지만 백인 여성은 자신들의 집단적 병리 현상을 파악조차 하지 못한다. 우리는 화를 누르고, 어디서부터 시작해야 할지도 모르며, 잔잔한 호수에 굳이 돌을 던지지 않으려 조심한다.

행동에 나서지 못하는 이유들

우리 안에는 원망, 좌절, 화가 살고 있다. 파트너, 부모, 상사, 시스템 자체가 우리의 노여움을 흡수하고 우리 이야기를 듣지 않으려 할 때 우리는 이 나쁜 감정을 어디에 두어야 할지 모른다. 그러나 그것들은 어디론가 가야 한다. 그래서 우리는 그 감정을 비난과 수치로 바꾸어 자신에게, 서로에게 화를 낸다. 또한 그렇게 해소되지 않은 분노 — 오랫동안 충족되지 않은 욕구와 원망의 결과 — 를 안고 공적 영역에 관여할 때엔 곤경에 빠지게 된다.

우리는 가정에서, 우리 자신에서부터 새로 시작해야 하지만 이는 절대 쉬운 일이 아니다. 해리엇 러너의 말대로, 사적 영역에서 갈등과 대립을 헤쳐 나간다는 것은 두려운 일이다. 욕구를 주장하고 경계를 설정하는 건 이기적 일이라는 말을 항상 들어온 우리가 처음으로 그 일에 나서는 것일 수 있기 때문이다. 호혜성에 대한 이 요구가 어쩌면 우리를 파트너에게 덜 사랑스럽거나 덜 '쓸모 있는' 사람으로 만들지 모른다고, 또 그들이 실제로 반발하거나 보복하여 새로운 선을 그어야 할지도 모른다고 믿을 이유는 우리에게 충분하다.

여기에서 우리는 사적 제약과 공적 제약이 중첩되는 벤 다이어그램을 발견하게 된다. 많은 여성이 결혼, 고용, 가족을 통해 실질적으로 가부장제에 묶여 있는 것이다. 따라서 자율성과 자기규정을 주장할 경우엔 실존적 위협에 놓이는 느낌이 들 수 있다. 리베카 트레이스터가 썼듯, "남성 권위나 권력 남용에 대한 여성의 도전은 가족을 혼란에 빠뜨리고, 결혼생활을 끝장내고, 한 여성이 경제적으로 의존하는 남성이나 다른 여성이 직장을 잃게 할 수 있다. 많은 경우, 이런 영향에 대한 강렬한 두려움(단순히 오랫동안 몸에 밴 현실적 허무감과 더불어) 때문에 여성은 남성에 대한 분노를 표출하지 못하고, 심지어 그런 감정을 느끼지조차 못한다."[46] 의식적으로든 아니든 많은 여성이 여기에 갇혀 있다. 이것은 결코 가볍게 보아 넘길 일이 아니다. 그렇다고 분노를 내면으로 돌리는 일 역시 해결책이 될 수는 없다.

특히 우리 백인 여성은 권력에 가깝다는 특권을 포기하고 싶어 하지 않으면서도 그 특권의 거부에 대해 인정받고 싶어 한다. 중간에 끼어, 모든 기득권을 유지한 채 분란을 일으키지 않으려 노력하는 동시에 착하고 공정하게 행동하려 애쓰며, 항상 역사의 옳은 쪽에 서 있는 '좋은 사람'으로 여겨지기를 바라는 것이다. 만약 자기주장을 하고 동료 여성들과 함께하기 시작한다면 위험이 따른다는 것을 안다. 하지만 참여하지 않으면 당연히 비난을 받는다. 문제는 행동에 나서는 연습이 부족한 탓에 무능하고 서툴러 오히려 방해가 된다는 점이다.

우리 백인 여성은 또한 우리가 받아온 억압을 인식하고, 그동안 견뎌온 것에 대해 인정받기를 원하기에 좌절하고 분개한다. 늘 다른 사람들에게 먼저 초점을 맞추라고 훈련받은 탓에 자신들의 욕구를 충족하지 못한 사실을 잘 아는 터다. 그러나 유색인 여성과 함께 사회정의를 이루려 할 때 백인 여성은 자신들의 불만을 들어주고 공감해줄 청중을 만나야 한다고 믿는 오류를 범한다. 그리고 사실 발언하기에 적절한 때가 아니라는 말을 들으면 엉뚱하게도 종종 더 큰 분노로 대응한다. 그런 소리를 들을 작은 기미라도 보일라치면 바로 뒤통수를 쳐버리는 이도 많다. 자신의 말을 들어주길 바라지, 자기 역시 억압의 무기였다는 이야기는 듣고 싶지 않은 것이다. 그런 사실은 참을 수 없게 느껴지며, 좋은 사람으로 보이고 싶은 욕망을 꺾어놓기 때문이다. 그렇게 백인 여성들은 이 수치심을 내면화했다 벗어버리기를 반복한다.

특히 우리 백인 여성은 조금이라도 잘못이 있거나 나쁘다는 눈길을 받으면 스스로를 채찍질하고, 고개를 숙이고, 일을 그만둔다. 우리는 자신의 감정을 직시하거나, 공감을 바탕으로 책임지거나, 가장 효과적인 방법을 찾기보다 서로에게 독을 뿜고 상처를 핥는다. 완벽을 목표로 하며, 행여 잘못된 말을 하거나 기회를 놓치거나 실언을 하는 순간에는 몸서리를 친다. 이런 일이 일어나면 많은 (특히 백인) 여성은 겁을 먹고 더 이상 참여하지 않게 된다. 우리는 자신의 '선함'을 방어하는 데 너무 많은 시간을 소모하고, 전 시간에 걸쳐 흠잡을 데 없이 행동하지 않았다면 나쁜 사람이라는 이분법에 갇혀 앞으로 나아가기 힘들어한다. 나쁘다는 것은 당연히 사랑받을 자격이 없다는 뜻이고, 문화 공동체에서 쫓겨날 거라는 뜻이다. 이런 일—지지를 철회하고 침묵시키는 일—이 일어나는 것은 우리가 그것을 허용하기 때문이기도 하다.

그러나 우리는 절대 완벽할 수 없음을 알아야 한다. 우리 앞에는 언제나 장애물도 있고, 확인해야 할 것도 많을 것이다. 변화는 참여하고, 배우고, 발전하고, 반복하려는 의지가 필요한 과정이다. 완벽함이나 완성을 향해 거쳐야 하는 단계들을 그냥 건너뛸 수는 없다. 그럼에도 우리가 이런 대화를 하거나, 생각이나 아이디어를 공유하거나, 질문하거나 드러내지 못하는 것은 우리가 두려워하기 때문이다. 《상처 줄 생각은 없었어》를 쓴 돌리 추그Dolly Chugh 교수의 말을 인용하자면, 아마도 우리는 완벽하게 선해지려는 대신 '충분히 선해지려는' 것을 목표로 삼아야 할 것 같다.

백인 여성은 지나친 자의식 때문에 오히려 역효과를 불러오고, 효과적인 동맹이 혹은 아무 동맹도 되지 못한다. 스스로를 교육하고, 고용 관행을 바꾸고, 의회에 편지를 쓰고, 수동적 공격을 목격했을 때 목소리를 높이고, 집회와 시위에 나가고, 추수감사절에 친척과 논쟁을 벌이고, 지역사회 조직가들을 지지하고, 사람들의 유권자 등록을 돕고 그들을 투표장에 태워다주며 조용히 일하기보다는 인스타그램과 자동차 범퍼에 자신의 선함을 알림으로써 비판으로부터 안전을 확보하는 방어적 행동에 에너지를 낭비한다. 실질적 행동은 없이 항상 '옳은' 일을 하고 말하려는 욕망 탓에 '그럴듯한 행세만 한다'는 비난을 자초한다.

사회운동은 브로드웨이 공연이 아니다. 대본도, 리허설도, 기립박수도 없다. 사실 나는 좋은 밈을 좋아한다. 범퍼 스티커와 해시태그도 다 좋다. 하지만 우리가 무언가를 하고, 지속적 검증의 필요를 넘어서는 한에서만 그렇다. 이것이 어렵다는 것은 잘 안다. 우리는 어렸을 때부터 인정받으려 애쓰도록 훈련받았으니 말이다. 추그 교수가 설명했듯, "우리 대부분에게는 (…) 중심이 되는 '도덕적 정체성'이 있다. 도덕적 정체성은 내가 좋은 사람인지의 여부가 *아니라* 내가 그것에 신경을 쓰는지의 여부에 대한 척도다. 우리 대부분은 자신을 좋은 사람처럼 느끼고 싶어 한다. 이것이 우리가 주장하고 부여받기를 원하는 정체성이다."[47] 긍정에 대한 우리의 갈망이 그토록 극명하고 끈질긴 것도 이 때문이며, 결국 우리 목적이 달성되는지의 여부가 아닌 오직 정체성만이 중요한 문제가 된다. 우리는 우리의 노력이 칭찬받기를 원한다. 긍정 쿠키, 즉 우리가 선하고 따라서 안전하다는 확신을 원한다. 그러나 정작 갈등에 직면했을 땐 인내심이 부족하다. 그렇기에 우리는 어려운 대화를 위해 스스로를 재교육하고, 어렸을 때 배우지 못한 기술을 지금이라도 배워야 한다.

변화를 촉구하는 연습

우리가 친밀한 관계에서, 직장에서, 그리고 궁극적으로는 효과적 동맹으로서 자기주장을 하며 모든 여성에게 필요한 변화를 촉구하려면 먼저 해야 할 일이 있다. 우선 우리의 인간성을 서둘러 억누르지 말고 자연스레 드러나도록 허용해야 한다. 우리가 어떤 사람이 되어야 하는지에 관한, 이를테면 선하고 유순하고 친절한 사람이 되어야 한다는 식의 이야기가 우리를 규정하도록 내버려두지 말고, 먼저 자신을 정의하는 일부터 해야 하는 것이다. 우리 중 문화적 기대와 프로그래밍에 지배당하고 있다고 느끼는 사람들에겐 화가 우리를 인도하는 빛이자, 우리의 경계가 무엇이고 어디에 있는지를 알게 하는 수단이 될 수 있다. 마셜 로젠버그의 '비폭력 소통법' 이론에 따르면, 화는 무언가 잘못되었음을 알려주는 내적 경보의 역할을 한다. 그러므로 우리는 그 경고를 듣고 대처하는 법을 배워야 한다. 또 역으로, 사람들이 자신의 화와 고통을 우리에게 쏟아낼 때 적절하고 효과적으로 대처하는 법 또한 익혀야 한다. 로젠버그에 따르면 누군가 우리에게 화를 낼 때 우리는 자신이나 다른 사람들을 탓할 수도 있지만 우리의 감정과 욕구, 그리고 상대가 말하지 않은 감정과 욕구, 하고자 하는 말을 감지할 수도 있다.[48] 우리 중 많은 사람이 남 탓하기에 갇혀 헛되이 보복을 궁리하지만, 평화와 문제 해결은 오직 욕구를 이해하고 해결할 때에만 가능해진다.

로젠버그는 자신에게 필요한 것을 제대로 인식하기 전까지는 자신을 표현하는 것도, 다른 사람들의 말에 귀 기울이는 것도 불가능하다고 생각한다. 그는 "내가 화가 난 이유는 그 사람들이…"라고 말하는 대신 "내가 화가 난 이유는 나는 …이 필요하기 때문이야."로 바꾸어 말하라고 권한다. 쉬운 일은 아니다. 여성으로서 우리는 어떤 것도 공공연하게 필요로 하지 않도록 훈련받아왔기 때문이다. 게다가 욕구가 존재함을 인식하는 일과 그것을 당당하게 주장하는 일은 다른 문제다. 하지만 이 작업을 하지 않는다면 우리는 분노와 원망에 빠져 허우적댈 테고 우리 대신 그 일을 해줄, 우리가 아무 말도 할 필요가 없도록 우리의 원하는 바를 미리 알아서 파악하고 열심히 나서서 해결해줄 누군가를 헛되이 기다리게 된다.

우리는 더 유연하고, 탄력적이고, 단단해져야 한다. 그래야만 효과적인 동맹 관계에 필요한 건강한 갈등 해결 능력을 갖출 수 있다. 비록 공적 영역에서의 성평등 투쟁이 시급하긴 하나, 대화의 방향을 잡고 자신의 배관을 점검하는 단계를 건너뛸 수는 없다. 우리는 다른 사람들과 관계를 맺을 때, 특히 갈등의 냄새가 날 때 더 강해져야 한다. 어쩌다 잘못된 말이나 행동을 하면 우리는 잠시 멈추고, 귀 기울이고, 자신이 한 말을 되새기며 상대의 고통을 공감 어린 마음으로 이해하기보단 자신을 방어하기에 급급할 때가 많다. 그러나 서로의 불편한 현실을 이해하려면 분석하고, 고치고, 축소하려는 충동을 억제해야 한다. 나도 안다. 상황이 과열될 때, 내 도덕성을 평가하는 시선이 느껴질 때, 즉각적으로 반응하고 자신을 방어해야 한다고 느낄 때 얼마나 큰 두려움이 몰려오는지를. 남으로부터 판단받는 느낌이 얼마나 끔찍한지를. 나의 친구, 동료, 모르는 사람들이 어려운 대화를 나누며 힘들어하는 모습을 수없이 봐왔기 때문이다. 나 역시 마찬가지다. 비판은 전면적 거부처럼 느껴질 수 있다. 때로는 피드백조차도 그렇다. 우리는 행여 우리가 나쁜 사람일까 봐, 불완전한 행동 탓에 모든 걸 잃게 될까 봐 두려워한다. 그러므로 우리 백인 여성의 무능함을 두고 다른 여성들이 왜 참지 못하는지, 왜 조급해하고 그러다 꾸짖는지를 나는 충분히 이해한다.

　부디 나 같은 백인 여성이 우리의 불만에 대해 더 날카로워지고, 통일된 미래가 어떤 모습일지에 대해 보다 명확하게 인식하며, 우리가 흠잡을 데 없는 모습으로 사회운동에 참여하는지의 여부를 두고 지금보다 덜 혼란스러워할 길이 머지않아 열리길 바란다. 완벽함에 대한 이런 기대를 버리려면 우리 자신과 서로에게 자비심을 가져야 한다.

어차피 우리는 엉망으로 만들 테니까. 하지만 우리가 다음 단계로 나아가려면 그런 실패는 필연적이다. 브리트니 쿠퍼가《설득력 있는 분노》에서 썼듯, "백인 여성을 증오하느라 시간을 보내기에는 페미니스트로서 해야 할 일이 너무 많다. 요즘 백인 여성이 공론장에서 무슨 잘못된 말을 할 때마다 그의 가발을 잡아 벗기고, 몇 달 후 바닥에 코를 박고 있는 그의 얼굴을 들어 올릴 글감을 손에 쥐고 대기 중인 흑인 페미니스트 작가 군단이 있다. 온라인에서 백인 여성 뒤를 쫓으면 많은 클릭과 '좋아요'를 얻을 것이다. 하지만 결국엔 지쳐버릴 것이고, 백인 여성의 태도는 종종 하나도 변하지 않을 것이다."[49] 흑인 여성에겐 우리 백인 여성을 위한 시간이 없으며 있어서도 안 된다. 적어도 우리의 화가 유용한 것으로 바뀌어, 우리 모두를 억압하는 불평등한 시스템의 전복에 소비되기 전까지는 말이다.

여기서 우리가 할 수 있는 최선은, 나타나서 그 일을 하는 것이다. 비록 역사는 자신들이 앞서갈 수 있는 한 모든 여성을 끌어올리겠다는 백인 여성들의 약속으로 점철되어 있지만, 우리는 가부장제 체제에서 권력을 가진 여성들이 유해한 남성성에 함께 뒤틀리지 않으리라는 거짓말부터 단호히 떨쳐내야 한다. 그러려면 하향식이 아닌 상향식 운동으로, 가장 소외된 사람들의 욕구를 우선시해야 한다. 이것은 백인 여성이 자신의 지위를 보호하고 난 후에야 손을 내미는 일이 되어선 안 된다. 백인 여성은 체제 자체를 떠나 새로운 유리한 지점, 새롭게 재건할 기회를 만들어야 한다. 이 구조에서 손을 떼고 우리의 두려움이 우리를 안전하게 하는 대신 우리를 묶어두고 있다는 사실, 우리 모두에게 필요한 것은 균형 잡히고 인간적인 사회 속에서의 공정

제8장 분노

함이라는 사실을 인식해야 한다.

우리는 모든 여성이 번영할 수 있는 운동을 만들어야 한다. 아주 먼 옛날 여성들은 자매애를 나누었는데, 우리는 그 자매애로 돌아가는 길을 다시 찾아야 하며 우리가 서로에게 속해 있음을 인식해야 한다. 있는 그대로의 분노는 통하지 않는다는 것을 우리는 안다. 우리는 우리 자신의 고통과 분노를 돌보는 일부터 시작하고, 그것을 더 넓은 변화를 위한 지침으로 사용해야 한다. 왜냐하면 우리 마음 깊이 숨겨진 내면의 좌절감과 분노를 대사하기 전까지는 저 밖에 있는 것을 고칠 수 없기 때문이다.

건강한 화가 어떻게 작용하는지에 대해서는 흑인 여성들과 활동가들로부터 배울 것이 많다. 마틴 루터 킹 주니어Martin Luther King Jr., 글로리아 스타이넘Gloria Steinem, 간디Gandhi, 로자 파크스Rosa Parks, 브라이언 스티븐슨Bryan Stevenson, 그레타 툰베리Greta Thunberg 등 세상에 큰 변화를 끌어낸 사람들을 보면 그들 역시 이따금 화와 상처, 슬픔에 북받쳐 힘겨워했음을 알 수 있다. 하지만 그들은 화를 잘 다스렸다. 그들의 행동은 막 입은 상처가 아닌 통합의 장소, 흉터에서 나왔다. 그들은 통제되지 않은 분노가 아닌 단단하고 뜨거운 자비심으로 행동했다.

물론 우리는 우리를 둘러싼 환경, 치안 상태, 로 대 웨이드 판결의 번복, 총기 규제법의 부재, 재정적 형평성 부족에 화가 난다. 그렇지만 진보를 위해 계속 화만 내고 있을 필요는 없다. 행동은 사랑의 자리에서 나올 때 더 강력하다. 만약 우리가 우리 감정을 더 헤아려본다면 그것은 변형된 모습으로 더 유용하고 쓸모 있음을 깨닫게 될 것이다. 화는 우리가 깊이 신경 쓰는 것, 즉 우리 자신의 존엄과 자율성을 상기시키며 무엇이 중요한지, 그리고 우리 자신의 욕구를 억제하는 데 따르는 대가가 무엇인지를 명확히 해준다. 화를 잘 사용하고 이해하면 의로운 분노가 된다. 이 분노는 짜증을 정당한 행동으로 바꾼다. 그리고 그것은 자비심의 연료가 되어 우리가 세상을 위해 나서게 만든다.

몇 년 전 나는 바이런 케이티Byron Katie와 인터뷰할 기회가 있었다. 그는 자신의 방법을 '작업'The Work이라 일컫는다. 그는 사람들에게 어떤 진술을 하게 한 다음 반복해서 "그게 사실인가요?"라고 질문함으로써 자신이 부당한 대우를 받았다는 생각에 접근하도록 지도한다. 그의 요지는 '모든 이야기에는 양면이 있다'는 말처럼 간단하지 않다. 우리는 우리를 괴롭히는 사람들과 계속 관계를 유지하고, 기분 나쁜 일을 습관처럼 재연하고, 그럼으로써 놓아주길 거부하며 우리 자신을 희생자로 만든다는 것이 그의 생각이다. 그가《네 가지 질문》에서 썼듯이, "너무도 기본적이어서 대개 눈에 띄지 않는 진리, (그리스 철학자 에픽테토스의 말을 빌리자면) '우리는 우리에게 일어나는 일이 아니라 그것에 대한 우리의 생각 때문에 불행해진다'는 사실을 모두가 깨닫기 시작한다."[50] 케이티가 말한 '작업'을 하면, 극단적인 것(학대하는 부모나 배우자)이든 흔한 것(설거지를 안 하는 파트너나 룸메이트)이든 우리를 화나게 하는 모든 것으로부터 해방되기 시작한다. 케이티의 세계에서는 그냥 불만스러운 상태로 계속 살아갈 수도 있고 아니면 좌절, 원망, 화, 그리고 궁극적으로는 고통을 유발하는 것에 대해 책임질 수도 있다. 누구든 자신의 감정을 정리할 수 있다. 그가 자기 아이들에 대해 다음과 같이 썼듯이. "아이들은 날마다 양말을 바닥에 벗어 놓았다. 훈계도 하고 잔소리도 하고 벌도 줘봤지만 소용없었다. 결국 나는 양말을 치우고 싶으면 그걸 해야 하는 사람이 바로 나란 걸 알게 되었다. 아이들은 양말이 바닥에 널브러져 있어도 전혀 거슬려하지 않았다. 누가 문제였을까? 나였다. 내 삶을 어렵게 만든 것은 바닥에 있는 양말에 대한 나의 생각이지 양말 자체가 아니었다. 누가 해결책을 갖고 있었을까? 그것도 나였다. 나는 옳을 수도 있고, 자유로워질 수도 있음을 깨달았다."[51] 양말 이야기이긴 하지만 어쨌든 그는 옳을 수도 있고, 자유로워질 수도 있었다. 불만에 휩싸여 "이렇게 해야 했는데", "저럴 수도 있었는데" 같은 대꾸와 '언젠가는 내 진심을 알아주겠지' 같은 환상에 모든 감정을 쏟아붓는 사람이 우리 중에 얼마나 많은가? 우리 중 얼마나 많은 사람이 처음엔 자기 자신에게, 그다음엔 세상에 평화와 변화를 일으키는 법을 찾아내기보다 다른 사람들의 잘못에 대해 비난하고 수치를 주며 정당한 화를 내기에 바쁜가?

내 욕망을 존중하는 법

몇 년 전 나는 친구들과 함께 유타주의 어느 산꼭대기에 서 있었다. 수련회에 간 우리는 늦가을 마지막 날, 소티라는 검독수리를 비롯해 재활한 새들을 야생으로 풀어주려 차가운 리프트를 타고 산 정상에 올랐다. 차에 치인 소티는 회복을 위해 작은 방에서 몇 년을 보내며 이 순간을 위해 힘을 키워왔다.

우리가 흥분에 휩싸인 채로 옹기종기 모여 있는 가운데, 그간 소티를 돌봐온 사육사들이 새장 문을 활짝 열었다. 창살에 꽉 매달린 소티는 자기를 빼내려는 사육사에게 날개를 푸드덕거리며 저항했다. 녀석의 발톱을 하나하나 펜치로 풀어 사육사의 장갑 낀 손 위에 올려놓았을 때에야 소티는 조용해졌다. 벼랑 끝으로 걸어간 우트족Ute 주술사는 축복을 올리고, 저 위의 조상에게로 가져갈 깃털을 녀석의 꼬리에 묶었다. 그러곤 가죽 모자를 벗고 녀석에게 무어라 중얼거렸다. 녀석은 저 아래 사시나무를 살펴보더니 고개를 돌려, 조용히 울고 있는 사육사를 바라봤다. 우리는 다 같이 "하나 둘 셋!"이라 외쳤고 사육사는 소티를 저 하늘 위로 날려 보냈다. 소티는 날개를 펼치고 한참 동안 우리 머리 위를 날다가 방사형 무지개 속으로 사라졌다. 이제 소티가 새장으로 다시 돌아올 리는 없었다.

소티가 해방에 저항하는 모습은 주도권과 자유를 갖는 일, 자신에게 책임지는 것이 얼마나 두려운 일인지를 보여주는 강력한 증거였다. 우리는 종종 작고 익숙한 방에 계속 갇혀 있기 위해 죽을 듯이 싸운다. 동시에 그 제약에 맞서 열심히 날개를 푸드덕거린다. 그때 나는 알았다. 친구들과 이 여행을 떠나기 2주 전, 나는 오랫동안 만든 둥지를 떠나 갑자기 자유의 몸이 되어야 했다. 나는 이 산꼭대기에 오를 계획이 전혀 없었고, 대신 내 일을 할 계획이었다. 그러나 산에서 소티가 점점 더 높이 날아오르며 나는 법을 다시 배우는 모습을 지켜본 그 순간, 실은 나도 녀석처럼 떠나고 싶어 안달이 나 있었다는 것을 깨달았다. 그리고 녀석처럼 나도 그걸 몰랐다. 나도 나의 새장에 매달려, 자유를 찾아 떠나고 싶은 내 욕망을 존중하지 않았던 것이다.

그로부터 몇 달 뒤, 턱을 꽉 깨무는 것이 화 때문이라는 사실을 마침내 인정했을 때 나는 그 화가 실직 탓에 생긴 것이었음을 인정할 수밖에 없었다. 나는 그 경험을 '더 높은 마음가짐'으로 승화하려 했기에, 실직하자마자 주변 사람들은 물론 나 자신에게까지 내가 괜찮다고 확신시키기 바빴다. 내 감정이 올라오도록 내버려두지 않았던 것이다. 몸은 그렇지 않다고 내게 말하고 있었음에도 나는 *괜찮았다*. 감정을 수면 위로 떠올려 진단하고 정리하려 하면 할수록 그것은 점점 더 파악하기 어려워져 결국 *오리무중이 되었다*. 아니, 솔직히 말하자면 나는 딱히 알고 싶지 않았다. 그러면 결국 내가 화났다는 사실을 인정해야 할 테니까. 어느 정도는 평화로웠다. 소티처럼, 이제 다른 일을 할 자유가 생긴 것에 해방감도 들었다. 하지만 소화 과정을 거치지 않고 곧장 수용의 장소로 직행할 수는 없었다. 내 감정은 아직 이성보다 뒤처져 있었고, 그 둘을 맞추기는 결코 쉽지 않았다.

나중에 다시 이야기하고 싶냐는 질문에 나는 몇 달 동안 망설였다. 내가 나의 고통을 존중하기보다는 우리 관계를 더 쉽고 편하게 만들기 바쁘리라는 사실을 아는 터였다. 자신을 저버리지 말라는 스스로의 요구를 믿지 않는 나였다. 게다가 나는 *가능한 한 빨리* 거기에서 벗어나 평화를 찾고 싶은데, 내가 괜찮지 않다는 사실을 받아들이려면 내가 마음이 상했다*는 것을 인정해야 할 것이었다. 나는 선택지가 없다는 느낌, 즉 무력하고, 환원적이며, 무언가 부정확한 느낌에 시달리

---

*   이 책의 초고를 쓸 때에는 이를 '상처받았다'는 수동형으로 표현했더랬다. 로젠버그에 따르면, 우리가 주로 쓰는 이런 표현은 부정확할 뿐 아니라 자신의 감정에도 책임을 덜 지도록 만든다. 실제로 나는 내 감정에 대한 책임을 다른 사람의 행동에 전가하고 있었다. 로젠버그의 가르침에 따르면, '감정적 해방'을 이룬다는 것은 우리가 다른 사람들의 감정에 책임이 없고 다른 사람들에게도 우리의 감정에 대한 책임을 지우지 않는다는 뜻이다.

고 싶지 않았다.

그러다 턱이 아파지면서 어쩔 수 없이 몸의 소리에 귀를 기울일 수밖에 없었다. 내가 깨달은 것은 화를 다른 사람에게 떠넘기지 않고도 표출할 수 있다는 것이었다. 탓할 사람은 아무도 없었다. 나는 나 자신에게 실망한 것이었으며, 그것은 실직 때문이 아니라 오히려 그 반대였다. 내가 스스로 도약하는 대신 밀려날 때까지 기다렸다는 사실에 실망했던 것이다. 나는 앞으로 나아가라는 부름을 받고 있었고, 다음에 무슨 일이 기다리고 있을지 궁금했다. 그러니 그 일을 타인의 책임으로 만들기 전에 내가 먼저 용기를 냈어야 했다.

그렇기에 더 정확히 말해 내가 화가 난 것은 나의 직업적 존재가 개인적 영역의 경계를 넘었기 때문, 혹은 사실 내가 아예 아무런 경계도 설정하지 않았기 때문이었다. 깨어 있는 시간 대부분을 아이들, 결혼, 친구들보다 일만 생각하고 거기에 매달려 살았다는 사실, 그리고 이런 정도의 희생이 필요하거나 그만한 가치가 있다고 믿도록 스스로를 속였다는 사실에 화가 났던 것이다. 또 내가 개인적인 것이라 느꼈지만 결국엔 내 것이 아닌 것을 만드느라 모든 에너지를 소모한 나 자신에게 화가 났다. 가장 고통스러운 부분은 내가 내 가치를 직업적 일로 포장해버렸다는 점, 즉 일에서의 성공을 나의 선함에 대한 증거로 여겼다는 점이었다. 나는 그 무엇과도 바꿀 수 없는 존재이며 양쪽의 욕구가 모두 변했음에도, 나는 나의 충성 맹세가 내게 끝없는 충성심과 영원한 자리를 가져다주었다고 생각했다. 나는 정말 열심히 일했고, 많은 것을 받았다. 그리고 나의 탁월함과 노력, 그리고 일중독이 나의 안전을 지켜주리라 생각했다.

이것은 건전한 계시였다. 하지만 나는 삽을 들고 내 화의 진짜 뿌리, 더 깊은 곳에 묻혀 발화되지 못한 필요를 찾기 위해 계속 파헤쳐야 했다. 결국 화는 올라와, 내가 어디서 나 자신을 배신했는지 알려주었다. 물론 그것은 어릴 때부터 시작되었다. 부모님과 문화 전반을 통해서 나는 사랑이 조건적이라는 엉터리 생각을 배웠다. 다른 사람들을 위하지 않으면 사랑받을 자격이 없고 내 가치는 나의 성과, 타인들의 욕구를 충족시키는 능력에 달렸으며, 내가 원하는 것에 초점을 맞추는 일은 이기적이고 억눌러야 할 본능이라 믿도록 스스로를 훈련시켰다. 그렇게 공간과 고요함과 조건 없는 사랑에 대한 욕구가 적절히 존중되거나 다뤄지지 않은 내 안의 어린 여자아이는 화가 나 있었다.

나의 심리치료사는 때로는 화가 신기루일 수 있으며 종종 슬픔과 두려움, 수치심에 대한 이차적 혹은 반응적 감정일 수 있다고 말한다. 이는 어렵긴 하나 도움이 되는 충고인데, 왜냐하면 화가 보다 다루기 쉬운 감정이기 때문이다. 화는 정당성을 제시하고 다른 사람을 향해 느낄 때 만족감을 준다. 하지만 우리가 알고 있듯 남 탓부터 하는 것은 책임 회피이고, 아무것도 해결하지 못하는 일종의 폭력이다. 모든 심리치료사의 말대로, 내가 저 아래 근원에 닿았을 때 떠올랐던 감정은 슬픔, 많은 슬픔이었다. 어떤 것은 눈에 띄는 뿌리가 있고, 어떤 것은 너무 오래되어 원래의 사건과 단절되어 있었다. 어쨌든 나는 굉장히 슬펐다.*

---

* 화의 어원 역시 이 연관성을 강조한다. '화'anger는 고대 노르웨이어로 '슬픔'과 '괴로움'을 뜻하는 'angr'와 'angra'에서 온 단어다.

한 치료사는 화가 우리에게 가장 끈질기게 생기를 불어넣는 에너지 중 하나라며 내게 이렇게 설명했다. "화는 씨앗이 껍질을 벗고 빛을 향해 솟아오르도록 촉진하는 힘이에요. '나를 밟지 마'라고 말하는 에너지인 거죠." 이것을 동력으로 활용하면 우리는 아름다워질 수 있다. 화를 건강하게 활용하는 것은 분노를 터뜨리거나 발산하는 것과 다르다. 우리는 고통을 더 느끼는 대신 화를 행동으로 옮길 수 있다. 그걸 요령 있게 하려면 연습이 필요하다. 하지만 그 기술이 필요한 것은 우리의 감정과 제대로 연결되기 위해서다. 우리는 선택을 해야 한다. 화는 우리를 불화와 부조화, 증오, 탓하기와 수치심의 악순환, 남 판단하기로 몰아넣을 수도 있는가 하면 변화를 일으키고 자비심과 평화를 통한 새로운 존재 방식을 확립할 수도 있다. 후자는 걷기가 어려운 길이다. 하지만 우리 자신과 아이들, 그리고 서로에게 더 많은 부담을 만들어내지 않고 자신과 사회를 앞으로 나아가게 하려면 이 길은 결코 피할 수 없다.

화는 어떻게 삶의 무기가 되는가

성경에서 예수는 자신에게 해당할 수 있는 것임에도 그걸 두고 다른 이에게 수치를 주는 일에 내재해 있는 위선과 관련해 자세히 이야기한다. "비판을 받지 아니하려거든 비판하지 말라/너희가 비판하는 그 비판으로 너희가 비판을 받을 것이요 너희가 헤아리는 그 헤아림으로 너희가 헤아림을 받을 것이니라/어찌하여 형제의 눈 속에 있는 티는 보고 네 눈 속에 있는 들보는 깨닫지 못하느냐/ 보라 네 눈 속에 들보가 있는데 어찌하여 형제에게 말하기를 나로 네 눈 속에 있는 티를 빼게 하라 하겠느냐/ 외식하는 자여 먼저 네 눈 속에서 들보를 빼어라 그 후에야 밝히 보고 형제의 눈 속에서 티를 빼리라"(마태 7:1-5) 이 가르침에서 예수는 책임성을 강조하는 듯하다. 만약 이웃의 마당에 돌을 던진다면 그 돌이 자신에게 되돌아올 것을 대비하라는. 우리는 사회정의 문제와 환경 파괴를 미래 세대에게 전가하지 말고 지금 당장 '다시 해결'해야 한다. 책임 회피는 영원히 지속될 수 없다. 우리는 우리의 정원을 돌보고, 수치와 비난의 씨앗 대신 평화의 씨앗을 심는 법을 배워야 한다.[52] 자신의 감정에 책임을 져야 하고, 그것을 서로에게 떠넘기는 짓은 이제 그만해야 한다. 갈등 속에서도 자신을 분명하고 차분하게 표현하는 법을 배워야 하고, 정직에 기대면 관계를 잃을지도 모른다는 두려움과 직면해야 한다. 그러려면 남을 기쁘게 하려는 욕망을 포기하고 당당하게 자신의 이익과 욕구를 옹호해야 한다.

우리는 화를 필수적 감정 순환의 일부로 허용해야 한다. 살아가면서 때로는 평정심이 깨질 것이다. 우리를 둘러싼 이 지구처럼 우리도 변화하고 있기에. 자연에도 나름의 계절과 의례가 있다. 이를테면 산불은 무서운 만큼이나 우리 생태계에 있어 필수적인 부분이다. 죽은 덤불을 제거하고, 새로운 성장을 위한 길을 만들고, 새로운 경계를 설정하는 정화의 에너지를 가져오기 때문이다. 우리의 근원적 어머니이자 바로 우리 발밑에 있는 여신 가이아는 이런 움직임이 필연적임을 알려준다. 우리가 불을 진화해버릴 때, 압력이 해소되지 못하게끔 할 때, 우리는 이 해소되지 못한 분노의 결과를 더 거대하게 느낀다. 해소의 필요성을 부정하면 그것은 우리의 몸에 반영된다. 그렇게 억눌린 감정이 턱과 엉덩이와 허리에 과도하게 쌓이면 우리는 폭발의 유혹을 받는다. 하지만 우리는 그런 상황을 만드는 대신, 그 압력의 근원을 이해할 때까지 우리의 달아오른 감정을 솔직히 풀어놓고 살필 수 있다. 그리고 그렇게 감정의 진짜 원인을 알면 현상을 고치고 변화시키는 작업을 시작하는 것이 가능해진다.

최근 나는 죄수들을 위한 '에니어그램 감옥' 프로젝트를 운영하는 수전 올레섹Susan Olesek과 이야기를 나눴다. 그는 감옥에서 에니어그램을 가르치지만, 감옥 밖에서도 많은 사람과 함께 일하며 우리 모두가 자기 마음의 감옥에 갇혀 산다고 주장한다. 올레섹도 나처럼 1번 유형이고, 나처럼 자신의 화에 대한 수치심을 극복하는 데 오랜 시간이 걸렸다. 그와 이야기를 나누면서 나는 나의 경직성과 이상주의, 완벽주의 성향, 우리가 우리 집단의 가치에 따라 살지 못한다는 좌절감, 내 화를 어떻게 다스려야 할지 모르겠다는 좌절감을 토로했다.

그는 내게 다음과 같이 말했다. "나는 내 스승 중 한 명이자 《에니어그램의 지혜》를 쓴 러스 허드슨Russ Hudson에게서 그걸 배웠어요. 그는 내게 이렇게 이야기했어요. '당신은 1번 유형에 관해 많은 이야기를 할 수 있어요. 판단하기 좋아하고 완벽주의적이라는 등, 당신이 방금 말한 모든 특성들을 나열하면서 말이죠. 하지만 이 유형이 신경 쓰지 않는 것들에 대해선 절대 이야기하지 않죠.' 그러더니 그 목록을 열거하더군요. 그걸 들으니 내 안에서 싸울 태세가 되어 있던 것들 모두가 순식간에 잠잠해지더라고요." 수전은 화가 필수적인 지능이며, 우리는 화가 언제 우리에게 영향을 미치는지가 아니라 언제 우리 안에 생겨나는지를 알아내는 훈련을 해야 하고, 이는 1번 유형만이 아닌 모두에게 해당한다고 했다.

화가 우리에게 영향을 미칠 때, 그것은 자비와 보살핌의 추진력이 된다. 우리가 그 교훈을 찾아 대사하고 변형할 때, 그것은 세상을 바꾸는 에너지가 된다. 적절히 표현되는 화는 세상을 정화하여 새로운 성장과 시작, 가부장제 이후 새롭게 활기를 되찾을 풍경의 토대를 만들 것이다. 더불어 우리는 더 진실하고 공정해진 미래, 모두를 위한 미래의 씨앗을 뿌릴 토대 또한 만들 것이다. 그 과정에서 여성의 화는 반드시 그 힘이 활용되어야 하나 남성의 화는 그렇지 않다. 곧 살펴보겠지만, 유독한 남성성의 나락에 갇힌 사람들은 오히려 자신이 가진 파괴적 화의 이면을 들여다보고 제 영혼의 슬픔을 헤아려야 한다. 우리 모두의 미래는 여기에 달려 있다.

―――◆―――

화를 필수적인 것으로 받아들일 때
우리는 우리의 개인적·집단적 욕구를 더욱 잘 인식하고
보다 평등한 미래를 만들 수 있다.

제 9 장

슬픔

인간의 감정과 상실의 회복

슬픔은 어떤 명령이나 시간표도 따르지 않는다.
무릎을 꿇어야만 다시 일어설 수 있는,
항복과 부활에 관한 이야기.

Sadness

슬픔 되찾기

일곱 가지 대죄는 한때 여덟 가지였다. 슬픔은 뚜렷한 이유 없이 파문당해 게으름으로 대체되었고, 허영은 교만에 흡수되었다. 슬픔이 빠짐으로써 이론적으로는 우리 스스로를 단속할 거리가 하나 줄었지만 뜻밖의 끔찍한 유산이 남았다. 나는 슬픔을 인정하지 않는 일이 사회를 옥죈다고 생각하고, 모든 죄 중 슬픔이 가장 중요한 면류관을 써야 한다고 느낀다. 결국 슬픔을 허용하려면 모든 생명을 향해 자신을 열어야 하기 때문이다. 마음 깊숙한 곳에 그런 슬픔이 없다면 우리는 부분적으로만 살며 존재의 흥미로운 부분만 취하려는 것이라고도 볼 수 있다. 슬픔을 부정하면 여성도 상처를 받지만, 특히 남성이 슬픔을 배제하면 그들 삶의 경험뿐 아니라 우리 문화 전체에 영향을 미치는 부수적 피해의 측면 모두에서 끔찍한 결과가 초래된다. 이 감정을 남성이 대사하지 않으려 하면 우리가 그들을 위해 소비해야 하는 터다.

슬픔이 어쩌다 공식 목록에서 빠지게 됐는지에 대해 지금으로선 추측만 해볼 수 있을 따름이다. 어쩌면 슬픔은 사람들을 유순하고 조용하며 위협적이지 않게 만들기에, 슬픔에 내재한 제약성을 넘어 누군가를 제약할 필요가 없어서였는지도 모른다.

하지만 범인凡人들과 달리 이 감정이 문제가 있다고 처음 생각한 사막의 수도사들은 슬픔을 집착이나 약함으로 규정했을 것 같다. 폰티쿠스는 슬픔의 악마적 관념을 향수병, 즉 잃어버린 무언가에 대한 갈망으로 묘사했다. 어쨌든 그의 동료 형제들은 사랑하는 사람들을 저버리고 독방에 있기로 선택한 이들이다. 그가 설명하듯, "어떤 생각은 영혼을 집과 부모님에 대한 기억 혹은 이전 삶에 대한 기억으로 가장 먼저 이끈다. 이제 영혼은 아무 저항 없이 이런 생각들을 따르고, 그 본질상 오직 정신적이기만 한 쾌락에 몰두한다. 이때 이런 생각들에 사로잡힌 영혼은 끝없는 슬픔의 바다에서 허우적거리게 된다."[1]

폰티쿠스는 자신의 아파테이아, 혹은 기도를 통한 신과의 교감을 꾸준히 추구하면서, 슬픔이 어떻게 수도사들을 현재의 순간에서 끌어내 더는 자기 것이 아닌 곳에 머물게 하는지를 설명한다. 그는 슬픔이 여성적 영혼에 미치는 영향을 날카롭게 묘사한다. 이것이 핵심이다. 슬픔은 남성에게 가장 파괴적인 '죄'인데, 바로 이 감정이 여성적이고 약한 것으로 인식되기 때문이다. 슬픔은 도덕 규칙에서 빠졌기에 여성들은 이 감정을 더 잘 인식하고 허용하는 반면, 남성은 이를 거부하거나 억눌러 자신들을 정서적 불구로 만들고 파괴하도록 내버려둔다.

폰티쿠스와 그의 동료 형제들은 초연한 삶이라는 극단적 금욕주의의 본보기가 되었다. 그들은 세상의 좋은 것들을 내려놓고, 가장 절실히 감정적 집착을 내려놓았으며, 자신들에게 필요한 것은 오직 신과의 관계뿐이라고 주장했다. 이는 너무 극단적이고 인간성의 의미에 반하는 생각이다. 상호의존성, 즉 서로 및 더 넓은 공동체와의 강력한 연결이 어쩌면 우리의 *생존뿐 아니라* 정신 건강에도 가장 중요한 핵심일 수 있다는 사실을 우리는 이제야 막 이해하기 시작했다.* 하지만 애착은 우리의 취약성을 두드러지게 한다. 사랑한다면 잃을 각오를 해야 하기 때문이다. 끊임없이 그 모든 것을 거는 것은 인간의 숙명이고, 우리는 사랑의 대가로 예견된 슬픔과 고뇌를 받아들여야 한다. 그럼에도 우리 중 너무도 많은 이들은 애착의 혼돈을 피함으로써 삶을 통제하고 상실로부터 자신을 보호할 수 있다고 고집하며 슬픔과 고뇌를 막으려 든다.

---

* 제프리 레디거Jeffrey Rediger 박사는 그의 놀라운 책 《치유되다》Cured에서 고독이 우리를 죽음으로 내몬다며 다음과 같이 보고한다. "18만 명의 성인을 대상으로 한 28건의 연구를 최근 검토한 결과, 우리는 사회적 관계의 단절이 얼마나 치명적일 수 있는지를 확인했다. 데이터에 따르면 고독이나 사회적 고립, 또는 이 두 가지 모두는 심장마비 위험을 29퍼센트, 뇌졸중 위험을 32퍼센트 증가시켰다. 이는 실로 엄청난 수치다. 사회적 연결이 부족한 사람들은 또한 수면 장애, 면역 시스템의 변화, 염증 수치 증가와 더불어 스트레스 호르몬 수치도 매우 크게 높아졌다. 여기에 사회학적 지형도 함께 고려해보라. 미국에서는 65세 이상 인구의 3분의 1, 160만 맨해튼 인구의 절반 이상이 혼자 산다. 영국에서 혼자 사는 사람들 수는 지난 10년간 급격히 늘어났는데, 2001년에서 2011년 사이에는 인구의 10퍼센트가 넘는 약 60만 명이 증가했다."[2]

상실에 대한 두려움

우리 모두에겐 슬퍼할 이유가 많다. 때로는 덧없이 스쳐 지나가는 실망과 낙담 때문에, 때로는 생화학적 작용에 의한 만성 우울증 때문에 슬프다. 특히 우울증은 환경적·사회적 요인이 가미되어 복잡하고 다루기 힘든 병이다. 때로 우리의 슬픔은 기회의 상실, 일자리의 상실, 건강의 상실, 우리가 살아가는 지구의 상실, 건전한 정부의 상실, 관계의 상실, 그리고 가장 절박하게는 생명의 상실 등 만성적이고도 첨예한 상실에 얽매여 있다. 슬픔은 연결의 죽음을 의미하기에 모든 감정 중 가장 실존적인 감정이며, 그 유일한 치유법은 애도다.

어쩌면 슬픔은 삶을 통제할 능력이 우리에게 거의 없어서 생기는 것인지도 모르지만, 슬픔과 싸울 수는 없다는 이 보편적 진리를 여성들은 훨씬 더 잘 이해하고 있는 듯하다. 그렇다. 여성들에겐 숨 막힐 듯한 절망감을 느낄 능력이 있다. 우리에겐 그것이 수치심이라는 상자에 담겨 오지 않는 터다.

슬픔은 다루기 어려운 감정이다. 그것은 완고하고 캄캄하고 숨 막히는 상태로 한동안 머물 수 있고, 우리가 언제 그걸 통과해 나갈지 혹은 통과해 나갈 수는 있을지 명확한 경계를 알 수 없는 혼란스러운 심연이다. 또한 슬픔이 찾아온 후엔 보통 내가 이미 그걸 극복했기를 바라는 세상의 재촉이 뒤따른다.

하지만 슬픔은 그런 식으로 작용하지 않는다. 슬픔은 어떤 명령이나 시간표도 따르지 않는다. 그것에는 저만의 방식이 있고, 우리는 그저 복종하고 항복해야 한다. 무릎을 꿇어야만 다시 일어설 수 있기에,

항복은 부활의 필수 요소다. 그것은 희망, 꿈, 관계, 일 같은 작은 것들에서 죽고 또 죽고, 상실을 느끼고, 그것이 내게 어떤 의미가 있었음을, 중요했음을 이해하는 일이다. 내가 관찰한 바에 따르면 삶의 불가피한 타격, 이 느닷없는 상실과 고통을 받아들이고 한동안 무너져 내릴 수 있는 사람들이 결국엔 더 유연하게 잘 견딘다. 이 현실을 부정하는 것은 자기가 매달린 나무에 도끼질을 하는 것과 다를 바 없다.

우리는 행복해지라 권하고, 지속적 행복은 낙관적 사고와 긍정주의로 가능하며 자연스러운 것이라 말하는 문화 속에 살고 있다. 그냥 웃으라는, 항상 기분 좋게 있으라는 압박은 우울한 시기를 마치 우리가 잘못 살고 있는 시기처럼 느끼게 하고 삶을 통제해야 한다는 강박을 악화시킬 뿐이다. 우리 중 많은 사람이 끝없는 우울(이에 대해서는 뒤에서 더 자세히 살피겠다)의 늪에 빠지지 않고 그저 며칠 혹은 몇 주 동안 잠시 우울했다가 다시 괜찮아지겠지만, 그렇다고 애도를 피할 수는 없다. 그것은 사랑과 애착에 대한 대가이며, 사랑하는 사람들과 때로는 영원히 헤어지기 위해 우리가 겪어야 할 시련이다. 그리고 우리는 그 일을 정말 잘 못한다.

죽음에 대한 부정

우리 문화는 상실에 면역이 되어 있는 척한다. 우리는 생명의 순환을 부정한다. 하지만 죽음을 극복한 사람은 아직까지 없다. 바버라 워커 Barbara Walker는 자신이 쓴 페미니즘 고전《노파》The Crone에서 여성의 세

원형, 즉 처녀(창조자), 어머니(보존자), 노파(파괴자)의 세 형태 중 궁극의 세 번째 부분이 거부되는 이유는 노파가 생명력의 쇠퇴, 임박한 종말을 나타내기 때문이라 주장한다. 섹스, 출산(탄생), 죽음의 이 삼중주는 불멸의 현실인 생명의 전 순환 주기를 나타낸다. 하지만 우리는 노파를 추방함으로써 스스로를 영원히 젊고 절대 죽지 않는 존재로 보이고 느끼려 한다. 워커는 "[우리 자신의 궁극적 파멸이라는] 슬픈 사실은 지구상의 모든 동물 중 오직 인간만이 예리하게 인식하며, 이는 지능을 얻은 대가로 우리가 지불해야만 하는 진정한 저주라 할 수 있다. 개인적 소망과 상관없이, 우리는 우리 존재의 무상함을 인식하지 않을 수 없다."[3]

코로나19 팬데믹이 시작된 후 처음 몇 달 동안 생겨난 흥미로운 현상 중 하나는 *자기가 죽을 수도 있다*는 갑작스러운 깨달음에 사로잡힌 사람들의 모습을 지켜보는 것이었다. 화장지를 사재기하고, 통조림을 비축하고, 개인 보호 장비를 구매하는 등의 이 모든 행동은 그 가능성에 대비하는 일이었다. 그런 현실은 아마 많은 사람에게 있어 자신의 의식을 관통하도록 처음 허용하는 것이었을 테고, 그 때문에 발작적인 공포가 그들의 목을 죄었을 것이다. 나는 두렵지 않았다. 어쩌면 그것은 조지프 캠벨이 '죽음에 대한 공포를 극복하는 일은 곧 삶의 기쁨을 회복하는 일'이라 했던 경험을 내가 하면서 어쩔 수 없이 죽음과 친밀해졌기 때문인지도 모르겠다.[4] 반드시 통과해야 할 문임을 인정하면 이 과정에 대한 불안이 사라진다. 끝을 받아들인다는 것이 곧 슬픔이 사라진다는 뜻은 아니다. 하지만 슬픔은 선물이다. 그것이 나를 저 바닷속으로 끌어내리듯 숨 막히게 느껴질 수도 있지만, 그걸 무사히 견뎌내고 나면 유연함과 회복력의 증거가 된다. 이 받아들임은 캠벨이 쓴 공포의 극복이고 또한 완벽함에의 속박, 헛된 통제력으로부터의 해방이다.

우리는 최선을 다해 우리 존재의 죽음을 말끔히 지우는 문화를 만들어왔다. 며칠, 몇 달 사이에 무르익고 시들어버리는 자연으로부터 우리를 보호하는 환경을 만들고, 제철이 아닌 농산물을 먹고, 생일과 중력이 행진해온 자국을 몸과 얼굴에서 지우려 노력한다. 내 고양이가 마당에서 도마뱀을 죽여 내 발치에 떨어뜨릴 때 나는 경악하며 소리를 지르지만, 정작 나는 별다른 생각 없이 생선과 고기를 먹으며 살생과 죽음의 경제에 참여한다. 설령 *그것이* 먹이사슬의 꼭대기에 있는 우리의 생득권일지라도, 현대의 편리함에 젖은 우리는 이 진실을 제대로 생각하지 못한다. 우리는 식료품점의 비닐에 포장된 닭고기가 어디에서 왔는지 생각하기를 거부하고, 차에 치여 죽은 동물에게서 시선을 돌리며 하수와 쓰레기가 어디로 가는지도 전혀 모른다. 죽음은 새로운 탄생을 위한 공간을 만들고 분해는 재생을 촉진하지만, 우리는 어떻게든 그 순환에서 벗어나려 노력해왔다.

죽음은 삶에 대한 가장 큰 질문일 수 있다. 우리는 죽으면 어떻게 되는 걸까? 살아 있는 땅의 어둠 속으로 녹아 들어갈까, 아니면 우리의 정신 혹은 영혼이 속박에서 풀려 우리 인지 장막 저편의 어떤 근원으로 돌아갈까? 그도 아니면 둘 다일까? 말하자면 물질은 물질matter(혹은 어머니mater)로 돌아가지만, 우리 영혼만큼은 분리되어 전체 에너지 같은 것에 합쳐질까? 그것도 아니라면 우리 죄에 대한 심판을 받고 천국의 진주문이나 지옥의 용광로로 끌려갈까? 무슨 일이 일어날지를 생각하면 끔찍하고 두렵지만, 어쨌든 우리 각자는 마지막 숨을 쉬게 될 것이다.

슬픔의 파도타기

나는 두 조부모님의 죽음을 애도한 바 있지만—어렸을 때의 애도란 부모님이 슬퍼하는 모습을 지켜본다는 뜻이었다—상실을 가까스로 모면한 경험을 두 차례 한 덕분에 잠시나마 나쁜 일들로부터 안전하다고 확신하게 되었다. 내가 고등학생이었던 시절에는 어머니가 뇌동맥류 부분 파열로 거의 죽을 뻔했고, 30대 초반에는 뉴욕시 리버사이드 파크에서 한 정신질환자가 전지가위로 찌른 다섯 명 중 한 명이 내 오빠 벤이었던 일도 있었다. 오빠는 비장 및 여타 주요 장기 일부와 파타고니아Patagonia 조끼를 잃었지만 그 외엔 무사했다. 나는 오빠의 남편이자 내 가장 친한 친구이며 또 다른 '진짜' 오빠인 피터(벤과 피터는 내가 열여섯 살 때 그들의 대학 생활 첫 주에 만났다)와 함께 병실에 앉아, 그 아슬아슬한 생존과 아마도 이로써 갚아졌을 카르마에 놀란 마음을 서로 공유했다. 그러나 우주는 그런 우리를 비웃었는데, 그로부터 3년 반 뒤 피터가 잠든 후 다시는 깨어나지 않았기 때문이다. 그는 부정맥 진단을 받고 치료도 받았지만, 사망 원인은 뢰플러 심내막염이라는, 생전에 진단받은 적 없는 희귀 심장 질환이었다.

해가 뜨기 전에 허공을 찌르는 전화벨 소리가 좋은 소식을 알려오는 경우는 드물다. 부모님은 절망에 찬 목소리로 내게 오빠가 지금 병원에 있고, 다들 피터를 살리려 계속 애썼지만 그는 이미 이 세상 사람이 아니라고 말했다. 나는 아이들이 깨기 전에 오빠에게로 날아갔다. 달랑 흰 티셔츠 두 장이 든 더플백을 둘러메고서. 세상이 끝난 것 같은 기분인데 짐을 어떻게 꾸리겠는가? 나는 오빠에게 전화를 걸기가 무서웠다. 21년 동안의 파트너가 마흔 번째 생일을 석 달 앞두고 어처구니없이 죽어버린 사람에게 무슨 말을 해야 할지 몰라서였다. 게다가 그게 사실이라는 확인을 하고 싶지도 않았다. 어쩌면 실수일 수도 있고, 피터가 다시 살아나 몸서리를 칠지도 모를 일이었다.

이동하던 중 나는 친구 몇 명에게 전화를 걸어, 슬픔의 기마대를 맞이하기 위한 전화망을 작동시켰다. 그날 느지막한 아침에 오빠와 만났을 때, 오빠가 여전히 말을 하고 있는 모습에 나는 안도했다. 나라면 내 안으로 침잠해 들어가 있었을 텐데 오빠는 그러지 않았다. 그는 이른 아침에 응급실 간호사 중 한 명이 '계속 말을 해야 한다'는 중요한 조언을 해줬다고 내게 말했다. 그런 일이 일어났는데도 자기는 여전히 숨을 쉬며 어떻게든 살아남을 의지를 찾는다는 사실에 대한 충격을 표현하는 것에 불과할지언정, 어쨌거나 그는 자신의 감정을 계속해서 이야기했다.

이후 몇 주 동안 오빠와 함께 지내면서 나는 1,500명이 참석하는 장례식을 주관하고 피터의 생애에 얽힌 온갖 자잘한 일들을 해결하는 막중한 역할을 떠맡았다. 나는 내 오빠가 자신의 은행 계좌와 헬스장 회원권, 오래전에 계획해둔 베를린 여행을 포기하도록 내버려둘 수 없었다. 피터의 사무실과 두 사람의 옷장을 정리하며 슬픔을 무감각하게 만드는 편이 내게는 차라리 더 쉬웠다. 나는 내 오빠의 배우자가 죽었고 나 역시 그의 죽음에 큰 충격을 받았다는 사실을 지치도록 설명했다. "피터는 저의 가장 가까운 친구이자 진짜 오빠이기도 했어요. 우린 날마다 통화했죠."라고. 나는 내 오빠에게도 계속 신경을 썼다. 오빠 스스로도 자신은 감정적으로 더 유능한 피터에게 '오빠 노릇'을 맡겼다고 인정한 터였다. 나는 어떻게든 부담이 되지 않으려 노력하면서, 내 오빠와 다시 친밀감을 쌓고 그가 충분히 괜찮아지도록 하는 데 심혈을 기울였다.

오빠는 슬픔의 본질에 대해 많은 것을, 특히 그 파도를 타는 법을 내게 가르쳐주었다. 농담하거나 웃어도 괜찮다는 것, 과거에 얽매이지 않고 계속 피터에 관해 이야기할 수 있다는 것도 보여주었다. 피터는 죽었지만 그에 대한 우리의 사랑은 그렇지 않았다. 오빠는 영구적 상실과 함께 살아가는 일이 어떤 모습인지를 내게 보여주었다. 우리는 슬픔에는 부정, 분노, 협상, 우울, 수용 등의 단계가 있다고 엘리자베스 퀴블러-로스Elizabeth Kübler-Ross에게서 배웠지만, 이 이론을 뒷받침할 과학은 없다. 사실 훗날 퀴블러-로스는 자신의 작업이 '혼란스런 감정을 깔끔한 상자에 집어넣는' 선형적 틀, 그 모든 슬픔을 끝내기 위한 공식이 되었다는 것에 큰 실망감을 표현했다.[5] 애도는 결코 그렇게 말끔히 이루어지지 않는다.

게다가 슬픔은 문화적으로 용납되지 않는 경향이 있다. 우리는 사람들이 어떤 행동을 보이기를, '계속 앞으로 나아가기를', 약을 먹거나 치료를 받거나 극복해내길 바란다. 거기에 파묻혀 있는 대신 그것을 치워 없애길 바란다. 그 기저에 깔린 메시지는 굳이 당신의 고통을 목격하고 싶지 않을 이들, 멀쩡히 살아 있던 사람이 어떻게 어느 날 갑자기 사라질 수 있는 건지 또는 그런 감정조차 느끼고 처리하기 힘들다는 사실에 대해 별로 생각하고 싶지 않은 이들의 심리적 편안함을 우선시하는 편이 가장 좋다는 것이다. 미국인들은 인종적 잘못에도 슬픔에도 유통 기한을 갖는데, 어느 지점에서든 우리는 반드시 그걸 극복해야 한다.[6]

이런 불관용 때문에 퀴블러-로스의 단계들에는 추천할 만한 것이 많다. 그 단계들은 어떤 진전이 가능함을, 혹은 슬픔은 우리가 다룰 수 있고 단계를 거쳐 없앨 수 있음을 나타낸다. 부정에서 분노를 거쳐 협상 단계로 이동했는가? 완료, 완료, 완료. 이제 우울한가? 좋은 일이다. 왜냐하면 이제 곧 수용 단계로 넘어갈 테니. 공정하게 말하자면 퀴블러-로스의 단계는 죽음 받아들이기의 과정에 충실한 것 같다. 그리고 어떤 이들에겐 슬픔을 정확하게 표현한 것일지도 모른다. 하지만 내 경우엔 그렇지 않았다. 나에게 슬픔은 파도처럼 끝없이 밀려온다. 나는 난데없이 슬픔에 휩싸인다. 혹은 피터가 죽었고 다시는 그와 이야기를 나눌 수 없으리라는 느닷없는 깨달음에 화들짝 놀라고 충격을 받는다.

혹은 그에게 그렇게 말한다. 그가 죽고 나서 몇 달 뒤, 나는 위대한 영매인 로라 린 잭슨을 만났다. 피터가 아직 건강히 살아 있었던 그해 초, 나는 죽음에 실질적으로 대처하는 법에 관한 이야기를 시리즈로 쓰겠노라 결심했었다. 나는 죽음을 탐구하려는 그 충동이 내 영혼이 나를 준비시키려는 시도였음을 믿게 되었는데, 이는 그 무렵 내가 잭슨의 《우리 사이의 빛》The Light Between Us을 포함해 죽음의 모든 측면을 말하는 책들을 책장에서 뽑아내기 시작했기 때문이다. 그전까지는 영매나 심령 현상을 탐구하는 데 별 관심이 없었는데, 그때는 어쩐 일인지 죽어버린 사랑하는 사람의 영혼이 우리 주변에 남아 있는 방식을 알아내려 애쓰는 그의 책을 집으로 가져와 정신없이 읽었다. 피터가 죽기 불과 며칠 전이었다. 그가 죽은 뒤 몇 시간 동안 나는 어쩌면 그가 눈에 띄지 않는 방식으로 여전히 존재하고 있을 수도 있다는, 어쩌면 여전히 나를 볼 수 있고 내 말을 들을 수 있을지도 모른다는 생각으로 무장했다.

피터가 죽고 몇 달 뒤, 나는 로라와 통화를 했다. 나는 슬픔으로 몸이 아팠고—두 번이나 연달아 바이러스에 감염되어 각각 열흘씩 드러누웠고, 두 번째 감염 때는 고열과 바이러스성 결막염까지 앓았다—인터뷰 일정만 잡았기 때문에 그가 내 영혼을 읽으리라는 기대는 하지 않았다. 하지만 한참 통화를 하다가 불현듯 그는 내게 누군가가 달려오고 싶어 한다고 말했다.

그 후로 많은 영매를 만났지만—그중 일부는 뛰어났으나 일부는 형편없었다—로라는 특별하다. 그는 검색으로 찾을 수 없는 사실들뿐 아니라 나와 죽은 사람만이 아는 이야기와 농담, 사소한 재담까지 전한다. 로라의 목소리, 에너지, 메시지 전달 방식에서는 떠난 이의 현존을 느낄 수 있다. 기쁨이 아득하게만 느껴졌던 그날, 피터는 나를 다시 웃게 했다. 그는 자신이 살아 있을 때 했던 온갖 방식으로 나와 벤 오빠, 우리 엄마, 롭을 놀렸다. 로라는 방식이 다를 뿐 내가 여전히 그와 관계를 이어갈 수 있다는 생각이 들게 했다. 피터는 두 팔과 성대, 통역사 역할을 하는 영매 없이도 여전히 우리가 대화할 것임을 강조했다. 그는 자기가 내게 메시지와 신호를 전할 방법을 찾을 것이며, 다른 쪽에서 나를 돕고 지지할 것이라 내게 말했다.

죽은 사람들과 이야기한다는 것을 인정하는 일이 많은 이들의 의구심을 자아낼 것임을 나는 안다. 우리 문화에서는 우리가 모르는 부분이 세상엔 더 있고, 우리 존재는 우리가 지금 인식하고 측정할 수 있는 것 이상으로 넓다는 생각을 시인하는 일보다 차라리 회의주의, 냉소주의, 심지어 허무주의가 지적으로 더 존중받는다. 내게 있어 유물론적 관점보다 더 슬픈 것은 없다. 어떤 사람들은 우리가 살면서 뭘 하는지는 중요하지 않다고, 밝혀야 할 더 큰 신비 따위는 없다고 거의 광적으로 믿는다. 이런 사람들에겐 어떤 직관이나 초감각적 지각도 종종 유치한 속임수나 망상으로 여겨져 거부된다. 하지만 우리가 문화적으로 인정하는 구조를 따르지 않는 정보에 접근할 수 있고 기꺼이 접근하려는 훌륭한 영매, 그리고 직관이 뛰어난 사람 대부분이 여성이란 사실이 나는 하나도 놀랍지 않다.

무조건적 믿음을 택하기

이건 좀 이상한 말이지만 피터의 죽음, 그리고 그 후에 내가 그와 맺은 관계는 값을 매길 수 없는 선물이었다. 물론 나는 와인과 포장 음식을 앞에 두고 그와 한 번 더 수다를 떨 수만 있다면 거의 뭐든지 내놓겠지만, 그가 떠난 사실은 내게 훨씬 더 큰 영적 맥락을 선사했다. 그 일은 나를 우주와 대화하게 했다. 이제 그와 이야기하고 싶으면 *그곳에* 가야 한다. 그의 죽음이 내가 걸어 들어갈 다른 차원의 문을 열어준 것이다.

또한 그의 짧은 생은, 아무리 단편적일지라도 의미 있는 삶을 산다는 것이 무엇인지를 내게 보여주었다. 내 오빠가 추도사에서 말했듯, 피터는 나의 관대함이 나를 약간 불편하게 만들지 않는다면 그건 충분히 베풀지 않고 있는 거라 믿었다. 차 안에서, 샤워 부스 안에서, 하던 일이 막혀 약간의 자극이나 개입이 필요할 때, 주차 공간이 절실할 때 나는 항상 피터와 이야기한다. 때로는 그가 내 꿈에 찾아오는데, 그의 존재는 너무도 뚜렷해 나는 그것이 단순한 희망적 상상이 아니라는 것을 안다. 그는 대학 시절과 똑같이 생겼고, 우리는 텔레파시로 소통하거나 전혀 소통하지 않는다.

우리가 여전히 연결되어 있다는 것을 안다고 해서 내 슬픔이 사라진 것은 아니지만—슬픔을 회피하거나 우회한다고 해서 달라질 것은 없다. 나는 이 글을 쓰는 지금도 울고 있다—저세상에 그가 있다는 것은 나를 훨씬 더 큰 무언가에 묶어두었다. 그것은 우주에는 내가 이해하지 못하는, 눈에 보이지 않고 확장된 질서가 있다는 일종의 믿음 같은 것을 내게 주었다. 우주가 '공평하다'거나 자연이 '도덕적'이라거나 '모든 일에는 다 이유가 있다'는 말이 아니다. 그런 믿음belief은 '무조건적 믿음'faith과 아무 상관이 없다. 무조건적 믿음은 내 존재보다 훨씬 큰 무언가, 내가 합리화에 관여하지 않는 무언가에 대한 애착과 관련된 것이다. 나는 이 둘에 관한 철학자 앨런 와츠Alan Watts의 정의를 무척 좋아한다. 그는 다음과 같이 썼다.

우리는 여기서 믿음과 무조건적 믿음을 분명하게 구분해야 한다. 대개 믿음은 무조건적 믿음과 거의 반대되는 마음 상태를 의미하게 되었기 때문이다. 내가 여기서 사용하는 믿음이란 말은 어떤 진리를 사람들이 '자진해서 믿거나' 존재하기를 바라는 것이다. 믿는 자는 진리가 자신의 선입견과 소망에 부합할 때 그 진리에 마음을 연다. 반면 무조건적 믿음은 그 진리가 나중에 무엇으로 판명되든 그것을 향해 마음을 활짝 여는 일이다. 무조건적 믿음에는 선입견이 없다. 그것은 미지의 세계로 뛰어드는 일이다. 믿음은 매달리지만, 무조건적 믿음은 놓아준다.[7]

무조선적 믿음에는, 우리가 모든 것을 알아내야 하고 우주에는 마법 따위가 작동하지 않으며 오직 알 수 있는 사실만 있을 뿐이라는 꽉 막힌 생각에서 해방시켜주는 굴복 같은 것이 있다.

팬데믹이 발생하기 몇 주 전 나는 노스캐롤라이나로 날아가, 4기 암과 함께 믿을 수 없을 정도로 오래 산 듀크대학 신학대학원 교수 케이트 보울러Kate Bowler를 인터뷰했다. 그는 날마다 죽음에 대해 생각하며, 우리 중 누구도 찾지 않을 공간에 산다. 그곳에서 그는 유한한 하루하루를 축하하는 동시에 애도한다. 자신의 책 《모든 일에는 이유가 있어 그리고 내가 사랑한 거짓말들》에서 보울러는 번영 복음의 거부할 수 없는 유혹을 묘사하는데, 공교롭게도 그는 암 진단을 받기 전 몇 년 동안 그것에 대해 연구하고 글을 썼다.

그는 번영 복음이 뉴턴식 인과론적 약속, 즉 신이 우리의 선행과 대형 교회에 대한 기부에 대해 부와 건강으로 보상할 것이라는 약속을 통해 우리를 다루는 법에 관해 이야기한다. 보울러 등에게 있어 자신의 암 진단을 세상의 무작위성 탓으로 돌리기 어려운 것은, 그렇게 하면 결국 세상에는 우리가 통제 가능한 것이 별로 없다는 사실을 인정해야 하기 때문이다. "새벽 2시의 나는 확실히 내가 아니에요. 나는 정말 배울 만큼 배운 사람이지만, 만일 새벽 2시에 누가 내게 묻는다면 나는 '내가 뭘 잘못한 거죠? 어떻게 여기서 빠져나갈 수 있나요?' 하고 되물을 거예요. (…) 아무런 인과관계가 없을 때조차 필사적으로 인과관계를 찾는 거죠."[8] 인과관계는 단순한 등식을 제공하고, 기본 산수는 큰 위안을 가져다준다. 그것은 무조건적 믿음이 아닌 조건적 믿음이다.

단순함에 대한 이런 열망은 인류만큼이나 오래된 것으로 아무리 강조해도 지나치지 않다. 만약 우리가 우주의, 자연과 신의 논리를 이해할 수 있다면 우리는 그것에 지불해야 하는 대가를 피할 수 있다. 옳은 일을 하면서 장수하고 번영할 수 있다. 우리가 사랑하는 사람들을 고통으로부터 보호할 수 있다.

영지주의 복음서에 관한 연구로 유명한 프린스턴대학의 유명 종교사학 교수 일레인 페이절스Elaine Pagels는 자신의 첫 번째 결혼에 관한 아름다운 회고록을 출간했다. 그와 그의 남편 하인츠는 희귀 폐 질환 진단을 받은 여섯 살짜리 아들 마크를 묻었고, 그로부터 15개월 후 하인츠는 사고로 죽음을 맞았다. 페이절스는 마크가 아기 때 목숨이 걸린 수술을 받은 후 함께 병원에 있었던 일에 관해 썼다. 마크는 주삿바늘과 튜브를 주렁주렁 매단 몸을 엄마 목소리가 들리는 쪽으로 움직이려 했고, 간호사는 아기를 성가시게 한다며 그를 꾸짖었다. 페이절스는 다음과 같이 썼다.

"그 끔찍한 순간에 나는 간호사 말이 옳다고 느꼈다. 나는 마크를 절망적일 정도로 연약한 상태로 만든 것에 죄책감을 느꼈다. 그리고 한참 후에야 깨달았다. *무력감에 시달리느니 차라리 죄책감을 느끼는 게 낫다는 진실을.* 죄책감은 아무리 고통스러울지라도 종종 더 깊은 고통, 훨씬 참을 수 없는 고통을 감추기 때문이다. 거기에 서서, 의사들이 살과 가슴뼈를 자르고 치료를 위해 심장을 멈추게 한 자국이 가녀린 가슴팍에 커다랗게 난 모습으로 중환자실에 누워 있는 마크를 바라보면서 우리는 완전히 무력했다. 우리 목숨보다 더 중요한 존재를 위해 할 수 있는 일이 우리에겐 정말 아무것도 없었다."[9]

그는 이런 믿음이 종교적 종파에 상관없이 어떻게 우리를 옭아매고 있는지를 설명하면서, '질병'illness이라는 단어 자체가 '악함'evilness에서 유래했다고 이야기한다. "만약 자연을 어느 정도 통제할 수 있다는 환상에 대해 우리가 치러야 하는 대가가 죄책감이라면, 우리 중 많은 이들이 기꺼이 그것을 치르려 한다. 죄책감의 무게를 내려놓기 위해 나는 그것이 제공하는 척하는 통제의 환상을 놓아주어야 했고, 고통과 죽음이 출생만큼이나 자연스러운 일이고 인간 본성의 또 다른 일부임을 인정해야 했다."[10] 죄책감이 힘과 통제력의 표현이라는 이 생각은 얼마나 심오한지. 이는 우리의 유일한 선택지는 그저 순리에 맡기고 받아들이는 일임을 인식하는 대신 우리가 뭔가 할 수 있는 일이 있음을, 그저 그게 뭔지만 알아내면 됨을 암시한다. 그래서 나는 혹시 통제에 대한 열망, 통제가 가능하다는 믿음이 우리 중 많은 이들, 특히 남자들이 자신의 슬픔에 대한 표출을 허용하지 않는 이유가 아닐까 하는 생각이 든다.

슬픔의 허용

회복력 및 사별 전문가이자 심리학자인 조지 보나노 George Bonanno에 따르면, 슬픔에서 회복하기 위해선 자신에게 찾아오는 모든 감정을 반드시 허용해야 한다. 보나노는 심리학 교수 대커 켈트너 Dacher Keltner와의 공동 연구에서 "배우자가 사망한 후 초기 몇 달 동안 더 많이 웃고 미소 지은 사람일수록 사별 후 첫 2년 동안의 정신 건강이 더 좋다는 사실을 발견했다."[11] 이 연구 결과는 유산, 이혼, 치매, 버림받음, 불임, 장기 독신, 질병 등 사회에서 충분히 이해받지 못하는 미해결 문제에 동반되는 '막연한 상실감'까지도 포함한 모든 유형의 슬픔에 적용된다.[12] 보나노와 켈트너는, 애도자가 스스로에게 웃음을 허용할 때 훨씬 건강한 이유로는 여러 가지가 있는데 그중 가장 중요한 것은 미소가 슬픔의 소용돌이에서 벗어나 숨 쉴 틈을 제공하기 때문이라고 믿는다.

이런 기쁨의 순간은 다른 사람들도 애도자를 좀 더 편안히 지원할 수 있게 해준다. '활기찬 젊은 과부 클럽' Hot Young Widows Club의 공동 창립자인 노라 매키너니 Nora McInerny보다 슬픔이라는 감정 전체를 더 잘 표현한 사람은 없다. 그의 멋진 테드 TED 강연 '우리는 슬픔에서 벗어나 앞으로 나아가는 것이 아니라 슬픔과 함께 앞으로 나아간다'는 수백만 조회 수를 기록했다. 매키너니는 내 오빠에게 슬퍼하는 법을 알려주었다. 그가 맞이한 새로운 세계의 낯설고 때로는 어두운 구석, 즉 상충하는 감정이 동시에 드는 감정의 양가성과 여러 사람을 동시에 사랑하는 느낌은 어떤 것인지, 그리고 새로 만들어야 하는 삶은 자신이 잃어버린 것을 바탕으로 만들어짐을 고통스럽지만 인정하는 일에 관해 가르쳐줌으로써 말이다.

슬픔에 관한 대화에서 매키너니가 전 국민에게 기여한 바는 상당하다. 그는 '슬픔을 극복하지' 않고, 앞으로 나아가며 죽은 사람의 증언이 되는 삶을 삶으로써 슬픔에서 살아남는 것이 어떤 것인지를 몸소 보여주는 사람이다. 그는 여섯 주 사이에 둘째 아이의 유산과 더불어 자기 아버지와 첫 남편 애런을 암으로 잃는 경험을 했다(당시 아버지는 64세, 애런은 35세였다). 현재 재혼한 매키너니는 두 번째 남편 매튜와의 사이에서 낳은 아기를 포함해 네 명의 자녀를 둔 혼합 가정을 꾸리고 있다.

매키너니는 슬픔의 심연을 내려다보며 어떻게든 더 강해진 사람들과 날마다 이야기를 나눈다. 사람들은 보통 자신의 불운에 놀라는데, 그렇다 해서 모두 다 내려놓고 삶에서 물러나기에는 너무 젊은 나이다. 계속해서 삶의 끈을 놓지 않으려면 슬픔과 기쁨, 분노와 수용이라는 복잡한 감정과 씨름하면서, 자신의 작은 세상이 무너져 내릴 때에도 멈추지 않는 더 큰 세상을 직시해야 한다. 이에 대해 매키너니는 다음과 같이 설명한다. "다른 사람을 사랑하면 애런을 사랑하는 마음이 어떻게든 줄어들 것이라 생각하는 내가 있었다. 내가 행복하다면 더는 슬프지 않은 것이고, 그렇다면 내가 스스로 말한 만큼 애런을 사랑하진 않았다는 뜻이라고 생각하는 내가."[13] 하지만 매키너니는 감정의 복잡성에 대해 배우면서 점점 '그러나'가 아닌 '그리고'에 기대기 시작했다.

우리에겐 이런 문화적 대화가 필요하다. 왜냐하면 우리 주위에선 관계를 끝내고, 직장을 잃고, 파트너를 찾을 수 없거나 아이를 유산하는 등의 고통스러운 변화가 항상 일어나기 때문이다. 그럼에도 우리는 이런 일을 겪는 타인의 고통 그 자체는 물론 심지어는 그 고통이 고려될 만한 가치가 있음을, 그것이 그들을 넘어뜨릴 정도로 거대할 수 있음을 인정하는 일에조차 인색하다. 우리는 슬픔을 겪는 과정에 대해, 바닥이 무너져 내리는 일을 허용하고 모든 산에는 반드시 계곡이 같이 있음을 인식하는 것에 대해 경건해지도록 노력해야 한다. 하지만 주먹을 잔뜩 움켜쥐고 고통을 극복하려는 남성들에게는 이 과정이 특히나 어려운 것 같다. 그들은 이 고통 올림픽을 이를 꽉 깨물며 견디려 한다. 우리는 슬픔을 오직 죽음에 상응하는 것으로 여기지만, 작은 자아의 죽음은 항상 경험한다. 슬픔, 즉 실망감, 거부당한 느낌, 상실감은 필연적 감정이다.

불교에는 키사 고타미라는 부유한 여성에 대한 유명한 이야기가 있다. 하나뿐인 아이를 잃은 그는 가가호호 찾아가 자신의 한 살배기 아이를 되살릴 마법의 약을 살 방도를 묻는다. 누군가 그에게 부처를 찾아가보라 조언하고, 부처는 고타미에게 죽음을 한 번도 경험한 적 없는 가정에서 겨자씨 네댓 개를 구해 가져와보라 말한다. 그는 집집마다 방문해봤지만 별 소득이 없었고 결국 죽음과 고통은 모두에게 찾아오는 것임을, 자신의 부조차 아무런 보호막이 되지 못함을 깨닫는다. 이 현실을 유예할 방도란 없다. 그걸 부정하는 대신 차라리 그 본질을 숙고하는 편이 우리 모두에게 유익할 것이다.

우리는 불편함과 힘든 감정에 대한 인내심을 키우고, 애도하고 힘들어하는 사람들을 위한 공간을 마련하며, 그것을 지켜보고 허용하고 배워야 한다. 장례식에 참석하고 조문 편지를 보내기는 쉽다(물론 그 것조차 힘들어하는 사람들을 보면 놀라겠지만). 그러나 가장 날카로운 아픔의 순간이 지나고 불과 몇 달 뒤부터 사람들이 더 이상 전화를 걸어 안부를 묻지 않게 되면, 계속 그를 찾아가는 것이 얼마나 어려운 일인지가 분명해진다.

피터의 첫 기일에 희한하게도 나는 또다시 이른 아침의 비행기를 타게 됐다. 이번에는 《숨결이 바람 될 때》의 저자 고故 폴 칼라니티Paul Kalanithi의 아내인 루시 칼라니티Lucy Kalanithi를 인터뷰하러 가는 길이었다. 칼라니티는 내게 자신의 가장 큰 두려움은 사람들이 폴에 대한 이야기를 더 이상 하지 않는 일, 자신이 자기들 딸에게 폴의 이야기를 하지 않는 일, 이제는 유한해진 기억의 풀pool에 더 이상의 것이 추가되지 않는 일이라고 말했다.[14]

슬픔에 잠긴 사람들은 제한된 공간에 살고 있으며, 우리는 두려움 없이 그곳에서 그들을 만나는 법을 배워야 한다. 죽음의 존재를 부정하는 것은 효과가 없을뿐더러 오히려 똑같이 필수적인 삶의 다른 부분, 즉 우리의 생득권인 기쁨, 고통으로부터의 유예, 그 균형과 대항력으로부터 우리를 분리해낼 뿐이다.

우리 안의 남성성과 여성성

우리의 아름답고도 손상된 세상을 살펴볼 때, 그 파괴에 책임이 있어 보이는 여성은 찾기 어렵다. 그리고 이 책을 쓰면서 나는 여성에게 '할 일'을 더 부여하는 것이 싫었는데, 이는 내가 덜 행하고 더 존재하기 위해 기존의 프로그래밍에서 벗어나야 한다고 제안하는 순간에도 마찬가지다. 지난 수십 년간 여성들은 더 남자처럼 행동하라는, 권력을 움켜쥐고 휘두르며 지배하라는 부추김을 자주 받아왔다. 이는 우리가 권력을 가진 뒤에는 우리의 성별로 그것을 정화하고, 더 부드럽고 더 온화하게 만들며, 어떻게든 덜 가부장적으로 만들 수 있음을 암시한다.

균형을 향한 이런 본능에는 문제가 있지만, 그것이 왜 말이 되는 이야기인지는 이해할 수 있다. 우리 안의 신성한 남성성은 분명 그 공간을 차지할 자격이 있다. 하지만 더 시급한 것은 그 반대다. 남성들이 자신의 신성한 여성성을 받아들이고, 자비심 및 보살핌과 연결되고, 양보하고, 유독한 남성성에서 벗어나 보다 균형 잡힌 모습으로 이동해야 하는 것이다. 그러려면 남성들은 통제력과 권력, 지배에 대한 욕구를 내려놓고 자신의 모든 감정이 제 모습을 드러내도록 허용해야 한다. 이는 여성이 권력을 쥠으로써 사회의 균형을 맞추라는 요청을 받을 때 특히 중요하게 느껴진다. 지금의 남성 권력, 특히 직장에서 발휘되는 남성 권력은 올바른 모델이 아니다.

큰 사업을 하는 내 여성 친구 하나는, 자신은 여성이 대부분인 팀을 이끌고 있음에도 사무실에서 슬픔을 느낄 때 얼마나 양가감정이 드는지를 내게 이야기했다. 누구나 예상할 수 있듯, 그에겐 눈물을 흘리는 것이 화를 내는 것보다 더 쉽지만 —좌절감에 눈물이 날 때 그는 그것이 실은 분노에 차 있기 때문임을 깨닫는다 —그 눈물은 언제나 사적이다.

"동료 중 한 명이 죽어 팀 전체가 망연자실했을 때, 나는 내가 그 이야기를 하면서 우는 것에 대해 그들에게 계속 사과했어. 오직 슬픔만이 여러모로 적절한 반응이었는데도 나는 미안하다고 말하지 않을 수 없었어. 어쨌든 리더로서 우는 것은 옳지 않게 느껴졌거든. 더 강하고, 나 자신을 통제할 줄 알아야 할 것 같았어."

그러다 친구는 최근 자신이 복사기에서 집어든 인쇄물 중 한 장이 새 직원을 위한 공고물임을 발견했다. "내용을 보니 너무나 달콤하더라. 최고의 커피와 점심을 먹을 수 있는 회사 근방의 장소를 소개하고, 그와 더불어 회의 및 월간 마감일에 대한 프로토콜을 명시한 문건이었거든. 그런데 나는 갑자기 가슴이 무너져 내렸어. 울러 가기에 가장 좋은 장소가 그 문건에 포함되어 있더라고." 사업을 이끄는 여성은 남성처럼 행동한다. 인간다움과 자신이 틀렸을 가능성, 감정의 충분한 표현 대신 권력과 통제력을 선택한다. 그 결과는 광범위하다.

죽음, 거절, 실망, 상실에서 다치지 않고 빠져나올 수 있는 사람은 아무도 없다. 하지만 그것들에 직면하는 일은 여전히 우리를 약하게 만든다. '남성은 지배하고 통제하며 두려움의 혼돈이나 감정적 추락에 절대 굴복하지 말아야 한다'고 주장하는 사회의 남성들에게 있어 이런 무력감은 매우 힘든 감정이다. 남성들은 언제나 강하고 용기 있는 수호자여야 하며 영웅적이어야 하기에.

《무엇이 여자를 분노하게 만드는가》에서 심리치료사 해리엇 러너는 어떤 커플이든 관계의 균형을 맞추기 위해, 누군가는 그 감정들을 대사하도록 과도하게 혹은 과소하게 기능하는 경향이 있다고 설명한다. 이런 업무 분담은 부모와 자녀 사이 또는 파트너 사이, 심지어 직장에서도 일어난다. 그는 자신이 그 책을 쓴 1980년대보다는 지금의 남성이 감정적으로 좀 더 유능하다고 믿지만, 관계 능력 면에서 과다한 정도일 듯한 여성에게 자기의 감정을 떠맡기는 남성은 여전히 많다고 본다. 이성애 결혼생활에서 여성은 보통 자신의 감정뿐 아니라 남편의 감정을 처리하는 일까지 도맡기에 남편은 자기감정을 탐구할 필요가 없어진다. 러너는 다음과 같이 썼다.

"대부분의 커플에서 남성은 감정 능력에 관한 한 시소의 바닥에 앉아 있다. 포장 매듭을 잘 묶고 고장 난 것은 잘 고치지만 자기 아내가 우울하다는 사실은 알아차리지 못하는 남자를 우리 모두는 알고 있다. 그는 자기 가족과의 정서적 유대감이 거의 없을뿐더러 자신의 감정을 솔직히 털어놓을 가까운 친구 한 사람조차 없을지 모른다. 이것이 우리 사회가 낳은 '남성성'이다. 이런 남성은 사물과 추상적 관념 세계에는 편안함을 느끼지만 타인에 대한 공감적 유대감은 거의 없고, 자기 내면세계와의 조율에 별 관심이 없으며, 관계에서 갈등이 생겨나고 스트레스가 늘어날 때 그것을 '견뎌낼' 의지나 능력도 거의 없다."[15] 연결감과 친밀감의 근육이 위축되어 있거나 애초에 발달하지 못한 것이다.

과학은 위축과 저발달이 올바른 단어라고 제안하는데, 이는 남자아이들이 여자아이들보다 더 민감하고, 결핍되어 있고, 애착이 강하기 때문이다. 심리치료사 테리 리얼은 다음과 같이 설명한다. "남아와 여아는 유사한 심리 상태로 시작한다. 똑같이 감정적이고, 표현력이 풍부하고, 의존적이며, 똑같이 육체적 애정을 원한다. 아주 어린 나이에는 남아와 여아 모두 전형적인 여아에 더 가깝다. 차이점이 있다면 사실 어린 남아들이 약간 더 민감하고 표현력도 풍부하다. 그들은 더 쉽게 울고, 더 쉽게 좌절하며, 보호자가 방을 떠나면 더 화를 내는 것처럼 보인다. 남자아이와 여자아이 모두 네다섯 살이 될 때까지는 어느 연구자가 '표현적-정서적 방식'이라 부른 상태에서 편안하게 지낸다. 연구에 따르면, 그 후 얼마 지나지 않아 여자아이들은 그 상태로 남아 있어도 되지만 남자아이들은 교묘하게, 혹은 강제적으로 그 상태에서 밀려나버린다."[16] 우리는 남자아이들이 다정함과 부드러움을 부끄러운 것으로 여기게 만든다. 삶의 도전에 맞설 수 있도록 그들을 단단하게 만들고, 가부장제 문화 속에서 기능할 수 있도록 여린 감정들을 차단하는 것이다.

남자들이 감정 표현에 갑옷을 두르는 것은 이해할 만하다. 심지어 내 경우엔 가장 예민한 페미니스트 친구들이 감정 표현을 힘들어하는 남편과 남자친구로부터 등 돌리는 모습을 지켜보기도 했다. 강해야 할 사람이 울거나 무너지는 모습은 두렵고 불안하며, 부적절하고 매력적이지 않게 보일 수도 있다. 자기가 피해를 보았음을 인정하는 남자들은 나약하고 더 여자 같은 사람이 된다. 벨 훅스 bell hooks (훅스는 초점을 자신의 개인적 정체성에서 자신의 생각으로 옮기기 위해 이름의 첫 글자를 소문자로 씀—옮긴이) 교수가 《남자다움이 만드는 이상한 거리감》에서 설명하듯, "남성으로 하여금 감정을 부정하도록 사회화시키는 가부장적 문화를 지지함으로써 우리는 남성이 평생 정서적 무감각 상태에 살게 만든다. 남성의 고통은 목소리를 가질 수 없고, 남성의 상처는 명명되지도 치유되지도 못하는 문화를 만드는 것이다. (…) 페미니즘 운동이 남성의 '감정' 탐구를 포함한 남성 해방으로 이어졌을 때, 일부 여성들은 남성의 감정 표현을 성차별주의자 남성들처럼 혐오와 경멸로 조롱했다. 그간 페미니스트들은 감정을 가진 남성을 열망하는 마음을 온갖 방식으로 표출했으나, 정작 감정과 접촉하기 위해 노력하는 남성에게는 아무도 보상해주고 싶어 하지 않았다."[17]

감정을 완벽하게 절제하고 꿈쩍도 안 하는 듯한 적에게 맞서는 것은 여러모로 더 편하다. 우리를 억압하는 이들에게 감정이입을 하는 것은 모욕처럼 느껴진다. 이미 우리에게서 그토록 많은 것을 착취해 간 마당에 어떻게 우리의 동정까지 구한단 말인가? 그동안 우리는 그들이 더 강하고, 이는 우리 여성이 모자라고 의존적이며 한계가 많음을 뜻한다고 들어왔다. 그러므로 그들이 약하다는 말은 그저 농담처럼 들린다. 우리는 그들에게 기대야 한다. 이게 바로 가부장제가 제시하는 파우스트적 거래의 핵심이 아니었던가?

댁스 셰퍼드Dax Shepard(미국의 배우 겸 영화감독 ― 옮긴이)처럼 연약함을 드러내는 것이 약간 섹시해지고 현대 남성성의 새로운 측면으로 평가받게 된 것은 최근의 일이다. 셰퍼드조차 알코올 중독자로서 사투를 벌인 이야기, 극단적 고통, 자유 지상주의, 작업복, 고마력 자동차 등으로 무장함으로써 남자다움의 덫에 집착하는 것을 보면 때로는 그런 연약한 모습이 다소 연기처럼 여겨질 수도 있다. 그러나 적어도 그는 자신의 고통, 나약한 순간, 바닥을 친 순간에 대해 드러내놓고 이야기한다. 이것은 하나의 시작일 뿐이다. 우리 모두에게는, 특히 감정 통제 대신 그에 대한 적절한 표현 방식을 찾을 수 있도록 미래 세대를 양육하려 노력하는 부모들에게는 어떤 도구가 필요하다.

여자와 남자, 누가 더 우울한가

전국 통계를 보면 슬픔은 여성의 문제이며, 여성이 남성보다 훨씬 더 우울한 듯하다. 미국 국립 정신건강 연구소의 자료에 따르면, 2020년 여성의 주요 우울증 유병률은 10.5퍼센트인 반면 남성은 6.2퍼센트였다.*[18]

하지만 이 통계의 관점은 제한적이다. 여성이 슬픔에 더 잘 무장되어 있긴 하나 그렇다 해서 더 슬픈 것은 아니다. 남성 우울증에 관한 기념비적인 책《남자가 정말 하고 싶은 말》에서 심리치료사 테리 리얼은 그의 상담 경험을 바탕으로, 증세가 다를 뿐 남성도 여성 못지않게 우울증으로 고생한다고 확신한다. 많은 남성이 진단되지 않은 '은밀한' 우울증으로 힘들어하며, 이는 종종 방어적 중독과 짝을 이룬다고 그는 주장한다. 정서 장애, 불안 장애, 약물남용 장애, 성격 장애 등 모든 정신 질환 통계를 합산해보면 그 총합이 여성의 우울증 진단율 수치와 맞먹는다는 것이다. 여성은 우울증 통계에서 과다 대표된 데 반해 남성은 약물 남용과 인격 장애에서 상당한 비중을 차지했다.[19] 게다가 남성은 자살 등 절망으로 죽을 확률이 여성의 네 배에 달하니 이는 타당한 이야기다.

남성의 정서적 건강에는 무언가 문제가 있는 듯하다. 이는 그들이 사회에 끼치는 혼란만 봐도 알 수 있다. 강간하고 살인하고 학대하는 것은 압도적으로 남성이며, 반자동 소총을 들고 사람들을 갈겨대는

---

*   이 통계 자료에 따르면 주요 우울증은 다문화인들에서 가장 높게(15.9퍼센트) 나타난다.

것도 남성들과 남자아이들이다. '당신의 남자 카드가 재발급된 것입니다'라는 슬로건으로 광고하는 부시마스터Bushmaster XM-15 E2S Shorty AK는 2012년 샌디훅초등학교에서 스무 살짜리가 주로 초등학교 1학년생을 포함한 26명을 살해하는 데 사용한 총이다. 그로부터 10년 후에는 열여덟 살짜리 남자아이가, 인스타그램에서 '아무도 내게 [내 가족을] 지키는 법을 말할 권리가 없다', '국가를 지키고, 집을 지켜라' 등 남자다움을 자극하는 말로 마케팅하는 대니얼 디펜스Daniel Defense 사의 AR-15로 유밸디에서 21명을 살해했다.[20] 우리는 유독한 남성성의 위기에 처해 있으며, 소년과 남성이 아동을 살해하도록 내모는 요인에 대해 이야기해야 한다. 남성에게 문제가 있음은 명백하고, 그것은 우리 모두를 위험에 빠뜨린다.

리얼에 따르면 남성이 자기 내면에서 일어나는 일을 인정하지 않는 데는 그만한 이유가 있다. 우선은 우울한 남성을 지원하기 위한 문화적 틀이 없다. 그는 성별에 따른 대학 룸메이트에 관해 연구한 콘스턴스 해먼Constance Hammen과 스테파니 피터스Stefanie Peters의 연구를 인용했다. 연구에서 그들은 여성의 경우 룸메이트에게 우울하다고 말하면 보살핌과 연민을 받지만, 남성은 사회적 따돌림과 불친절한 대우를 받는다는 사실을 발견했다.[21] 우리는 금욕적이고 강해야 한다는 사회적 기대 속에서, 그와 다르게 느끼는 남자아이들과 남성들을 지원할 준비가 잘 되어 있지 않다.

리얼이 꼽는 두 번째 이유는 우리가 남자아이들을 사회에 적응시키는 방식인데, 그는 이렇게 설명한다. "남성은 자신의 정서적 삶에 대해 여성과 같은 수준의 통찰력을 갖지 못하는데, 이는 우리 문화가 이들에게 그 부분으로부터 멀어지게 하려 열심히 노력하기 때문이다. 남성들은 감정적 문제를 직접 말하는 것에 덜 익숙한데, 이는 우리가 그들에게 그렇게 하는 일이 남자답지 못하다고 가르치기 때문이다. 우리 문화의 성별 사회화만 대충 보더라도, 남성은 괴로움을 말보다 행동으로 표출할 가능성이 훨씬 더 높지만 여성에겐 자신의 문제를 쉽게 토로할 기술과 공동체가 있음을 알 수 있다."[22] 이것은 상처에 모욕을 더하는 격이다. 우리는 남자아이들이 자신의 감정에 대한 대사 능력을 계발하지 못하게 방해하고, 그런 다음 그들에게 그런 능력이 부족하다는 고정관념을 부여한다.

우리는 정서적 세밀함을 키워야 한다. 너무 당연한 말처럼 들릴지 모르지만, 특히 비즈니스에서도 감성지수$_{EQ}$가 지금껏 100년 이상 표준이 되어온 지능지수$_{IQ}$만큼—그보다 더는 아니더라도—중요할 수 있다는 생각이 *이제* 막 생겨나는 문화에서는 분명 강조할 필요가 있다. 감성지능은 불과 30년 전에 생겨난 개념이다. 심리학자 마크 브래킷$_{Mark\ Brackett}$이 설명하듯, "과학자들은 감성이란 말을 좋아하지 않는다. 감성은 지능과 달리 표준화된 테스트로 측정할 수 없기 때문이다. 지능지수는 주로 일련의 숫자나 역사적 사실 기억하기 등의 '차가운' 인지 과정에 의존하는 반면, 감성지능은 종종 매우 복잡하고 관계 중심적이며 우리 자신 및 타인의 감정과 행동을 평가·예측·대처하는 데 중점을 둔 '뜨거운' 사회-정서-인지 과정에 의존한다."[23] 그래서 지능지수와 달리 감성지수를 측정하는 표준 테스트가 없는 것이다. 또한 미국이 소금에 요오드를 첨가하여 당시 만연했던 영양 결핍을 바로잡는 방법으로 지능지수를 15퍼센트 늘렸다는 사실에서 보듯,

지능지수가 타고난 불변의 지능에 대한 적절한 테스트는 아니라고 주장하기도 쉽다.* 그럼에도 그동안 우리는 인간성의 절반만을 특권화하는 시스템으로 지능에 대한 인식과 사회를 조직해왔고, 더불어 오직 그 부분만을 추구하도록 남성의 야심을 훈련해왔다.

애리조나 주립대학의 낸시 아이젠버그Nancy Eisenberg는 친사회적 행동 및 공감, 도덕성 발달과 관련해 가장 중요한 연구자 중 한 사람이다. 수십 년에 걸친 그의 연구 중 많은 부분은 남아와 여아가 부모로부터 감정 처리법을 다르게 배운다는 점을 강조한다. 엄마들은 아들보다 딸에게 (자신의 감정을 포함한) 감정에 관해 더 많이 이야기하고, 아빠들은 남자아이들에게 더 거친 언어를 사용함으로써 그들이 취약해지지 않도록 한다. 아이젠버그는 심지어 엄마들이 남자아기보다 여자아기에게 감정을 더 잘 표현하고 딸에게는 슬픔에 관해, 아들에게는 화에 관해 이야기한다는 사실까지 발견했다.[25] 부모들은 자신의 세심함을 자신 있게 공언하면서도, 감성과 관계적 지혜는 주로 여자아이들이 길러야 하고 감성의 언어는 남자아이들에게 나쁘게 작용하거나 필요치 않다는 지배적 문화적 믿음 및 편견에 여전히 빠져 있다.

테리 리얼은 우리가 '남자아이는 남성으로 변해야 하며, 남성성 숭

---

* 해리엇 워싱턴Harriet Washington의 놀라운 책 《낭비하기에 끔찍한 것》A Terrible Thing to Waste은 환경인종주의가 소외된 공동체의 삶을 설명하고 제한하는 방식, 그리고 유색인 공동체의 지능지수가 상대적으로 낮음을 보여주는 표준 테스트의 끔찍한 우로보로스ouroboros 현상(어떤 문제를 해결하기 위해 시도했으나 외려 나쁜 결과나 또 다른 문제를 초래하는 현상—옮긴이)을 탐구한다. 그가 썼듯이, "납 오염에 노출된 결과, 전국 총 지능지수는 매년 2,300만 점이 하락했다. 이는 유럽연합의 한 연구에서 농약 때문에 하락했다고 밝힌 1,300만 점보다 훨씬 더 큰 수치다." 납 오염에의 노출은 소외 지역에서 만연한데, 미시건주의 플린트시가 가장 최근 사례다.[24]

배에 입문하지 않고는 남성성을 얻을 수 없다'는 신화에 집단으로 동조해왔다고 믿는다. 하지만 이런 일이 여자아이들에게는 일어나지 않는다. 그에 따르면, "남성적 정체성은 소중하고 위험한 것으로 인식되지만 이 불안정한 내적 구조, 즉 남성적 정체성이 존재한다는 증거는 단 한 조각도 나타난 적이 없다. 여러 연구 결과를 보면, 남아와 여아 모두 두 살쯤부터 자신의 성을 또렷이 인식한다."[26] 그럼에도 남성성이 '달성'되어야 한다는 믿음은 끈질기게 존재하는데, 이는 우리 사회가 인식하는 남성성이 어차피 가면, 즉 남자가 되기 위해 해야 하는 TV 속 남성의 역할처럼 일종의 강요된 단절 행위이기 때문이 아닐까 하는 생각이 든다.

이 단절은 우리가 남자아이들을 자기 어머니의 품에서 끌어낼 때, 그들이 자신의 감정을 위해 위로와 포옹, 안전한 항구를 찾는 행동을 우리가 수치스럽게 여길 때 시작된다. 여성이 자신의 어린 아들을 계속 여성성에 빠져 있게 하면 남성성으로 승격할 기회를 망치거나 응석받이로 만든다는 생각에 우리가 굴복할 때 말이다. 사실 엄마가 아들을 앞치마 끈으로 묶어 무르팍에 가둬둔 탓에 아들이 동성애자가 되게끔 했다며 비난받았던 것도 그리 멀지 않은 과거의 일이다. 리얼은 이에 관해 자세히 설명한다. "남자아이들이 자기 어머니와의 여성적 연결을 끊어야 한다는 생각은 가부장제의 가장 오래되고 가장 의문시되지 않은, 그리고 가장 뿌리 깊은 신화 중 하나다. 프로이트도 거의 100년 전에 이렇게 썼다. '남자아이에게 있어 어머니와의 관계는 최초의 관계이자 가장 강렬한 관계다. 따라서 그것은 파괴되어야 한다.'"[27] 우리는 그 관계를 떼어냄으로써 일종의 영혼 살인을 저지르며,

남자아이들에게 자신의 부드럽고 따뜻하고 여린 부분을 경멸하라고 가르친다.

자기 아이를 밀어내는 것은 어머니들에게도 가슴 아픈 일이지만, 벨 훅스에 따르면 그것은 가부장제의 첫 번째 요구 중 하나다.《남자다움이 만드는 이상한 거리감》에서 훅스는 이렇게 말한다. "가부장제와 동맹을 맺은 어머니들은 아들을 올바르게 사랑할 수 없다. 왜냐하면 아들을 희생하라고 가부장제가 요구하는 순간이 반드시 도래하기 때문이다. 보통 이 순간은 청소년기에 온다. 세심하고 애정 어린 어머니들은 이 시기에 혹시라도 자기 아들을 거세하게 될까 두려워 아들에게 정서적 양육을 중단하는 터다. 정서적 유대감의 상실을 감당할 수 없는 남자아이들은 고통을 내면화하고 무관심이나 화로 그것을 감춘다."[28] 이것은 일종의 유기 행위로, 우리 문화가 거의 인정하지 않는 교묘하고 미묘한 트라우마다.

상처 입은 남자들

하나의 문화로서 우리는 이제야 큰 트라우마를 읽고 쓸 줄 알게 되었다. 수 세대에 걸쳐 여성들이 자주 겪어온 강간과 성폭행, 아동 학대의 영향, 모르는 사람들을 죽이러 군인들을 내보내며 그들이 별 나쁜 영향 없이 사회에 다시 동화될 수 있으리라 기대한 결과에 대해 우리는 최근 몇십 년 전부터야 숙고하고 연구하기 시작했다. 갈등은 아주 오래되었지만 우리는 폭력이 남성이 가진 불변의 본성과 그들의 운명을 반영한다고 맹목적으로 가정해왔다. 하지만 이것은 문화다. 우리는 남자들이 전쟁과 침략을 통해 사람을 죽이고 이를 정당하게 여기도록 훈련하며, 그런 다음엔 크고 작은 애니메이션과 3차원 컴퓨터그래픽 스크린에서 수십만 번까진 아니더라도 수천 번씩 죽는 악당을 보여줌으로써 그들을 현실과 괴리시킨다.* 아이들은 죽음이 뭘 의미하는지에 대해 그렇게 점점 둔감해지다가 결국엔 전장에서 정신이 산산조각 나버리거나, 이 '영웅적' 의례에 참여하고 싶어 하지 않는다는 이유로 수모를 당한다. 나치 정부가 병사들을 부추기기 위해 이들에게 메스암페타민을 투여했다는 사실, 서로를 그처럼 쉽게 죽이게 만들려면 남자들에게 약물을 수입해야 한다는 사실을 우리는 얼마나 쉽게 잊는지.

우리는 명백한 학대와 폭력이라는 큰 트라우마를 제대로 다루어야 한다. 그것은 그것을 자기 몸속에 묻으려는 사람들의 영혼 속 폭풍이다. 하지만 교묘하면서도 고통스럽고 삶을 제약하는 작은 트라우마의 중요성도 과소평가하면 안 된다. 이런 폭력은 때로 참기가 힘들다. 여기에는 사회적 금지 목록에 들 만한 자극적인 사건도, 중심이 될 만한 뚜렷한 기억도 없기 때문이다. 이 트라우마는 방치, 정서적 단절, 유기이며 '활동적 트라우마'보다 훨씬 더 흔하다. 트라우마는 분명 나에게 일어나는 일이지만 또한 내가 절대 받지 못하는 것이기도 하다. 리얼은 이렇게 설명한다. "수십 년 동안 한 번도 아이를 만지지 않는 것은

---

* 그토록 많은 죽음을 보여주는데도, 대부분의 남자는 정작 출산을 지켜보는 건 너무 끔찍할 것 같아서 자기 아이가 세상에 나오는 모습조차 못 본다는 것이 정말 이상하지 않은가?

상처의 한 형태라고 나는 생각한다. 또한 나는 어린 남자아이가 성인이 될 때까지 사랑의 표현을 보류하는 일은 정서적 폭력의 한 형태라 여기고, 남성들이 자신과 타인들에게 가하는 폭력은 그런 환경에서 생겨난다고 믿는다."[29] 이 단절은 자기가 자기 자신으로 보이지 않고 사랑스럽지 않으며 안전하지 않다 느끼는 트라우마이고, 사회의 지시라는 갑옷을 입기 위해 자신의 정체성을 떠나도록 강요받는 트라우마다.

두 남자아이의 엄마인 나는 리얼의 통찰을 날마다 생각한다. 아이들의 자기인식을 왜곡하지 않고서 아이들을 본다는 건 어떤 것일까? 그들을 위해 내가 무언가를 참아야 하는 걸까? 아니면 그들이 감정을 처리할 능력을 조금씩이라도 찾아 나가도록 떠밀어야 하는 걸까? 우리 중 너무도 많은 사람이 아이들의 전전두엽 피질 역할을 하며 그들이 자기조절을 우리에게 맡기도록 내버려둔다. 힘들어하는 것이 곧 학습하고 성장하는 방식임을 알지만 아이들의 그런 모습을 지켜보는 것은 너무 힘들기 때문이다. 그래서 우리는 아이들을 위해 과도한 역할을 하며 그들이 절망에서 벗어나도록 그 힘든 감정을 대신 처리한다.

나의 큰아들 맥스는 예민한 아이다. 사소한 자극에도 쉽게 흔들리고, 자기 자신의 다양한 감정과 동생의 광란에 하루에도 몇 번씩 압도되며, 여차하면 눈물을 뚝뚝 떨구기 일쑤다. 나는 맥스가 곤경에 처했을 때는 롭보다 내가 곁에 있는 편이 훨씬 좋다는 것을 알게 되었다. 롭은 금세 짜증과 불편함을 느끼며, 맥스에게 얼른 감정을 정리하라 말하고 싶은 충동을 느낀다(그러나 다행히 '남자답게 행동하라'는 말은 절대 하지 않는다). 롭은 맥스가 친구들 및 더 넓은 문화가 그 아이를 돕겠다고 나서기 전에 먼저 '강해지기'를 바란다. 이는 충분히 이해할 만하다. 그러나 롭이 자기 아들에게서 자신을 보고 최선을 다해 아들을 보호해야 한다고 느끼는 걸 보면 아무래도 그는 맥스의 예민함에 상당한 자극을 받는 듯하다. 내 생각에 롭은 화를 잘 내는, 굉장히 남성적인 아버지를 둔 예민한 소년이었던 것 같다. 하지만 롭의 아버지는 오래전에 돌아가셨고, 롭은 어린 시절에 대한 기억이 거의 없기에 이를 확신하기가 어렵다. 기억은 어딘가의 블랙박스 안에 있고, 롭은 그것을 꺼내 보기를 두려워한다. 그리고 그걸 어떻게 꺼내서 힘든 감정에 압도되거나 빠져 허우적대지 않으며 자신의 감정을 풀어놓을 수 있는지에 대해서도 모른다.

감정과의 단절은 누구에게나 파괴적이다. 여성은 역기능적 관계나 역기능적 사회에서 어떻게든 기능하려 감정을 억누르지만 적어도 우는 것은 허용된다. 하지만 많은 남성은 어찌할 줄을 모른다. 테리 리얼의 세계관—일대일, 결혼, 가족, 집단 워크숍에서 남성들과 해온 광범위한 작업에 기초한다—에서는 남성들은 내면화된 단절로 파괴되고 있으며, 이 '상처 입은 남자아이들'은 '상처 입은 남자들'이 되어 자기 가족과 문화 전반에 의식되지 않는 고통을 가한다. 이 우울증은 가족 패턴으로 대물림되어 미래 세대에 혼란을 일으킨다. 리얼의 모델에서 트라우마는 마약, 알코올, 불륜, 일 등에 대한 방어적 중독과 은밀한 우울증으로 포장되어 있다. 우리는 이 은밀한 우울증이 드러나도록 핀을 잡아당겨야 한다. 그 순간에야 비로소 삶에 다시 편입된 황무지를 횡단할 수 있기 때문이다. 리얼이 탐구하듯 슬픔의 치유제는 슬퍼하는 일, 즉 자신의 상실감과 절망감을 인정하고 표현하는 행위다.[30]

느낄 수 없는 것은 치유할 수 없다고들 한다. 그렇기에 감정이 반드시 수면 위로 올라오도록 허용해야 한다.

남성은 이론적으로 가부장제의 혜택을 얻지만 그들 역시 그 멍에하에서 고통을 겪는다. 물론 그 제도에서 얻는 권력은 상당하고, 이런 불평등한 출발점의 내재적 부당함을 지적하는 글은 차고 넘친다. 하지만 다른 사람들을 희생시키며 얻는 것에는 반드시 대가가 따른다. 타인에게 권력을 행사하는 일은 그 순간, 그리고 미래 세대에 상당한 심리적 부담을 불러일으킨다. 이 시스템에서 벗어나고 싶다면 남성의 해방을 뒷전으로 미뤄선 안 된다. 그들 모두가 스스로 거의 인식조차 못한 구조에 참여한 것을 비판하는 일도 아무 소용이 없다. 그저 우리 중 누구도 다른 방법을 알지 못했던 것이기 때문이다. 하지만 사회를 이끄는 규범에 대해 점점 더 많은 사람들이 눈뜸에 따라, 이제 우리는 그것을 바꿀 수 있게 되었다.

설령 자신의 높은 지위를 의식하지 못했거나 해를 끼치는 방식으로 그것을 무기화한 적이 없다 해도, 억압자가 된다는 것은 결코 기분 좋은 일이 아니다. 내 삶의 이력 혹은 내가 성취하고 쌓은 것이나 도달한 꼭대기가 부당하게 얻은 것일 수 있고, 엄청나게 유리한 상황 덕분이며, 결코 공정한 싸움이 아니었다는 상상은 별로 기분 좋지 않다. 막스 베버가 1915년에 설명했듯, "운이 좋은 사람은 운이 좋다는 사실에 좀처럼 만족하지 않고, 이를 넘어 자신에게 좋은 운을 누릴 권리가 있음을 반드시 알고자 한다. 자신은 그것을 누릴 자격이 있음을, 무엇보다도 다른 사람들과 비교하여 그러함을 확신하고 싶어 하는 것이다. 그리하여 그들은 자신의 행운이 정당한 것이기를 바란다."[31]

가부장제 현실과 여전히 씨름하는—적어도 미국에서—우리의 '운'은 모욕까지는 아니더라도 고통스러운 고려 요소다. 내가 정직하게 살았던가? 내 의도와 상관없이 나의 성공으로 해를 입은 사람은 누구일까? 나는 어떻게 이것을 바로잡을 수 있을까? 이는 대답하기 불편한 질문들이며, 결국 우리를 저마다의 복잡한 소용돌이에 빠뜨림과 더불어 우리가 미처 다룰 준비가 안 된 슬픔을 몰고 온다. 피부색, 성별, 성정체성, 출생지, 계급 등의 타고난 요소와 마찬가지로 문화 역시 우리가 선택한 것은 아니지만 우리는 거기에 공모할 수밖에 없었다. 지금 우리 문화에서 볼 수 있는 분열, 부정, 거부, 분노는 아마 이름 모를 죄책감에 대한 반사적 반응일 것이다. 우리는 그 죄책감을 어디에 두어야 할지 모르는 것이다.

여성의 정서적 경험에 관한 이야기를 남성의 그것을 포함함으로써 끝맺는 것은 어쩌면 이상해 보일지도 모르지만, 우리의 왜곡된 문화에 대한 해독제가 여성성을 회피하고 '더 남성처럼' 되는 일이라는 해법은 위험한 약속이다. 남성은 이 가부장제에서 어쩌면 부러워할 만한 정도의 권력을 가지고 있지만, 이 속박에서 우리를 벗어나게 할 준비 면에선 여성보다 부족하다. 그들은 잃을 것이 더 많으나 아이러니하게도 얻을 것 역시 많다. 슬픔은 감정과 삶으로 들어가는 관문이며, 우리는 그것이 나약하거나 '여성스럽다'는 생각에서 벗어나야 한다. 슬픔이 구체화되어야만 남성은 부드러워질 수 있고, 사랑을 더 충만하게 체험할 수 있으며, 자신을 보다 완전하게 표현할 수 있다.

우리 문화가 건강해지려면 반드시 이런 굴복이 필요하다. 만일 우리가 평화로운 굴복의 길을 그들에게 보여줄 수 있다면, 상호적 지지는 우리 모두의 미래를 위해 필수라는 사실을 그들에게 가르칠 수 있다면, 남성들도 기꺼이 우리의 동맹이 되어줄 것이라고 나는 믿는다. 때로는 슬퍼하는 것이 인간적이다. 그 사실을 이해하고 허용하는 우리 여성은 이제 슬픔을 모든 영역으로 가져와야 한다. 슬픔에 정당한 지위를 부여하고, 그 교훈을 받아들여야 한다. 우리에겐 애도할 것이 너무도 많고, 우리는 기꺼이 슬퍼해야 한다. 이 황무지 너머에는 더 균형 잡힌 시대가 기다리고 있으며, 여성은 그곳으로 우리를 이끌 수 있다.

슬픔을 필수적인 것으로 받아들일 때
우리는 우리의 온전한 인간성을 받아들이고 삶의 순환에 다시 참여할 수 있다.

나오는 말

우리 자신으로 돌아가기

2000년 초에 나는 (예수를 포함해) 죽은 사람과 소통하는 카리사 슈마허라는 여성과 만났다. 이후 몇 년간 그의 지혜가 내게 너무도 깊은 울림을 주어 나는 그를 친구이자 영적 멘토로 삼을 정도가 되었지만, 나를 뒤흔든 것은 이 첫 대화였다. "만약 당신이 여유를 만들지 않는다면, 우리가 당신을 위해 그 여유를 만들어줄 거예요." 그가 말하는 '우리'는 신성이었다. 나는 불편하게 웃었다. 물론 나는 비행기를 타고 사방팔방을 돌아다녔고, 부모이자 파트너로 함께하려 노력했으며, 생활 소방관 노릇을 했고, 친구로서는 대체로 실패하며 힘들게 살고 있었다. 그러나 다른 대안은 보지 못했다. 정확히 뭘 내려놓아야 할까? 혹시 매일 명상하거나 하이킹을 더 하면 도움이 될지 그에게 물었다. 슈마허는 아니라고 대답했다. "여유, 고요함이 필요해요." 아닌 게 아니라 몇 달 후 코로나가 찾아왔고 이어서 정규직 일자리를 잃음으로써 여유가 찾아왔다. 그 중단 속에서, 나는 그동안 내가 바쁜 일상에 얼마나 갈려 나가고 있었는지를 깨달았다. 이제는 방향을 전환하고, 내가 지금 어디에 있는지, 다음엔 어떤 길로 가야 할지 숙고할 여유를 만들어야 했다.

팬데믹은 의심의 여지 없이 끔찍했다. 너무나 많은 사람이 아팠고, 사랑하는 사람이 죽어가는 모습을 지켜보거나 더 나쁘게는 그가 마지막 숨을 거두는 순간에 곁에 있지 못했다. 아이들은 학교에 다니지 못했고, 생계를 책임지던 사람들은 그 수단을 잃었다.

하지만 내가 대화를 나눈 모든 이들은 팬데믹이 역설적이게도 의미 있는 교훈을 많이 남겼다고 인정했다. 많은 것을 잃은 사람들조차도 내게 잠시 멈추는 시간은 꼭 필요하다는 걸 느꼈다고 말했다. 그들은 자신의 나날이 얼마나 지속 불가능하고 만족스럽지 못했는지, 자신이 그동안 스스로를 저버리고 살면서 제대로 살아갈 시간과 기회를 기다렸다는 걸 어떻게 깨달았는지 설명했다. 내 많은 친구들은 이제 2019년의 방식으로 세상과 관계 맺기를 거부하고, 바빠야 한다는 강박이 덜한 축소된 현실에서 아주 잘 살아가고 있다. 모든 것이 붕괴되면서 우리는 우리 자신, 가족, 더 넓은 문화를 다시 돌아볼 수 있는 기회를 얻었다. 내게 있어서는 우리가 누구인지, 우리가 어떻게 행동하도록 길들여졌는지, 그리고 우리가 어떻게 사회의 기준에 부합하기 위해 스스로 순응하는지에 대한 이야기를 깊이 파헤치는 일도 이러한 성찰에 포함되었다. 요컨대 팬데믹은 낡은 패러다임을 거부하고 새로운 패러다임을 만들 집단적 기회였다.

여유, 고요함, 그리고 성스러운 멈춤을 통해 나는 문화적 왜곡이 내 삶과 몸에 어떻게 나타나는지를 인식하기 시작했다. 그리고 진짜 '나'와 바깥세상에서 수행해온 나 사이의 틈새를 볼 수 있는 공간을 찾았다. 이를 통해 나는 내가 충분히 훌륭하다는 것을 의례처럼 증명하길 강요하는 사회의 압박에 숨조차 제대로 못 쉬는 내 안의 여자아이에 관해서도 많이 생각했다.

이 책은 내가 미덕에 관한 문화적 규범에 따라 프로그래밍된 방식, 완벽하게 행동한다면 나는 사랑받을 수 있고, 안전하고, 받아들여지리라 확신했던 모든 방식을 처리하는 그릇이 되었다. '착함'에 관한 이 규범들이 우리 사회 구조에 얼마나 깊이 싸여 있는지, 그리고 얼마나 지우기 힘들고 눈에 보이지 않는지를 깨닫게 되면서 나는 우리 각자가 그것을 어떻게 행동으로 옮기는지를 보기 시작했다. 이 새로운 관점을 갖추고서야 비로소 나는 내가 갈망한 자유와 넓은 공간이 결코 외부의 권위에서 나오지 않을 것임을 깨달았다. 그것은 내 안에서 찾아야 했다. 내 자아를 되찾으려면 스스로 자신을 인정하고 축하하고(나의 자부심을 탐색하고), 스스로 기뻐하고(나의 정욕을 허용하고), 자신을 먹이고 보호하고(나의 탐식과 탐욕을 허용하고), 자신의 욕구를 주장하고(나의 분노에 귀 기울이고), 휴식을 취하고(나태를 즐기고), 내가 원하는 것을 정확히 정하고 그걸 추구하도록(나의 시기를 활용하도록) 허용해야 했다. 그리고 한 남자의 아내이자 두 아이의 엄마로서 나는 그들이 자신의 감정, 특히 힘든 감정들과 거리를 두려는 문화에서 그런 감정(슬픔)과 연결되어 있도록 끊임없이 독려해야 했다.

이는 결코 쉬운 작업이 아니다. 일곱 가지 죄악은 오늘날에도 우리의 집단정신 깊숙이 자리 잡고 있다. 여성은 각각의 '죄'가 우리의 삶을 제한하는 방식에 맞서 싸워야 한다. 그리고 이들 죄를 억압의 도구로 사용하는 체제를 거부하고, 이를 대신할 보다 진실한 체제를 구축해야 한다.

이 책을 쓰면서 나는 달라졌다. 이 죄들와 씨름하면서 나 자신에게 더 가까이 다가갈 수 있었던 것이다. 이제 나는 자부심, 정욕, 탐식, 탐욕, 분노, 나태, 시기, 심지어 슬픔까지도 죄가 아닌 중립적 신호로 본다. 인간의 이런 타고난 충동을 도덕으로 바꿔놓은 것은 사회다. 우리는 이런 본성들을 문화적 곤봉처럼 휘두르는 방식을 거부하고, 진정한 목적을 위해 그것들을 되찾아야 한다. 이 본성들은 우리 내면의 안내자인 터다. 이들 죄는 지나친 탐닉과 금욕주의로 빠지기 쉬운 곳이 어디인지를 보여주는 시금석이다. 이것들은 그저 인간의 영혼에서 오는 신호일 뿐이다. 이것들을 저주의 절벽이 아닌 이정표로 이해하는 것은 곧 우리가 누구인지, 우리에게 무엇이 필요한지, 우리가 뭘 원하는지, 우리의 목적을 어떻게 발견할 수 있는지를 보고 거기에 더 가까이 다가가라는 초대가 될 것이다.

죄의 성문화가 성경이 아닌 이집트 사막에서 이뤄졌다는 것, 즉 문화적·종교적 법으로 제시된 것이 실제로는 공식 출처가 없다는 사실이 나에겐 늘 놀랍다. 하지만 나는 이들 죄악이 에바그리우스 폰티쿠스 이전부터 있었다고 믿게 되었다. 폰티쿠스는 이미 존재하는, 그러다 나중에 사라진 자료들에서 그것들을 수집한 것이었다.[1] 그가 글을 썼던 당시에는 많은 복음서가 돌아다녔다. 신약과 그 '정통성'은 이제 막 로마에서 나온 터였다. 또한 그 죄악들은 당시 돌아다녔던, 신약에 들어가기에는 지나치게 이단적으로 여겨졌던 한 복음서에 등장했다. 그 복음서는 바로 마리아복음Gospel of Mary이었다.

신약의 누가복음(8:2)과 마가복음(16:9)은 막달라 마리아를 예수가 몸에서 일곱 '귀신'을 쫓아낸 사람으로 묘사한다.[*2] 교황 그레고리우스 1세는 이 일곱 '귀신'을 일곱 가지 대죄로 지목했고, 동시에 마리아를 매춘부라 일컬었다. 마리아에 대한 그레고리우스의 비난은 심각한 오해였지만 이들 요소는 서로 연결되어 있고, 막달라 마리아가 그 열쇠다. 막달라 마리아는 모든 여성을 대표한다. 그는 우리가 진정한 가치를 박탈당하고 구원을 간청하도록 버려진 모습을 상징한다. 그는 정당한 첫 번째 사도였으며 예수의 가장 훌륭한 학생이었으나 그 후로 모든 기독교에 의해 폐위 및 비하되었고, 참회하는 창녀와 일곱 가지 대죄를 짊어진 더러운 유산으로 취급되어 버려졌으며, 천박한 욕망으로 변모한 불순한 생각을 대표했다.

그러나 진짜 마리아에 관한 진실은 여전히 명백하게 드러나 있다. 그의 유산, 그의 가르침, 그가 대표하는 것을 되찾는 일은 우리 자신으로 돌아가는 길을 찾는 데 도움이 될 수 있다. 그의 복음서인 마리아복음은 니케아 공의회가 4세기에 '정통' 정경 목록을 만들 때 이단으로 표시한 영지주의 문헌 중 하나로, 기독교의 *급진적 수정*이다. 이 복음서에서 마리아는 우리가 본래 죄로 가득 찬 상태가 아닌 선한 상태로 태어났으며, *진정한* 인간이 되려면 자신의 본모습을 회피하지 않고

---

*   이번에도 나는 당시 '귀신'demon의 그리스어 정의—현대의 악마devil가 아닌 끈질긴 생각thought이라는—가 아마 더 적절한 번역이리라 생각한다. 'exorcise'(귀신을 쫓다)의 어원도 'oath'(맹세) + 'out'(내쫓다)이다.

온전히 받아들여야 한다고 주장한다. 마리아가 삶에서 맞닥뜨린 죄는 예수가 하느님께로 다시 승천할 때 직면했던 '힘들'powers*―마리아복음서에 묘사되어 있듯이―과 동일하다. 나중에 일곱 가지 죄악으로 이해하게 된 이런 인간의 속성은 우리가 잘 *조화시켜* 받아들여야 하는 것들에 대한 로드맵이다. 이것들은 결코 폐기되거나, 파괴되거나, 부정되어선 안 되었다.

자기인식과 믿음에 관한 한 마리아복음은 최고의 수업이다. 복음은 우리 각자가 이미 해답을 갖고 있으며 신성에 직접 연결되어 있음을 인식하고 가르친다. 우리의 유일한 의무는 우리 본질 속의 자신인 선함에 가까이 머무는 것이다. 마리아복음은 여기서 '선함'the Good 으로 정의하는 신God이 '저 바깥'이 아닌 우리 모두의 안에 있다고 가르친다. 그리스도는 다음과 같이 선포한다. "너희에게 평화가 있기를! 내가 주는 평화가 너희 안에 깃들기를! 아무도 너희를 속이지 못하게 깨어 있으라. 너희를 잘못된 길로 인도하려고 '보라, 주님이 여기 있다!' 혹은 '보라, 주님이 저기 있다!'고 하여도 속지 마라. 참 사람의 원형은 너희 안에 있기 때문이다. 그것을 따르라. 그것을 찾는 사람이 그것을 발견할 것이다. 그리고 밖으로 나가 이 나라에 대한 복음을 전파하라. 나는 너희에게 그 어떠한 율법도 주지 않았다. 내가 너희에게 증명한 것 외에는 그 어떠한 율법도 더 이상 남아 있지 않으니, 계율에 얽매이지 말고 입법자들이 하는 것처럼 다른 계율을 만들거나 공표하지 마라. 그러지 아니하면 그것이 너희를 지배할 것이다."[3] (마리아 4:1-11)[4]

---

*   일부 신학자는 이 '힘들'을 '에너지', '기운', '세력' 등으로 번역한다.

여기서 그리스도가 말하는 것은 우리가 우리의 주권을 소유해야 한다는 것, 즉 어떻게 행동해야(또는 하지 말아야) 하는지 혹은 무엇을 해야(또는 하지 말아야) 하는지를 알려주는 로드맵을 외부의 권위에 의존하지 말라는 것이다. 우리 모두가 겪게 될 '승천'은 천국으로 올라가는 신나는 드라이브가 아니라 우리의 진정한 자아로 돌아가는 내적 여행이기 때문이다.

마리아는 신성의 체험을 정신이 아닌 마음으로 보고 아는 것, 다시 말해 우리 안의 신성하고 청렴한 무엇으로 이야기한다. 신성은 외부로부터 부여받는 것이 아니다. 하느님, 신성, 알라, 대자연, 가이아 등이 보편적 사랑의 에너지를 뭐라 부르든 그것은 곧바로 우리의 영혼이 된다. 이는 급진적인 생각이다. 왜냐하면 오늘날 (실제로는 4세기 기독교의 성문화와 더불어 시작하여) 우리가 흔히 '선함'이라 인식하는 것은 그저 외적 제약을 따르는 일일 뿐이기 때문이다. 그것은 학습된 행동이다. 어떻게 행동해야 하는지에 대한 생각에만 지나치게 매달린 나머지, 우리는 잘못된 주파수에 자신을 맞추며 진짜 자기 자신으로부터 멀어진다. '선해'지려는 노력이 역설적이게도 우리를 '선'으로부터 단절시키는 것이다.

마리아복음에서 마리아는 그리스도가 다음과 같이 말했다고 전한다(강조 표시는 내가 한 것이다). "*이 세상에 죄라는 것은 따로 없다. '죄'라 불리는 타락한* adultery** *본성에 따라 너희가 행동할 때 죄가 만들어지*

**　여기서의 'adultery'는 '간통하다'의 뜻이 아니다. 영국 성공회 사제 신시아 부조에 따르면, "이 형이상학 체계에서 'adulterous'가 갖는 주된 의미는 '정렬 상태에서 벗어났다'는 뜻이다."[5]

는 것이다. 자신의 근원을 향한 본성을 회복하기 위해 만물의 정수인 선이 너희 가운데로 들어온 이유도 그와 같다."⁶(마리아 3:3-6) 이것은 우리가 전 세계 강단에서 들어온 말, 양육 방식이 어떻든 우리 모두의 귀를 울려온 '예수는 우리의 죄를 위해 죽으셨다'는 후렴구에 대한 충격적 반박이다(참고로 예수는 결코 자신이 우리의 죄를 위해 죽는다고 말한 적이 없다.* 그것은 바울 같은 그의 제자들의 해석이었으며, 이후 정경이 되었다). 마리아복음에서 예수는 죄란 인간이 만들어낸 것이지 하느님이 명명한 것이 아니며 우리가 우리의 뿌리, 우리의 근원에서 벗어날 때 발생하는 것이라고 말한다.⁸

그리고 죄, 혹은 그리스도가 마리아복음에서 묘사한 '힘들'은 그 길에서 필연적인 저항의 지점들이다. 그 힘들은 우리로 하여금 그것들을 피하거나 지배하게 하려는 것이 아니라 그것들과 균형을 이루게 하기 위해 우리에게 닥쳐온다. 강력한 교육 도구이자 우리의 영혼을 위한 숫돌인 그것들은 우리가 자신이 누구인지를 이해하도록 자극한다.

복음서에서 마리아는 그리스도의 여정을 자세히 이야기한다. 그가 만나는 첫 번째 '힘'은 이집트에서 발견된 사본의 누락 페이지에 들어 있어 확인하기 어렵지만 두 번째 힘은 욕망, 세 번째 힘은 무지, 그리

---

* 프랑스 신학자 장-이브 를루Jean-Yves Leloup가 《막달라 마리아 복음서》에서 강조하듯, '죄' 자체에 관한 생각은 결코 완전히 이해된 적이 없다. "예슈아 시대에도 그 이후에도, 인간 본성 자체가 원죄에 물들었고 물질, 세상, 몸이 구원이 필요한 덫이라 믿는 사람들이 있었다." 이 생각은, 죄를 만든 것은 인간이고 우리는 구원이 필요한 상태로 태어나지 않았다는 마리아복음 속 예수의 말과 배치된다.⁷

고 네 번째 힘은 분노로 일곱 가지 형태를 취한다. "그 첫 번째 형태는 어둠이다. 두 번째 형태는 욕망, 세 번째 형태는 무지, 네 번째 형태는 죽음에 대한 열망, 다섯 번째 형태는 육신의 영역, 여섯 번째 형태는 육신의 어리석은 지혜, 일곱 번째 형태는 분노하는 지혜다."(마리아 9:18-26)[9] 신학자 장-이브 를루는 그리스도의 여정과 이 '기운'climate 을 흥미로울 정도로 깊이 있게 탐구하며,[10] 영혼이 소외되고 어딘가에 사로잡히는 것은 그리스도가 분노의 일곱 징후를 만난 '네 번째 기운'에서라 설명한다.[11] 슈마허와 나는 오랫동안 이 목록에 대해 긴 토론을 해왔고, 비록 일곱 가지 대죄만큼 깔끔해 보이지는 않을지라도 이 '일곱 형태'는 매우 세속적이고 공감이 가며 유용하다고 결론지었다. 마치 수천 년간 이어온 전달하기 게임처럼, 이 '일곱 형태'[12]는 점점 일차원적으로 축소되어 도덕으로 규정된 것처럼 보인다.

이것을 바꾸어 말하자면 다음과 같다(다음 페이지에 도표로 정리).

마리아복음이 이단으로 간주되어 파괴의 대상이 되어버린 탓에, 우리는 이런 복잡하고 미묘한 생각들을 본래의 맥락에서 이해할 기회 대신 폰티쿠스의 단순화한 공식과 외적 규범만을 얻게 되었다. 우리의 타고난 가치에 대한 이해 혹은 믿음과 짝을 이루면, 이들 일곱 형태는 내면의 여정과 그에 요구되는 지속적 조정 및 균형을 묘사하는 말이 된다. 이 확장된 생각을 살펴보면 여기에서 우리 자신도, 오늘날의 가장 중요한 여러 문제도 모두 찾을 수 있다. 예컨대 나태는 휴식을 꾸짖지만, 무지는 진실을 회피하거나 그것을 이해하지 않으려는 고집이 바로 죄임을 암시한다. 또 내가 가장 좋아하는 '어리석은 지혜'는 우리 자신에게도 다듬을 것이 차고 넘치는 마당이니 다른 사람들을 고치는

형태 1: 어둠 우리가 신성, 자연, 서로에게서 분리되었다고 느낄 때 나타난다. 불안, 그리고 자신을 다른 사람과 비교하는 것이 여기에 포함된다.	폰티쿠스가 '시기'로 환원하고 단순화함
형태 2: 욕망 를루는 이를 열망의 약간 더 음험한 형태인 '갈망'으로 정의한다. 이는 다른 사람에게 해를 끼치면서까지 '내 것을 얻고' 필요하거나 적절한 것 이상을 취하려는 욕구다. 권력을 향한 만족할 줄 모르는 욕망과 지배의 충동 또한 이에 포함된다.	폰티쿠스가 '탐욕'으로 환원하고 단순화함
형태 3: 무지 교육의 부족이 아니라 알지 않으려는 고의적 욕망, 즉 진실에 대해 불평하고, 징징거리고, 회피하고, 받아들이길 거부하는 행위에 관한 것이다.	폰티쿠스가 '나태'로 환원하고 단순화함
형태 4: 죽음에 대한 열망 육체와 그 필멸성에의 집착, 육신에 대한 지나친 집착에 대한 것이다. 오늘날의 문화에서 이는 개인의 수명에 대한 집착(안녕하세요, 바이오해커 여러분!)과 생존 및 안전에 대한 편집증적 집착으로 나타난다.	폰티쿠스가 '탐식'으로 환원하고 단순화함
형태 5: 육신의 영역 관계, 섹스, 관심에 대한 강박적 욕구와 더불어 외적 이미지에 대한 집착과 관련된다. 사물이 본래 모습이 아닌 다른 모습이길 바라는 것도 이에 포함된다.	폰티쿠스가 '정욕'으로 환원하고 단순화함
형태 6: 육신의 어리석은 지혜 종종 이타주의에 담긴 겸손과 확신으로, 다른 사람들에게 옳은 게 무엇인지를 자기가 안다고 생각하는 데서 나온다. 이는 우리가 다른 사람들의 결정과 삶을 통제하려 하거나, 자신의 문제를 해결하는 대신 다른 사람들을 '구원한다'고 주장할 때 나타난다.	폰티쿠스가 '교만'으로 환원하고 단순화함
형태 7: 분노하는 지혜 군중 심리, 그리고 정의라는 불완전하고 인간적인 생각을 광적으로 추구하는 모습에서 볼 수 있다. 이는 핍박과 십자가형으로 귀결된다.	폰티쿠스가 '분노'로 환원하고 단순화함

데 집중하지 말라고 경고한다. 이는 우리의 성취를 절대 자랑하지 말라는 꾸짖음보다 훨씬 강력하게 느껴진다.

만약 우리의 가장 인기 있는 종교가 마리아의 복음을 따른다면 세상은 과연 어떤 모습이 될까? 그리고 여성의 삶은 어떻게 나아질까? 이제 우리는 우리 문화가 번역한 일곱 가지 죄악의 멍에를 벗어던지고 그 끈적거리는 거미줄에서 빠져나와 우리 자신을 완전히 인간적이고, 이미 신성하며, 온전함으로 돌아가는 길에 있는 존재로 정확히 볼 수 있어야 한다.

환상을 벗어던지려면, 내가 되어야 한다고 생각하는 것이 아니라 지금 그대로의 내가 되려면 엄청난 *취약성*을 감당해야 한다. 지금껏 나를 포함한 많은 이들은 *부지런히 무언가를 하며* 삶을 살아왔다. 우리는 우리가 기대고 봉사하고 다독여줄 일자리, 멘토, 파트너, 친구를 구하느라 바빴기에 자기 자신으로부터 지지를 받는다는 게 어떤 것인지 이해할 필요가 없었다. 이런 낡은 구조와 관념을 버리고 자신의 주권, 평정심self-possession에 의존하기로 선택하는 것은 어려운 일이다. 이 내적 앎에 의지하며 우리에게 무엇이 옳고 무엇이 그른지를 가려내려면 엄청난 무조건적 믿음이 필요하다. 그러나 참된 길은 외적 규범에서 벗어나 내부의 나침반에 귀를 기울여야만 찾을 수 있다. 이것은 우리 각자가 걸어가야 하는 길이다. 우리는 문화적 프로그래밍의 층을 벗겨내야만 마침내 우리 자신을 있는 그대로 보고 들을 수 있다. 그 명확함과 진리와 선함의 자리에서 우리는 치유하고, 재정렬하고, 진화할 수 있다.

우리가 더 곧은 길을 걷기 위해서는 균형이 필요한데, 사실 이것은 문화적 의미가 이미 너무도 많이 내포된 단어다. 여성, 특히 어머니에게 균형을 말하는 순간 우리는 그가 몸서리치는 모습을 보게 될 것이다(우리의 생각은 일과 삶의 애매한 절충점을 향해 즉각 달려가기 바쁘다). 균형에 대한 우리의 이해는 환원적이다. 그것은 방정식, 상쇄, 수평 유지, 주는 대로 돌려받기, 가중 척도로 수렴된다. 하지만 우리는 다르게 생각하기 시작해야 한다. 균형을 정적인 교환 대신 적극적인 존재 상태로 만들어야 하고, 그리하여 균형을 달성하는 것이 아니라 균형을 잡아 나가는 일이 중심이 되어야 하는 것이다.

최근 나는 중독 전문가인 애나 렘키Anna Lembke 박사를 인터뷰했다. 그는 우리 모두가 다양한 물질 및 사물과 건강하지 못한 관계를 줄기차게 맺고 있다고, 또 그 힘겨움은 쾌락과 즉각적 만족을 위해 과도하게 설계된 사회에서 불가피하다고 믿는다.

그는 쾌락과 고통의 균형에 관한 비교적 새로운 과학적 발견에 관해 이야기했다. 이를테면 항상성은 우리가 속한 생물학의 필수 요소라서, 상처나 질병에서 치유되든 온도나 체액을 관리하든 몸은 자연스럽게 균형을 회복한다. 뇌 역시 필사적으로 균형을 찾는 듯한데, 놀라운 것은 쾌락을 처리하는 뇌 부분은 통증도 처리한다는 점이다. 설탕, 술, 마약, 비디오 게임, 섹스, 쇼핑 등 우리를 기분 좋게 하는 물질을 활용할 때 우리는 흥분을 경험하지만 이 모두는 일시적일 뿐이다. 이것들이 제공하는 쾌락은 영구적 상태가 아니다. 그렇기에 이러한 물질과 관계 맺은 직후의 몸은 중심으로 돌아가기를 원한다. 렘키의 설명에 따르면 이렇다. "이를 위해 몸은 반대쪽인 고통 쪽으로 똑같은 양만큼 기울여 균형을 잡아요. 영화나 책이나 비디오 게임이 끝날 때,

혹은 술이 깰 때 기분이 저하되는 순간이 그런 때죠. (…) 그 좋은 기분을 계속 누리고 싶지만 그럴 수 없는 순간인 것인데, 그때가 바로 균형추가 고통 쪽으로 기울어지는 순간이에요. 이때 우리가 충분히 기다리면 그 말썽쟁이 떼거리는 떠나고 균형이 다시 회복되죠."[13] 하지만 쾌락 버튼을 너무 세게, 너무 빨리 누르면 우리는 중독의 악순환에 갇혀버리고, 안도감을 좇지만 그것을 되찾기란 점점 어려워진다.

이 개념이 우리 문화에서 어떻게 작용하는지를 나는 안다. 우리는 권력, 지배, 자원 축적에 중독되어, 역설적이게도 고통만 가져다주는 쾌락 센터에 갇혀 있다. 우리의 무절제한 소비는 세상을 결국 우리 자신이 멸종하는 쪽으로 몰고 갈 것이다. 형평성의 결여, 특히 강력한 백인 남성의 지배는 파편처럼 계속 박힌 채로 우리를 고통의 악순환에 가둔다. 우리는 우리의 문제 많은 시스템과 구조에서 벗어나 재정비해야 한다는 것을 알지만 그 과정에서 무언가를 잃게 될 것이 두렵고, 균형을 맞추기 위해 중간으로 돌아가는 대응책이 아플까 두렵다. 그러나 결국 우리 중 많은 이들은 무언가를 포기해야 할 것이다. 우리 안의 어떤 부분은 죽어야 한다. 우리는 금단 현상을 겪고, 우리가 중독된 권력 구조가 모두에게 해롭다는 것을 인식해야 하며, 새로운 존재 모델에서 힘을 키우는 다른 방법을 찾아야 한다.

과도하게 사용해 키워진 주요 근육에 의존하는 것이 얼마나 쉬운지를 우리는 신체 활동을 통해 안다. 대퇴사두근이 정말 튼튼하다면 오금줄은 왜 두드리겠는가? 시간이 지남에 따라 이런 의존은 지속 불가능하고 자기파괴적이 된다. 우리 진화의 다음 단계, 즉 기술적으로 이룩한 진보를 따라잡기 위해 빠르게 진화해야 하는 이 단계에서는 지금까지 해온 방식으로 세상을 헤쳐 나갈 수가 없다. 때문에 우리는 새로운 방법, 새로운 유연성, 보다 안정적인 접근 방식을 개발해야만 한다. 그것이 우리 몸이 갈망하는 것이고, 우리가 연결된 방식이다. 그리고 그렇게 하기 위해서는 우리 자신에게 주의를 기울여야 한다. 세상의 균형을 다시 잡기 전에 내적 정렬의 길부터 걸어야 하는 것이다.

우리는 우리 스스로에 대한 책임을 져야 한다. 우리의 쓰레기를 볼 필요 없이 소비할 수 있다는 생각, 우리가 취하는 것이 다른 사람들이나 지구에 아무 부담도 주지 않는다는 생각을 버려야 한다. 우리 자신의 에너지와 그것이 세상에 퍼지는 방식에 책임을 져야 한다. 이런 집단적 지속 불가능성을 종식하는 대담함을 찾아야 하고, 그래야만 공유, 형평성, 양육, 공동 창조 및 공동체에 기반하는 보다 진정한 무언가가 나타날 수 있다. 자연 바깥이 아니라 자연의 일부인 우리 자리로 돌아가는 것은 마음을 비우고 놓아줄 때에만 가능하다. 그러면 우리는 밀물과 썰물의 순환, 계속해서 스스로 재설정하는 균형 잡기 과정을 허용하는 일이 어떤 것인지 기억해낼 수 있을 것이다. 균형 잡기는 저 바깥세상에서 시작되는 것이 아니다. 사회를 변화시키려면 우리 각자가 자신의 가정에서, 자기 자신에서부터 시작해야 한다.

그 일부로 우리는 여성적인 것을 다시 신성시하고, 여신의 죽음과 막달라 마리아의 격하, 어머니 지구의 예속이 우리에게 아무런 도움이 되지 않음을 인식해야 한다. 여기에 종교적 신념은 필요치 않다. 오직 필요한 것은 우리가 '남성스러움'과 그것의 진리, 질서, 방향 추구를 '여성스러움'과 그것의 창조성, 양육, 보살핌의 경향과 조화시키지 않는다면 세상의 균형을 다시 잡을 수 없으리라는 절대적 믿음뿐이다. 이 각각의 에너지는 *삶의 모든 영역에서, 우리가 밝히는 성별에 관계없이,* 우리 각자에게 매우 중요하다. 작업복과 육아복을 번갈아 입는 대신 우리의 장난스럽고 생성적이며 따뜻한 에너지를 일터로 가져가고, 우리의 지시와 조직화 에너지를 집으로 가져와야 한다. 거기서부터 우리는 날아오를 수 있다. 균형 잃은 새에 관한 체로키족Cherokee의 예언을 기억하라. 새의 두 날개가 완전히 펴지고 남성스러움과 여성스러움의 균형을 이루게 되면, 새에게선 선회를 멈추고 위로 날아오를 수 있게 하는 세 번째 힘이 나타난다. 자유는 온전함에서 나오는 것이다.

우리는 아직도 지속되고 있는 앞선 시기의 가부장적 관념을 거부해야 한다. 이 관념에서는 여성성이 통제되고 질식당하며, (백인) 남성의 지배를 보장하기 위해 여성의 권리는 제한되어야 한다. 다른 한편, 남성은 자신의 여성성이 드러나게 하고 남성성의 가장자리를 무디게 해야 한다. 외부의 권위, 그리고 억압과 복종을 강요하는 그 진부한 선에 대한 개념의 짐을 벗어 던질 수만 있다면 우리는 우리 안의 신적 자아가 알려주는 선을 발견할 수 있을 것이다. 이를 위해 예수, 예슈아, 부처, 야훼, 하느님, 알라 같은 외적 신성 개념은 필요치 않다. 오직 필요한 것은 우리 자신의 깊은 내적 앎에 대한 절대적 믿음뿐이다.

우리는 진정한 자기규정을 가로막는 도덕의 지도를 불태우고, 그 대신 욕망을 표현하고, 목적을 탄생시키고, 열정의 충만함을 표현할 공간을 자신과 서로에게 주어야 한다. 더불어, 타인에게 아무 해를 끼치지 않는데도 왜 다른 이들의 선택과 믿음을 왜 그토록 거세게 판단해대는지에 대해서도 검토해봐야 한다. 요컨대 우리는 우리 각자가 그림자도 빛도 되도록 허용해야 한다. 우리를 인간으로 만드는 것은 우리의 복잡성이기에.

우리가 어느 한 극단에 치우치지 않고 이런 양극성을 간직하기를. 우리의 재능을 발휘해 세상에 내놓을 준비가 되어 있기를. 경쟁보다는 교감을 통해 서로 바라보는 법을 배우기를. 우리 자신을 가볍게 판단하고 서로를 조금도 판단하지 않기를. 타인에게 상처 주는 방식으로 자신의 상처를 치유하기보다는 자신을 느끼는 일로 스스로 치유할 수 있기를. 삶의 전 흐름을 편안하게 받아들이고 자신의 모든 행동과 욕망에 책임질 수 있기를. 숨을 들이쉴 때 느꼈던 긴장감을 내쉴 때 해소하는 즐거움을 가지기를. 상실과 죽음을 받아들이는 법을 배워 삶을 붙잡을 수 있기를. 개인으로도 *그리고* 집단으로도 편안히 슬픔을 인정해서 기쁨도 온전히 누릴 수 있기를. 우리는 아직 길을 잃지 않았다. 다시 우리 자신을 되찾아 날개를 펼치고 집으로 날아가면 된다.

참고문헌

Atlas, Galit. *Emotional Inheritance: A Therapist, Her Patients, and the Legacy of Trauma*. New York: Little, Brown Spark, 2022.

Augustine. *Confessions*. Translated by R. S. Pine-Coffin. New York: Penguin, 1961.

Bader, Michael. *Arousal: The Secret Logic of Sexual Fantasies*. New York: Thomas Dunne Books, 2002.

Barr, Beth Allison. *The Making of Biblical Womanhood: How the Subjugation of Women Became Gospel Truth*. Grand Rapids, Mich.: Brazos Press, 2021.

Barstow, Anne. *Witchcraze: A New History of the European Witch Hunts*. New York: HarperOne, 1995.

Beard, Mary. *Women and Power: A Manifesto*. New York: Liveright, 2017.

Blumberg, Bruce. *The Obesogen Effect: Why We Eat Less and Exercise More but Still Struggle to Lose Weight*. New York: Grand Central Life and Style, 2018.

Bonanno, George. *The Other Side of Sadness*. New York: Basic Books, 2019.

Boorstin, Julia. *When Women Lead: What They Achieve, Why They Succeed, and How We Can Learn from Them*. New York: Avid Reader Press, 2022.

Boss, Pauline. *Ambiguous Loss: Learning to Live with Unresolved Grief.* Cambridge, Mass.: Harvard University Press, 1999.

———. *The Myth of Closure: Ambiguous Loss in a Time of Pandemic and Change.* New York: Norton, 2021.

Bourgeault, Cynthia. *The Meaning of Mary Magdalene: Discovering the Woman at the Heart of Christianity.* Boulder, Colo.: Shambhala, 2010.

Boushey, Heather. *Finding Time: The Economics of Work-Life Conflict.* Cambridge, Mass.: Harvard University Press, 2016.

Brackett, Marc. *Permission to Feel: Unblocking the Power of Emotions to Help Our Kids, Ourselves, and Our Society Thrive.* New York: Celadon, 2019.

Brown, Brené. *Atlas of the Heart: Mapping Meaningful Connection and the Language of Human Experience.* New York: Random House, 2021.

———. *Dare to Lead: Brave Work, Tough Conversations, Whole Hearts.* New York: Random House, 2018.

Burkeman, Oliver. Four Thousand Weeks: Time Management for Mortals. New York: Farrar, Straus and Giroux, 2021.

Calhoun, Ada. *Why We Can't Sleep: Women's New Midlife Crisis.* New York: Grove, 2020.

Campbell, Joseph. *Goddesses: Mysteries of the Feminine Divine.* Novato, Calif.: New World Library, 2013.

———. *The Hero's Journey: Joseph Campbell on His Life and Work.* Novato, Calif.: New World Library, 2003.

———. *The Power of Myth.* With Bill Moyers. New York: Anchor Books, 1991.

Chemaly, Soraya. *Rage Becomes Her: The Power of Women's Anger.* New York: Atria, 2018.

Chernin, Kim. *The Hungry Self: Women, Eating and Identity.* New York: Times Books, 1985.

———. *Reinventing Eve: A Modern Woman in Search of Herself.* New York: Perennial, 1987.

Chugh, Dolly. *The Person You Mean to Be: How Good People Fight Bias.* New York: Harper Business, 2018.

Cooper, Brittney. *Eloquent Rage: A Black Feminist Discovers Her Superpower*. New York: Picador, 2018.

Cottom, Tressie McMillan. *Thick: And Other Essays*. New York: New Press, 2019.

Darby, Seyward. *Sisters in Hate: American Women on the Front Lines of White Nationalism*. New York: Little, Brown, 2020.

Davis, Angela. *Women, Race and Class*. New York: Vintage, 1983.

Deer, Sarah. *The Beginning and End of Rape: Confronting Sexual Violence in Native America*. Minneapolis: University of Minnesota Press, 2015.

DeYoung, Rebecca Konyndyk. *Glittering Vices: A New Look at the Seven Deadly Sins and Their Remedies*. Rev. ed. Grand Rapids, Mich.: Brazos Press, 2020.

DiPrete, Thomas A., and Claudia Buchmann. *The Rise of Women: The Growing Gender Gap in Education and What It Means for American Schools*. New York: Russell Sage Foundation, 2013.

Doyle, Glennon. *Untamed*. New York: Dial Press, 2020.

Doyle, Sady. *Trainwreck: The Women We Love to Hate, Mock, and Fear...and Why*. Brooklyn, N.Y.: Melville House, 2016.

Ehrman, Bart. *Jesus, Interrupted: Revealing the Hidden Contradictions in the Bible (and Why We Don't Know About Them)*. New York: HarperOne, 2009.

———. *Misquoting Jesus: The Story Behind Who Changed the Bible and Why*. New York: HarperOne, 2005.

Eisler, Riane. *The Chalice and the Blade: Our History, Our Future*. 1987. Reprint, New York: HarperOne, 1995.

———. *Sacred Pleasure: Sex, Myth, and the Politics of the Body—New Paths to Power and Love*. New York: HarperOne, 1995.

Epstein, Mark. *Advice Not Given: A Guide to Getting over Yourself*. New York: Penguin, 2018.

———. *Open to Desire: The Truth About What the Buddha Taught*. New York: Gotham, 2005.

Evagrius Ponticus. *The Praktikos and Chapters on Prayer*. Translated with an introduction by John Eudes Bamberger. Trappist, Ky.: Cistercian Publications, 1972.

———. *Talking Back (Antirrhêtikos): A Monastic Handbook for Combating Demons*. Translated with an introduction by David Brakke. Collegeville, Minn.: Liturgical Press, 2009.

Fagan, Kate. *All the Colors Came Out: A Father, a Daughter, and a Lifetime of Lessons*. New York: Little, Brown, 2021.

Febos, Melissa. *Girlhood*. New York: Bloomsbury, 2021.

Federici, Silvia. *Witches, Witch-Hunting, and Women*. Oakland, Calif.: PM Press, 2018.

Finkel, Eli. *The All-or-Nothing Marriage: How the Best Marriages Work*. New York: Dutton, 2018.

Garbes, Angela. *Essential Labor: Mothering as Social Change*. New York: Harper Wave, 2022.

Gay, Roxane. *Bad Feminist: Essays*. New York: Harper Perennial, 2014.

———. *Hunger: A Memoir of (My) Body*. New York: Harper Perennial, 2017.

Gilligan, Carol. *In a Different Voice: Psychological Theory and Women's Development*. 1982. Reprint, Cambridge, Mass.: Harvard University Press, 1993.

———, and Naomi Snider. *Why Does Patriarchy Persist?* Medford, Mass.: Polity Press, 2018.

Gimbutas, Marija. *The Language of the Goddess: Unearthing the Hidden Symbols of Western Civilization*. New York: Harper and Row, 1989.

Gordon, Aubrey. *What We Don't Talk About When We Talk About Fat*. Boston: Beacon Press, 2020.

Gordon, James. *Transforming Trauma: The Path to Hope and Healing*. New York: HarperOne, 2021.

Gottman, John. *The Seven Principles for Making Marriage Work*. New York: Harmony, 2015.

Graeber, David, and David Wengrow. *The Dawn of Everything: A New History of Humanity*. New York: Farrar, Straus and Giroux, 2021.

Headlee, Celeste. *Do Nothing: How to Break Away from Overworking, Overdoing, and Underliving*. New York: Harmony, 2020.

———. *Speaking of Race: Why Everybody Needs to Talk About Racism—and How to Do It*. New York: Harper Wave, 2021.

Heuertz, Christopher. *The Sacred Enneagram: Finding Your Unique Path to Spiritual Growth*. Grand Rapids, Mich.: Zondervan, 2017.

Hill, Anita. *Believing: Our Thirty-Year Journey to End Gender Violence*. New York: Viking, 2021.

Hong, Cathy Park. *Minor Feelings: An Asian American Reckoning*. New York: One World, 2020.

hooks, bell. *All About Love: New Visions*. New York: William Morrow, 2001.

———. *The Will to Change: Men, Masculinity, and Love*. New York: Washington Square Press, 2004.

Hrdy, Sarah Blaffer. *Mothers and Others: The Evolutionary Origins of Mutual Understanding*. Cambridge, Mass.: Harvard University Press, 2009.

Huston, Therese. *How Women Decide: What's True, What's Not, and What Strategies Spark the Best Choices*. New York: Houghton Mifflin, 2016.

Jackson, Laura Lynne. *The Light Between Us: Stories from Heaven. Lessons for Living*. New York: Dial Press, 2016.

———. *Signs: The Secret Language of the Universe*. New York: Dial Press, 2019.

Katie, Byron. *Loving What Is: Four Questions That Can Change Your Life*. New York: Harmony, 2002.

Kay, Katty, and Claire Shipman. *The Confidence Code: The Science and Art of Self-Assurance—What Women Should Know*. New York: Harper Business, 2014.

Kerner, Ian. *So Tell Me About the Last Time You Had Sex: Laying Bare and Learning to Repair Our Love Lives*. New York: Grand Central, 2021.

Kimmerer, Robin Wall. *Braiding Sweetgrass: Indigenous Wisdom, Scientific Knowledge, and the Teachings of Plants*. Minneapolis, Minn.: Milkweed, 2013.

King, Karen L. *The Gospel of Mary of Magdala: Jesus and the First Woman Apostle*. Santa Rosa, Calif.: Polebridge Press, 2003.

Kushner, Harold. *When Bad Things Happen to Good People*. New York: Anchor, 1981.

Lamott, Anne. *Bird by Bird: Some Instructions on Writing and Life*. New York: Anchor, 1994.

Leloup, Jean-Yves, trans. (from the Coptic). *The Gospel of Mary Magdalene*. Preface by David Tresemer and Laura-Lee Cannon. Commentary by Jean-

Yves Leloup. English translation and notes by Joseph Rowe. Rochester, Vt.: Inner Traditions, 2002.

Lembke, Anna. *Dopamine Nation: Finding Balance in the Age of Indulgence*. New York: Dutton, 2021.

Lerner, Gerda. *The Creation of Feminist Consciousness: From the Middle Ages to Eighteen-seventy*. New York: Oxford University Press, 1993.

———. *The Creation of Patriarchy*. New York: Oxford University Press, 1986.

Lerner, Harriet. *The Dance of Anger: A Woman's Guide to Changing the Patterns of Intimate Relations*. New York: William Morrow, 2014.

Lesser, Elizabeth. *Broken Open: How Difficult Times Can Help Us Grow*. New York: Ballantine, 2004.

Lewis, C. S. *A Grief Observed*. New York: HarperOne, 1996.

Lieberman, Daniel. *Exercised: Why Something We Never Evolved to Do Is Healthy and Rewarding*. New York: Pantheon, 2020.

Long, Jeffrey. *Evidence of the Afterlife: The Science of Near-Death Experiences*. New York: HarperOne, 2010.

Lorde, Audre. *Sister Outsider*. New York: Penguin Classics, 2020.

Malkin, Craig. *Rethinking Narcissism: The Bad—and Surprising Good—About Feeling Special*. New York: Harper Wave, 2015.

Maltz, Wendy. *The Sexual Healing Journey: A Guide for Survivors of Sexual Abuse*. New York: William Morrow, 2012.

Manne, Kate. *Down Girl: The Logic of Misogyny*. New York: Oxford University Press, 2018.

———. *Entitled: How Male Privilege Hurts Women*. New York: Crown, 2020.

Maté, Gabor. *The Myth of Normal: Trauma, Illness, and Healing in a Toxic Culture*. With Daniel Matté. New York: Avery, 2022.

———. *Scattered Minds: The Origins and Healing of Attention Deficit Disorder*. Toronto, Ont.: Vintage Canada, 1999.

McGhee, Heather. *The Sum of Us: What Racism Costs Everyone and How We Can Prosper Together*. New York: One World, 2021.

McInerny, Nora. *It's Okay to Laugh: Crying Is Cool Too*. New York: Dey Street, 2016.

———. *No Happy Endings*. New York: Dey Street, 2019.

Meltzer, Marisa. *This Is Big: How the Founder of Weight Watchers Changed the World—and Me*. New York: Little, Brown, 2020.

Mitchell, Stephen. *Can Love Last? The Fate of Romance over Time*. New York: W. W. Norton, 2002.

Montagu, Ashley. *The Natural Superiority of Women*. Lanham, Md.: Altamira, 1999.

Mullainathan, Sendhil, and Eldar Shafir. *Scarcity: The New Science of Having Less and How It Defines Our Lives*. New York: Picador, 2013.

Murthy, Vivek. *Together: The Healing Power of Human Connection in a Sometimes Lonely World*. New York: Harper Wave, 2020.

Nagoski, Emily, and Amelia Nagoski. *Burnout: The Secret to Unlocking the Stress Cycle*. New York: Ballantine, 2019.

Neff, Kristin. *Fierce Self-Compassion*. New York: Harper Wave, 2021.

———. *Self-Compassion: The Proven Power of Being Kind to Yourself*. New York: William Morrow, 2011.

Newman, Joe. *Raising Lions*. Seattle, Wash.: CreateSpace Independent Publishing Platform, 2010.

Nhât Hanh, Thích. *Anger: Wisdom for Cooling the Flames*. New York: Riverhead, 2001.

Nordell, Jessica. *The End of Bias: A Beginning*. New York: Metropolitan Books, 2021.

Odell, Jenny. *How to Do Nothing: Resisting the Attention Economy*. Brooklyn, N.Y.: Melville House, 2019.

Orenstein, Peggy. *Girls and Sex: Navigating the Complicated New Landscape*. New York: Harper, 2016.

Pagels, Elaine. *The Gnostic Gospels*. 1979. Reprint, New York: Vintage, 1989.

———. *Why Religion? A Personal Story*. New York: Ecco, 2018.

Perel, Esther. *Mating in Captivity: Unlocking Erotic Intelligence*. New York: Harper Collins, 2006.

Pillay, Srini. *Tinker Dabble Doodle Try: Unlock the Power of the Unfocused Mind*. New York: Ballantine, 2017.

Price, Devon. *Laziness Does Not Exist*. New York: Atria, 2021.

Real, Terrence. *I Don't Want to Talk About It: Overcoming the Secret Legacy of Male Depression*. New York: Scribner, 1997.

———. *Us: Getting Past You and Me to Build a More Loving Relationship*. New York: goop Press, 2022.

Rediger, Jeffrey. *Cured: The Life-Changing Science of Spontaneous Healing*. New York: Flatiron, 2020.

Ripley, Amanda. *High Conflict: Why We Get Trapped and How We Get Out*. New York: Simon & Schuster, 2021.

Riso, Don Richard, and Russ Hudson. *The Wisdom of the Enneagram: The Complete Guide to Psychological and Spiritual Growth for the Nine Personality Types*. New York: Bantam, 1999.

Rosenberg, Marshall. *Nonviolent Communication: A Language of Life*. Encinitas, Calif.: Puddlejumper, 2015.

Roth, Geneen. *Women Food and God: An Unexpected Path to Almost Everything*. New York: Scribner, 2010.

Rowland, Katherine. *The Pleasure Gap: American Women and the Unfinished Sexual Revolution*. New York: Seal Press, 2020.

Saini, Angela. *Inferior: How Science Got Women Wrong—and the New Research That's Rewriting the Story*. Boston: Beacon Press, 2017.

———. *The Patriarchs: The Origins of Inequality*. Boston: Beacon Press, 2023.

Schuller, Kyla. *The Trouble with White Women: A Counterhistory of Feminism*. New York: Bold Type Books, 2021.

Schulte, Brigid. *Overwhelmed: How to Work, Play, and Love When Nobody Has the Time*. New York: Farrar, Straus and Giroux, 2014.

Shlain, Leonard. *The Alphabet Versus the Goddess: The Conflict Between Word and Image*. New York: Penguin Compass, 1998.

Simmons, Rachel. *Odd Girl Out: The Hidden Culture of Aggression in Girls*. New York: Mariner, 2002.

Slaughter, Anne-Marie. *Unfinished Business: Women Men Work Family*. New York: Random House, 2015.

Smith, Tiffany Watt. *Schadenfreude: The Joy of Another's Misfortune*. New York: Little, Brown Spark, 2018.

Solnit, Rebecca. *Men Explain Things to Me*. Chicago: Haymarket, 2014.

Taheripour, Mori. *Bring Yourself: How to Harness the Power of Connection to Negotiate Fearlessly*. New York: Avery, 2020.

Tatar, Maria. *The Heroine with 1,001 Faces*. New York: Liveright, 2021.

Taussig, Hal, ed. *A New New Testament: A Bible for the 21st Century Combining Traditional and Newly Discovered Texts*. 2013. Reprint, New York: Mariner, 2015.

Tolentino, Jia. *Trick Mirror: Reflections on Self-Delusion*. New York: Random House, 2019.

Tolman, Deborah. *Dilemmas of Desire: Teenage Girls Talk About Sexuality*. Cambridge, Mass.: Harvard University Press, 2002.

Traister, Rebecca. *Good and Mad: The Revolutionary Power of Women's Anger*. New York: Simon & Schuster, 2018.

Tuerkheimer, Deborah. *Credible: Why We Doubt Accusers and Protect Abusers*. New York: Harper Wave, 2021.

Twist, Lynne. *The Soul of Money: Transforming Your Relationship with Money and Life*. New York: W. W. Norton, 2003.

Valerio, Adriana. *Mary Magdalene: Women, the Church, and the Great Deception*. Translated by Wendy Wheatley. New York: Europa Editions, 2020.

van Schaik, Carel, and Kai Michel. *The Good Book of Human Nature: An Evolutionary Reading of the Bible*. New York: Basic Books, 2016.

Walker, Barbara. *The Crone: Woman of Age, Wisdom, and Power*. New York: HarperOne, 1985.

Washington, Harriet. *A Terrible Thing to Waste: Environmental Racism and Its Assault on the American Mind*. New York: Little, Brown Spark, 2019.

Watterson, Meggan. *Mary Magdalene Revealed: The First Apostle, Her Feminist Gospel and the Christianity We Haven't Tried Yet*. Carlsbad, Calif.: Hay House, 2019.

Watts, Alan. *The Wisdom of Insecurity: A Message for an Age of Anxiety*. New York: Vintage, 2011.

Weber, Max. *The Protestant Ethic and the "Spirit" of Capitalism and Other Writings*.

Translated and edited by Peter Baehr and Gordon C. Wells. New York: Penguin Classics, 2002. Weber's original work was published in 1905.

West, Lindy. *The Witches Are Coming*. New York: Hachette, 2019.

Wilkerson, Isabel. *Caste: The Origins of Our Discontents*. New York: Random House, 2020.

Williamson, Marianne. *A Return to Love: Reflections on the Principles of a Course in Miracles*. New York: HarperOne, 1992.

Wilson, E. O. *Sociobiology*. Cambridge, Mass.: Harvard University Press, 1975.

Woodman, Marion. *Addiction to Perfection: The Still Unravished Bride*. Toronto, Ont.: Inner City Books, 1982.

———. *Conscious Femininity*. Toronto, Ont.: Inner City Books, 1993.

———. *The Pregnant Virgin: A Process of Psychological Transformation*. Toronto, Ont.: Inner City Books, 1985.

———, and Elinor Dickson. *Dancing in the Flames: The Dark Goddess in Transformation of Consciousness*. Boulder, Colo.: Shambhala, 1996

Yeshua. *The Freedom Transmissions*. As channeled by Carissa Schumacher. New York: HarperOne, 2021.

들어가는 말

1 Ashley Montagu, *The Natural Superiority of Women* (Lanham, Md.: Altamira, 1999), 75–76.
2 E. O. Wilson, in James D. Watson and Edward O. Wilson, "Looking Back Looking Forward: A Conversation," moderated by Robert Krulwich, Harvard Museum of Natural History, Cambridge, Mass., September 9, 2009, https://hmnh.harvard.edu/file/284861.
3 Yeshua, Yeshua transmission in Utah, as channeled by Carissa Schumacher, October 2020.
4 Loretta Ross, "Calling in the Call-Out Culture," interview by Elise Loehnen, *Pulling the Thread Podcast*, September 23, 2021.

제1장_모든 것의 시작

1 David Graeber and David Wengrow, *The Dawn of Everything: A New History of Humanity* (New York: Farrar, Straus and Giroux, 2021), 21.

2   신석기시대 유적지에서 '비너스' 조각상이 헤아릴 수 없이 많이 출토된 것도 충분히 이해할 만하다. 이것들이 정확히 무엇인지—인형인지, 출산 부적인지, 여신인지—는 우리가 결코 알 수 없겠지만, 남성과 관계된 것은 확실히 아니다. 또한 이 조각상들이 신석기시대 사람들이 완전히 모계적이었다는 빅토리아 시대의 이론을 뒷받침했다는 점도 주목할 가치가 있지만, 이는 사실이 아니다(무엇보다 이 시기의 DNA 증거는 남성이 여성보다 더 잘 먹었음을 암시한다). 하지만 그렇다고 이 조각상들이 무언가를 강력히 말하지 않는다는 뜻은 아니다. 그레이버와 웬그로가 설명하듯, "오늘날 대부분의 고고학자들은 선사시대의 뚱뚱한 여성 이미지를 '다산의 여신'이라 해석하는 것을 매우 의심스럽게 여긴다. 그렇게 해석해야 한다는 생각은 '원시 모계사회'에 관한 낡은 빅토리아 시대의 환상의 결과다. 19세기에는 모계사회가 (그 뒤 청동기 시대의 억압적인 가부장제와는 대조적으로) 신석기시대 사회의 기본적인 정치 조직 방식으로 여겨졌던 것이 사실이다. 그 결과, 임신이 가능해 보이는 모든 여성의 형상은 여신으로 해석되었다. 오늘날 고고학자들은 많은 조각상이 그 지역의 바비 인형(여성의 아름다움에 대한 기준이 매우 다른 사회에서 가질 법한 종류의) 같은 것이었을 수 있다고 지적하는 경향이 더 많다. 또는 사람들이 왜 그렇게 많은 여성 형상을 만들었는지 우리는 알 수 없고 앞으로도 절대 모를 것이며, 따라서 어떤 해석도 신석기시대 아나톨리아 거주자에 관한 진실이라기보다는 여성이나 성별, 생식력에 관한 우리 자신의 가정을 투영한 것일 가능성이 더 높다고 주장함으로써 모든 논쟁을 묵살해버린다." Graeber and Wengrow, *Dawn of Everything*, 213. 신화학자 조지프 캠벨은 벌거벗은 이 조각상들의 모습이 많은 단서를 제공한다고 설명한다. "그녀의 몸은 그녀의 마법이다. 그것은 남성을 자극하는 동시에 모든 인간 생명의 그릇이기도 하다. 따라서 여성의 마법은 일차적이며 자연에 속한다. 반대로 남성은 항상 어떤 역할을 수행하고 무언가를 하는 것으로 표현된다." 그는 또한 선사시대 미술에서 여성은 아이를 남자로 '변신시키는 존재'transformer라는 위치를 차지한다고 설명한다. Joseph Campbell, *Goddesses: Mysteries of the Feminine Divine* (Novato, Calif.: New World Library, 2013), xiv.

3   역사에는 일부 모계사회만이 아니라 (잉글랜드의 여러 여왕을 포함해) 강력한 여성 지도자가 있었다는 증거가 존재한다. 테베는 기원전 754년부터 525년까지 공주들이 통치했으며, 하우데노사우니(이로쿼이), 호피, 줄루, 수마트라의 미낭카바우, 페루의 모체 등에서는 주로 여성 지도자가 부족을 이끌었다. 그레이버와 웬그로

는 미노스 크레타 문명과 그 강력하고 당혹스러운 역사에 대해 다음과 같이 설명한다. "지금까지 미노스 예술에서 가장 자주 묘사된 권위 있는 인물은, 어깨 위로 쭉 올라오면서도 가슴은 확 트인 대담한 무늬의 치마를 입은 성인 여성이다. 여성은 보통 남성보다 더 크게 묘사되며, 이는 그 일대 전체의 시각 전통에서 정치적 우월성의 표시다. 이 여성들은 크노소스의 주요 신전에 새겨진, 인장印章 속 지팡이를 휘두르는 '산의 어머니' 같은 명령의 상징물을 손에 쥐고 있다. 그들은 뿔 달린 제단 앞에서 다산 의례를 행하고, 왕좌에 앉고, 남자 지도자 없이 집회를 열며, 옆에 초자연적 생명체와 위험한 동물을 거느리고 등장한다. 반면 남성에 대한 묘사 대부분은 옷을 거의 입지 않았거나 나체인 운동선수의 모습(미노스 미술은 여성을 벌거벗은 모습으로 묘사하지 않는다), 또는 여성 고관 앞에 공물을 바치고 조아리는 모습이다. (…) 미노스 크레타 문명에서 얻을 수 있는 거의 모든 증거가 여성 통치 체제, 즉 사실상 여성 사제단이 통치하는 일종의 신권정치를 시사한다. 우리는 이렇게 질문할 수도 있을 것이다. 오늘날의 연구자들은 이러한 결론에 왜 그토록 저항하는 것일까? 그 원인 모두를 1902년에 '원시 모계사회' 지지자들이 과장된 주장을 했다는 사실 탓으로만 돌릴 수는 없다. 그렇다. 학자들은 여성 사제단이 통치한 도시의 전례는 민족지학 및 역사 기록에 없다고 말한다. 하지만 같은 논리로, 모든 시각적 재현이 여성 묘사인 남성 통치 왕국도 없기는 마찬가지라고도 지적할 수 있을 것이다. 크레타 문명에서는 분명 뭔가 다른 일이 일어났다."

Graeber and Wengrow, *Dawn of Everything*, 219 – 20, 380 – 81, 387, 435, 438.

4   '우리는 학문적 출입 금지 구역에 들어가 신석기시대 모계사회의 가능성에 대해 논한다'라는 소제목을 단 부분에서, 그레이버와 웬그로는 이 시기 학계에 만연한 여성혐오를 입증한다. "오늘날 그토록 논란거리가 된 생각은 '원시 모계사회'만이 아니다. 초기 농경사회에서 여성이 유난히 우월한 위치를 차지했음을 시사하는 일조차 학계의 질타를 불러일으킨다. 어쩌면 이는 그리 놀라운 일이 아닐 수도 있다. 1960년대 이래로 사회 반항자들이 수렵-채집 집단을 이상화하는 경향을 보였듯 이전 세대의 시인과 무정부주의자와 보헤미안 들은 신석기시대를 이난나, 이슈타르, 아스타르테, 데메테르 등의 전능한 먼 조상, 위대한 여신의 사제들이 다스리는 상상의 자애로운 신정국가로 이상화하는 경향이 있었기 때문이다. 다시 말해, 그런 사회가 대초원 지역에서 온 인도-유럽어를 사용하는 폭력적이고 가부장적인 기병들, 혹은 중동의 경우 사막에서 온 셈어를 사용하는 유목민들에게 제압당하기 전까지는 그랬다는 것이다. 사람들이 이 상상의 대결을 바라보

는 방식은 19세기 후반과 20세기 초반에 발생한 주요 정치 분열의 재료가 되었다. (…) 이처럼 선사시대를 명백히 공상적으로 읽어내는 일이 지나치게 정치화된 지난날 탓에 '원시 모계사회'라는 주제가 다음 세대에게 당혹스러운 것, 즉 지적 출입금지 구역이 된 것도 전혀 놀랍지 않다. 하지만 여기에선 뭔가 다른 일이 일어나고 있다는 인상을 피하기는 어렵다. 삭제의 정도는 이례적이었으며, 단순히 과장되거나 시대에 뒤떨어진 이론이란 의심으로 정당화할 수 있는 수준보다 훨씬 더 나아간 것이었다. 오늘날 학계에서는 원시 모계사회에 대한 믿음이 거의 '과학적 인종주의'와 비슷한 수준의 지적 범죄로 취급되며, 그 주창자는 역사에서 배제되었다. 예컨대 페미니즘 역사에서는 [마틸다 조슬린] 게이지[Matilda Joslyn] Gage가, 심리학 역사에서는 [오토] 그로스[Otto] Gross가 그렇게 되었다(내향성과 외향성 같은 개념을 창안하고, 프란츠 카프카Franz Kafka 및 베를린 다다이스트Berlin Dadaists에서 막스 베버에 이르는 모든 사람과 긴밀히 영향을 주고받으며 작업했음에도 말이다)."

Graeber and Wengrow, *Dawn of Everything*, 214–15.

5   Riane Eisler, *The Chalice and the Blade: Our History, Our Future* (1987; repr., New York: HarperOne, 1995), xxi. 그레이버와 웬그로는 스톤헨지나 괴베클리테페와 같은 고대 거대 유적지를 증거로 들며, 이곳은 사람들이 1년 중 남은 기간을 유목 생활로 돌아가기 전에 위계질서를 확인하며 일시적 축하 행사를 여는 장소라고 본다. "특별한 매장지와 기념비적 건축물이 있는 거의 모든 빙하기 유적지는 레비스트로스Levi-Strauss가 만났던 남비콰라족Nambikwara과 약간 비슷하게 살았던 사회, 즉 1년 중 어느 시기에는 수렵 집단으로 흩어지고 또 어느 시기에는 집중된 정착지에 다 함께 모이는 식으로 운영되었던 사회의 것이다. 물론 그들이 농작물을 심기 위해 모인 것은 아니다. 드넓은 후기 구석기시대 유적지는 오히려 이동과 털북숭이 매머드, 초원 들소, 순록 무리의 계절 사냥이나 계절 물고기잡이, 견과류 채집 등과 관련된다." Graeber and Wengrow, *Dawn of Everything*, 104.

6   Ashley Montagu, *The Natural Superiority of Women* (Lanham, Md.: Altamira, 1999), 69.

7   과학 저널리스트 앤절라 사이니Angela Saini는 2018년까지 차탈회위크 연구 프로젝트를 이끈 스탠퍼드대학의 고고학자 이언 호더Ian Hodder를 인터뷰했다. 호더는 그에게 이 사회가 "대단히 적극적인 평등주의 공동체"라 설명했다. 사이니는 다음과 같이 썼다. "남성과 여성이 다른 삶을 살았기 때문에 다른 음식을 먹고 결국 식습관이 달라졌다는 점은 고고학자들이 발굴하는 대부분의 유적지에서 발견

되었다.' 호더는 '그러나 차탈회위크에서는 그런 모습을 전혀 볼 수 없다. 그들은 식습관이 똑같다'라고 말한다." 인간 유골에서 채취한 다른 생물학적 측정 결과도 마찬가지로 차이가 없었다. 예컨대 호더의 팀은 남성과 여성 모두의 갈비뼈에 그을음이 있는 것을 발견했는데, 이는 아마 환기가 잘 되지 않는 작은 상자 같은 집에 실내 오븐을 두어 생긴 것일 가능성이 크다. 이것은 남성이 여성보다 실내에서 더 많은 시간을 보내지 않았음을 보여준다. 게다가 남성은 여성보다 평균적으로 키가 컸지만, 그 차이는 미미했다. Angela Saini, *The Patriarchs: The Origins of Inequality* (Boston: Beacon Press, 2023), 76.

8   Annalee Newitz, "What New Science Techiques Tell Us About Ancient Women Warriors," *New York Times*, January 1, 2021, https://www.nytimes.com/2021/01/01/opinion/women-hunter-leader.html.

9   Virginia Hughes, "Were the First Artists Mostly Women?," *National Geographic*, October 9, 2013, https://www.nationalgeographic.com/adventure/article/131008-women-handprints-oldest-neolithic-cave-art.

10 "약 1만 년 전 홀로세가 시작됐을 때, 세계의 거대한 강들은 대부분 여전히 거칠고 예측 불허였다. 그러다 약 7,000년 전 홍수 현상이 변하기 시작하면서 그 주기가 더 안정되었고, 덕분에 우리가 도시 문명과 연관 짓는 황하, 인더스, 티그리스 등의 강을 따라 매우 비옥한 범람원이 생겨났다." 그레이버와 웬그로는 또한, 어떻게 흑해 북쪽의 토양 형성이 지금의 우크라이나에 거대한 규모의 신석기시대 건축물—지금은 파괴되고 없지만—축조로 이어졌는지를 설명한다. Graeber and Wengrow, *Dawn of Everything*, 285, 290.

11 김부타스에 대한 그레이버와 웬그로의 탐구와 옹호가 나는 무척 마음에 든다. 그들은 여성혐오에 관해 이렇게 썼다. "많은 고고학자들과 역사학자들은 김부타스가 과학적 연구와 대중 문학 사이의 선을 흐려 놓았다고 결론지었다. 얼마 지나지 않아 김부타스는 증거 골라내기부터 방법론적 후진성, 역사별, '신화 만들기'에의 탐닉까지 학계가 할 수 있는 모든 비난을 다 받았고 심지어 공개적 정신분석이라는 극단적 모욕까지 당했다. 주요 학술지는 구유럽의 변질에 대한 그의 이론들이 기본적으로 자기 인생에서의 격동적 경험, 즉 제2차 세계대전이 끝날 무렵 외세의 침략을 받기 시작한 모국 리투아니아를 떠난 일을 환상적으로 투사한 것임을 시사하는 논문들을 실었다. 다행히 1994년에 세상을 떠난 김부타스 자신은 아마 이런 글의 대부분을 보지 못했을 테지만, 이는 그가 대답할 기회를 한 번도 갖지

못했다는 뜻이기도 하다. 아마 이들 비판 중 대부분은 진실을 포함하고 있었을 터다. 하지만 광범위한 역사적 주장을 하는 거의 모든 고고학자에 대해서도 이와 비슷한 비판을 할 수 있을 것이다. 김부타스의 주장은 일종의 신화 만들기와 관련됐는데, 학계가 그의 연구를 대대적으로 폄하한 것도 부분적으로는 이 때문이다. 하지만 남성 학자들이 비슷한 신화 만들기에 관여할 때—우리가 보아왔듯이 매우 흔하다—그들은 도전받지 않을 뿐 아니라 종종 권위 있는 문학상을 받고, 그들 이름을 딴 특별 강연을 요청받는다. 김부타스는 남성 작가들에 의해 완전히 지배되어온 (그리고 여전히 그러한) 거대 서사 장르에 관여해 꽤 의식적으로 전복하는 이라 여겨졌다. 하지만 그가 받은 것은 문학상도 아니었고, 심지어 고고학 분야에서 존경받는 이의 자리도 아니었다. 그것은 거의 보편적인 사후 비방이었으며, 더 나쁘게는 경멸적 무시의 대상이 되는 것이었다." Graeber and Wengrow, *Dawn of Everything*, 217-18.

12 앤절라 사이니에 따르면, "2017년 스탠퍼드대학과 웁살라대학의 연구자들은 유럽에 살았던 선사시대 사람들의 DNA를 조사한 논문을 발표했다. 여기서 그들은 후기 신석기시대와 초기 청동기시대에 초원 지대에서 들어와 퍼진 사람들의 이주 패턴에 뭔가 특이한 점이 있음을 시사했다. 그들은 '우리는 극적인 남성 편향을 추정한다'라면서, 여성 이주자 1인당 남성 이주자가 5~15인이었으리라 믿었다. 달리 말해, 이 여행을 한 사람들 대부분은 남자아이와 남성이었던 것으로 보였다." Saini, *The Patriarchs*, 91. 게다가 사이니는 군사역사학자 패멀라 톨러 Pamela Toler 의 증거를 인용하여, 비록 소수이긴 했으나 초원 출신의 여성들 또한 전투원이었음을 지적한다. "여성 전사에 대해 가장 오래된 고고학적 증거 중 일부는 조지아의 트빌리시 근처에 있으며 약 3,000년 전 것으로 추정되는, 무장한 세 여성의 무덤에서 나왔다고 톨러는 쓰고 있다. 그중 한 여성은 두개골에 화살을 맞고 죽었다." Saini, *The Patriarchs*, 89.

13 조지프 캠벨은 마리야 김부타스와 그의 작업에 의존하여 북쪽에서 유입된 민족을 탐구하지만, 남쪽에서 출현한 아카드인과 다른 셈족 부족들에 관한 생각도 이야기한다. 두 집단 모두 여신을 거부했다. Campbell, *Goddesses*, 57.

14 Marija Gimbutas, "The First Wave of Eurasian Steppe Pastoralists into Copper Age Europe," *Journal of Indo-European Studies*, no. 5 (Winter 1977): 297.)

15 이것의 한 흥미로는 예는 우루크(오늘날의 이라크)다. 그레이버와 웬그로는 "기원전 4세기 후반에 이르러서는 고도의 아크로폴리스가 형성되었고, 그중 많은 부분

이 여신 이난나에게 바치는 에안나Eanna(천국의 집)라는 이름의 공적 공간이 되었다. (…) 이 중 많은 부분이 추측에 불과하지만, 분명한 것은 나중에 상황이 확 변했다는 것이다. 기원전 3200년경 에안나 성소에 있던 원래의 공공건물이 파괴되어 잔해로 뒤덮였으며, 그 신성한 풍경은 문이 줄줄이 달린 안뜰과 지구라트를 중심으로 다시 설계되었다. 기원전 2900년경에는 경쟁 도시국가의 왕들이 우루크에 대한 패권을 두고 싸웠으며, 이에 대응하여 길이 9킬로미터의 성벽(그 건설은 나중에 길가메시의 공로가 된다)이 이 도시를 둘러쌌다. Graeber and Wengrow, *Dawn of Everything*, 305-6.

16 "다른 인간을 잔인하게 학대하고 자신의 의지에 반해 노동하도록 강요하는 일이 가능한 결정적 발명은 지배 대상이 되는 집단을 지배하는 집단과 완전히 다른 존재로 규정할 가능성이다. 당연히 그런 차이는 노예가 될 사람들이 다른 부족, 말 그대로 '남'others에 속할 때 가장 명백해진다. 하지만 이 개념을 확장하여 노예들을 인간이 아닌 노예로 만들려면 그런 명명이 실제로 효과가 있으리라는 사실을 알아야 했을 것이다. 우리는 정신 구조가 보통 현실 속 어떤 모델로부터 파생될 시 과거 경험의 새로운 질서로 구성된다는 것을 안다. 노예제도가 발명되기 전에 남자들이 할 수 있었던 그 경험은 자기 집단 내 여성들을 복종시키는 일이었다. 여성 억압은 노예제도보다 더 먼저 존재했고, 그럼으로써 노예제도를 가능하게 했다." Gerda Lerner, *The Creation of Patriarchy* (New York: Oxford University Press, 1986), 77-78.

17 이런 포획은 가부장제 이전부터 있었다. 그 증거는 잔혹한 학살에서 젊은 여성의 시신이 빠진 집단 매장지가 전 세계에 있다는 것으로, 이는 그들이 붙잡힌 뒤에 다른 사람들과 함께 살해당하지 않았음을 시사한다. 중석기시대 브르타뉴에서는 "인간 유골에서 (…) 젊은 여성의 식습관에서 육류 단백질의 수준이 두드러짐을 보여주는데, 이는 나머지 인구에서 해양 식품 섭취 수준이 높은 것과 대조된다. 이는(그때까지도 물고기가 아닌 육고기를 주로 먹고 있었던) 내륙 출신 여성들이 해안 집단에 합류한 것으로 볼 수 있다. 이것은 우리에게 무엇을 말해줄까? 이는 아마 여성들이 습격으로 포획되어 이송되었음을 시사하는 것일 수 있고, 이에 더해 수렵인들이 농업 공동체를 습격했다는 추정도 가능하다. 물론 전부 추측일 뿐이다." Graeber and Wengrow, *Dawn of Everything*, 261, 263.

18 "다른 경우에는 위대한 여신이 스스로 변신하게 되었다. 초기에는 여신의 속성이 모든 것을 포괄했다. 여신의 성은 출생, 죽음, 재생과 연결되었고, 그 힘은 선과

악, 삶과 죽음 모두에 행사되었으며 그 모습은 어머니 전사, 수호자, 지배적 남신과의 중재자의 모습을 띠었다. 나중에는 다양한 자질이 분화되어 별도의 여신들로 구현되었다. 전사로서의 모습은 사라졌는데 아마도 남신의 몫으로 격하된 듯하다. 치유자의 속성은 갈수록 점점 강조되는데, 이는 여신을 숭배하는 사회에서 변화된 성별 개념을 반영하는 것으로 보인다. 성애적 측면은 그리스 여신 아프로디테와 로마 여신 비너스에서 강조되었다. 치유자와 산모의 수호자로서의 성격은 아시리아의 밀리타와 그리스의 아르테미스, 에일레이티이아, 헤라로 구현되었다. 가나안의 아세라 숭배는 야훼 숭배와 수 세기 동안 공존했고 구약에서 종종 비난을 받는데, 이는 아마 여신의 출산의 수호자 역할 때문이었을 것이다. (…) 우리는 이 다산 및 여신 숭배의 지속을 남신 형상의 지배에 대한 여성들의 저항의 표현으로 여길 수 있다. 이 생각을 입증할 확실한 증거는 아직 없지만, 이런 여성 숭배의 지속을 설명할 다른 방법은 찾기 어렵다. G. Lerner, *Creation of Patriarchy*, 159.

19 "11세기까지만 해도 유럽 귀족 남성들에게 첩이 있었다는 사실을 고려할 때, 경쟁은 실재했고 귀족 여성들을 서로 분열시키는 경향이 있었다. 첩을 두는 것만이 아니라 남자가 하층 계급 여성과 간통하는 것도 아내의 경제적 안정에 위협이 되었다." Gerda Lerner, *The Creation of Feminist Consciousness: From the Middle Ages to Eighteen-seventy* (New York: Oxford University Press, 1993), 119.

20 Campbell, *Goddesses*, 135.

21 조지프 캠벨은 이 생각을 헨리 프랭크퍼트Henry Frankfort와 고대 사상에 관한 그의 책《철학 이전》Before Philosophy에서 얻었다고 말한다. Campbell, *Goddesses*, 15.

22 이 시대의 가장 강력한 지도자 두 사람—사르곤(기원전 2334~2279)과 함무라비(기원전 1792~1750)—이 성경의 두 핵심 지도자(각각 모세와 니므롯)의 기초가 되었다고 여겨진다. 함무라비 법전은 더할 수 없이 여성혐오적이며 중앙 아시리아 법전(기원전 1175년경)도 그에 못지않다. (…) 거다 러너가 설명하듯, "여성의 성적 종속은 초기 법전에 제도화되었고, 국가의 전권으로 집행되었다. 이 체제 속에서 여성의 협력은 다양한 수단에 의해 확보되었다. 이를테면 무력, 남성 가장에 대한 경제적 의존, 상류층의 순응적이고 종속적인 여성에게 부여되는 계급적 특권, 여성을 존경할 만한 부류와 그렇지 못한 부류로 인위적으로 나누기 등의 수단이었다." G. Lerner, *Creation of Patriarchy*, 9.

23 조지프 캠벨은 신념 구조가 이런 식으로 성문화될 때 단단히 굳어지고 마는 슬픈

현실을 표현한다. 그가 썼듯 "신은 계속해서 성장하거나 확장하거나 새로운 문화적 힘과 과학에서의 새로운 깨달음을 고려하지 않으며, 그 결과 우리 문화에서는 과학과 종교가 가상의 공간을 두고 갈등하게 되었다. 신화의 기능 중 하나는 그것이 우주가 신화적 깨달음의 담지자가 되도록 그 이미지를 제시하는 것이고, 이를 통해 우리가 어디를 보아도 마치 성상과 성스러운 그림을 보는 것 같고, 저 바깥만이 아니라 우리 안의 깊고 신비로운 차원으로 시공간의 벽이 열리도록 하는 일이다." 그런데 그리스와 인도 전통에는 정통을 결정할 수 있는 권위체가 없기에 이런 신화적 경험이 다양하다고 캠벨은 덧붙인다. Campbell, *Goddesses*, 107.

24 거다 러너가 썼듯 "성서의 저자들과 편집자들이 초기 수메르-바빌로니아, 가나안, 이집트의 문화 자료들을 각색하고 변형했으며, 성서의 서사에 이웃 민족들의 동시대 관례와 율법, 관습이 반영되었다는 것이 이제는 당연한 사실로 여겨진다." G. Lerner, *Creation of Patriarchy*, 161.

25 아브라함(기원전 1996~1821, 맞다. 175세까지 살았다)은 유일신교인 유대교, 기독교, 이슬람교의 아버지다. 그는 메소포타미아의 수도인 우르에서 태어났다. 전설에 따르면 그의 아버지는 우상 제작자였고, 아브라함은 유일신에 대한 헌신을 보이기 위해 그의 가게에 있는 우상을 딱 하나만 남기고 모두 깨뜨렸다. 아브라함은 평생 하느님과 여러 계약을 맺었는데, 하느님은 그에게 그의 백성이 400년 동안의 노예 생활 끝에 땅을 상속받을 것이라 말했다. 그는 아내 사라와 함께 애굽과 가나안 등 이곳저곳을 옮겨 다녔지만, 요약하자면 그는 사라의 시녀 하갈과의 사이에서 첫 아이 이스마엘을 얻었고(사라는 아이를 낳지 못했기 때문에 하갈을 가부장적 '재산'의 대안으로 제안했다), 그 뒤 사라가 90세에 둘째 아들 이삭을 임신했다. 히브리 전통과 무슬림 전통 모두는 아브라함을 조상으로 삼는다. 전자는 이삭을 아브라함의 적자로(그의 아들 이스라엘, 일명 야곱이 그 뒤를 잇는다), 후자는 이스마엘을 적자로 삼는다. 야곱, 이삭, 아브라함은 '족장 시대'the Patriarchal Age(기원전 2000년)의 '족장'으로 공식 분류된다.

26 구약에는 율법, 정확히 말해 613가지 조문mitvohs이 짜여 들어가 있다. 그중에는 잘 알려진 것(약자를 억압하지 말라)에서부터 일상적인 것(피부에 문신하지 말라), 그리고 난해한 것(옷자락에 술 장식을 달지 말라)에 이르기까지 다양하다.

27 조지프 캠벨은 다음과 같이 설명한다. "생명의 힘이 달이 그림자를 벗듯 뱀이 허물을 벗게 한다. 달이 그림자를 벗는 것이 다시 태어나기 위함이듯, 뱀이 허물을 벗는 것도 다시 태어나기 위함이다. 이 둘은 동일 상징물이다. (…) 우리가 물려받

은 성경 전통에서 생명은 부패하고, 모든 자연적 충동은 할례나 세례를 받지 않으면 죄가 된다. 뱀은 세상에 죄를 가져온 원흉이다. 그리고 여성은 남자에게 사과를 건넨 장본인이다. 이처럼 여성과 뱀을 죄와 동일시하고 따라서 생명을 죄와 동일시하는 것은 성경 신화 전체와 타락 교리에 받아들여진 왜곡이다. (…) 동산은 뱀의 장소이고, 이는 아주 오래된 이야기다. 무려 기원전 3500년경의 수메르 인장에 뱀과 나무와 여신이 나온다. 여신이 자신을 찾아온 남성에게 생명의 열매를 주는 모습이다. 아주 오래전의 여신 신화가 바로 거기에 있다." Joseph Campbell, *The Power of Myth*, with Bill Moyers (New York: Anchor Books, 1991), 52-55.

28 캠벨에 따르면 여성성이 타락의 원인으로 지목되는 것은 아이러니한데, 어떤 여신 신화도 분리를 가르치지 않기 때문이다. 그가 썼듯, "이 남성적인 셈족 신화를 통해 우리는 처음으로 개인과 신성의 분리를 경험하게 되었으며, 이는 신화 역사에서 가장 중요하고 결정적인 모티브 중 하나다. 영원한 생명과 우주의 하나 됨은 더는 우리 것이 아니게 된 것이다. 우리는 신과 분리되었고, 신은 그의 세계와 분리되었으며, 인간은 자연에, 자연은 인간에게 등을 돌렸다. 위대한 어머니 신화에는 이런 분리가 없다." Campbell, *Goddesses*, 86.

29 루치우스 아풀레이우스Lucius Apuleius(서기 124년 출생)가 썼듯, "나는 만물의 자연적 어머니, 모든 원소의 주인이자 통치자, 세계의 첫 자손, 신성한 힘의 우두머리, 지옥에 있는 모든 것의 여왕, 천국에 거하는 자들의 우두머리이며 모든 신과 여신의 한 형태 아래 홀로 현현된 존재다. 하늘의 행성들, 바다의 모든 바람, 지옥의 슬픈 침묵 모두가 나의 의지에 따라 움직인다. 나의 이름, 나의 신성은 온 세상에서 다양한 방식, 다양한 관습, 다양한 이름으로 흠모받는다. 모든 사람 중 첫째인 프리지아인들은 나를 페시누스의 신들의 어머니라 부른다. 자신의 땅에서 솟아난 아테네인들은 나를 세크로피아 미네르바라 부르고, 바다 가까이에 사는 키프로스인들은 파피우스 비너스, 화살을 쓰는 크레타인들은 딕티누스 디아나, 세 개의 언어를 사용하는 시칠리아인들은 지옥의 프로세르핀, 엘레우시스인들은 케레스라 부르며 동양에 사는 에티오피아인과 그 아침 태양빛에 영향 받은 에티오피아인 모두는 사람에 따라 주노, 벨로나, 헤카테, 람누시 등으로 부르기도 한다. 모든 고대 교리와 나를 경배하는 적절한 예식에 뛰어난 이집트인들은 나를 나의 진짜 이름, 여왕 이시스로 부른다." Campbell, *Goddesses*, 252.

30 캠벨은 여성이 생명을 표상하기에 희생양이 됨을 시사한다. "남자는 여자에 의해서가 아니고는 생명을 얻을 수 없으며, 따라서 우리를 이 반대 쌍과 고통의 세계

로 데려오는 것도 여성이다." Campbell, *Power of Myth*, 55.

31 기독교인은 세계 인구의 31.2퍼센트를 차지하는 반면 유대인은 0.2퍼센트에 불과하다. Conrad Hackett and David McClendon, "Christians Remain World's Largest Religious Group, but They Are Declining in Europe," Pew Research Center, Fact Tank, April 5, 2017, https://www.pewresearch.org/fact-tank/2017/04/05/christians-remain-worlds-largest-religious-group-but-they-are-declining-in-europe/.

32 "우리 손에는 원본이 없을뿐더러, 원본의 첫 번째 사본도 없다. 원본의 사본의 사본도, 원본의 사본의 사본의 사본도 없다. 우리 손에 있는 것은 훨씬 후대의 사본들이다. 대부분 수 세기가 지난 뒤 만들어진 사본들이다. 게다가 이들 사본은 수천 군데가 서로 다르다." 또한 구약은 본래 히브리어로, 신약은 헬라어로 기록되었으며, 둘 다 라틴어, 콥트어, 시리아어 등 다양한 언어로 번역됐다는 것을 기억하는 것도 중요하다. Bart Ehrman, *Misquoting Jesus: The Story Behind Who Changed the Bible and Why* (New York: HarperOne, 2005), 10.

33 막달라 마리아 등의 역사적 인물에 관해 훌륭한 책을 많이 쓴 캐런 킹Karen King 은 《프론트라인》Frontline에 간결한 개요를 썼다. Karen L. King, "Women in Ancient Christianity: The New Discoveries," *Frontline*, April 1998, https://www.pbs.org/wgbh/pages/frontline/shows/religion/first/women.html.

34 베드로를 첫 번째 사도라 부르는 데는 문제가 있다. 이는 사실이 아니기 때문이다. 종교학자 일레인 페이절스가 설명하듯, "거의 2,000년 동안 정통 기독교인들은 사도들만이 결정적인 종교적 권위를 갖고, 유일한 합법적 상속자는 그 사도들의 계승자로 임명받은 사제와 주교라는 견해를 받아들여왔다. 심지어 오늘날에도 교황은 '부활을 목격한 첫 증인'이기에 '사도들 중 으뜸'인 베드로를 자신의 최고 사제직 자격의 연원으로 여긴다." (…) 하지만 신약의 네 정경 복음서는 부활한 예수를 맨 처음 본 사람이 막달라 마리아임을 확인하고 있다. 그런데도 남자 제자들(특히 베드로)은 마리아가 그런 영광을 얻었다는 데 회의적인 반응을 보였다. 예컨대 마가는 이렇게 기록한다. "예수께서 안식 후 첫날 이른 아침에 살아나신 뒤 전에 일곱 귀신을 쫓아내어 주신 막달라 마리아에게 먼저 보이시니/마리아가 가서 예수와 함께하던 사람들이 슬퍼하며 울고 있는 중에 이 일을 알리매/그들은 예수께서 살아나셨다는 것과 마리아에게 보이셨다는 것을 듣고도 믿지 아니하니라"(마가 16:9-11) 내가 여기서 부분적으로 킹 제임스 버전의 성경을 사

용하는 이유는, 실제 많은 초기 사본들에 나타나지 않는 이 구절이 이 버전에 포함되어 있기 때문이다. 할 타우시그Hal Taussig는《새로운 신약성경: 전통적 텍스트와 새로 발견된 텍스트를 결합한 21세기 성경》A New New Testament: A Bible for the 21st Century Combining Traditional and Newly Discovered Texts을 편집했는데, 그가 열아홉 명의 영적 지도자와 함께 만든 이 버전은 영지주의 복음서를 다수 포함한 훨씬 포괄적인 신약 번역본임에도 이 구절을 포함하지 않았다. 하지만 킹 제임스 버전은 기독교인 대부분이 알고 읽은 성경 버전이다.

35 페이절스에 따르면, 막달라 마리아를 무시하고 폄하하는 태도는 예수가 살았고 죽은 것으로 추정되는 시기 이후 몇 세기 사이에 일어난 일과 일치한다. "그리스와 소아시아에서 여성은 남성과 함께 종교 의례, 특히 위대한 어머니와 이집트의 여신 이시스 숭배에 참여했다. 주도적 역할들은 남성의 전유물이었지만 여성도 봉사와 전문 직종에 참여했다. 일부 여성은 교육, 예술, 의료 같은 전문직에 종사했다. 이집트에서 여성은 기원후 1세기경에 사회적·정치적·법적으로 비교적 진보된 해방 상태에 도달했다." Pagels, *Gnostic Gospels*, 62.

36 순결을 중시하는 카타리파Cathari는 막달라 마리아를 숭배했으며, 종종 여성들이 지도자 역할을 맡았다. 그들은 종교재판의 첫 번째 표적이었다. Adriana Valerio, *Mary Magdalene: Women, the Church, and the Great Deception*, trans. Wendy Wheatley (New York: Europa Editions, 2020), 63.

37 "예수 자신이 글을 쓰지 않았기 때문에, 우리가 그린 모든 예수의 초상화는 초기 기독교인들의 관점을 반영한다. 18세기 말부터 역사가들은 이 초상화가 어떻게 발전했는지 물어왔다. 오랫동안 공들여 조사한 결과, 그들은 다음과 같은 그림을 만들었다. 즉, 예수는 기억되고 구전되는 몇 가지 말씀과 행동을 남겼다. 사람들은 그의 말씀과 행동을 모두 반복하지 않고 특히 기억할 만하거나 독특한 것, 무엇보다 초대 교회에서 설교하고, 가르치고, 의례로 삼을 만한 것 등 공동체 생활에 유용한 것만 반복했다. 예수의 비유와 말씀(격언이라 불리는)은 종종 너무도 파격적이고 신랄하며 기억에 남는 것이었기에 계속 반복되었다. 예컨대 '가난한 사람은 복이 있나니' 같은 말씀은 분명 사람들에게 충격적으로 다가왔을 것이다." Karen L. King, *The Gospel of Mary of Magdala: Jesus and the First Woman Apostle* (Santa Rosa, Calif.: Polebridge Press, 2003), 93-94.

38 영지주의 복음서와 막달라 마리아의 복음서를 보고 흥분하기 쉽다. 그러나 성공회 사제이자 작가인 신시아 부조는, 신약을 자세히 읽는 사람들은 막달라의 중요

성을 과소평가해선 안 됨을 알고 있다고 주장한다. 그는 "최근에 복원된 이 고대 문헌들이 막달라 마리아의 초상화를 중요한 방식으로 완성하는 것은 사실이다. 하지만 그것들은 사실 익숙한 정경 복음서들(마태, 마가, 누가, 요한)에 이미 들어 있는 그림과 전혀 모순되지 않는다. 설령 우리에게 이 네 가지 텍스트만 있다 해도, 그 안에는 막달라 마리아에 대한 사실을 완전히 수정하고도 남을 만큼의 자료가 있다. 문제는 정보 자체가 아니라, 우리가 그것을 듣고 처리하는 방식이다." Cynthia Bourgeault, *The Meaning of Mary Magdalene: Discovering the Woman at the Heart of Christianity* (Boulder, Colo.: Shambhala, 2010), 5.

39 Campbell, *Goddesses*, 16.

40 데이비드 브라케David Brakke 교수에 따르면 이런 책들은 꽤 흔했다. 그는 "개인적 학습, 연구, 자기계발 등 다양한 목적을 위해 고대인들은 기록된 작품에서 발췌한 선집을 만들었다. 기독교인들은 주로 변론을 위해, 그리고 그리스도론적·교회론적 주장을 옹호하고 도덕적 권고를 하며 덕을 장려하고 악덕을 억제하기 위해 성경에서 발췌한 선집이나 '증언집'을 만들었다."라고 설명한다. David Brakke, introduction to *Talking Back (Antirrhêtikos): A Monastic Handbook for Combating Demons*, by Evagrius of Pontus, trans. David Brakke (Collegeville, Minn.: Liturgical Press, 2009), 7.

41 Pope Gregory I, *Moralia on Job* 31.87, Lectionary Central, http://www.lectionarycentral.com/GregoryMoralia/Book31.html.

42 신약에 언급된 죄 많은 여인이 창녀라는 증거도 없다. 르루의 막달라 마리아복음 번역서 서문에서 데이비드 트레세머David Tresemer와 로라-레아 캐넌Laura-Lea Cannon은 다음과 같이 썼다. "교황 그레고리우스가 언급한 누가복음 구절에서 '죄인'으로 해석된 그리스 단어는 *harmatolos*였는데, 이 단어는 몇 가지 뜻으로 번역될 수 있다는 점이 흥미롭다. 유대인의 관점에서 볼 때 그것은 유대 율법을 어긴 사람을 뜻할 수 있다. 혹은 세금을 안 낸 사람을 뜻할 수도 있다. 이 말 자체가 매춘부나 창녀를 뜻하진 않는다. 누가복음의 다른 곳에서 사용된 헬라어 단어 *porin*(창녀)은 예수의 발치에서 우는 죄 많은 여인에게 사용된 단어가 아니다. 사실, 복음서 어디에서도 마리아가 창녀라고 직접 언급된 적은 없다." David Tresemer and Laura-Lea Cannon, preface to *The Gospel of Mary Magdalene*, translation from the Coptic and commentary by Jean-Yves Leloup, English translation and notes by Joseph Rowe (Rochester, Vt.: Inner Traditions, 2002),

xvi-xvii.

43 교황 그레고리우스 1세는 마리아에 대해 더 자세히 설명한다. "형제들이여, 이 여인이 이전에는 자기 몸에 향수를 뿌리기 위해 이 향유를 사용한 것이 분명한데, 이는 금지된 행동이었다. 그러므로 그는 전에는 더 수치스러운 방식으로 전시했던 것을 이제는 더 칭찬받을 만한 방식으로 하느님께 바치는 것이다." 얼마나 따끔한 말씀이신지! Quoted from King, *Gospel of Mary of Magdala*, 151.

44 Bourgeault, *Meaning of Mary Magdalene*, 22-23.

45 요한복음에서 그리스도는 승천하는 동안 마리아에게 "Noli me tangere"라고 말하는데, 이 말은 교부들이 라틴어로 번역한 것으로 "나를 건드리지 말라."는 뜻이다. 이는 막달라 마리아가 종교 예술에서 자주 재현되는 방식이다. 그가 참회하는 창녀로 추정되듯, 그리스도에게 매달리는 행위도 그리스도를 자신의 비천한 위치로 끌어내리려는 행위라 여겨진다. 하지만 일부 종교학자들은 이것이 헬라어 원문을 잘못 번역한 것이며, 실제로는 그가 중간 상태에 있을 때 그를 붙잡아서는 안 된다고 말하는 것이라 주장한다. 이들 신학자는 그리스도가 마리아에게 자신은 아직 귀향의 여정에 있다고 말하는 것이라 생각한다. 그러므로 그는 마리아를 꾸짖은 것이 아니라 그저 마리아에게 자신의 육신을 놓아주라고 말하는 것이다. 서문에서 트레세머와 캐넌은 이렇게 말했다. "이 단어들은 막달라 마리아가 여전히 자기 죄의 흔적을 갖고 있다는 확인으로 해석되었다. 다시 말해 어떤 사람들은 예수 그리스도의 말을 '나에게서 떨어져라, 더러운 여자여'로 해석한다. 실제로 'Noli me tangere'라는 문구가 새겨진 많은 조각상은 초월적 예수 그리스도와 그 밑에서 거부당한 채 수치심에 몸 둘 바 몰라 하는 여자를 묘사하고 있다. 하지만 마리아가 여전히 자신의 과거로 더럽혀져 있다면, 우리는 예수가 효과적 치유자가 아니었다는, 즉 마리아의 악귀를 제대로 깨끗이 씻어내지 못했다는 결론에 도달할 수밖에 없다. 헬라어 원문으로 된 그리스도의 말씀을 보면 그 의미는 조금 다르게 번역된다. 'Me mou aptou'는 '꽉 붙들다'라는 뜻의 동사 (h)aptein의 명령적 느낌을 사용한다. 그러므로 더 나은 번역은 '나를 붙잡지 말라' 혹은 '나에게 집착하지 말라'일 것이다." Tresemer and Cannon, preface to Leloup, *Gospel of Mary Magdalene*, xx.

46 이 일은 1215년 제4차 라테란 공의회에서 일어났다.

47 레너드 쉴레인 Leonard Shlain이 썼듯, "교황 그레고리우스 대제(590~604)는 골치 아픈 문제에 직면했다. 광대한 제국을 다스리는 대제사장으로서, 사람들이 글도

못 읽고 삽화도 금지된 사회에서 어떻게 기독교 교리를 전파할 수 있을까, 하는 문제. 교황은 수많은 엄격한 문자주의자들이 격렬히 반대했음에도 둘째 계명을 무효로 선언했다. 미래의 미술 애호가들이 얼마나 안도했을지. 교황은 '그림은 글을 읽을 수 있는 사람들에게 글이 하는 일을 문맹자들에게 해줄 수 있다'라고 말했다." Leonard Shlain, *The Alphabet Versus the Goddess: The Conflict Between Word and Image* (New York: Penguin Compass, 1998), 266.

48 앤 바스토Anne Barstow 교수는 《박해하는 사회》A Persecuting Society의 저자인 역사학자 무어R. I. Moore의 연구를 인용하면서 다음과 같이 썼다. "무어는 유럽 국가가 어떻게 박해 기관이 됐는지, 11세기와 12세기에 유럽 정부들이 어떻게 처음으로 이단자, 유대인, 나병 환자, 동성애자 등의 집단을 국가의 적으로 규정하고, 통치자들이 이들 집단을 파괴할 수 있도록 신화를 창조했는지 보여주었다. 그 뒤로 유럽에서 16세기와 17세기(마녀사냥), 20세기(홀로코스트)에 두 차례의 주요 박해 기간이 있었음을 관찰하면서 무어는 불관용이 '유럽 사회의 특성 중 하나가 되었으며' 이 프로그램을 처음 만들고 실행한 주체는 모두 일반인들이 아닌 통치자들이었다고 말한다. 요컨대, 유럽의 인종주의와 편견의 배후에 있는 주된 동기는 정치권력에 대한 욕망이었다. 희생자 중 누구도 강력한 적이 아니었지만, 그들은 정보가 자국민에게 강력한 무기를 사용할 구실이 되어주었다." Anne Llewe-llyn Barstow, *Witchcraze: A New History of the European Witch Hunts* (New York: HarperOne, 1995), 39.

49 이런 집착은 14세기와 15세기의 문학과 미술에서 분명하게 드러나는데, 특히 히에로니무스 보스Hieronymus Bosch 의 '일곱 가지 대죄 표'Table of Seven Deadly Sins (1505~1510)가 가장 잘 보여준다.

50 바스토가 리처드 던Richard Dunn 의 연구를 인용하는 부분을 보라. "1560년경 유럽이 인구 포화, 식량 부족, 폭주하는 인플레이션을 경험하기 시작했다는 점을 감안할 때, 유럽의 지배계급에겐 '빈곤, 질병, 범죄, 기근, 전염병, 전시대학살, 혁명 봉기 등 그들이 구제할 수 없는 온갖 사회적 재난의 영향을 완화하기 위한 희생양이 절실히 필요했다.' 던은 주로 경제적 접근법을 취하면서, '종교 전쟁 시대의 두드러진 현상 중 하나인 마녀 히스테리가 1560년에 시작된 것은 우연이 아니었다.'라고 결론짓는다. 다른 역사가들은 마녀사냥의 방아쇠로 절대주의 중앙 정부와 개혁 성향의 교회가 평민에게 가한 압력을 강조한다." Barstow, *Witchcraze*, 57.

51 "마녀사냥이란 이름에 걸맞은 이런 사냥은 중대한 법적 변화가 없었다면, 즉 세

속 법정이 종교재판 절차를 택하지 않았다면 일어날 수 없었을 것이다. 비밀 재판, 혐의의 출처 밝히지 않기, 변호인 고용 금지, 편견을 가진 출처의 증거 받아들이기, 반대 심문 생략, 확정되지 않은 선고 통과, 유죄 추정 등 이 모든 것은 이단으로부터 교회를, 마녀로부터 사회를 보호한다는 명목으로 정당화되었다. 검사이자 고해 사제로서 판사는 피고를 사탄의 추종자로 정죄하려 노력했으며, 이는 피고의 영혼을 구원하는 방식으로 이루어졌다. 하지만 자백을 강요하고 공모자의 이름을 대도록 하려 고문을 활용한 것이 종교재판 절차가 가져온 가장 영향력 있는 변화였음은 부인할 수 없는 사실이다." Barstow, *Witchcraze*, 49.

52 기록에 따르면 표적의 82퍼센트가 여성이었으나, 러시아와 같은 일부 국가에서는 남성이 더 많이 기소되었다(60퍼센트 대 40퍼센트). 하지만 러시아와 유럽 주변부 국가들에서는 마녀사냥이 거의 없었고, 대개는 신성로마제국의 중심부인 독일과 프랑스에 집중되었다. Barstow, *Witchcraze*, 75, 80.

53 Barbara Walker, *The Crone: Woman of Age, Wisdom, and Power* (New York: HarperOne, 1985), 30.

54 워커가 설명하듯, "기독교 이전 유럽에서는 마법, 예언, 치유, 다산, 출생, 죽음, 계절 의식, 성스러운 문학이 대체로 여성의 영역이었다. 가부장제가 지배하게 된 수 세기 동안 교회는 부권 사상에 따라 모권과 모계 유산 상속이라는 옛 제도에 반하는 새로운 법을 제정, 이교도에 의해 인정된 여성 가장의 재산을 빼앗아 남성의 손에 넘겨주었다. 예상할 수 있듯 여성들은 자신들에게 영적·경제적·사회적 명성을 안겨주었던 옛 관습을 종종 포기하지 않으려 했다. 그들 중 다수는 교회가 여성의 입지를 약화하고, 자신들의 신성한 노래와 이야기를 '늙은 아내의 이야기'라 조롱하며, 자신들의 신을 악마화하고, 자신들의 마법을 비난하며, 심지어 세상 모든 죄를 자신들 탓으로 돌리려 한다는 것을 깨달았다." Walker, *Crone*, 53. 한편 아이슬러는 다음과 같이 썼다. "이 세상은 '신의 사람들'이 자기 몸으로 생명을 잇는 인류의 절반이 육욕 및 죄와 관련된다고 선언하고, '마녀'가 '마법'을 부려(즉, 교회에서 훈련받고 면허를 받은 새로운 남성 의사들이 처방한, 출혈을 동반한 처치 등의 '영웅적' 치료법이 아닌 약초 같은 민간요법으로) 치유한다는 죄목으로 산 채로 화형에 처하는 세상이다. 그 세상은 절대적 교리나 전제적 권위에 감히 의문을 제기하는 '이단자'와 '반역자'가 끌려 나와 몸이 네 조각으로 잘리며 빵 한 덩이 훔치는 죄조차 사형에 해당하는 죄가 될 수 있는 세상, 사람들 대다수가 가난하고 더럽게 살며 지배계급은 금·은·기타 재물을 쌓아 놓고 있는 세상, '영적인' 사람들

은 이 모든 것을 참을성 있게 받아들여야 한다고 설교하면서 대신 내세에 더 나은 삶을 약속하는 세상이다." Riane Eisler, *Sacred Pleasure: Sex, Myth, and the Politics of the Body—New Paths to Power and Love* (New York: HarperOne, 1995), 154.

55 "〈말레우스 말레피카룸〉에 표현된 태도는, 독일인들이 어떻게 여성 인구의 상당 부분을 없애는 것을 정당화했는지 설명해준다. 독일인들이 여성을 기소하고 처형한 비율은 유럽 평균 수준이었다(각각 82퍼센트). 하지만 그들은 무려 3만여 명을 처형했기에 이는 곧 2만 4,600명의 여성을 죽였다는 뜻이며, 앞서 설명한 참상을 감안할 때 이것은 믿을 만한 수치다. 예컨대, 로텐부르크라는 한 도시에서는 1590년까지 적어도 150명의 여성이 처형되었는데, 그 뒤에는 더 참혹한 일이 벌어졌다." 바스토에 따르면 두 마을에는 각각 한 명의 여성만 남았으며, 라인강 유역의 어느 마을에서는 두 가구당 한 명이 죽임을 당했다고 한다. Barstow, *Witchcraze*, 62, 24.

56 Silvia Federici, *Witches, Witch-Hunting, and Women* (Oakland, Calif.: PM Press, 2018), 35, 40; Maria Tatar, *The Heroine with 1,001 Faces* (New York: Liveright, 2021), 121.

57 Federici, *Witches, Witch-Hunting, and Women*, 40.

58 Barstow, *Witchcraze*, 21.

59 G. Lerner, *Creation of Patriarchy*, 217.

60 Kate Manne, *Entitled: How Male Privilege Hurts Women* (New York: Crown, 2020), 7.

61 Lynne Twist, "The Soul of Money," interview by Elise Loehnen, *The goop Podcast*, May 30, 2019.

제2장_나태

1 Devon Price, *Laziness Does Not Exist* (New York: Atria, 2021), 106.

2 미국심리학회American Psychology Association에 따르면, 2017년에 여성은 (10점 만점에) 5.1점인 반면 남성은 4.4점이다. 2007년에는 6.3점 대 6.0점이었다. 이 모든 데이터 수치는 코로나 이전의 것이며, 그 이후에는 팬데믹의 영향을 평가하는 것이 주요 초점이었다. "Stress in America: Paying with Our Health," American Psychological Association, February 4, 2015, 11, https://www.apa.org/news/press/releases/stress/2014/stress-report.pdf. 2017년 데이터는 다음에

서 찾을 수 있다. "Stress in America: The State of Our Nation," American Psychological Association, November, 1, 2017, https://www.apa.org/news/press/releases/stress/2017/state-nation.pdf.

3   크리스틴 네프가 설명하듯, 자녀가 문제에 빠지지 않거나 행동을 개선하게끔 하기 위해 어머니 혹은 아버지가 비판을 사용하는 경우, 아이들은 비판이 유용하고 필요한 동기 부여 도구라고 생각하게 된다. Kristin Neff, *Self-Compassion: The Proven Power of Being Kind to Yourself* (New York: William Morrow, 2011), 25.

4   Kim Parker and Eileen Patten, "Caregiving for Older Family Members," Pew Research Center, January 30, 2013, https://www.pewresearch.org/social-trends/2013/01/30/caregiving-for-older-family-members/; "Volunteering in the United States: 2015," U.S. Bureau of Labor Statistics, press release, February 25, 2016, https://www.bls.gov/news.release/pdf/volun.pdf.

5   Celeste Headlee, *Do Nothing: How to Break Away from Overworking, Overdoing, and Underliving* (New York: Harmony, 2020), xiv.

6   Headlee, *Do Nothing*, 25.

7   복음주의 전통에서 자란 바는 목사인 남편이 여성도 남성에게 설교할 수 있게 해 달라고 요구한 뒤 장로들에게 해고되자 교회를 떠났다. 바는 상호보완론(남녀는 결혼, 가정 등에서 서로 다르지만 보완적 역할과 책임을 갖고 있다는 유일신교의 신학적 관점—옮긴이)에 관한 멋진 책을 썼다. 그는 상호보완론을 '기독교 가부장제' 또는 성경에 따라 남성은 가정의 머리이고 아내는 복종해야 한다는 생각이라 부른다. 바는 이것이 예수, 심지어 바울이 말한 것에서도 벗어난 것임을 지적하며 이렇게 썼다. "만약 가부장제가 신의 명령이 아니라 인간 죄의 결과라면? 가부장제가 신성하게 창조된 것이 아니라 타락 이후에야 창조 세계로 슬그머니 들어온 것이라면? 가부장제의 열매가 기독교 교회 안에서조차 그토록 부패한 이유는 가부장제가 항상 부패한 제도였기 때문이라면? 우리는 가부장제가 하느님에 의해 제정되었다고 가정하는 대신, 그것이 죄 많은 인간의 제작물은 아닌지 물어야 한다." 현대 복음주의 운동의 기반이기도 한 종교개혁을 두고 바는 그것이 여성들에게 끔찍했다고 설명한다. 가톨릭 전통에서의 여성은 처녀성을 옹호하고 수도원으로 갈 수 있었으며, 설교하는 것은 금지됐지만 신비주의자와 수녀로서 가르치고 인도할 수 있었다. 그가 썼듯 "여성은 늘 아내와 어머니였지만 아내와 어머니가 되는 것이 여성에게 '성스러움의 이데올로기적 시금석'이 된 것은 프로테스탄트 종

교개혁 이후였다. 종교개혁 이전에 여성은 자신의 성을 거부함으로써 영적 권위를 얻을 수 있었다. 처녀성은 여성에게 힘을 실어주었다. 여성은 수녀가 되어 종교 서약을 했으며, 시에나의 카타리나와 빙엔의 힐데가르트 같은 일부 여성들은 남성의 권위와 더불어 자신들의 목소리가 울려 퍼진다는 것을 알았다. 실제로 중세 여성은 결혼 상태에서 멀어질수록 신에게 더 가까워졌다. 하지만 종교개혁 이후로 프로테스탄트 여성에게는 그 반대가 사실이 되었다. 아내와 어머니로서의 정체성을 더 가깝게 여길수록 더 경건해진 것이다." Beth Allison Barr, *The Making of Biblical Womanhood: How the Subjugation of Women Became Gospel Truth* (Grand Rapids, Mich.: Brazos Press, 2021), 25, 102-3.

8   Max Weber, *The Protestant Ethic and the "Spirit" of Capitalism and Other Writings*, ed. and trans. Peter Baehr and Gordon C. Wells (New York: Penguin Classics, 2002). Weber's original work was published in 1905.

9   〈워싱턴 포스트〉에 따르면 "근로자 추적을 위한 도구를 사용하는 대기업 수는 팬데믹이 시작된 이후 두 배로 늘어나 60퍼센트에 달했다. 이 수치는 향후 3년 이내에 70퍼센트로 증가할 것으로 예상된다." Danielle Abril and Drew Harwell, "Keystroke Tracking, Screenshots, and Facial Recognition: The Boss May Be Watching Long After the Pandemic Ends," *Washington Post*, September 24, 2021, https://www.washingtonpost.com/technology/2021/09/24/remote-work-from-home-surveillance/.

10 "Occupational Employment and Wages: May 2021," U.S. Bureau of Labor Statistics, accessed July 29, 2022, https://www.bls.gov/oes/current/oes_nat.htm.

11 헤들리는 로라 밴더캠 Laura Vanderkam 의 연구를 인용한다. 밴더캠은 일주일에 60시간을 일한다고 공언한 여성들이 실제로는 일주일에 44시간을 일했다는 사실을 발견했다. Headlee, *Do Nothing*, 50.

12 엘리 핀켈 Eli Finkel 교수는 이성애 커플의 경우 주로 최근 수십 년 사이에 양육, 특히 어머니의 양육이 눈에 띄게 증가했다고 설명한다. "1965년에서 1990년대 초반까지 아버지들은 일주일에 4~5시간을 집중적인 양육 활동으로 보냈다. 그러다가 갑자기 아버지와 어머니 모두 그런 활동으로 보내는 시간을 급격히 늘렸다. 2008년까지 아버지의 경우엔 일주일에 8~10시간, 어머니의 경우엔 15~20시간에 이르렀다. 이런 현상은 교육 수준이 낮은 미국인들보다 높은 미국인들에게서

더 강하게 나타났는데, 이는 고등교육을 받은 부모가 특히 조직적인 활동, 언어 훈련, 적극적인 학교 참여를 통해 자녀의 발달을 촉진하는 '집중 양육'concerted cultivation 방식을 채택하는 경향이 있다는 사회학자 아네트 라루Annette Lareau의 주장과 일치한다." Eli Finkel, *The All-or-Nothing Marriage: How the Best Marriages Work* (New York: Dutton, 2018), 135. 철학자 케이트 만은 이 데이터에 집중하여, 맞벌이 이성애자 커플을 살핀 사회학자들의 작업을 인용한다. "더욱이, 이런 상황에 아버지들이 맡은 새로운 일의 상당 부분은 이를테면 아기와 놀아주는 일처럼 자녀와 관계를 맺는 비교적 '재미있는' 일이었다. 아버지들은 일주일에 평균 네 시간 동안 이 일을 한 반면, 같은 기간 동안 집안일에 쓴 시간은 5시간을 줄였다. 어머니들은 집안일 시간을 고작 한 시간 줄였고 기저귀 갈기, 목욕시키기 등의 돌봄 시간 15시간을 포함해 육아 노동 시간을 21시간가량 늘렸다." Kate Manne, *Entitled: How Male Privilege Hurts Women* (New York: Crown, 2020), 121. 전반적으로 보면 우리는 현재 집안일을 전보다 덜 하지만, 청결과 정리에 대한 기대치는 지난 90년 동안 급증했다. "역사학자 루스 슈워츠 카원Ruth Schwartz Cowan은 자신의 저서 《과학기술과 가사노동》More Work for Mother에서, 주부들이 세탁기나 진공청소기 같은 '노동 절약' 기기를 처음 사용하게 됐을 당시 전체 집안일 시간은 전혀 줄어들지 않았는데, 이는 청결에 대한 사회 기준이 혜택을 상쇄할 정도로 높아졌기 때문임을 보여준다. 이제 딱 한 번 입은 남편의 셔츠를 흠잡을 데 없는 상태로 되돌릴 수 있으니, 남편을 얼마나 사랑하는지를 보여주려면 그렇게 해야 한다는 생각이 들기 시작했다." Oliver Bur-keman, *Four Thousand Weeks: Time Management for Mortals* (New York: Farrar, Straus and Giroux, 2021), 42.

13 공동양육은 생물학자이자 저술가 에드워드 윌슨Edward Wilson이 만든 말이다. E. O. Wilson, *Sociobiology* (Cambridge, Mass.: Harvard University Press, 1975).

14 Sarah Blaer Hrdy, *Mothers and Others: The Evolutionary Origins of Mutual Understanding* (Cambridge, Mass.: Harvard University Press, 2009).

15 몬터규가 썼듯, "이전에는 남성의 전유물이었던 직업에서 처음으로 여성이 남성 대신 모집되었다. 여성은 버스 운전사, 기차 기관사, 트럭 운전사, 매표원, 공장 노동자, 농장 일꾼, 노동자, 감독관, 행정 장교, 군사 서비스 요원 등 사람들 대부분이 여성의 능력을 넘어서는 것이라 믿었던 수많은 분야의 직업인이 되었다. 처음에 그들은 여성들이 남성들만큼 일을 잘하지 못한다고 주장했다. 그러다가 여성들이 그렇게 나쁘지 않다는 것을 마지못해 인정했다. 전쟁이 끝날 무렵에는 많은

고용주가 여성 직원을 남성으로 교체하기를 꺼렸다!" Ashley Montagu, *The Natural Superiority of Women* (Lanham, Md.: Altamira, 1999), 54. 한편 엘리 핀켈 교수는 현대의 결혼과 그 진화에 관해 흥미로운 역사를 제시했다. 그는 제1차 세계대전 동안 여성들이 직업전선에 뛰어들었다는 이유로 애국자로 추앙받았고, 남성들이 귀향해 자신의 일자리를 되찾고 싶어 했을 때 분노에 직면한 사실에 관해 썼다. 대공황도 도움이 되지 않았다. 그러다 제2차 세계대전 이후인 1948년에 개정된 G. I. 법안이 통과되어, "결혼한 남성은 아내가 돈을 적게 벌거나 벌지 못하는 경우에만 상당한 세금 감면을 받을 수 있게 되었다. 보수적인 문화적 시대정신과 이런 정책들을 감안할 때, 여성 대부분이 가정 생활에서 성취감을 찾고, 대학에 입학한 여성의 60퍼센트가 결혼(이른바 결혼 학위)을 위해, 혹은 대학 학위가 결혼에 불리할 것이라는 두려움 때문에 졸업하지 않고 중간에 그만둔 것도 놀라운 일이 아닙니다." Finkel, *All-or-Nothing Marriage*, 60.

16 Brigid Schulte, "The Culture of Busyness," interview by Elise Loehnen, *The goop Podcast*, May 7, 2020.

17 Heather Boushey, *Finding Time: The Economics of Work-Life Conflict* (Cambridge, Mass.: Harvard University Press, 2016), 5-6.

18 Soraya Chemaly, *Rage Becomes Her: The Power of Women's Anger* (New York: Atria, 2018), 67-68.

19 Megan Brenan, "Women Still Handle Main Household Tasks in U.S.," Gallup, January 29, 2020, https:// news.gallup.com/poll/283979/women-handle-main-household-tasks.aspx.

20 Chemaly, *Rage Becomes Her*, 81.

21 Brigid Schulte, "Ending the Mommy Wars," interview by Elise Loehnen, *goop*, May 8, 2014.

22 Lee T. Gettler, Patty X. Kuo, Mallika S. Sarma, Benjamin C. Trumble, Jennifer E. Burke Lefever, and Julia M. Braungart-Rieker, "Fathers' Oxytocin Responses to First Holding Their Newborns: Interactions with Testosterone Reactivity to Predict Later Parenting Behavior and Father-Infant Bonds," *Developmental Psychobiology* 63, no. 5 (April 16, 2021): 1384-98, http://doi.org/10.1002/dev.22121.

23 Brad Harrington, Tina Tawler McHugh, and Jennifer Sabatini Fraone,

"Expanded Paid Parental Leave: Measuring the Impact of Leave on Work and Family," Boston College Center for Work and Family, 2019, https://www.bc.edu/bc-web/schools/carroll-school/sites/center-for-work-family/research/work-life-flexibility.html.

24 "Parental Leave Study," Deloitte, 2016, https://www2.deloitte.com/content/dam/Deloitte/us/Documents/about-deloitte/us-about-deloitte-paternal-leave-survey.pdf.

25 뛰어난 저서《필수 노동: 사회적 변화로서의 어머니 역할》Essential Labor: Mothering as Social Change(New York: Harper Wave, 2022)의 저자 앤절라 가버스Angela Garbes와 함께, 나는 내 팟캐스트에서 비키 및 돌봄 경제에 대해 긴 대화를 나누었다. Angela Garbes, "Understanding Essential Labor," interview by Elise Loehnen, *Pulling the Thread*, May 12, 2022.

26 Michaela Boehm, "An Introduction to Tantra," interview by Elise Loehnen, *goop* website, December 18, 2014, https:// goop.com/wellness/sexual-health/an-introduction-to-tantra/.

27 Sabino Kornrich, Julie Brines, and Katrina Leupp, "Egalitarianism, Housework, and Sexual Frequency in Marriage," *American Sociological Review* 78, no. 1 (2013): 26–50, https://doi.org/10.1177/0003122412472340.

28 Boehm, "Introduction to Tantra."

29 Headlee, *Do Nothing*, 105.

30 Headlee, *Do Nothing*, 98.

31 Srini Pillay, "The Power of the Unconscious Mind," interview by Elise Loehnen, *The goop Podcast*, December 18, 2018. 필레이는 또한 다음과 같은 책도 썼다. *Tinker Dabble Doodle Try: Unlock the Power of the Unfocused Mind* (New York: Ballantine, 2017).

32 Pillay, "Power of the Unconscious Mind."

33 M. Eskinazi and I. Giannopulu, "Continuity in Intuition and Insight: From Real to Naturalistic Virtual Environment," *Scientific Reports* 11, no. 1876 (2021), https://doi.org/10.1038/s41598-021-81532-w.

34 나는 스탠퍼드대학의 라파엘 펠요 박사Rafael Pelayo, MD와 함께 ADHD와 수면 장애에 대한 이야기를 나누었고, 너무도 흥미로운 책《호흡의 기술》을 쓴 저널리

스트 제임스 네스터James Nestor 와도 대화를 나눴다. 이 두 사람과의 인터뷰는 〈굽 팟캐스트〉The Goop Podcast에서 각각 2020년 7월 16일과 2020년 11월 12일에 이뤄졌다. ADHD에 관해 더 알고 싶다면 가보 마테가 쓴 다음 책도 추천한다. *Scattered Minds: The Origins and Healing of Attention Deficit Disorder* (Toronto, Ont.: Vintage Canada, 1999).

35 Montagu, *Natural Superiority of Women*, 46.

36 Thomas A. DiPrete and Claudia Buchmann, *The Rise of Women: The Growing Gender Gap in Education and What It Means for American Schools* (New York: Russell Sage Foundation, 2013). 유년기 내내 지능 및 기타 계산 능력에서 여자아이들은 남자아이들을 능가한다. 남자아이들이 그 격차를 해소하는 시기는 청소년기 때뿐인데, 부분적으로는 사회적 요인 때문일 것이다. 애슐리 몬터규는 외국어 학습부터 언어 기능, 코드 학습 테스트에 이르기까지의 모든 분야에서 여자아이들의 적성 향상에 관한 포괄적이고 놀라운 목록을 제공한다. Montagu, *Natural Superiority of Women*, 193–94. 이와 비슷하게, 영국의 국립 아동발달연구소National Child Development Study 가 반세기 동안 전 아동을 추적한 결과, 17세까지는 여자아이들이 테스트에서 약간 더 우수한 것으로 확인되었다. Satoshi Kanazawa, "Girls Are More Intelligent Than Boys," *Psychology Today*, October 3, 2013, https://www.psychologytoday.com/us/blog/the-scientific-fundamentalist/201010/girls-are-more-intelligent-boys. 한편 전 세계에서 여성은 고등교육 면에서 남성을 앞지르고 있다. 1970년에는 대학생 중 남학생 비율이 58퍼센트였지만 지금은 여학생이 56퍼센트다. National Center for Education Statistics, "Total Undergraduate Fall Enrollment in Degree-Granting Postsecondary Institutions, by Attendance Status, Sex of Student, and Control and Level of Institution: Selected Years, 1970 Through 2029," table 303.70, accessed February 8, 2022, https://nces.ed.gov/programs/digest/d20/tables/dt20_303.70.asp..

37 Claire Cain Miller, Kevin Quealy, and Margot Sanger-Katz, "The Top Jobs Where Women Are Outnumbered by Men Named John," *New York Times*, April 24, 2018, https://www.nytimes.com/interactive/2018/04/24/upshot/women-and-men-named-john.html.

38 더욱 심각한 것은 시간당 10달러 미만을 버는 700만 노동 인구 중 여성이 69퍼센

트를 차지한다는 사실이다. Jasmine Tucker and Kayla Patrick, "Low-Wage Jobs Are Women's Jobs: The Overrepresentation of Women in Low-Wage Work," National Women's Law Center, August 2017, https://nwlc.org/wp-content/uploads/2017/08/Low-Wage-Jobs-are-Womens-Jobs.pdf. 2018년 미국 인구조사국U.S. Census Bureau의 자료에 따르면 빈곤층의 56퍼센트는 여성이며, 모든 인종에 걸쳐 여성이 남성보다 더 가난하다. Robin Bleiweis and Alexandra Cawthorne Gaines, "Basic Facts About Women in Poverty," Center for American Progress, August 3, 2020, https://www.americanprogress.org/article/basic-facts-women-poverty/.

39 Julie Kashen and Amanda Novello, "How COVID-19 Sent Women's Workforce Progress Backward," Center for American Progress, October 30, 2020, https://www.americanprogress.org/article/covid-19-sent-womens-workforce-progress-backward/.

40 Megan Cassella, "The Pandemic Drove Women Out of the Workforce. Will They Come Back?," *Politico*, July 22, 2021, https://www.politico.com/news/2021/07/22/coronavirus-pandemic-women-workforce-500329.

41 Kathleen Gaines, "Male Nurses Earn $5,000 More per Year Than Female Nurses, Study Finds," Nurse.org, August 19, 2021, https://nurse.org/articles/gender-pay-inequality-in-nursing.

42 National Center for Education Statistics, "The Patterns of Teacher Compensation," January 1996, https://nces.ed.gov/pubs/web/95829.asp.

43 Henrik Kleven, Camille Landais, and Jakob Egholt Søgaard, "Children and Gender Inequality: Evidence from Denmark," *American Economic Journal: Applied Economics* 11, no. 4 (October 2019): 181–209, https://doi.org/10.1257/app.20180010.

제3장_시기

1 Brené Brown, *Atlas of the Heart: Mapping Meaningful Connection and the Language of Human Experience* (New York: Random House, 2021), 26, 29.

2 Lori Gottlieb, "Why You Should Follow Your Envy," interview by Elise Loehnen, *The goop Podcast*, June 20, 2019.

3   Glennon Doyle, *Untamed* (New York: Dial Press, 2020), 285.

4   Rachel Simmons, *Odd Girl Out: The Hidden Culture of Aggression in Girls* (New York: Mariner, 2002), 157.

5   Simmons, *Odd Girl Out*, 161.

6   Glennon Doyle, "When You Quit Being Good," interview by Elise Loehnen, *The goop Podcast*, March 5, 2020.

7   Anne Lamott, *Bird by Bird: Some Instructions on Writing and Life* (New York: Anchor, 1994), 120.

8   Gordon Marino, "The Upside of Envy," *New York Times*, May 4, 2018, https://www.nytimes.com/2018/05/04/opinion/upside-envy.html.

9   Carol Gilligan, *In a Different Voice: Psychological Theory and Women's Development* (1982; repr., Cambridge, Mass.: Harvard University Press, 1993), xxi.

10 Gilligan, *In a Different Voice*, x-xi.

11 Gilligan, *In a Different Voice*, 42.

12 Gilligan, *In a Different Voice*, 149.

13 Carol Gilligan and Naomi Snider, *Why Does Patriarchy Persist?* (Medford, Mass.: Polity Press, 2018), 7.

14 "건강한 저항과 정치적 저항에서 심리적 저항으로의 전환은 우리의 인터뷰 대화에서 '하지 말라'는 금지 명령의 등장으로 시사되었다. 이는 여자아이들의 경우엔 '나'와 '안다' 사이에, 남자아이들의 경우엔 '나'와 '신경 쓰다' 사이에 서도록 만든 내면화한 금지였다. 앎이 남자아이들에게, 신경 쓰기는 여자아이들에게 할당하는 이 성별 이분법의 내면화로 인해 일부 여자아이들은 사실 자기가 아는 것을 모르게 되고 일부 남자아이들은 사실 자기가 깊이 신경 쓰는 사람과 대상에 대해 신경 쓰지 않게 된다. 여성적인 자발적 침묵과 남성적인 무심함—모르기와 신경 쓰지 않기—으로의 이동은 관계에서의 위계를 세우는 데 필수적이다. 위계는 위에 있는 사람들의 공감력 상실과 밑에 있는 사람들의 자기확신의 상실을 요하기 때문이다. Gilligan and Snider, *Why Does Patriarchy Persist?*, 41.

15 Jia Tolentino, *Trick Mirror: Reflections on Self-Delusion* (New York: Random House, 2019), 129.

16 Marion Woodman, *The Pregnant Virgin: A Process of Psychological Transformation* (Toronto, Ont.: Inner City Books, 1985), 118.

17 Galit Atlas, *Emotional Inheritance: A Therapist, Her Patients, and the Legacy of Trauma* (New York: Little, Brown Spark, 2022), 240.

18 Kim Chernin, *The Hungry Self: Women, Eating and Identity* (New York: Times Books, 1985), 86.

19 엡스타인이 설명하듯 "욕망은 자아가 형성되는 도가니다. (…) 만약 자신의 욕망과 연결되지 않는다면 우리는 우리 자신이 될 수 없다. 이 사고방식에서 욕망은 우리의 활력이고, 우리 인간 경험의 필수 구성 요소이며, 우리에게 개성을 부여하는 동시에 자신에게서 벗어나도록 꾸준히 우리를 자극한다. 욕망은 우리가 처한 곤경의 광대한 예측 불가능성에 맞서 무언가에 도달하고자 하는 갈망이다." Mark Epstein, *Open to Desire: The Truth About What the Buddha Taught* (New York: Gotham, 2005), 9.

20 Lacy Phillips and Jessica Gill, "Episode 77: EXPLAINED A Deep Dive into Expanders," *The Expanded Podcast*, January 10, 2020. 레이시와 나는 확장과 선망에 관해서도 이야기를 나눴다. Lacy Phillips, "Manifesting What We Actually Want," interview by Elise Loehnen, *Pulling the Thread Podcast*, March 4, 2022.

제4장_교만

1 Arienne Thompson, "Anne Hathaway Finally Explains THAT Pink Oscar Dress," *USA Today*, October 9, 2014, https://www.usatoday.com/story/life/entertainthis/2014/10/09/anne-hathaway-finally-explains-that-pink-oscar-dress/77324896/.

2 Benjamin Lee, "Anne Hathaway: 'Male Energy Is Very Different from Toxic Masculinity,'" *The Guardian*, October 20, 2016, https://www.theguardian.com/film/2016/oct/20/anne-hathaway-male-energy-different-from-toxic-masculinity-colossal.

3 Matthew Belloni and Stephen Galloway, "THR's Actress Roundtable: 7 Stars on Nightmare Directors, Brutal Auditions, and Fights with Paparazzi," *Hollywood Reporter*, November 19, 2012, https://www.hollywoodreporter.com/movies/movie-news/anne-hathaway-amy-adams-marion-391797/.

4 Karina Longworth, "Oscars 2011: The Most Embarrassing Academy Awards Ever?," LA Weekly, February 27, 2011, https://www.laweekly.com/oscars-

2011-the-most-embarrassing-academy-awards-ever/.

5   Stephen M. Silverman, "No, Janet Won't Be at the Grammys, After All," *People*, February 4, 2004, https://people.com/awards/no-janet-wont-be-at-grammys-after-all/. 당시 팀버레이크는 다음과 같이 말했다. "내 인격이 의문시되는 것이 당혹스럽네요. 사실 나는 정말 좋은 한 해를 보냈어요. 특히 음악적인 면에서 그랬죠." Sarah Hall, "Janet Nixed from Grammys," *E! Online*, February 5, 2004, https://www.eonline.com/news/46775/janet-nixed-from-grammys.

6   이 순환에 대한 콘스턴스 그래디Constance Grady의 분석이 아주 좋았다. Constance Grady, "Anne Hathaway's Love-Hate-Redemption Publicity Cycle Is a Familiar (and Sexist) One," Vox, April 10, 2017, https://www.vox.com/culture/2017/4/10/15179082/anne-hathaway-publicity-cycle-hathahaters-jennifer-lawrence-taylor-swift.

7   Maureen O'Connor, "The Twenty Most Hated Celebrities: Why We Hate Them," *The Cut*, April 22, 2013, https://www.thecut.com/2013/04/20-most-hated-celebrities-why-we-hate-them.html.

8   Sady Doyle, *Trainwreck: The Women We Love to Hate, Mock, and Fear… and Why* (Brooklyn, N.Y.: Melville House, 2016), xviii.

9   Shonda Rhimes and Betsy Beers, "Shonda Rhimes and Betsy Beers on What Makes Partnerships Last," *Bridgerton: The Official Podcast*, May 27, 2021.

10 Evagrius Ponticus, *The Praktikos and Chapters on Prayer*, trans. John Eudes Bamberger (Trappist, Ky.: Cistercian Publications, 1972), 20.

11 언론인 캐티 케이Katty Kay 와 클레어 시프먼Claire Shipman 은 그들의 저서 《세계 최고의 여성들은 왜 자신감에 집중할까》에서 흥미로운 연구들을 소개하지만, 나는 그들이 여성에게 모든 책임을 지운다는 점에 공감하기 어려웠다. 마찬가지로 셰릴 샌드버그의 베스트셀러인 《린 인》 역시 직장 내 여성에게 중대한 기여를 했지만, 그럼에도 단순히 권력을 가진 위치에 여성이 있는 것만으로도 사회가 변할 것이라는 생각에는 문제가 있다는 점이 지난 몇 년 동안 입증되었다. 이 두 책 모두는 여성을 지나치게 정형화한다.

12 Victoria L. Brescoll, "Who Takes the Floor and Why: Gender, Power, and Volubility in Organizations," *Administrative Science Quarterly* 56, no. 4 (March

2012): 622-42, https://doi.org/10.1177/0001839212439994.

13 Christine Exley and Judd Kessler, "The Gender Gap in Self-Promotion," *Quarterly Journal of Economics* 137, no. 3 (August 2022): 1345-81, https://doi.org/10.1093/qje/qjac003.

14 Laura Guillen, "Is the Confidence Gap Between Men and Women a Myth?," *Harvard Business Review*, March 26, 2018, https://hbr.org/2018/03/is-the-confidence-gap-between-men-and-women-a-myth.

15 Arlan Hamilton, "Adapting Midsentence," interview by Elise Loehnen, *The goop Podcast*, July 7, 2020.

16 "나를 저택에 들이진 못하더라도 내가 끼니만큼은 절대 거르지 않게 해준 친구들이 있었다는 것을 인정하지 않을 수 없다. 게다가 나는 남동생과 어머니까지 계속 동반하고 다녔다. 그러니 오로지 나 혼자 이 일을 다 해낸 거라고는 할 수 없다. 사실상 그들도 같이 겪어낸 것이다. (…) 나를 믿어준 건 투자자들이었다. 또 창업자들은 비록 내가 자신들 회사에 돈을 투자하고 있는 사람이긴 하나 어쨌든 나를 자기들이 함께 가고 싶은 사람으로 믿어야 했다. 나는 자신들의 성공으로 돈을 버는 입장이니까. (…) 백스테이지 캐피털Backstage Capital 과 내가 운영하는 다른 회사들 내 팀원들의 공 또한 컸다. 그저 내가 진심으로 이해하고 믿는 무언가의 덕분이기도 하고. (…) 이런 과정을 겪는 이들은 분명 우리 중 많을 것이고, 특히 비현실적일 정도로 높은 기대를 받는 사람들은 다 그럴 것이다. (…) 그렇다면 이들 회사에서 얼마나 많은 사람이 일하고 있는지, 그들의 집안일은 누가 돌봐주는지에 관해 이야기해보도록 하자." Arlan Hamilton, "Adapting Midsentence," interview by Elise Loehnen, *The goop Podcast*, July 7, 2020.

17 Kimberly Weisul, "The Hype Has Always Been Ahead of Arlan Hamilton, and It Finally Caught Up," *Inc.*, March 20, 2019, https://www.inc.com/kimberly-weisul/backstage-capital-champion-under-represented-founders-pivots-hard.html.

18 Kate Fagan, *All the Colors Came Out: A Father, a Daughter, and a Lifetime of Lessons* (New York: Little, Brown, 2021), 95.

19 Ernesto Reuben, Pedro Rey-Biel, Paola Sapienza, and Luigi Zingales, "The Emergence of Male Leadership in Competitive Environments," *Journal of Economic Behavior and Organization* 83, no. 1 (June 2012): 111-17, http://

doi.org/10.1016/j.jebo.2011.06.016.

20 Craig Malkin, "What Does Healthy Narcissism Look Like?," interview by Elise Loehnen, *The goop Podcast*, April 21, 2020.

21 Craig Malkin, *Rethinking Narcissism: The Bad—and Surprising Good—About Feeling Special* (New York: Harper Wave, 2015), 9. 크리스틴 네프의 연구에 따르면 "대학 교수의 94퍼센트가 자기가 동료보다 더 잘 가르친다고 생각하고, 운전자의 90퍼센트가 자기가 다른 운전자보다 운전을 더 잘한다고 생각한다. 바로 얼마 전에 교통사고를 일으킨 사람들조차 자신이 운전을 아주 잘한다고 여긴다! 연구 결과를 보면 사람들은 자신이 다른 사람들보다 더 재미있고, 더 논리적이고, 더 인기 있고, 더 잘생겼고, 더 친절하고, 더 신뢰할 수 있고, 더 현명하고, 더 똑똑하다고 생각하는 경향이 있음을 알 수 있다. 아이러니하게도 사람들 대부분은 객관적으로 보는 능력 면에서도 자신이 평균 이상이라고 생각한다." Kristin Neff, *Self-Compassion: The Proven Power of Being Kind to Yourself* (New York: William Morrow, 2011), 19–20.

22 Malkin, *Rethinking Narcissism*, 9.

23 Terrence Real, *Us: Getting Past You and Me to Build a More Loving Relationship* (New York: goop Press, 2022), 72.

24 Malkin, *Rethinking Narcissism*, 19.

25 Yeshua, Yeshua transmission in Utah, as channeled by Carissa Schumacher, October 2020.

26 Robin Wall Kimmerer, *Braiding Sweetgrass: Indigenous Wisdom, Scientific Knowledge, and the Teachings of Plants* (Minneapolis, Minn.: Milkweed, 2013), 134.

27 Isabel Wilkerson, *Caste: The Origins of Our Discontents* (New York: Random House, 2020), 202–6.

28 Therese Huston, *How Women Decide: What's True, What's Not, and What Strategies Spark the Best Choices* (New York: Houghton Mifflin, 2016), 184–85.

29 Julia Boorstin, *When Women Lead: What They Achieve, Why They Succeed, and How We Can Learn from Them* (New York: Avid Reader Press, 2022), 204.

30 언론인 셀레스트 헤들리는 다음과 같이 썼다. "1970년대로 거슬러 올라가는 연구에서 과학자들은 남성이 여성보다 다른 사람 말을 방해할 가능성이 더 높다는 점을 일관되게 발견했다. 또 다른 연구에 따르면 회의에서 남성이 여성보다 더 자

주, 더 오래 말한다. 이는 온라인 토론과 화상 회의에서도 마찬가지다. 이런 결과는 상당히 우려스러운 것이었기에 2020년 초 소프트웨어 회사 베이스캠프Basecamp는 온라인 회의를 제한하고 서면 소통으로 전환했으나 남성이 더 많이, 다른 사람들에게 더 공격적으로 도전하는 식으로 쓴다는 사실만 알게 됐다. 지금은 이를 위한 앱이 나와 있어서, 공평한 소통에 관심 있는 기업(그리고 개인)은 우먼 인터럽티드Woman Interrupted라는 앱을 사용하면 된다. 이 앱은 대화를 분석하여 여성이 말할 때 남성이 얼마나 자주 끼어드는지를 추적한다." Celeste Headlee, *Speaking of Race: Why Everybody Needs to Talk About Racism—and How to Do It* (New York: Harper Wave, 2021), 131.

31 Glennon Doyle, "When You Quit Being Good," interview by Elise Loehnen, *The goop Podcast*, March 5, 2020.

32 Glennon Doyle, *Untamed* (New York: Dial Press, 2020), 288.

33 Kimmerer, *Braiding Sweetgrass*, 239.

34 Marianne Williamson, *A Return to Love: Reflections on the Principles of a Course in Miracles* (New York: HarperOne, 1992), 190 – 91.

제5장_탐식

1 Aubrey Gordon, *What We Don't Talk About When We Talk About Fat* (Boston: Beacon Press, 2020), 8.

2 A. Gordon, *What We Don't Talk About*, 5.

3 Aubrey Gordon, "After Years of Writing Anonymously About Fatness, I'm Telling the World Who I Am," *Self*, December 11, 2020.

4 A. Gordon, *What We Don't Talk About*, 77.

5 A. Gordon, *What We Don't Talk About*, 80.

6 Jessica Nordell, *The End of Bias: A Beginning* (New ork: Metropolitan Books, 2021), 194.

7 Bindra Shah, Katherine Tombeau Cost, Anne Fuller, Catherine S. Birken, and Laura N. Anderson, "Sex and Gender Differences in Childhood Obesity: Contributing to the Research Agenda," *BMJ Nutrition, Prevention, and Health* 3, no. 2 (September 9, 2020): 387 – 90, http://doi.org/10.1136/bmjnph-2020-000074.

8   A. Gordon, *What We Don't Talk About*, 25.

9   A. Gordon, *What We Don't Talk About*, 10.

10 Marlene B. Schwartz, Lenny R. Vartanian, Brian A. Nosek, and Kelly D. Brownell, "The Influence of One's Own Body Weight on Implicit and Explicit Anti-fat Bias," *Obesity* 14, no. 3 (March 2006): 440-47, http://doi.org/10.1038/oby.2006.58.

11 A. Gordon, *What We Don't Talk About*, 66. 우리는 일반적으로 자기 외모에 대해 상당히 비관적으로 평가하는 것 같다. 도브Dove 사가 2015년 전 세계에서 벌인 '아름다움을 선택하라' 캠페인에서는 우리 중 달랑 4퍼센트만이 자신을 '아름다운' 사람이라고 했다.

12 A. Gordon, *What We Don't Talk About*, 58.

13 N. A. Schvey, R. M. Puhl, K. A. Levandoski, and K. D. Brownell, "The Influence of a Defendant's Body Weight on Perceptions of Guilt," *International Journal of Obesity* 37 (January 8, 2013): 1275-81, https://doi.org/10.1038/ijo.2012.211.

14 John Cawley, "The Impact of Obesity on Wage," *Journal of Human Resources* 39, no. 2 (March 2004): 451-74, http://doi.org/10.2307/3559022.

15 매릴린 먼로의 식습관은 잡지 《페이전》Pagean 1952년 9월호에 실렸다. Ray Siegel, "For the Vegan Weary, Marilyn Monroe's Strange Diet and Exercise Routine," *CR Fashion Book*, December 22, 2019, https://crfashionbook.com/celebrity-a9146775-marilyn-monroe-diet/.

16 Rebecca Konyndyk DeYoung, *Glittering Vices: A New Look at the Seven Deadly Sins and Their Remedies* (Grand Rapids, Mich.: Brazos Press, 2020), 166.

17 Gina Kolata, "One Weight-Loss Approach Fits All? Not Even Close," *New York Times*, December 12, 2016, https://www.nytimes.com/2016/12/12/health/weight-loss-obesity.html.

18 Zachary J. Ward, Sara N. Bleich, Angie L. Cradock, Jessica L. Barrett, Catherine M. Giles, Chasmine Flax, Michael W. Long, and Steven L. Gortmaker, "Projected U.S. State-Level Prevalence of Adult Obesity and Severe Obesity," *New England Journal of Medicine* 381, no. 25 (December 19, 2019): 2440-50, http://doi.org/10.1056/NEJMsa1909301.

19 미국 암 협회American Cancer Society 는 "과체중 또는 비만은 분명 암에 걸릴 위험의

증가와 관련이 있다. 이 협회의 연구에 따르면, 과체중은 여성 암의 약 11퍼센트와 남성 암의 약 5퍼센트, 그리고 모든 암으로 인한 사망의 약 7퍼센트에 책임이 있는 것으로 생각된다."라고 주장한다. 여기서는 생각된다는 말이 중요해 보이며, 그들도 더 많은 연구가 필요하다고 결론짓는다. American Cancer Society, "Does Body Weight Affect Cancer Risk?," accessed February 11, 2022, https://www.cancer.org/healthy/cancer-causes/diet-physical-activity/body-weight-and-cancer-risk/effects.html. 다음은 암과 비만, 그리고 생존율에 관한 연구 중 하나다. Ngan Ming Tsang, Ping Ching Pai, Chi Cheng Chuang, Wen Ching Chuang, Chen Kan Tseng, Kai Ping Chang, Tzu Chen Yen, Jen Der Lin, and Joseph Tung Chieh Chang, "Overweight and Obesity Predict Better Overall Survival Rates in Cancer Patients with Distant Metastases," *Cancer Medicine* 5, no. 4 (April 2016): 665–75, https://doi.org/10.1002/cam4.634.

20 Daniel Lieberman, *Exercised: Why Something We Never Evolved to Do Is Healthy and Rewarding* (New York: Pantheon, 2020), 19.

21 블룸버그는 이런 환경 재앙이 대혼란을 일으키고 있는데, 우리는 이를 이제 막 알아차리기 시작했을 뿐이라고 생각한다. 이 연구실에서 연구자들은 '내분비 교란 화학물질'EDC이 우리 몸에 미치는 장기적 영향을 연구하는데, 체중 감소를 막고 비만을 촉진하는 능력 때문에 이 화학물질을 그는 비만 유발 물질이라 부른다. 드물긴 하지만 이런 영향은 때때로 후대에서 나타나기도 한다. 우리 몸에는 이런 물질이 많다. 미국에서는 안전성 연구가 이뤄지지 않은 화학물질의 사용도 주먹구구식으로 허용된다. 이는 미국 환경보호국에 등록된 8만 4,000여 개의 비규제 화학물질이 우리 동의 없이 음식과 우리 주변에 사용되며, 강력한 로비스트의 보호 하에 있음을 의미한다. 환경과 인간과 동물의 건강을 두고 무죄 추정의 원칙을 사용하는 것이다. 이들 화학물질은 해를 끼친다는 것이 명백해질 때에야 사용이 금지되고, 그런 때에조차도 식품에는 여전히 많은 화학물질이 남아 있다. 인간에게 화학물질의 독성 여부를 실험하는 것은 비윤리적이다. 그런데 후속 효과에 대한 이해도 없이 환경에 화학물질을 풀어놓는 것은 희한하게도 괜찮다는 것이다. EDC의 영향에 관해 블룸버그 등의 과학자들이 했던 연구는 그 범위와 파급효과 면에서 충격적일 정도다. 알려지지 않은 다른 효과들 외에도, 그들이 발견한 것들은 우리가 미래 세대를 비만에 중독시킬 가능성이 있으며, 그들이 체육관에서 얼

마나 달리든 얼마나 식사를 조심스럽게 하든 늘어나는 뱃살과 싸울 기회가 없을 것임을 시사한다. 한번 생각해보라. 블럼버그의 동료 마이크 스키너Mike Skinner 박사는 널리 사용되고 독성이 매우 강한 살충제 DDT(그리고 EDC)를 살펴보았다. 그것을 쥐에게 주입하니, 처음 두 세대는 예상대로 선천적 결함이 있었지만 체중은 정상이었다. 그런데 3세대에 와서는 50퍼센트가 비만이었다. 블럼버그는 다음과 같이 설명한다. "마이크는 머릿속에 있던 점들을 연결하기 시작했다. 지난 수십 년 동안 미국 성인의 비만율이 눈에 띄게 증가한 사실과 1950년대와 1960년대에 임신한 여성 중 DDT에 노출되지 않은 사람은 아마 없으리라는 사실을. 1950년대에 무언가에 노출된 것은 과연 오늘날 성인 비만의 만연과 어떤 관련이 있을까?" Bruce Blumberg, *The Obesogen E.ffect: Why We Eat Less and Exercise More but Still Struggle to Lose Weight* (New York: Grand Central Life and Style, 2018), 85 – 86.

22 Blumberg, *Obesogen E.ffect*, 12.

23 Centers for Disease Control, "Body Measurements," accessed February 11, 2022, https://www.cdc.gov/nchs/fastats/body-measurements.htm.

24 전 세계 체중 감량 및 체중 관리 다이어트 시장의 규모는 2027년까지 2,953억 달러에 이를 것으로 예상된다. Himanshu Vig and Roshan Deshmukh, "Weight Loss and Weight Management Diet Market by Prod- uct Type (Better-for-You, Meal Replacement, Weight Loss Supplement, Green Tea, and Low-Calorie Sweeteners) and Sales Channel (Hypermarket/Supermarket, Specialty Stores, Pharmacies, Online Channels, and Others): Global Opportunity Analysis and Industry Forecast, 2021 – 2027," Allied Market Research, May 2021, https://www.alliedmarketresearch.com/weight-loss-management-diet-market; Julie Bryant, "Fat Is a $34 Billion Business," *Atlanta Business Chronicle*, September 24, 2021, https://www.bizjournals.com/atlanta/stories/2001/09/24/story4.html; Stefano DellaVigna and Ulrike Malmendier, "Overestimating Self-Control: Evidence from the Health Club Industry," Stanford GSB Research Paper No. 1880, October 2002, http://dx.doi.org/10.2139/ssrn.347520.

25 A. Gordon, *What We Don't Talk About*, 145. 체중, 낙인 그리고 그것이 건강에 미치는 후속 영향과 관련해선 많은 연구가 있다. 다음을 참조하라. Rebecca M. Puhl and Chelsea A. Heuer, "Obesity Stigma: Important Considerations for

Public Health," *Journal of Public Health* 100, no. 6 (June 2010): 1019–28, https://doi.org/10.2105/AJPH.2009.159491.

26 Marisa Meltzer, *This Is Big: How the Founder of Weight Watchers Changed the World—and Me* (New York: Little, Brown, 2020), 141.

27 Traci Mann, Janet Tomiyama, Erika Westling, Ann-Marie Lew, Barbra Samuels, and Jason Chatman, "Medicare's Search for Effective Obesity Treatments: Diets Are Not the Answer," *American Psychologist* 62, no. 3 (2007): 220–33, https://doi.org/10.1037/0003-066X.62.3.220.

28 Geneen Roth, *Women Food and God: An Unexpected Path to Almost Everything* (New York: Scribner, 2010), 29.

29 Rachel Simmons, *Odd Girl Out: The Hidden Culture of Aggression in Girls* (New York: Mariner, 2002), 164–65.

30 Pythia Peay, "A Meeting with Marion Woodman," *The San Francisco Jung Institute Library Journal* 11, no. 1 (1992).

31 Roth, *Women Food and God*, 148.

32 Child Welfare Information Gateway, "Adverse Childhood Experiences (ACEs)," U.S. Department of Health and Human Services, accessed February 11, 2022, https://www.childwelfare.gov/topics/preventing/overview/framework/aces/.

33 Roxane Gay, *Hunger: A Memoir of (My) Body* (New York: Harper Perennial, 2017), 13.

34 James Gordon, *Transforming Trauma: The Path to Hope and Healing* (New York: HarperOne, 2021), 137.

35 Cynthia R. Bulik and Lauren Reba-Harrelson, "Three Out of Four American Women Have Disordered Eating, Survey Suggests," *ScienceDaily*, April 23, 2008, www.sciencedaily.com/releases/2008/04/080422202514.htm.

36 Gay, *Hunger*, 148.

37 Roth, *Women Food and God*, 176–77.

제6장_탐욕

1 John Eudes Bamberger, introduction to *The Praktikos and Chapters on*

Prayer, by Evagrius Ponticus (Trappist, Ky.: Cistercian Publications, 1972), xxxix.

2   Bamberger, introduction to *Praktikos*, xliii.

3   Evagrius Ponticus, *Praktikos*, 17.

4   Pope Gregory I, *Moralia on Job* 31.88, Lectionary Central, http://www.lectionarycentral.com/GregoryMoralia/Book31.html.

5   hilip Pullella, "Vatican Releases Financial Figures, Promises Transparency," Reuters, October 1, 2020, https://www.reuters.com/article/us-vatican-finances/vatican-releases-financial-figures-promises-transparency-idUSKBN26M5XD.

6   Hal Taussig, ed., *A New New Testament: A Bible for the 21st Century Combining Traditional and Newly Discovered Texts* (2013; repr., New York: Mariner, 2015), 47.

7   Rebecca Konyndyk DeYoung, *Glittering Vices: A New Look at the Seven Deadly Sins and Their Remedies*, rev. ed. (Grand Rapids, Mich.: Brazos Press, 2020), 114.

8   Martin Luther, "The First Sunday After Trinity," in *The Complete Sermons of Martin Luther*, ed. Eugene F. A. Klug, vol. 6 (Grand Rapids, Mich.: Baker, 1996), 223–40.

9   마르틴 루터와 탐욕에 대한 그의 태도에 대해 더 깊이 알고 싶다면 다음을 추천한다. Martin Luther's Pastoral Teachings on Money," *Word and World* 26, no. 3 (Summer 2006): 299–309, https://wordand world.luthersem.edu/content/pdfs/26-3_Mission_Congregation/26-3_Blanchard.pdf.

10 *Forbes* editors, "Real Time Billionaires," *Forbes*, accessed February 22, 2022, https://www.forbes.com/real-time-billionaires.

11 Rachel Sandler, "The Top Richest Women in the World 2022," *Forbes*, April 5, 2022, https://www.forbes.com/sites/rachelsandler/2022/04/05/the-top-richest-women-in-the-world-2022.

12 Kelsey Piper, "The Giving Pledge, the Campaign to Change Billionaire Philanthropy, Explained," Vox, July 10, 2019, https://www.vox.com/future-perfect/2019/7/10/18693578/gates-buffett-giving-pledge-billionaire-philanthropy.

13 Daisy Grewal, "How Wealth Reduces Compassion," *Scientific American*, April 10, 2012, https://www.scientificamerican.com/article/how-wealth-

reduces-compassion/; Lilly Family School of Philanthropy, "Women Give 2020 Report—New Forms of Giving in a Digital Age: Powered by Technology, Creating Community," accessed October 18, 2022, https://philanthropy.iupui.edu/institutes/womens-philanthropy-institute/research/women-give20.html.

14 Michael Hiltzik, "Elon Musk Is Giving $150 Million to Charity. What a Cheapskate," *Los Angeles Times*, April 26, 2021, https://www.latimes.com/business/story/2021-04-26/elon-musk-150-million-charity.

15 Barclays, "Tomorrow's Philanthropist," 2009, https://home.barclays/content/dam/home-barclays/documents/citizenship/Reports-Publications/tomorrows-philanthropist.pdf.

16 Valeriya Safronova, "How Women Are Changing the Philanthropy Game," *New York Times*, January 30, 2021, https://www.nytimes.com/2021/01/30/style/mackenzie-scott-prisclila-chan-zuckerberg-melinda-gates-philanthropy.html

17 Lynne Twist, *The Soul of Money: Transforming Your Relationship with Money and Life* (New York: W. W. Norton, 2003), 211.

18 "Buying Power," Catalyst, April 27, 2020, https://www.catalyst.org/research/buying-power.

19 Sallie Krawcheck, "What We're Taught About Money," interview by Elise Loehnen, *The goop Podcast*, September 17, 2019.

20 Sallie Krawcheck, "How to Manage Money Through a Crisis," interview by Elise Loehnen, *The goop Podcast*, April 8, 2020.

21 연구에 따르면 "여성은 포트폴리오의 현금 비중이 평균 68퍼센트인 반면 남성은 59퍼센트다." 한편 여성이 남성보다 투자를 더 잘한다는 연구 결과에도 불구하고, 자신이 시장에 대해 높은 수준의 지식을 갖고 있다고 답한 여성은 54퍼센트인 데 반해 남성은 71퍼센트였다. 또한 투자 관련 결정을 편안하게 느끼는 여성은 34퍼센트에 불과한 반면 남성은 49퍼센트였다. Maurie Backman, "Women and Investing: 20 Years of Statistics Summarized," The Motley Fool, March 9, 2022, https://www.fool.com/research/women-in-investing-research/.

22 Ron Lieber, "Women May Be Better Investors Than Men. Let Me Mansplain

Why," *New York Times*, October 29, 2021, https://www.nytimes.com/2021/10/29/your-money/women-investing-stocks.html.

23 Mori Taheripour, "The Human Side of Negotiation," interview by Elise Loehnen, *The goop Podcast*, June 9, 2020.

24 Jennifer Lawrence, "Why Do I Make Less Than My Male Co-Stars?," *Lenny Letter*, December 5, 2017, https://www.lennyletter.com/story/jennifer-lawrence-why-do-i-make-less-than-my-male-costars.

25 Robin Wall Kimmerer, *Braiding Sweetgrass: Indigenous Wisdom, Scientific Knowledge, and the Teachings of Plants* (Minneapolis, Minn.: Milkweed, 2013), 307.

26 Sendhil Mullainathan and Eldar Shafir, *Scarcity: The New Science of Having Less and How It Defines Our Lives* (New York: Picador, 2013), 41–42.

27 Twist, *Soul of Money*, 213

28 Celeste Headlee, *Do Nothing: How to Break Away from Overworking, Overdoing, and Underliving* (New York: Harmony, 2020), 187–88.

29 Twist, "Soul of Money."

30 CNBC 기자 줄리아 부어스틴은 다음과 같이 요약한다. "세계보건기구WHO 사무총장이 코로나19를 팬데믹으로 명명한 2020년 3월 11일 이후 1년간, 저신다 아던Jucinda Ardern 총리가 이끄는 뉴질랜드는 인구 100만 명당 고작 다섯 명을 잃은 반면 영국은 1,845명, 미국은 1,599명을 잃었다. 성별에 따른 이익은 이 두 섬나라를 넘어 다른 나라에까지 확장되었다. 남성 지도자가 이끄는 스웨덴은 2021년 3월 11일 기준 100만 명당 1,298명의 코로나 관련 사망자를 낸 데 반해, 여성 지도자가 이끄는 세 이웃 나라는 사망자가 그보다 훨씬 적었다(덴마크는 411명, 핀란드는 140명, 노르웨이는 117명). 여성 지도자가 이끄는 독일은 100만 명당 사망자가 남성 지도자가 이끄는 세 이웃 나라(스페인 1,541명, 프랑스 1,369명, 이태리 1,673명)보다 훨씬 적은 872명이었다." Julia Boorstin, *When Women Lead: What They Achieve, Why They Succeed, and How We Can Learn from Them* (New York: Avid Reader Press, 2022), 205.

31 Twist, *Soul of Money*, 103–4.

32 Andrew T. Jebb, Louis Tay, Ed Diener, and Shigehiro Oishi, "Happiness, Income Satiation and Turning Points Around the World," *Nature Human Behavior* 2, no. 1 (January 2018): 33–38, https://doi.org/10.1038/s41562-

017-0277-0.

33 Kimmerer, *Braiding Sweetgrass*, 308.

제7장_정욕

1 로버트 그누즈Robert Gnuse(기독교 성경학자로 성경의 역사적·문화적 연구에 중요한 기여를 했음—옮긴이)는 다음과 같이 설명한다. "기독교인들이 동성애를 정죄하기 위해 자주 인용하는 본문이 있다. 노아와 함(창세기 9:20-27), 소돔과 고모라(창세기 19:1-11), 동성애를 정죄하는 레위기 율법(레위기 18:22, 20:13), 두 신약의 악덕 목록에 있는 두 단어(고린도전서 6:9-10, 디모데전서 1:10), 그리고 로마인들에게 보낸 바울의 편지(로마서 1:26-27), (…) 그러나 이 모두가 두 자유로운 어른 간의 애정이 동반된 동성애를 말하는 것은 아니다. 이것들은 강간이나 강간 미수(창세기 9:20-27, 19:1-11), 이단적 매춘(레위기 18:22, 20:13), 남성 매춘과 성매매(고린도전서 6:9-10, 디모데전서 1:10), 그리고 로마의 이시스 숭배(로마서 1:26-27)를 말한다." Robert K. Gnuse, "Seven Gay Texts: Biblical Passages Used to Condemn Homosexuality," *Biblical Theology Bulletin: Journal of Bible and Culture*, prepublished April 22, 2015, https://doi.org/10.1177/0146107915577097.

2 Augustine, *Confessions*, trans. R. S. Pine-Coffin (New York: Penguin, 1961), 43.

3 이는 아우구스티누스가 15년에 걸쳐 집필한 《창세기의 문자적 해설》The Literal Meaning of Genesis에 나와 있다. 스티븐 그린블랫Stephen Greenblatt 교수는 아우구스티누스가 이 이론을 공식화하도록 밀어붙인 것은 그의 원치 않는 욕망 때문이었다고, 즉 자신의 충동을 부정하기 위해서였다고 설명한다. 그린블랫이 설명하듯, "아우구스티누스는 아담과 이브가 낙원에서 비자발적 흥분 없이 성관계를 가졌을 것이라 주장했다. '하지만 그들의 육체들에는 격렬한 욕정 활동 없이, 오직 몸의 다른 부분들에 명령하는 평화로운 의지의 움직임만 있었을 것이다." 어떤 격정도, 그 이상한 자극도 느끼지 않고 '남편은 고요한 마음으로 아내의 품에 안겨 편히 쉬었을 것이다.' (…) 이것이 아담과 이브가 해야 할 일의 전부였다. 하지만 아우구스티누스는 그런 일은 한 번도 일어나지 않았다고 결론짓는다. 그들은 처음으로 죄를 저질렀고, '이로써 낙원에서 추방되는 벌을 받아, 정욕에 방해받지 않는 고의적 행위로서의 번식 과업에 합류할 수 없었다." Stephen Greenblatt, "How St. Augustine Invented Sex," *New Yorker*, June 12, 2017, https://www.

newyorker.com/magazine/2017/06/19/how-st-augustine-invented-sex. 성생활 치유 전문가 이언 커너는 아우구스티누스에 대해 "그의 말은 통제 불능의 성적 행동과 씨름하는 많은 환자가 하는 말과 비슷하게 들린다."라고 설명한다. 나는 커너가 제롬에 대해서도 비슷하게 느낄 거라 생각한다(아래 항목 참조). Ian Kerner, *So Tell Me About the Last Time You Had Sex: Laying Bare and Learning to Repair Our Love Lives* (New York: Grand Central, 2021), 93.

4 때마침 그 대열에 속한 다른 사람들도 자신의 성욕 문제로 어려움을 겪고 있었다. 아우구스티누스보다 고작 열 살이 많았던 성 제롬St. Jerome 은 신약의 다양한 헬라어 번역본을 라틴어 불가타본으로 종합하는 임무를 맡았다. 제롬은 여자들로부터 도망치기 위해 한 금욕주의 단체에 합류하고 다음과 같이 썼다. "그러나 지옥이 두려워 이 감옥으로의 추방을 자처한 나는 계속해서 춤추는 소녀들에게 둘러싸여 있는 나 자신을 발견했다! 내 얼굴은 굶주림으로 창백해졌지만, 내 차가운 몸 안에선 보이지 않는 열정이 식을 줄 모르고 이글거렸다. 이 인간은 살아 있기보다 죽어 있는 것에 더 가까웠으나, 이 불타는 정욕만은 계속해서 끓어올랐다." 이는 국가가 승인한 신약 번역자가 한 말이다. 여성과 성에 관한 그의 관점은 분명 그의 정경 번역에도 스며들었을 것이다. Leonard Shlain, *Alphabet Versus the Goddess: The Conflict Between Word and Image* (New York: Penguin Compass, 1998), 245에서 인용.

5 Riane Eisler, *Sacred Pleasure: Sex, Myth, and the Politics of the Body—New Paths to Power and Love* (New York: HarperOne, 1995), 30.

6 예수가 이혼을 정죄하는 것으로 시작하는 구절은 다음과 같다. "제자들이 이르되 만일 사람이 아내에게 이같이 할진대 장가 들지 않는 것이 좋겠나이다/예수께서 이르시되 사람마다 이 말을 받지 못하고 오직 타고난 자라야 할지니라/어머니의 태로부터 된 고자도 있고 사람이 만든 고자도 있고 천국을 위하여 스스로 된 고자도 있도다/이 말을 받을 만한 자는 받을지어다"(마태 19:10-12) Hal Taussig, ed., *A New New Testament: A Bible for the 21st Century Combining Traditional and Newly Discovered Texts* (2013; repr., New York: Mariner, 2015), 47. 《보호되지 않은 텍스트: 성과 욕망에 대한 성경의 놀라운 모순들》Unprotected Texts: The Bible's Surprising Contradictions about Sex and Desire (New York: HarperOne, 2011)을 쓴 종교학 교수 제니퍼 라이트 크너스트Jennifer Wright Knust 에 따르면, "마태복음에는, 어떤 사람들은 천국의 고자가 되어야 한다고 예수가 제자들에게 말하는 환상적 구

절이 있다. 그래서 이것을 초기 기독교인들은 예수가 독신을 권장한다고 받아들였는데, 다른 곳에서 예수가 결혼하지 말고 복음을 전파하는 데 집중해야 한다고 말한 사실을 고려하면 이는 이치에 맞는 것이다. (…) 일부 기독교인들은 이것을 문자적으로 받아들였고, 초기 기독교인 중에는 독신 생활을 위해 스스로 거세하는 사람도 있었다." Jennifer Wright Knust, "'Unprotected Texts': The Bible on Sex and Marriage," interview by Terry Gross, *Fresh Air*, March 10, 2011, NPR.

7 Taussing, *New New Testament*, 31.
8 This is John 8:3 - 11. Taussig, *New New Testament*, 199.
9 우리는 또한 처녀성과 동정녀 탄생의 개념을 정말 망쳐놓았는데, 조지프 캠벨 같은 신화학자들은 이것을 영적 출생의 상징으로 성관계와는 아무 상관이 없는 것이라 본다. 성모 마리아는 당시 10대였을 텐데, 보통 유대인 여성은 13세나 14세에 결혼했다. 문화적으로 순결에 초점을 맞추지 않은 것은 단순히 혼전 성관계의 기회나 선례가 없었기 때문이다(간통은 또 다른 문제였다). 이 때문에 구약은 지난 10년 동안 '알마'alma라는 히브리어 단어의 의미를 보다 적절하게 반영하도록 수정되었고, 그간 '숫처녀'라 해석되어온 이 단어는 이제 '젊은 여성'으로 번역됨으로써 성적 입지에서 벗어났다(히브리 복음서에는 여전히 처녀betula에 대한 언급이 몇 차례 나오지만). 어디에서 상황이 꼬였는지는 여기에 나온다. 성서학자 바트 어먼Bart Ehrman 교수에 따르면, 마가복음을 쓴 사람은 이것을 잘못 알고 있었던 탓에 처녀성을 메시아로서 예수가 했던 예언 실현의 중심으로 삼았다. "히브리어 성서에서 이사야는 '젊은 여자'가 아들을 잉태하고 낳을 것임을 암시하는데, 이는 미래의 메시아에 대한 예언이 아니라 이사야 자신의 시대에 곧 일어날 사건에 대한 예언이다. 하지만 히브리어 성경이 헬라어로 번역되면서, 이사야의 '젊은 여자'(이는 히브리어로 '알마'인데, 히브리어에는 '숫처녀'에 해당하는 다른 단어가 있다)가 '숫처녀'에 해당하는 헬라어('파르테노스'partenos)로 번역되었고, 바로 이것이 마태가 읽은 성경이었다. 그래서 그는 이사야가 자신의 시대가 아닌 미래의 메시아에 대해 예언하고 있다 생각했고(이사야서 7장에는 메시아라는 표현이 나오지 않지만), 예수가 처녀에게서 태어났다고 쓴 것도 성경에서 그렇게 예언하고 있다고 생각해서였다." 이런. Bart Ehrman, *Jesus, Interrupted: Revealing the Hidden Contradictions in the Bible (and Why We Don't Know About Them)* (New York: Harper One, 2009), 74. I used Taussig's translation of the New Testament (New New

Testament, 47).

10 Joyce Endendijk, Anneloes van Baar, and Maja Dekovic, "He Is a Stud, She Is a Slut!," *Personality and Social Psychology Review* 24, no. 2 (May 2020): 163-90, https://doi.org/10.1177/1088868319891310.

11 이 연구에서 여성과 남성은 친구로 삼을 만하다고 느끼는 대상의 성적 허용 범위가 각기 달랐다(여성의 과거 성적 파트너는 두 명, 남성은 스무 명)고 말했다. 성적 허용에 대해 여자들은 처벌을 받은 반면 남자들은 칭송을 받았다. Zhana Vrangalova, Rachel Bukberg, and Gerulf Rieger, "Birds of a Feather? Not When It Comes to Sexual Permissiveness," *Journal of Social and Personal Relationships* (May 2013): https://doi.org/10.1177/0265407513487638.

12 인용한 연구자는 자나 브랑갈로바Zhana Vrangalovva였다. Peter Scowen, "Gasp! Women Think Other Sexually Promiscuous Women Don't Make Good Friends, Study Finds," *Globe and Mail*, June 5, 2013, https://www.theglobeandmail.com/life/the-hot-button/gasp-women-think-other-sexually-promiscuous-women-dont-make-good-friends-study-finds/article12360443/.

13 Madonna, *Nightline*, December 3, 1990, ABC News.

14 James Bradley (@JamesBradleyCA), Twitter, August 7, 2020.

15 Peggy Orenstein, "Taking Control of Our Sexual Experience," interview by Elise Loehnen, *The goop Podcast*, January 22, 2020.

16 나는 에이다 칼훈의 《우리가 잠들지 못하는 11가지 이유》를 읽으며 처음 이런 사실을 깨달았다. 내 젊음을 가장 잘 드러낸 공포 영화는 〈나이트메어〉A Nightmare on Elm Street가 아니라 뉴욕시에서 에이즈에 걸린 어느 10대가 마약에 취한 긴 밤 동안 처녀 여럿과 성관계를 갖는 과정을 추적한, 래리 클라크Larry Clark 감독의 〈키즈〉Kids였다. Ada Calhoun, "The New Midlife Crisis," interview by Elise Loehnen,*The goop Podcast*, February 11, 2020.

17 Orenstein, "Taking Control."

18 오렌스타인은 자신이 인터뷰한 어느 젊은 레즈비언은 오르가슴을 느꼈을 때 상대와 섹스를 한 것으로 간주했다고 말한다. 그런 결과를 위해 무엇이 요구되거나 개입되는지는 중요하지 않았다. Orenstein, "Taking Control."

19 이 통계에서 특히 흥미로운 점은 1991년 54.1퍼센트였던 것이 2013년에 와서는

46.8퍼센트로 뚜렷한 감소세를 보인다는 점이다. Centers for Disease Control, "Youth Risk Behavior Surveillance System," last reviewed October 27, 2020, https://www.cdc.gov/healthyyouth/data/yrbs/index.htm.

20 Orenstein, "Taking Control."
21 Ian Kerner, "Understanding Our Sexual Potential," interview by Elise Loehnen, *Pulling the Thread Podcast*, February 3, 2022.
22 Maria Tatar, *The Heroine with 1,001 Faces* (New York: Liveright, 2021), 127.
23 러너가 썼듯이, "자유로운 기혼 여성과 노예 사이의 구분은 부자유의 정도로 나타났다. 남편의 가부장적 지배/보호 아래 살아가는 아내와, 주인의 지배/보호 아래 살아가는 노예의 계급 차이는 주로 아내가 남녀 노예 및 다른 재산을 소유할 수 있다는 점이었다. 노예는 자기 자신조차 자기 것이 아니었다." Gerda Lerner, *The Creation of Patriarchy* (New York: Oxford University Press, 1986), 96.
24 거다 러너는 다음과 같이 설명한다. "한 남자를 성적으로 섬기고 그의 보호 아래 있는 가정 내 여성은 베일을 씀으로써 '존경받을 만한' 여성으로 지명되는 반면, 한 남자의 보호와 성적 통제 아래 있지 않는 여성은 '공적 여성'으로, 따라서 베일을 벗은 여성으로 지명된다."(*Creation of Patriarchy*, 135.) 가까운 시기의 함무라비 법전(기원전 1300년경)을 따른 아시리아 중기의 법전도 마찬가지로 여성에게 잔혹했는데, 성적 순결에 관한 내용 중에는 다음과 같은 대목도 있었다. "남자의 아내나 딸이 거리로 나가려면 반드시 머리에 베일을 써야 한다. 창녀는 베일을 쓰지 말아야 한다. 하녀들도 쓰지 말아야 한다. 베일을 쓴 창녀와 하녀는 옷을 압수당하고, 매를 50대 맞고, 머리에 역청(석유를 정제할 때 나오는 잔류물─옮긴이)이 부어지는 벌을 받아야 한다."
25 Elizabeth A. Armstrong and Laura T. Hamilton, " 'Good Girls': Gender, Social Class, and Slut Discourse on Campus," *Social Psychology Quarterly*, prepublished May 28, 2014, https://doi.org/10.1177/0190272514521220.
26 Olga Khazan, "There's No Such Thing as a Slut," *The Atlantic*, May 18, 2014, https://www.theatlantic.com/health/archive/2014/05/theres-no-such-thing-as-a-slut/371773/.
27 Janna A. Dickenson, Neil Gleason, and Eli Coleman, "Prevalence of Distress Associated with Difficulty Controlling Sexual Urges, Feelings, and Behaviors in the United States," *JAMA Network*, November 9, 2018.

28 Deborah Tolman, *Dilemmas of Desire: Teenage Girls Talk About Sexuality* (Cambridge, Mass.: Harvard University Press, 2002), 115.

29 심리치료사 갈리트 아틀라스의 설명에 따르면 프로이트는 "기억을 시간이 지남에 따라 끊임없이 변화하고 재조정되는 유동적 존재로 보았는데", 이는 "유년기의 트라우마적 사건에는 일생을 걸쳐 새로운 의미가 겹겹이 쌓인다."라는 뜻이다. "프로이트는 특히 성적 학대에 초점을 맞추었는데, 그는 아이가 나이가 들고 특정 발달 단계에 도달하면서 이 사건이 소급되어 재조정된다고 보았다. 어린 시절의 성적 학대가 항상 트라우마로 남는 것은 아니다. 아이는 자신이 처리하거나 이해할 수조차 없는 것에 압도된다. 시간이 지남에 따라 트라우마적 경험은 재처리된다. 아이는 모든 발달 단계마다 학대를 다른 각도와 이해로 다시 바라볼 것이다. 학대당했던 그 아이가 10대가 되고 어른이 됐을 때, 처음으로 섹스를 하거나 아이를 가졌을 때, 자기 아이가 자신에게 그 일이 일어났던 나이에 이르렀을 때 등, 각 시기마다 학대는 약간씩 다른 관점으로 재처리될 것이다. 애도의 과정은 계속 변화하고 새로운 의미 층을 쌓는다. 시간이 반드시 기억을 희미하게 만들지는 않는다. 대신 기억은 다른 형태로 나타나고 다시 나타나며, 현실과 비현실로 동시에 경험될 것이다." Galit Atlas, *Emotional Inheritance: A Therapist, Her Patients, and the Legacy of Trauma* (New York: Little, Brown Spark, 2022), 56-57.

30 Helen Singer Kaplan talked about this in her book *The New Sex Therapy: Active Treatment of Sexual Dysfunctions* (London: Psychology Press, 1974), cited in Eisler, Sacred Pleasure, 300.

31 *Allen v. Farrow*, directed by Amy Zierling and Kirby Dick, HBO, 2021, four episodes

32 Katherine Rowland, *The Pleasure Gap: American Women and the Unfinished Sexual Revolution* (New York: Seal Press, 2020), 52.

33 André B. Rosay, "Violence Against American Indian and Alaska Native Women and Men," National Institute of Justice, May 2016, https://nij.ojp.gov/topics/articles/violence-against-american-indian-and-alaska-native-women-and-men. 다음 또한 훌륭한 자료다. "The Facts on Violence Against American Indian/Alaskan Native Women," Futures Without Violence, accessed February 12, 2022, https://www.futureswithoutviolence.org/userfiles/file/Violence%20Against%20AI%20AN%20Women%20

Fact%20Sheet.pdf. 나는 이 문제와 '남성 캠프'에 대해 전국 원주민 여성 지원 센터 NIWRC: National Indigenous Women's Resource Center 의 사무총장과도 인터뷰를 했다. Lucy Rain Simpson, "Ending the Violence Against Indigenous Women and Children," interview by Elise Loehnen, *The goop Podcast*, November 4, 2020.

34 "Missing & Murdered Indigenous People: Statewide Report Wyoming," University of Wyoming, https://wysac.uwyo.edu/wysac/reports/View/7713.

35 원주민 여성의 권익을 대변하는 변호사이자 무스코기 네이션 Muscogee nation (미국 오클라호마주에 근거지를 두고 연방으로 인정받는 아메리카 원주민 부족—옮긴이)의 일원인 세라 디어 Sarah Deer 교수는 다음과 같이 설명한다. "아메리카 및 알래스카 원주민 피해 여성의 가해자 대부분이 비원주민이라고 보고된다. 미국 법무부 범죄통계국의 1999년 보고서에 따르면 원주민 여성에 대한 강간 및 성폭행 범죄의 경우 가해자 열 명 중 아홉 명이 백인이나 흑인이었다. 또 가해자의 70퍼센트 이상이 백인임을 보여주는 보고서도 있다." Sarah Deer, *The Beginning and End of Rape: Confronting Sexual Violence in Native America* (Minneapolis: University of Minnesota Press, 2015), 7. 인종 내 범죄와 인종 간 범죄를 비교하는 통계는 다음을 보라. Rachel E. Morgan, "Race and Hispanic Origin of Victims and Offenders, 2012–15," U.S. Department of Justice, Special Report, October 2017, https://bjs.ojp.gov/content/pub/pdf.

36 이와 관련해, 현 대법관 클래런스 토머스 Clarence Thomas 를 성희롱 혐의로 고발한 애니타 힐 Anita Hill 보다 더 공개적인 사례는 없다. 힐이 회고록에서 밝혔듯 힐은 오랫동안 이런 질문을 자주 들었다. "성희롱의 인종주의적 함의에 대해 말해줄 수 있을까요? 그리고 같은 흑인을 불리하게 만들 말은 하지 않는다는 암묵적 규칙을 깨고, 흑인 남성에 대한 당신의 증언이 어떻게 모든 인종적 장벽을 넘어 학대 문제를 해결할 가능성을 열었는지에 대해서도 말해줄 수 있나요?" 또한 힐은 이런 말을 들었다. "한 흑인 남성을 공개적인 장에서 고발함으로써 흑인에 대한 미국의 문화적 금기를 깨주신 데 대해 감사드립니다." Anita Hill, *Believing: Our Thirty-Year Journey to End Gender Vioence* (New York: Viking, 2021), 231.

37 활동가 앤절라 데이비스 Angela Davis 가 썼듯이, "노예제 시기에 제도화된 강간 패턴을 백인 여성의 순결에 대한 집착으로 억압된 백인 남성의 성적 충동의 표현으로 간주하는 것은 잘못이다. 그것은 지나치게 단순한 설명이다. 강간은 지배의 무

기이자 억압의 무기였으며, 그 은밀한 목표는 노예 여성의 저항 의지를 소멸시키고 그 과정에서 남성들의 사기를 꺾는 것이었다." Angela Davis, Women, *Race and Class* (New York: Vintage, 1983), 23-24.

38 불행히도 그리고 비극적이게도, 강간은 끊임없는 싸움의 부산물인 것 같다. 일부 심리학자들은 강간이 남자들을 하나로 묶어주기 때문이라는 이론을 주장한다. 우크라이나 전쟁이 전개되면서 강간은 그 신호 중 하나가 되었고, 휴먼 라이츠 워치Human Rights Watch(국제인권감시기구)는 이 전쟁 범죄를 기록해 널리 보고하고 있다. "Ukraine: Apparent War Crimes in Russia-Controlled Areas: Summary Executions, Other Grave Abuses by Russian Forces," *Human Rights Watch*, April 3, 2022, https://www.hrw.org/news/2022/04/03/ukraine-apparent-war-crimes-russia-controlled-areas.

39 Deborah Tuerkheimer, "Why Don't We Believe Women?," interview by Elise Loehnen, *Pulling the Thread*, December 16, 2021.

40 Soraya Chemaly, *Rage Becomes Her: The Power of Women's Anger* (New York: Atria, 2018), 135.

41 Rebecca Traister, *Good and Mad: The Revolutionary Power of Women's Anger* (New York: Simon & Schuster, 2018), 164-65.

42 '남자에게 감정이입하기'에 대한 케이트 만의 연구들은 모두 살펴볼 가치가 있지만, 특히 스탠퍼드대학의 수영 선수 브록 터너에 대한 부분은 결과적으로 여성에게 어떤 일이 일어나는지를 완벽하게 표현한다. 만에 따르면, "브록 터너 같은 가해자에게 흘러드는 과도한 동정심은 그들이 피해자에게 가져다줄 수 있는 해악, 굴욕, 그리고 (어느 정도 지속적인) 트라우마에 대한 불충분한 관심을 바탕으로 하는 동시에 이에 기여한다. 그리고 이 동정심은 역사적으로 지배적인 행위자들이 역사적 피지배자들에게 살인을 저지르고 도망치도록—비유적으로든 실제로든—내버려두는 경향을 바탕으로 하는 동시에 이에 기여한다. 남성 지배의 경우, 우리는 그를 먼저 동정함으로써 사실상 그를 자신이 저지른 범죄의 희생자로 만든다. 만약 누군가 강간 범죄자가 식욕을 잃었다거나 수영 장학금을 잃었다는 이유로 그를 처음으로 동정한다면, 이제 그는 서사 속 피해자로 등장한다. 피해자 서사에는 악당, 즉 가해자가 필요하다. (…) 그럼 생각해보자. 강간범이 이런 상황에 처하게끔 만든 원인 제공자가 누구인지를. 그는 바로 그에게 불리한 증언을 한 사람이다. 그리하여 그의 피해자는 이제 악당으로 재등장하기에 이른다." Kate

Manne, *Down Girl: The Logic of Misogyny* (New York: Oxford University Press, 2018), 201.

43 직접적이진 않지만 그럼에도 이와 무관하지 않은 이야기를 하자면, 사람들의 마음속에서 여성은 피해자에서 가해자로 변해간다. 뿐만 아니라 뛰어난 가정의학과 의사 가보 마테에 따르면 "우리 사회는 자신이 여성의 보살핌을 받을 권리가 있다는 남성의 느낌을 말로 표현할 수 없을 정도로 강화한다." 이는 우리가 제공하는 자동적인 모성일 뿐 아니라, 우리 자신의 생존보다 다른 사람들의 보살핌을 우선시하는 일이다. 마테는 《보이지 않는 여자들》을 쓴 영국 작가 캐럴라인 크리아도 페레스Caroline Criado Perez가 "사회, 경제, 문화, 학문, 심지어 의료 생활의 사실상 모든 측면에 암묵적인 남성 지향적 편견이 존재함"을 설명한다면서 이렇게 말했다. "페레스는 남성과 여성 간의 비대칭적 가사 분담의 흥미로운 예를 든다. '오래전부터 우리는 심장 수술 후 여성(특히 55세 미만 여성)이 남성보다 더 나쁜 예후를 보인다는 것을 알고 있었다. 하지만 2016년 캐나다에서 한 연구 결과가 발표된 이후엔 달라졌다. 수술을 받은 남성에겐 그를 돌봐줄 사람이 있는 경우가 많은 반면 여성들은 수술 직후 곧바로 돌봄 역할로 돌아가는 경우가 많다는 사실을 발견하고, 그 예후 차이의 배후 요인이었던 여성의 돌봄 부담을 연구자들이 분리할 수 있게 된 덕분이었다.'" Gabor Maté, *The Myth of Normal: Trauma, Illness, and Healing in a Toxic Culture*, with Daniel Maté (New York: Avery, 2022), 338.

44 Wendy Maltz, *The Sexual Healing Journal: A Guide for Survivors of Sexual Abuse* (New York: William Morrow, 2012), xvi–xvii.

45 "Perpetrators of Sexual Violence: Statistics," Rape, Abuse & Incest National Network (RAINN), 2022, https://rainn.org/statistics/perpetrators-sexual-violence.

46 러너가 썼듯이, "여성에 대한 강간이 피정복자 집단에 미친 영향은 두 가지였다. 강간은 여성들을 모욕했고, 암묵적으로 그 집단 남성들에 대한 상징적 거세로도 작용했다. 자기 아내, 누이, 자녀의 성적 순결을 지키지 못하는 가부장제 사회의 남성은 진정으로 무능력하고 수치스러운 터다. 피정복 집단의 여성을 강간하는 습성은 기원전 2000년 무렵부터 지금까지 전쟁과 정복의 특징으로 남아 있다. 강간은 죄수에 대한 고문과 마찬가지로 온갖 '진보'와 인도주의적 개혁, 나날이 정교해진 갖가지 도덕적 윤리적 고려에 끝끝내 저항해온 사회적 행위다. 나는 이것이, 강간은 가부장제 구조에 내재한 필수적 행위로 가부장제와 분리될 수 없기 때

문이라고 생각한다. 강간은 계급 형성 이전, 이 체제의 시초에 있었던 것으로, 여기에서 우리는 가부장제의 가장 순수한 본질을 볼 수 있다." Lerner, *Creation of Patriarchy*, 80.

47 Melissa Febos, *Girlhood* (New York: Bloomsbury, 2021), 203.

48 Febos, *Girlhood*, 211.

49 Febos, *Girlhood*, 266.

50 Lacy Crawford, "Systems of Silencing," interview by Elise Loehnen, *The goop Podcast*, December 10, 2020.

51 Brené Brown, *Dare to Lead: Brave Work, Tough Conversations, Whole Hearts* (New York: Random House, 2018), 254.

52 Atlas, *Emotional Inheritance*, 119.

53 Meredith Chivers, Michael Seto, Martin Lalumière, Ellen Laan, and Teresa Grimbos, "Agreement of Self-Reported and Genital Measures of Sexual Arousal in Men and Women: A Meta-analysis," *Archives of Sexual Behavior* 39 (January 2010): 5-56, https://doi.org/10.1007/s10508-009-9556-9; Jackie Huberman and Meredith Chivers, "Examining Gender Specificity of Sexual Response with Concurrent Thermography and Plethysmography," *Psychophysiology* 10 (October 2015): 1382-95, https://doi.org/10.1111/psyp.12466. 이 연구에 대해 더 깊이 읽고 싶다면 나를 웃게 한 이 글을 보라. Daniel Bergner, "What Do Women Want?," *New York Times Magazine*, January 22, 2009, https://www.nytimes.com/2009/01/25/magazine/25desire-t.html.

54 Marion Woodman, *Addiction to Perfection: The Still Unravished Bride* (Toronto, Ont.: Inner City Books, 1982), 134.

55 Michael Bader, *Arousal: The Secret Logic of Sexual Fantasies* (New York: Thomas Dunne Books, 2002), 6.

56 Jaiya, "What's Your Map to Arousal?," interview by Elise Loehnen, *The goop Podcast*, July 30, 2020.

57 Bader, *Arousal*, 119.

58 이와 관련된 거칠면서도 매혹적인 글을 읽고 싶다면《막달라 마리아 사본》The Magdalen Manuscript(channeled by Tom Kenyon, 2nd ed., Boulder, Colo.: Sounds-True, 2006.)을 추천한다. 이 책에서 막달라 마리아는 자신이 (성모 마리아 숭배의

창시자였듯) 이시스 숭배의 창시자였다고 설명하고, 예슈아는 자신과 함께 쿤달리니 섹스 요가로 그의 카Ka 혹은 에테르적 몸을 충전하여, 승천하기 전 강림할 때 사람들이 따르게끔 빛의 흔적을 남길 수 있었다고 말한다.

59 나는 융 학파 치료사인 매리언 우드먼과 엘리너 딕슨Elinor Dickson 의 이런 정서가 무척 마음에 든다. "우리가 추구하는 자유는 우리가 그토록 필사적으로 유지하려 노력하는 가부장적 통제에 있지 않다. 그 자유는 새로운 생명의 씨앗이 싹트기를 기다리는 모성 매트릭스의 혼돈 속에 놓아주고 거기로 내려오는 데 있다. 놓아주기란 곧 검은 여신을 받아들이는 것이다. 우리의 환상에 눈을 뜨게 해줄 존재, 우리의 보물이 한때 나약하고 비이성적이며 무질서하고 과민하다며 낙인찍었던 억압된 여성적 에너지와 더불어 여타의 모든 무신경한 꼬리표들—순진하고 어리석고 느리며 멜로드라마적이라는 비판—속에 있음을 보게 해줄 존재를 말이다. 이 여신의 영토로 내려가려면 엄격하게 통제된 삶이 죽어야만 한다. 이 여신과 춤을 춘다는 것은 새롭게 싹 틔우고 성장할 삶을 위한 새로운 규율을 찾는다는 뜻이다." Marion Woodman and Elinor Dickson, *Dancing in the Flames: The Dark Goddess in Transformation of Consciousness* (Boulder, Colo.: Shambhala, 1996), 181.

60 우드먼과 딕슨은 이 도표와 그 약속된 시대에 관해 쓰면서 예수를 가부장제적 기독교와 구별한다. "마찬가지로, 우리가 기독교 이전 시대에 살고 있다고도 주장할 수 있다. 그리스도의 혁명적 메시지가 소수의 사람에게는 보전되었지만, 힘의 논리에 따른 가부장적 사고방식하에서는 결코 널리 실천되지 못했다는 점에서 그러하다. 기독교의 기본 원칙, 이를테면 동정심, 용서, 회개, 원수에 대한 사랑, 관용, 온유 등은 가부장제가 상징하는 것을 넘어선 도약이다." Woodman and Dickson, *Dancing in the Flames*, 207–8.

제8장_분노

1 "The Riso-Hudson Enneagram Type Indicator," Enneagram Institute, taken July 12, 2019, https://tests.enneagraminstitute.com/.

2 Don Richard Riso and Russ Hudson, *The Wisdom of the Enneagram: The Complete Guide to Psychological and Spiritual Growth for the Nine Personality Types* (New York: Bantam, 1999), 20.

3 폰티쿠스는 로지스모이logismoi(정념. 인간 마음속의 부정적·유혹적 생각이나 내적 충동을 가리키는, 고대 그리스 철학과 기독교 신학의 중요 개념—옮긴이)라는 개념을 발

명한 것이 아니라 그것을 심리묘사 체계로 구축한 이다. 그의 번역자 중 한 명인 존 유데스 밤베르거John Eudes Bamberger의 설명에 따르면, "그는 경험 많은 수도사들의 오랜 실질적 경험의 산물인 사막 전통에 이미 다양한 열정과 정념에 관한 가르침이 상당량 있음을 발견했다. 그러나 그 가르침을 여덟 가지 유형의 정념으로 질서 있게 분류한 사람은 그가 최초였다." John Eudes Bamberger, introduction to *The Praktikos and Chapters on Prayer*, by Evagrius Ponticus, trans. John Eudes Bamberger (Trappist, Ky.: Cistercian Publications, 1972), lxviii.

4 "The Traditional Enneagram," Enneagram Institute, accessed March 3, 2022, https://www.enneagraminstitute.com/the-traditional-enneagram.

5 인류학자 카럴 판스하이크Carel van Schaik 와 카이 미헬Kai Michel 에 따르면, "구약에는 [하느님의 진노]에 대한 기록이 390군데 이상 나오고 130군데 이상 직접 언급되어 있다." Carel van Schaik and Kai Michel, *The Good Book of Human Nature: An Evolutionary Reading of the Bible* (New York: Basic Books, 2016), 74.

6 Hal Taussig, ed., *A New New Testament: A Bible for the 21st Century Combining Traditional and Newly Discovered Texts* (2013; repr., New York: Mariner, 2015), 31.

7 Evagrius, *Praktikos*, 17.

8 Evagrius, *Praktikos*, 22.

9 Rebecca Konyndyk DeYoung, *Glittering Vices: A New Look at the Seven Deadly Sins and Their Remedies*, rev. ed. (Grand Rapids, Mich.: Brazos Press, 2020), 140–41.

10 DeYoung, *Glittering Vices*, 146.

11 Harriet Lerner, *The Dance of Anger: A Woman's Guide to Changing the Patterns of Intimate Relations* (New York: William Morrow, 2014), 2.

12 Carol Gilligan and Naomi Snider, *Why Does Patriarchy Persist?* (Medford, Mass.: Polity Press, 2018), 83.

13 Harriet Lerner, "What Our Anger Teaches Us," interview by Elise Loehnen, *Pulling the Thread Podcast*, November 4, 2021.

14 Rebecca Traister, *Good and Mad: The Revolutionary Power of Women's Anger* (New York: Simon & Schuster, 2018), 43.

15 Mary Beard, *Women and Power: A Manifesto* (New York: Liveright, 2017), 16.

16 인류학자 마리야 김부타스는 "여신 상징주의의 주요 주제는 탄생과 죽음의 신비,

그리고 인간뿐 아닌 지구상의 모든 생명체, 나아가 전 우주 생명의 재생이다. 상징과 이미지는 자기 생성적 여신과 생명 수여자로서의 그의 기본 기능, 죽음을 휘두르는 자, 그리고 그 못지않게 중요한 회복자, 어머니 지구, 식물의 생애와 함께 피어나고 죽는 젊고 늙은 다산(비옥함)의 여신 등으로 이루어져 있다. 여신은 샘물과 우물에서, 태양과 달과 촉촉한 땅에서 에너지를 얻는, 모든 생명의 유일한 원천이었다." Marija Gimbutas, *The Language of the Goddess: Unearthing the Hidden Symbols of Western Civilization* (New York: Harper and Row, 1989), xix.

17 Gimbutas, *Language of the Goddess*, xix.

18 Joseph Campbell, *Goddesses: Mysteries of the Feminine Divine* (Novato, Calif.: New World Library, 2013), 22.

19 Gimbutas, *Language of the Goddess*, 207.

20 Beard, *Women and Power*, 76.

21 Traister, *Good and Mad*, 7.

22 세이워드 다비Seyward Darby가 설명하듯, "그 슬로건은 남성에 의해 보호받고, 여성스럽지 못한 페미니즘에 얼룩지지 않은 아내와 어머니가 되는 특권을 말했다. (…) '스톱'은 페미니스트들에게 던지는 전투의 외침이자 백인 남성에 대한 분명한 외침, 즉 새로운 세력을 물리치는 동시에 더 강력한 세력과의 연대를 보여줌으로써 사회적 지위를 유지하려는 시도였다." Seyward Darby, *Sisters in Hate: American Women on the Front Lines of White Nationalism* (New York: Little, Brown, 2020), 121.

23 Shelley E. Taylor, Laura Cousino Klein, Brian P. Lewis, Tara L. Gruenewald, Regan A. R. Gurung, and John A. Updegraff, "Biobehavioral Responses to Stress in Females: Tend-and-Befriend, Not Fight-or-Flight," *Psychological Review* 107, no. 3 (2000): 411–29, https://doi.org/10.1037/0033-295X.107.3.411.

24 Marshall Rosenberg, *Nonviolent Communication: A Language of Life* (Encinitas, Calif.: Puddlejumper, 2015), 196.

25 Rosenberg, *Nonviolent Communication*, 55–56.

26 Marc Brackett, "Permission to Feel," interview by Brené Brown, *Unlocking Us Podcast*, April 14, 2020.

27 Rosenberg, *Nonviolent Communication*, 143.

28 Elise Loehnen, "The Tibetan Bon Meditation Tradition," *goop* website,

December 26, 2019, goop.com.

29 Thích Nhât Hanh, *Anger: Wisdom for Cooling the Flames* (New York: Riverhead, 2001), 118.

30 John Gottman, *The Seven Principles for Making Marriage Work* (New York: Harmony, 2015), 137 – 40.

31 Sybil Carrère and John Gottman, "Predicting Divorce Among Newlyweds from the First Three Minutes of a Marital Conflict Discussion," *Family Process* 38, no. 3 (Fall 1999): 293 – 301, https://doi.org/10.1111/j.1545-5300.1999.00293.x.

32 Adam Grant, "The Unexpected Sparks of Creativity, Confrontation and Office Culture," interview by Elise Loehnen, *The goop Podcast*, March 29, 2018.

33 Terry Real, "Healing Male Depression," interview by Elise Loehnen, *Pulling the Thread Podcast*, October 21, 2021.

34 H. Lerner, "What Our Anger Teaches Us."

35 Gilligan and Snider, *Why Does Patriarchy Persist?*, 87.

36 이 환자들은 암 진단을 받았음에도 여전히 자신의 욕구를 표현할 수 없었다고 마테 박사는 설명한다. "그들은 병의 진행에 대해 불안해하면서도 걱정은 유독 외부로 집중되어 자신이 아닌, 자신의 병이 가족에게 미칠 영향을 걱정했다. 그런 자기희생은 언젠가 〈글로브 앤드 메일〉Globe and Mail에서 읽은, 유방암 진단을 받은 한 여성이 쓴 글에 너무도 잘 나타나 있다. 여자는 곧바로 의사에게 이렇게 말했다. '남편이 걱정돼요. 이제 내겐 남편을 지지해줄 힘이 없을 테니까요.'" Gabor Maté, *Myth of Normal: Trauma, Illness, and Healing in a Toxic Culture*, with Daniel Maté (New York: Avery, 2022), 99.

37 Rachel Simmons, *Odd Girl Out: The Hidden Culture of Aggression in Girls* (New York: Mariner, 2002), 3.

38 Amanda Ripley, *High Conflict: Why We Get Trapped and How We Get Out* (New York: Simon & Schuster, 2021), 71.

39 Simmons, *Odd Girl Out*, 80.

40 Simmons, *Odd Girl Out*, 220.

41 "소수집단과 저소득층 여자아이들은 종종 공격적이고 시끄럽고 파괴적이며 따라서 '위험하다'는 고정관념이 있다. '그 시끄러운 흑인 여자애들'은 눈에 거슬리

는 젊은 흑인 여성의 존재를 비하하는 데 사용되는 표현이다. (…) 여자아이들의 관계에 대해 우리가 조금이나마 아는 것은 주로 백인 중산층 여자아이들에 관한 연구에 기초한다. (…) 직접적인 갈등에 관련된 여자아이들이 실질적인 사회적 권력은 거의 없을 수 있다는 사실은 기껏해야 슬픈 아이러니다. 일부 소수집단 여자아이들이 보이는 자기주장은 자신감이 아니라 더 큰 사회에 대한 취약성의 반영일 수 있다." Simmons, *Odd Girl Out*, 242-43.

42 Brittney Cooper, *Eloquent Rage: A Black Feminist Discovers Her Superpower* (New York: Picador, 2018), 4.

43 "American Rage: The Esquire/NBC News Survey," *Esquire*, January 3, 2016, https://www.esquire.com/news-politics/a40693/american-rage-nbc-survey/.

44 소라야 시멀리의 보고에 따르면, "선거 후 실시된 여론조사에서 응답자의 53퍼센트가 1년 전보다 세상에 대해 더 화가 나 있는 것으로 나타났다. 전혀 놀랍지 않은 결과다. 또 여성은 남성보다 더 화가 났는데(74퍼센트 대 69퍼센트), 그들은 예컨대 뉴스에서 하루에 최소 한 번은 분노를 자아내는 정보를 접했다고 답했다. 또한 백인 여성은 흑인 여성보다 계속 더 화가 났다. 작가이자 정치 평론가 멀리사 해리스-페리Melissa Harris-Perry 교수가 당시 썼듯, 이는 '화난 흑인 여성'이라는 신화화를 반박하는 발견이다. 이번에는 진보적 여성의 76퍼센트가 '해가 갈수록 더 화가 난다'고 답해 가장 뚜렷한 반응을 보였다." 또한 트럼프에 대한 직접적 대응에 있어서는 여성들이 극적으로 앞장섰다. 시멀리는 이에 대해서도 다음과 같이 밝혔다. "3만 명을 대상으로 한 2017년 3월의 여론조사는 트럼프 정부와 정책에 저항하는 행동에 나선 이들의 86퍼센트가 여성임을 보여주었고, 이 중 28퍼센트는 30~45세, 50퍼센트는 46~65세였다." Soraya Chemaly, *Rage Becomes Her: The Power of Women's Anger* (New York: Atria, 2018), 241, 247.

45 Kristin Neff, *Fierce Self-Compassion* (New York: Harper Wave, 2021), 66.

46 Traister, *Good and Mad*, 145.

47 한 흥미로운 토론에서 돌리 추그는 연구에 따르면 우리는 자신의 정체성 확인을 위해 돈을 지불하기까지 한다고 설명한다. Dolly Chugh, *The Person You Mean to Be: How Good People Fight Bias* (New York: Harper Business, 2018), 4-7.

48 로젠버그는 '정서적 해방'을 세 단계로 나눈다. 그가 정서적 노예라 부르는 첫 단계에서 "우리는 다른 사람들의 감정에 자신이 책임이 있다고 믿는다. 우리는 모

두를 행복하게 하려 끊임없이 노력해야 한다고 생각한다. 만약 그들이 행복해 보이지 않으면 우리는 그에 대한 책임감과 함께, 무언가를 해야 한다는 강박을 느낀다." 그는 두 번째 단계를 '불쾌한 단계'라 부르는데, 그 이유는 보통 과도한 책임이 부담으로 느껴지기 시작하면서 화가 나기 때문이다. 그에 따르면 "자신이 얼마나 많은 삶을 놓쳤는지, 자기 영혼의 부름에 얼마나 응답하지 못했는지를 알게 될 때 우리는 화가 날 수 있다." 우리는 세 번째 단계에 이르러서야 비로소 정서적 해방에 도달한다. 이 단계에서 우리는 연민을 통해 타인의 욕구를 충족시키기로 결심할 수 있지만 결코 수치심이나 죄책감, 두려움 때문에 그러는 것은 아니다. Rosenberg, *Nonviolent Communication*, 57–60.

49 Cooper, *Eloquent Rage*, 35.

50 Byron Katie, *Loving What Is: Four Questions That Can Change Your Life* (New York: Harmony, 2002), viii.

51 Katie, *Loving What Is*, 37.

52 이에 관한 나의 생각은 카리사 슈마허와 그가 2021년 10월에 전한 예슈아의 가르침에 상당 부분을 빚지고 있다. '뿌린 대로 거둔다'라는 말을 떠올리며 걱정하는 사람들에게 그는 두려워할 필요가 없다고, 단지 모든 게 투명해지고 책임을 져야 할 때라는 뜻이라고 말한다.

제9장_슬픔

1 Evagrius Ponticus, *The Praktikos and Chapters on Prayer*, trans. John Eudes Bamberger (Trappist, Ky.: Cistercian Publications, 1972), 17.

2 Jeffrey Rediger, *Cured: The Life-Changing Science of Spontaneous Healing* (New York: Flatiron, 2020), 194.

3 Barbara Walker, *The Crone: Woman of Age, Wisdom, and Power* (New York: HarperOne, 1985), 28.

4 Joseph Campbell, *The Power of Myth*, with Bill Moyers (New York: Anchor Books, 1991), 188.

5 심리치료사이기도 한 폴린 보스Pauline Boss 교수는 필독서인 그의 저서 《종결의 신화》The Myth of Closure에서, 슬픔에 대한 프로이트와 퀴블러-로스의 이해가 어떻게 발전했는지에 대해 썼다. 그는 또한 자신이 만든 용어인 '모호한 상실'Ambiguous Loss이라는 틀에 관해 설명하는데, 이것은 사람들이 특별한 순서 없이

서로 다른 단계(극복 상태 조정하기, 의미 찾기, 정체성 재구성하기, 새로운 희망 찾기, 애착 수정하기, 양가감정 정상화하기)를 오가는 상태를 지칭한다. Pauline Boss, *The Myth of Closure: Ambiguous Loss in a Time of Pandemic and Change* (New York: Norton, 2021), 98.

6 This sentiment came from poet Prageeta Sharma, written about in Cathy Park Hong's *Minor Feelings: An Asian American Reckoning* (New York: One World, 2020), 47.

7 Alan Watts, *The Wisdom of Insecurity: A Message for an Age of Anxiety* (New York: Vintage, 2011), 24.

8 Kate Bowler, "Does Everything Happen for a Reason?," interview by Elise Loehnen, *The goop Podcast*, April 30, 2020.

9 Elaine Pagels, *Why Religion? A Personal Story* (New York: Ecco, 2018), 67–68.

10 Pagels, *Why Religion?*, 103.

11 George Bonanno, *The Other Side of Sadness* (New York: Basic Books, 2019), 58.

12 폴린 보스는 "개인적 관계에서 경험하는 모든 상실 중에서 '막연한 상실감'이 가장 치명적인데, 그것은 불분명하고 애매한 상태로 남아 있기 때문이다."라고 썼다. Pauline Boss, *Ambiguous Loss: Learning to Live with Unresolved Grief* (Cambridge, Mass.: Harvard University Press, 1999), 5–6.

13 Nora McInerny, *No Happy Endings* (New York: Dey Street, 2019), 3.

14 Lucy Kalanithi, "What Matters in the End," interview by Elise Loehnen, *The goop Podcast*, August 2, 2018.

15 Harriet Lerner, *The Dance of Anger: A Woman's Guide to Changing the Patterns of Intimate Relations* (New York: William Morrow, 2014), 50.

16 Terrence Real, *I Don't Want to Talk About It: Overcoming the Secret Legacy of Male Depression* (New York: Scribner, 1997), 123.

17 bell hooks, *The Will to Change: Men, Masculinity, and Love* (New York: Washington Square Press, 2004), 6.

18 "Statistics| Major Depression," National Institute of Mental Health, last updated January 2022, https://www.nimh.nih.gov/health/statistics/major-depression.

19 Real, *I Don't Want to Talk About It*, 84.

20 Sam Gringlas, "Daniel Defense, the Maker of the Gun Used in Uvalde, Is Accused of Marketing to Teens," *Weekend Edition*, June 5, 2022, NPR, https://www.npr.org/2022/06/05/1103144998/daniel-defense-the-maker-of-the-gun-used-in-uvalde-is-accused-of-marketing-to-te.

21 Constance Hammen and Stefanie Peters, "Differential Responses to Male and Female Depressive Reactions," *Journal of Consulting and Clinical Psychology* 6 (1977): 994–1001, https://doi.org/10.1037/0022-006X.45.6.994.

22 Real, *I Don't Want to Talk About It*, 82.

23 Marc Brackett, *Permission to Feel: Unblocking the Power of Emotions to Help Our Kids, Ourselves, and Our Society Thrive* (New York: Celadon, 2019), 24.

24 Harriet Washington, *A Terrible Thing to Waste: Environmental Racism and Its Assault on the American Mind* (New York: Little, Brown Spark, 2019), 106.

25 아이젠버그는 이 주제에 대한 수십 가지 연구를 이끌었는데, 다음은 그중 가장 많이 인용된 것이다. Nancy Eisenberg, Adrienne Sadovsky, and Tracy Spinrad, "Associations of Emotion-Related Regulation with Language Skills, Emotion Knowledge, and Academic Outcomes," *New Directions for Child and Adolescent Development* 109 (Fall 2005): 109–18, https://doi.org/10.1002/cd.143.

26 Real, *I Don't Want to Talk About It*, 131.

27 Real, *I Don't Want to Talk About It*, 137.

28 hooks, *Will to Change*, 64–65.

29 Real, *I Don't Want to Talk About It*, 109.

30 리얼은 자기 이야기를 이 패턴의 전형으로 사용한다. 폭력적이고 매사에 불만인 아버지를 둔 리얼은 분노와 절망으로 가득 차 있었다. 그는 마약에 손을 댔고 죽음 직전까지 가기도 했다. 그러다 간신히 대학에 들어갔고 그때 치료를 받아 회복했다. 자신이 치료하는 남성 대부분이 그렇듯, 그의 경험은 완전히 우울증과 중독으로 뒤덮인 트라우마 패턴을 보였다. 치료사의 도움을 받아 준비가 됐을 때, 그는 단단히 작심하고 고된 변화의 길을 걸었다. 그는 이렇게 썼다. "우울증은 꽁꽁 얼어붙지만 슬픔은 흐른다. 거기에는 끝이 있다. 내가 그토록 많은 시간을 들여 피하려 했던 것이 그냥 나를 휩쓸고 지나갔고, 나는 괜찮았다. [나의 치료사가] 동행한 안전한 치유 과정 속에서 나의 은밀한 우울증은 끝이 났다. 그것은 슬픔으로

바뀌었다. 그리고 나는 슬픔이 우울증의 치유법임을 이해하게 되었다." Real, I Don't Want to Talk About It, 285.

31 나는 막스 베버의 이 말을 넬 어빙 페인터 Nell Irving Painter 교수에게서 처음 들었다. 듀크대학의 존 비웬 John Biewen 교수가 첸제라이 쿠마니카 Chenjerai Kumanyika와 인종에 관해 공동 진행한 놀라운 팟캐스트 시리즈 '시잉 화이트' Seeing White에 페인터 교수가 출연했을 때였다. 이 시리즈는 팟캐스트〈신 온 라디오〉Scene on Radio 의 두 번째 시즌이었다. 여성혐오에 관해 셀레스트 헤들리가 공동 진행한 세 번째 시즌 '멘' Men에서도 나는 많은 것을 배웠다.

니오는 말

1 번역가이자 역사가인 존 유데스 밤베르거가 설명하듯, 폰티쿠스는 '로지스모이'라는 말을 최초로 만든 사람은 아니지만 그것을 처음으로 체계화하고 분류한 사람이었다. 그가 썼듯이, "그는 그 동력과 작용에 대한 가장 정확한 관찰과 묘사를 하는 데 몰두했다. 그는 이 로지스모이의 동력과 작용을 특징짓는 활동 패턴을 묘사하고 그것들 간의 상호 관계를 나타내는 일에 신중했다. 이 부분에서 그가 한 작업은 고전이 되었고, 요한 카시아누스 John Cassian 가 서양 수도사들에게 로지스모이에 관한 사막의 교리를 가르치고자 했을 때 폰티쿠스의 저술보다 더 훌륭한 자료를 찾을 수는 없었다." John Eudes Bamberger, introduction to *The Praktikos and Chapters on Prayer*, by Evagrius Ponticus, trans. John Eudes Bamberger (Trappist, Ky.: Cistercian Publications, 1972), lxviii.

2 나는 데이비드 트레세머와 로라-레아 캐넌이 쓴 장-이브 를루의 《막달라 마리아 복음서》 서문이 무척 마음에 든다. 예수가 막달라 마리아에게서 일곱 귀신을 쫓아냈을 때 그는 마리아의 차크라 체계, 즉 인도에서부터 바빌론과 아시리아 그리고 궁극적으로는 이집트로 옮아간, 사실상의 모든 종교에 앞서 존재한 일곱 바퀴 힘을 깨끗이 정화한 것이었다. 서문 작가들이 설명하듯, "마리아의 정화를 이런 식으로 본다면 마리아는 신약에서 언급한 사람 중 가장 완벽하게 깨끗해진 사람이 된다. 편견과 해묵은 원한, 환상의 안개, 대물림받은 건강상 장애, 모든 욕망이 완전히 씻겨졌다고 상상해보라. 치유된 마리아는 모든 것에 작용하는 영적 진리를 제대로 볼 수 있다. 그는 다른 인간들의 야만성뿐 아니라 예수 그리스도의 가르침의 초월적인 아름다움도 볼 수 있다. 요즘 말로, 그는 마음과 에너지의 중심이 열려 있는 존재다." David Tresemer and Laura-Lea Cannon, preface to *The*

Gospel of Mary Magdalene, by Jean-Yves Leloup, trans. Joseph Rowe (Rochester, Vt.: Inner Traditions, 2002), xviii.

3 흥미롭게도 일부 신학자들은 이를 그리스도가 유대교 율법이나 토라Torah(유대교의 핵심 경전으로 하느님의 율법과 가르침을 담고 있음—옮긴이)를 부정하는 것이라고, 따라서 유대교와 기독교 사이에 뚜렷한 틈이(그리고 그에 따른 반유대주의가) 생긴 이유 중 하나라고 읽는다. 다른 신학자들은 유대주의 법을 주장한(그리고 절대 자신이 메시아라 주장하지 않은) 그리스도가 유대교 율법을 고수하면서 자신은 단지 그것을 발전시키기 위해 왔음을 강조했다고 주장한다. 예수는 다음과 같이 설명한다. "내가 율법이나 선지자를 폐하러 온 줄로 생각하지 말라 폐하러 온 것이 아니요 완전하게 하려 함이라/진실로 너희에게 이르노니 천지가 없어지기 전에는 율법의 일점 일획도 결코 없어지지 아니하고 다 이루리라/그러므로 누구든지 이 계명 중의 지극히 작은 것 하나라도 버리고 또 그같이 사람을 가르치는 자는 천국에서 지극히 작다 일컬음을 받을 것이요 누구든지 이를 행하며 가르치는 자는 천국에서 크다 일컬음을 받으리라/내가 너희에게 이르노니 너희 의가 서기관과 바리새인보다 더 낫지 못하면 결코 천국에 들어가지 못하리라"(마태 5:17-20), Hal Taussig, ed., *A New New Testament: A Bible for the 21st Century Combining Traditional and Newly Discovered Texts* (2013; repr., New York: Mariner, 2015), 30.

4 Taussig, *New New Testament*, 224.

5 Cynthia Bourgeault, *The Meaning of Mary Magdalene: Discovering the Woman at the Heart of Christianity* (Boulder, Colo: Shambhala, 2010), 137.

6 Hal Taussig, "The Gospel of Mary," in his *New New Testament*, 224–25.

7 Leloup, *Gospel of Mary Magdalene*, 48.

8 캐런 킹이 설명하듯, "막달라 마리아 복음은 죄를 영혼의 육신에 대한 간음 관계로 정의한다. 영혼이 육신에 집착하게 되면, 그것은 물리적 본성의 나약함과 욕망에 압도되어 결국 질병과 죽음으로 이어진다. 육신에서 벗어나 영적 존재로서의 진정한 자아를 인식함으로써 자아는 참된 인간성의 구현자를 발견하고 그 이미지에 순응할 수 있다." Karen L. King, *The Gospel of Mary of Magdala: Jesus and the First Woman Apostle* (Santa Rosa, Calif.: Polebridge Press, 2003), 65.

9 Taussig, *New New Testament*, 225.

10 를루는 처음 세 가지 기운을 어둠 또는 부조리("물질에 대한 우리의 동일시가 헛됨과 무의미함의 경험을 낳는 메스꺼운 기운"), 그다음엔 갈망("불평과 요구의 긴장되고

스트레스 많은 기운"), 그다음엔 앎에 대한 거부("무감각하고 폐쇄적이며 자기만족적이고 허영이 깃든 기운"), 그다음엔 드디어 네 번째 기운인 일곱 가지 분노로 정의한다. 그는 바로 이 기운이 "다른 기운들에 폭력을 더하여 질투와 소유욕, 교만, 광기에 사로잡힌 불경한 지혜의 절정에 이르게 한다."고 믿는다. Leloup, *Gospel of Mary Magdalene*, 130.

11 Leloup, *Gospel of Mary Magdalene*, 139.

12 카리사는 이를 엄청나게 확장하여, 예수가 막달라 마리아에게서 일곱 귀신을 쫓아낸 것은 단순히 균형을 다시 잡는 일이었다고 본다. Yeshua, *The Freedom Transmissions*, as channeled by Carissa Schumacher (New York: HarperOne, 2021), 37 – 60.

13 Anna Lembke, "Navigating an Addictive Culture," interview by Elise Loehnen, *Pulling the Thread Podcast*, November 11, 2021. 렘키는 《도파민네이션》이라는 중독에 관한 훌륭한 책을 썼다. (New York: Dutton, 2021).

찾아보기

《1,001개 얼굴의 여자 영웅》57, 297
9·11 테러 246, 255
DNA 42, 58, 267, 456, 460

ㄱ

가난 167, 238, 240, 253, 254
《가부장 무너뜨리기》139, 345
가부장제 27, 39~49, 57~66, 86, 100, 102, 106, 107, 110~112, 137~141, 144, 146, 150, 163, 188, 192, 230, 254, 265, 288, 297, 309~312, 330, 349, 351, 358, 367~371, 377, 388, 415, 416, 421, 422, 426, 427, 456, 461, 470, 472, 501, 502
가이아 386, 435

가치 23~26, 30, 60, 65, 71, 77, 80~87, 109~116, 130, 139, 165, 169, 187, 190, 194, 207, 208, 231, 232, 240~245, 250, 251, 254, 260~264, 268, 269, 302, 310, 349, 383, 384, 387, 410, 437
가톨릭 52, 53, 55, 74, 80, 239, 472
가트맨, 존Gottman, John 20, 354~356
가트맨, 줄리Gottman, Julie 20, 354~356
간디, 마하트마Gandhi, Mahatma 378
간통 289, 435, 462, 494
갈등 42, 141, 146, 171, 310, 350, 354~357, 361~366, 370, 374, 376, 386, 414, 422, 506
감정 32, 33, 50, 62, 95, 112~115, 119~137, 142, 143, 150, 153, 179, 180, 218, 222, 223, 227, 228, 233, 238, 260, 284, 288, 306, 310, 311, 320, 321, 339~342, 347~353, 361~364, 370, 372, 375, 378~387, 392~394, 399~401, 408~421, 424~427, 431, 507
값어치 261, 262, 264
강간 42, 223, 297, 307~316, 323~326, 417, 422, 492, 498~501
검은 여신 329, 502
《게으르다는 착각》71
게이, 록산Gay, Roxane 223, 231, 300
게이츠, 빌Gates, Bill 242
게틀러, 리Gettler, Lee 94
결핍 152, 210, 248, 252, 253, 266, 271,

351

결혼 43~45, 110, 142, 146, 254, 286, 287, 296, 360, 371, 383, 425, 472, 475

겸손 29, 168, 169, 193~195, 438

경쟁 128, 129, 141, 143, 168, 169, 174, 267, 444

고든, 오브리Gordon, Aubrey 201, 204~206, 214

고든, 제임스Gordon, James 229, 230

고문 56~58, 470, 500

《고백록》 284

고정관념 308, 365, 366, 419, 506

고통 33, 79, 92, 114, 115, 122, 129, 133, 134, 146, 149, 186, 221, 222, 284, 308, 310, 362, 375, 378, 379, 385, 395, 400, 407, 410, 415, 416, 422, 425~427, 440, 464

고틀립, 로리Gottlieb, Lori 122~124, 126, 129

〈골든 걸스〉 290

공동양육 88, 474

공포 56~58, 134, 171, 183, 226, 246, 253, 254, 306, 319, 396, 397

과학 33, 190, 233, 400, 414, 463

교만 24, 28, 29, 31, 50, 51, 139, 249, 391, 438

구르지예프, 게오르게Gurdjieff, G. I. 338

구석기시대 33, 39, 41, 44, 458

구약 23, 26, 45, 46, 48, 53, 284, 340, 462, 463, 465, 494, 503

권력 26, 27, 34, 43, 46, 48, 53, 55, 60, 71, 106, 107, 127, 166, 188, 189, 241, 244, 254, 272, 285, 303, 308, 313, 325, 330, 344, 345, 348, 364, 367~371, 377, 412, 413, 426, 427, 438, 441, 481, 506

균형 32~34, 63~66, 100, 108, 116, 192, 196, 250, 275, 277, 330, 339, 377, 411~413, 436~443, 512

그누즈, 로버트Gnuse, Robert 492

그랜트, 애덤Grant, Adam 357

그레고리우스 1세Gregory I 51~53, 164, 211, 238, 239, 342, 433, 467, 468

그레이버, 데이비드Graeber, David 39, 456~460

그린블랫, 스티븐Greenblatt, Stephen 492

《극한 갈등》 363

금욕주의 149, 237, 295, 393, 432, 493

기독교 23, 39, 47~53, 80, 239, 240, 284, 285, 338, 340, 346, 433, 468, 470, 472, 502, 510, 511

기번스, 대니엘Gibbons, Danielle 186

기술 33, 56, 80, 83, 87, 101, 267, 374

길리건, 캐럴Gilligan, Carol 136~139, 345

김부타스, 마리야Gimbutas, Marija 42, 347, 459, 460, 504

ㄴ

나르시시즘 177~179, 182, 191

〈나의 그리스식 웨딩〉 358

나태 24~29, 32, 51, 75, 78, 80, 94, 116,

201, 212, 249, 337, 431, 432, 437, 438
낙태 313, 348
《남자가 정말 하고 싶은 말》417
《남자다움이 만드는 이상한 거리감》 415, 422
《낭비하기에 끔찍한 것》420
네프, 크리스틴Neff, Kristin 75, 369, 472, 483
넬슨, 매기Nelson, Maggie 300
노델, 제시카Nordell, Jessica 205
노동 79, 80, 89, 91, 94, 254, 267, 364, 367, 474, 477
노예 42~44, 89, 237, 238, 289, 297, 308, 461, 463, 496, 499, 507
《노파》395
농업 41, 461
뇌 16, 103~105, 217, 269, 323, 363, 440
니체, 프리드리히Nietzsche, Friedrich 133
니케아 공의회 47, 48, 50, 433
닉스 329, 347
닉슨, 리처드Nixon, Richard 90

ㄷ

다비, 세이워드Darby, Seyward 504
다윈, 찰스Darwin, Charles 61
다이어트 204, 214~220, 231, 487
단테, 알리기에리Dante Alighieri 27, 54, 329
던, 리처드Dunn, Richard 469
데메테르 347, 457
데이비스, 앤절라Davis, Angela 498

〈도나휴〉253, 254
도덕성 59, 138, 153, 290, 376, 420
도슨, 베티Dodson, Betty 294
도일, 글레넌Doyle, Glennon 126~129, 193~195
도일, 새디Doyle, Sady 160, 161
《동굴 곰 부족》300
동성애 284, 492
동화 27, 121, 138, 296, 297, 347
드영, 레베카 코닌딕DeYoung, Rebecca Konyndyk 239, 342
디어, 세라Deer, Sarah 498
디프렛, 토미스DiPrete, Thomas 107
딕슨, 엘리너Dickson, Elinor 502

ㄹ

라모스, 카를로스Ramos, Carlos 344
라모트, 앤Lamott, Anne 132
라우어, 맷Lauer, Matt 161
라임스, 숀다Rhimes, Shonda 163, 164, 297
러너, 거다Lerner, Gerda 59, 462, 463, 496, 500
러너, 해리엇Lerner, Harriet 343, 345, 357~360, 370, 413, 414
러버프, 샤이아LaBeouf, Shia 161
레너, 제러미Renner, Jeremy 264
레디거, 제프리Rediger, Jeffrey 393
렘키, 애나Lembke, Anna 440
로런스, 제니퍼Lawrence, Jennifer 158, 264, 265
로맨스 299~301, 327

로스, 로레타Ross, Loretta 34
로스, 제닌Roth, Geneen 217, 221, 222, 231
로젠버그, 마셜Rosenberg, Marshall 350, 351, 352, 356, 375, 382, 507
롤런드, 캐서린Rowland, Katherine 307
루번, 어네스토Reuben, Ernesto 178
루터, 마르틴Luther, Martin 54, 79, 240, 241, 489
를루, 장-이브Leloup, Jean-Yves 436~438, 467, 510, 511
리버먼, 대니얼Lieberman, Daniel 213
리소, 돈 리처드Riso, Don Richard 339
리얼, 테리Real, Terry 183, 358, 414, 418, 420, 421, 423~425, 509
리플리, 어맨다Ripley, Amanda 363
《린 인》95, 481

■
마녀사냥 55~57, 469, 470
마돈나Madonna 290, 291
마리노, 고든Marino, Gordon 133
마리아 막달라 433, 442, 465~468, 502, 510, 512
마리아복음 49, 433~437
마스, 재클린Mars, Jacqueline 241
《마음의 지도》121
마이어스, 프랑수아즈 베텐쿠르Meyers, Francoise Bettencourt 241
마테, 가보Mate, Gabor 360, 477, 500
《막달라 마리아 복음서》436, 510

〈말레우스 말레피카룸〉57, 471
말츠, 웬디Maltz, Wendy 311
매춘 297, 492
매켄로, 존McEnroe, John 344
매키너니, 노라McInerny, Nora 408, 409
맬킨, 크레이그Malkin, Craig 178~180, 182, 183
머스크, 일론Musk, Elon 243
머시, 비벡Murthy, Vivek 20
먼로, 매릴린Monroe, Marilyn 208, 209, 289, 485
멀레이너선, 센딜Mullainathan, Sendhil 269
메두사 347, 348
멜처, 마리사Meltzer, Marisa 216, 217
모계사회 40, 456~458
《모든 것의 시작》39
모성 23, 146, 225, 328, 330, 500
모세 45, 462
모스, 케이트Moss, Kate 173, 209
몬터규, 애슐리Montagu, Ashley 21, 22, 106, 186, 474, 477
몸 61~65, 200~233, 266~268, 293~310, 321~323, 328~332, 383, 431, 440, 456, 486, 492
《무엇이 여자를 분노하게 만드는가》 343, 413
무의식 25, 30, 33, 104, 105
무지 71, 191, 312, 436~438
문베스, 레슬리Moonves, Leslie 159
문화 10, 11, 22~27, 39~46, 56~64, 77, 79, 95, 100, 119, 121, 126, 129,

135, 136, 140, 153, 162, 163, 173, 189, 205, 209, 210, 219, 241, 266, 268, 272, 287, 289, 293, 301, 305~307, 316, 324, 327, 330, 340, 351, 361, 366, 392~397, 403, 415~431, 439~441, 500

ㅂ

바, 베스 앨리슨Barr, Beth Allison 80
바스토, 앤Barstow, Anne 469
《반박하기》50, 238
밤베르거, 존 유데스Bamberger, John Eudes 503, 510
《배고픈 자아》146
밴더캠, 로라Vanderkam, Laura 473
뱀 23, 25, 46, 258, 347, 348, 463, 464
버핏, 워런Buffett, Warren 242
범죄 57, 135, 161, 223, 285, 306~314, 458, 469, 498, 499
베단타 259
베버, 막스Weber, Max 80, 426, 458, 510
베센-카시노, 야세민Besen-Cassino, Yasemin 92
베이더, 마이클Bader, Michael 325~328
베이조스, 제프Bezos, Jeff 104, 241, 242
베일, 크리스천Bale, Christian 264
보나노, 조지Bonanno, George 408
보스, 폴린Boss, Pauline 507
보엠, 미카엘라Boehm, Michaela 98, 99
보울러, 케이트Bowler, Kate 405
본, 빈스Vaughn, Vince 353

부모 10, 26, 57, 70, 85, 88, 93, 102, 120, 142, 143, 147, 183, 194, 205, 208, 301, 305, 316, 358, 362, 370, 413, 420, 473
부셰이, 헤더Boushey, Heather 90
부시, 조지Bush, George W. 246
부어스틴, 줄리아Boorstin, Julia 190, 191, 491
부조, 신시아Bourgeault, Cynthia 52, 435, 466
부흐만, 클라우디아Buchmann, Claudia 107
분노 24, 28, 29, 32, 50, 51, 106, 124, 126, 132, 337, 340~348, 352, 354, 359, 361, 370~372, 375, 378, 379, 385, 386, 400, 401, 409, 412, 427, 431, 432, 437, 438, 475, 506, 509, 512
불교 149, 410
불안 70, 71, 75, 83~87, 102, 112, 171, 175, 177, 229, 230, 238, 253, 268, 271~273, 341, 396, 415, 417, 438
브라운, 브레네Brown, Brene 121, 153, 321, 352
브라운, 크리스Brown, Chris 161
브라운, 티나Brown, Tina 125
브라케, 데이비드Brakke, David 467
브래들리, 제임스Bradley, James 292
브래킷, 마크Brackett, Marc 419
〈브레이크업〉353
〈브리저튼〉297
블럼버그, 브루스Blumberg, Bruce 214,

486, 487
비너스 46, 456, 462, 464
비만 200~207, 211~214, 223, 485~487
비어드, 메리Beard, Mary 20, 346, 348

ㅅ
《사고뭉치》160
사랑 50, 121, 162, 207, 226, 238, 284, 296, 299, 300, 325, 327, 330, 331, 378, 384, 393, 395, 427, 435, 502
사이니, 앤절라Saini, Angela 448
사회적 공격성 361, 362
상실 120, 182, 325, 354, 357, 393~395, 398, 413, 422, 444, 479, 508
샌드버그, 셰릴Sandberg, Sheryl 95, 481
샤덴프로이데 133, 135
샤퍼, 엘다Shafir, Eldar 269
선함 23~25, 28, 30, 35, 40, 59, 60, 161, 207, 297, 372, 373, 383, 434, 435, 439
《설득력 있는 분노》367
성폭행 159, 308, 309, 314, 324, 422, 498
《세계 최고의 여성들은 왜 자신감에 집중할까》481
섹스 98, 99, 139, 281, 282, 290, 291, 295, 296, 300, 301, 318, 322, 327, 328, 396, 438, 440
〈섹스 앤 더 시티〉290
셰퍼드, 댁스Shepard, Dax 416
《소녀들의 심리학》127, 219, 362
소비 29, 241, 244~247, 252, 257, 260, 272, 441
쇼핑 244~247, 261, 440
수치심 26, 28, 33, 59, 98, 121, 123, 153, 183, 187, 209, 215, 227, 238, 249~253, 271, 283, 284, 319, 321, 325, 328, 356, 372, 384~387, 394, 468, 507
《수행론》164, 238, 341
순결 297, 298, 313, 318, 329, 466, 494, 496, 498, 500
쉴레인, 레너드Shlain, Leonard 468
슈마허, 카리사Schumacher, Carissa 33, 185~187, 429, 437, 507
슈워츠, 리처드Schwartz, Richard 133
슐래플리, 필리스Schlafly, Phyllis 90, 348
슐트, 브리지드Schulte, Brigid 87~90, 93, 113, 114
스나이더, 나오미Snider, Naomi 139, 345
스콧, 매켄지Scott, MacKenzie 241, 242
스키너, 마이크Skinner, Mike 487
스타이넘, 글로리아Steinem, Gloria 253, 254, 378
스튜어트, 마사Stewart, Martha 134
스트레스 71, 216, 228, 252, 350, 393, 414, 512
스티븐슨, 브라이언Stevenson, Bryan 19, 378
슬럿 셰이밍 287, 298, 302
슬픔 24, 27, 50, 51, 142, 174, 183, 274, 352, 378, 384, 388, 391~417, 420, 425~428, 431, 432, 444, 508, 510

시간 72, 73, 79~85, 91, 94, 110, 114, 116, 261, 269, 271, 277
시기 28, 29, 119~135, 141~147, 150~154, 337, 431, 432, 438
시먼스, 레이철Simmons, Rachel 127, 128, 362~364
시멀리, 소라야Chemaly, Soraya 91, 92, 309, 506
시퍼, 클라우디아Schiffer, Claudia 209
시프먼, 클레어Shipman, Claire 481
신 31~33, 44~46, 49, 53, 55, 96, 164, 237, 238, 240, 292, 329, 340, 392, 393, 405, 406, 434, 462, 464, 472, 473
《신곡》27
신석기시대 39, 42, 456, 457, 459, 460
신앙 65, 80, 114, 238, 240, 285
신약 24, 47, 48, 432, 433, 465~467, 492, 493, 510
《신학대전》342
신화 44~46, 81, 88, 94, 97, 123, 208, 216, 270, 285, 292, 329, 347, 348, 421, 459, 460, 463, 464, 469
실직 109, 256, 274, 381~383
십계명 23, 26, 45, 121, 340

ㅇ

아가노비치, 야스미나Aganovic, Jasmina 190, 191
아담 284, 285, 492
아던, 저신다Ardern, Jacinda 491
아르테미스 329, 347, 462
아름다움 116, 141, 178, 207, 209, 329, 456, 485, 511
아마랄, 존Amaral, John 225
〈아메리칸 허슬〉 264
《아무것도 하지 말라》 270
아브라함 45, 463
아우구스티누스Augustine 284, 285, 492, 493
아이슬러, 리앤Eisler, Riane 285, 470
아이젠버그, 낸시Eisenberg, Nancy 420, 509
아인슈타인, 알베르트Einstein, Albert 104
아카드 42, 460
아퀴나스, 토마스Aquinas, Thomas 54, 239, 342
아틀라스, 갈리트Atlas, Galit 143, 321, 497
아파테이아 341, 392
아폴레이우스, 루치우스Apuleius, Lucius 46, 347, 464
아프로디테 347, 462
알람, 루만Alam, Rumaan 244
애니스턴, 제니퍼Aniston, Jennifer 353
애덤스, 에이미Adams, Amy 264
애도 394, 395, 398, 400, 497
애착 97, 184, 239, 296, 393, 395, 404, 414, 508
앨런, 우디Allen, Woody 304~306
야곱 45, 463
어먼, 바트Ehrman, Bart 484

《언테임드》126, 193, 194

에고 180~182

에니어그램 337~339, 387

《에니어그램과 영적 성장》337

에바그리우스 폰티쿠스Evagrius Ponticus 50, 51, 164, 178, 237, 238, 338, 341, 392, 393, 432, 437, 438, 503, 510

에코 178

에코이즘 178, 179, 183

에픽테토스Epictetus 379

엑스터시 226, 227, 302

엑슬리, 크리스틴Exley, Christine 166

엡스타인, 마크Epstein, Mark 149, 480

《여성, 음식, 신》217, 221

《여성, 전적으로 권력에 관한》346

여성혐오 45, 60, 139, 159, 315, 367, 457, 459, 462, 510

여신 23, 44, 46, 48, 56, 62, 285, 329, 346, 347, 386, 442, 456, 457, 460~462, 464, 466, 502, 504

영지주의 49, 60, 406, 433, 466

예수 47~54, 185, 239, 284, 286, 329, 340~342, 385, 386, 429, 433, 436, 443, 465~468, 472, 493, 494, 502, 510~513

오렌스타인, 페기Orenstein, Peggy 294~296, 495

오르가슴 98, 281, 316, 319, 320, 328, 329, 495

오바마, 미셸Obama, Michelle 368

오스틴, 조엘Osteen, Joel 241

오엘, 진Auel, Jean M. 300

오코널, 헬렌O'Connell, Helen 294

올레섹, 수전Olesek, Susan 387

와인하우스, 에이미Winehouse, Amy 161

요가 228, 258, 259, 502

욕망 25, 29, 32, 49, 60~62, 100, 122, 129, 130, 133, 141, 142, 147~149, 153, 174, 178, 192, 210, 221, 224, 271, 288, 289, 292~295, 299~301, 308, 314, 323~328, 359, 372, 386, 436~438, 443, 444, 469, 480, 492, 511

우드먼, 매리언Woodman, Marion 142, 220, 221, 324, 502

《우리》183

우울증 206, 342, 359, 360, 394, 417, 425, 509, 510

우정 57, 276, 288, 290, 362

워싱턴, 해리엇Washington, Harriet 420

워커, 바버라Walker, Barbara 395, 396, 470

원죄 284, 436

월시, 제니퍼 루돌프Walsh, Jennifer Rudolph 125

월튼, 앨리스Walton, Alice 241

웬그로, 데이비드Wengrow, David 39, 456~460

윈디고 268, 277

윈프리, 오프라Winfrey, Oprah 125, 193, 195

윌리엄스, 세리나Williams, Serena 344

윌리엄슨, 메리앤Williamson, Marianne 195
윌슨, 에드워드Wilson, E. O. 33, 474
윌커슨, 이저벨Wilkerson, Isabel 20, 190
유대교 45, 463, 511
유스티니아누스 1세Justinian I 48
유일신교 23, 463, 472
육아 75, 87, 93, 95, 112, 124, 138, 145, 474
융, 카를 Jung, Carl 142, 221
음식 29, 208, 216~223, 229, 230, 458
이난나 292, 329, 347
이브 23, 208, 284, 285, 492
이사야 494
이삭 45, 463
이스마엘 45, 463
이시스 46, 48, 329, 347, 464, 466, 492, 502
이집트 44, 46, 49, 50, 339, 347, 432, 436, 463, 466, 510
이차조, 오스카Ichazo, Oscar 338
이카루스 160, 172
이혼 84, 206, 223, 274, 289, 408, 493
일곱 가지 죄악 24~28, 31, 39, 51~54, 61, 121, 211, 224, 238, 338, 339, 391, 431~434, 437, 439

ㅈ

《자기를 돌보는 법》 294
자본주의 80, 81, 86, 89, 111
자부심 164, 178~180, 185, 188, 189, 191, 194, 196, 431, 432
자신감 97, 126, 165, 166, 182, 191, 251, 288, 337, 506
자유 33, 64, 141, 172, 187, 196, 225, 233, 239, 287, 345, 346, 367, 381, 416, 431, 443, 502
자존감 179, 182, 191, 193, 287, 288, 364
《잠자는 숲속의 공주》 296, 297
잡스, 스티브Jobs, Steve 104
재능 20, 29, 31, 70, 80, 134, 158~161, 171~190, 195, 196, 251, 261, 444
잭슨, 로라 린Jackson, Laura Lynne 401
잭슨, 재닛Jackson, Janet 159, 160
전통 23, 25, 44, 56, 284, 338
정념 50, 337~339, 341, 503
제로섬 게임 134, 270
제임스, 제시James, Jesse 161
젠더 59, 60, 92, 96, 112, 322, 330
종교 24, 25, 45, 48, 52~55, 79, 283, 285, 290, 329, 439, 463, 466, 468, 510
종교개혁 54, 80, 240, 472, 473
종교재판 54, 56, 466, 469, 470
죄 25~28, 32, 46, 48~57, 61, 78, 116, 122, 142, 158, 191, 205, 209, 238, 240, 250, 283, 284, 358, 391, 392, 397, 432~437, 464, 467, 468, 470, 472, 492, 511
죄악 23~31, 39, 54, 80, 206, 232, 286, 340, 431~434, 439
죄책감 29, 73, 92, 98, 102, 139, 142, 146, 215, 274, 327, 407, 427, 507
죽음 33, 46, 54, 206, 284, 329, 330, 346,

347, 393~413, 423, 437, 438, 442, 444, 461, 462, 470, 504, 511
중독 20, 64, 69, 70, 75, 86, 113, 132, 206, 223, 257, 337, 360, 383, 416, 417, 425, 440, 441, 486, 509
진리 63, 149, 379, 394, 405, 439, 442
질투 27, 51, 119~121, 128, 133, 512
집안일 91, 92, 99, 100, 147, 474, 482

ㅊ

처녀성 295, 472, 494
체르닌, 킴Chernin, Kim 146
초서, 제프리Chaucer, Geoffrey 27, 54
추그, 돌리Chugh, Dolly 373
취약성 328, 393, 439, 506
치버스, 메러디스Chivers, Meredith 322~324, 326
《치유되다》393
친밀감 138, 314, 400, 414
《침묵 시키기에 관하여》316
《침묵에서 말하기로》136

ㅋ

카디 비Cardi B 292
카레르, 시빌Carrere, Sybil 355
《카스트》190
카시노, 댄Cassino, Dan 92
카시아누스, 요한Cassian, John 510
카원, 루스 슈워츠Cowan, Ruth Schwartz 474
카플란, 리Kaplan, Lee 212
칼라니티, 루시Kalanithi, Lucy 411

칼라니티, 폴Kalanithi, Paul 411
칼리 329, 346
칼린Carlin 259~261
캄포스, 폴Campos, Paul 205
캐넌, 로라-레아Cannon, Laura-Lea 467, 468, 510
캐버노, 브렛Kavanaugh, Brett 344
캐플런, 헬렌 싱어Kaplan, Helen Singer 304
《캔터베리 이야기》27, 54
캠벨, 조지프Campbell, Joseph 44, 56, 347, 396, 397, 456, 460, 462~464, 494
커너, 이언Kerner, Ian 296, 493
케슬러, 저드Kessler, Judd 166
케이, 캐티Kay, Katty 481
케이트, 만Manne, Kate 60, 311, 474, 499
케이티, 바이런Katie, Byron 379
켈트너, 대커Keltner, Dacher 242, 408
코로나 101, 113, 246, 247, 269, 273, 368, 396, 430, 471, 491
코크, 줄리아Koch, Julia 241
콘스탄티누스Constantine 47
쾌락 61, 122, 211, 227, 283, 293~297, 301, 304, 306, 319, 323~329, 332, 392, 440, 441, 444
쿠퍼, 브래들리Cooper, Bradley 264
쿠퍼, 브리트니Cooper, Brittney 367, 377
퀴블러-로스, 엘리자베스Kubler-Ross, Elisabeth 400, 401, 508
크너스트, 제니퍼 라이트Knust, Jennifer Wright 493
크라머, 하인리히Kramer, Heinrich 57

크로첵, 샐리Krawcheck, Sallie 249
크로퍼드, 레이시Crawford, Lacy 316
크로퍼드, 신디Crawford, Cindy 173, 209
클레벤, 헨리크Kleven, Henrik 110
클리토리스 294
클린턴, 빌Clinton, Bill 209
클린턴, 힐러리Clinton, Hillary 344, 348
키머러, 로빈 월Kimmerer, Robin Wall 188, 189, 195, 268, 277
킹, 마틴 루터 주니어King, Martin Luther, Jr. 378
킹, 캐런King, Karen 465, 511

ㅌ

타우시그, 할Taussig, Hal 466
《타임 푸어》87, 113
타타르, 마리아Tatar, Maria 57, 297
타헤리포어, 모리Taheripour, Mori 262
탄트라 98
탐식 24, 26, 28, 29, 32, 50, 51, 122, 211, 212, 224, 233, 337, 431, 432, 438
탐욕 24, 26, 28, 29, 32, 51, 122, 220, 238~243, 249, 268, 269, 275, 278, 337, 356, 431, 438, 489
터너, 브록Turner, Brock 308, 499
터크하이머, 데버라Tuerkheimer, Deborah 308
테모쇼크, 리디아Temoshok, Lydia 361
테스토스테론 94, 215, 251
토머스, 클래런스Thomas, Clarence 498
톨러, 패멀라Toler, Pamela 460

톨렌티노, 지아Tolentino, Jia 141
톨먼, 데버라Tolman, Deborah 302
툰베리, 그레타Thunberg, Greta 378
트라우마 20, 143, 223, 226~231, 254, 267, 268, 307, 312, 319, 321, 363, 368, 422~425, 497, 499, 509
트럼프, 도널드Trump, Donald 292, 344, 348, 368, 506
트레세머, 데이비드Tresemer, David 467, 468, 510
트레이스터, 리베카Traister, Rebecca 310, 345, 348, 371
《트릭 미리》141
트위스트, 린Twist, Lynne 65, 246, 247, 270, 272, 275, 277
틱낫한Thich Nhat Hanh 353
팀버레이크, 저스틴Timberlake, Justin 159, 160, 481

ㅍ

파크스, 로자Parks, Rosa 378
파트너십 40, 98, 354
패로, 딜런Farrow, Dylan 304, 305
패로, 미아Farrow, Mia 304
팬데믹 69, 107, 109, 113, 160, 242, 267, 268, 275, 396, 405, 430, 471, 491
퍼거슨, 폴Ferguson, Fall 205
페니스 293, 294
페데리치, 실비아Federici, Silvia 57
페레스, 캐럴라인 크리아도Perez, Caroline Criado 500

페르세포네 329, 347, 348
페미니즘 47, 89, 163, 395, 458, 504
페이건, 케이트Fagan, Kate 170, 171
페이절스, 일레인Pagels, Elaine 406, 465, 466
페인터, 넬 어빙Painter, Nell Irving 510
페티토, 개비Petito, Gabby 307
《편향의 종말》 205
평화 29, 33, 102, 116, 233, 341, 375, 380, 382, 385, 386, 434
포드, 크리스틴 블레이시Ford, Christine Blasey 344
프라이스, 데번Price, Devon 71
프랑코, 제임스Franco, James 159
프로이트, 지크문트Freud, Sigmund 61, 303, 421, 497, 508
피보스, 멀리사Febos, Melissa 314, 315, 321
피터스, 스테파니Peters, Stefanie 418
피프, 폴Piff, Paul 242
핀켈, 엘리Finkel, Eli 473, 475
필레이, 스리니Pillay, Srini 103, 476
필립스, 레이시Phillips, Lacy 150~152

ㅎ
하이스터, 베아테Heister, Beate 241
함무라비 법전 289, 341, 462, 496
해리스-페리, 멀리사Harris-Perry, Melissa 506
해먼, 콘스턴스Hammen, Constance 418
해밀턴, 알란Hamilton, Arlan 167

해서웨이, 앤Hathaway, Anne 157~160
《향모를 땋으며》 188, 268
허드슨, 러스Hudson, Russ 387
허디, 세라 블래퍼Hrdy, Sarah Blaffer 88
《헝거》 223, 231
헤들리, 셀레스트Headlee, Celeste 270, 473, 483, 510
헤밍웨이, 매리얼Hemingway, Mariel 305
헤카테 46, 329, 347, 464
호더, 이언Hodder, Ian 458, 459
호이어츠, 크리스Heuertz, Chris 337
홀리데이, 빌리Holiday, Billie 161
홉스, 토머스Hobbes, Thomas 61
화 18, 93, 132, 164, 174, 228, 291, 335, 339~349, 352~354, 357~370, 375~388, 415, 422, 425, 506, 507
화이트, 베티White, Betty 290
환상 89, 131, 151, 173, 181, 217, 249, 251, 273, 293, 324~328, 341, 380, 407, 439, 456, 502, 511
훅스, 벨hooks, bell 415, 422
휴스턴, 테레즈Huston, Therese 190, 191
휴스턴, 휘트니Houston, Whitney 161
휴식 32, 73, 80, 91, 102~105, 108, 114, 116, 431, 437
흑사병 54, 55
힐, 애니타Hill, Anita 498